《中国城市通史》

推 荐 语

中国城市化率已超过百分之六十，人们对城市史的关注超过以往任何时期。《中国城市通史》视野宏阔，体大思精，既从总体史角度对中国城市发展变迁的全过程加以探讨，又对不同时期的城市空间形态、城市经济、城市人口、城市管理、城市社会生活等多层面进行细致研究，揭示了不同时期中国城市发展特点，再现了中国城市的发展轨迹。此书在手，读者可对中国城市历史有较为全面、系统、立体的认识。

《中国城市通史》的出版，必将有力推动具有中国特色的中国城市史研究学科体系、学术体系和话语体系的构建。

——熊月之（中国城市史研究会会长，上海社会科学院原副院长，研究员）

《中国城市通史》系统阐述了中国城市的发展脉络和特点，分析了不同时期城市的兴衰流变，揭示了中国城市的本质和特点，阐释了其历史地位和贡献，是对中国城市发展进行总体史研究较为系统的巨著。全书视野宏大，整体史观鲜明，富有时代气息。全球史的视野更加凸显了城市发展的中国特色；文明史和中华民族命运体的高度，展现出各个时期中国城市的绚丽多彩，勾勒出中原城市与边疆城市"一体多元"的历史进程。

——张利民（中国城市史研究会副会长，《城市史研究》主编，研究员）

《中国城市通史》从人类文明史的高度，分时间与空间两个维度全面考察中国城市文明的兴起和发展，探寻中国城市发展的规律，凸显中国城市发展的特点，展现中国城市文明的亮点，是中国城市史研究的集大成之作，具有极高的创新性与学术价值。

——倪玉平（清华大学人文学院副院长，历史系教授）

四川大学基地培育项目

中国城市通史

【 隋唐五代卷 】

何一民◎主编

冯　兵　何一民◎著

项目策划：熊　瑜
责任编辑：舒　星
责任校对：李　耕
封面设计：墨创文化
责任印制：王　炜

图书在版编目（CIP）数据

中国城市通史．隋唐五代卷 / 冯兵，何一民著．—成都：四川大学出版社，2020.8
　ISBN 978-7-5690-3806-4

Ⅰ．①中… Ⅱ．①冯… ②何… Ⅲ．①城市史—中国—隋唐时代②城市史—中国—五代十国时期 Ⅳ．① K928.5

中国版本图书馆CIP数据核字（2020）第129535号

书　名	中国城市通史·隋唐五代卷
	ZHONGGUO CHENGSHI TONGSHI·SUI TANG WUDAI JUAN
著　者	冯　兵　何一民
出　版	四川大学出版社
地　址	成都市一环路南一段24号（610065）
发　行	四川大学出版社
书　号	ISBN 978-7-5690-3806-4
印前制作	四川胜翔数码印务设计有限公司
印　刷	成都东江印务有限公司
成品尺寸	185mm×260mm
插　页	1
印　张	15.25
字　数	363千字
版　次	2020年12月第1版
印　次	2020年12月第1次印刷
定　价	120.00元

◆ 版权所有 ◆ 侵权必究

◆ 读者邮购本书，请与本社发行科联系。
　 电话：(028)85408408/(028)85401670/(028)86408023　邮政编码：610065
◆ 本社图书如有印装质量问题，请寄回出版社调换。
◆ 网址：http://press.scu.edu.cn

四川大学出版社
微信公众号

《中国城市通史》编委会

编委会主任：何一民

副主任：熊月之　张利民　高中伟

编　委（以姓氏笔画为序）：

　　　　王立华　王明德　田　凯　付志刚　冯　兵　冯　剑　何一民

　　　　何永之　张利民　吴朝彦　陆雨思　范　瑛　赵淑亮　侯宣杰

　　　　高中伟　黄达远　黄沛骊　韩　英　鲍成志　熊月之　谯　珊

主　编：何一民

序

何一民

　　城市是人类社会发展到一定阶段的产物，城市的产生是人类社会从野蛮时代演进到文明时代的重要标志之一，因而城市研究理所当然地成为社会发展与人类文明研究中的一项重要课题，成为探究历史奥秘与当代问题的一个窗口、一把钥匙。中国是世界城市发源地之一，中国古代城市之多、规模之大，世所罕见。中国古代典籍中不乏有关城市的记载，蕴藏着丰富的城市史资料，著名的如《洛阳伽蓝记》《东京梦华录》《都城纪胜》《长安志》《宋东京考》等史籍和《两都赋》《两京赋》《蜀都赋》等文学名篇，另外，浩如烟海的地方志书也保存了丰富的城市史资料，但古代中国一直未形成独立的城市史学，国人对中国城市历史的研究起步甚晚。1925—1926年，梁启超相继发表《中国都市小史》《中国之都市》等文，表明中国学者不仅注意到了城市的重要性，而且开始了对中国城市历史的初步研究。20世纪30年代，部分学者发表了一些有关中国城市史的文章，如陶希圣、全汉昇、侯仁之等对长安、北京等城市的研究。此外，上海等城市为了编纂城市志，也对相关城市史资料进行了整理，在一定程度上推动了中国城市史的研究。但从整体上看，当时有关中国城市历史的研究还未受到学界广泛的重视，相关研究成果较少。改革开放以来，城市现代化建设和历史学学科建设的需要成为中国城市史研究的重要推力，从国家"七五"规划开始，中国城市史研究受到学术界高度关注，参与研究者日益增多，研究成果日益丰硕。四川大学城市研究所作为国内高校中最早成立的城市研究机构之一，自1988年成立以来，先后承担了十余项与中国城市史相关的国家社科基金重点课题和年度课题，而我有幸成为改革开放以来最早开始从事中国城市史研究的学人之一。从单体城市研究到区域城市研究，从断代城市研究到城市通史研究，从城市发展与社会变迁研究到城市衰落研究，从内地城市研究到边疆城市研究，我始终认为中国城市史研究学术生命常青，需要不断地迎接挑战，不断地开拓创新。

　　20世纪80年代中期，当我因教学和研究的需要开始涉足中国城市史研究时，深感对中国城市史的认识不能只局限于某一历史时段，特别是初涉中国城市史领域的硕士、博士研究生，要对中国城市史有整体的认识，才能更好地开展断代的或专题的城市史研究。中国城市历史悠久、内容丰富，要研究中国城市历史，就必须从整体上把握中国城市的发展脉络，这样，城市史研究才能做到宏观与微观相结合，才能从大处着眼、小处着手。因而，中国城市史研究者不能只对某一时段的城市有所了解，而必须对中国城市历史的全貌有所认识，对世界城市历史有所了解，将自己所要研究的对象置于历史的长河中加以考察，才能很好地把握自己所要研究的对象，从而得出创新性的研究成果。由于当时还没有一本关于中国城市的通史性著作，为了适应教学的需要，我冒昧地仅凭一己之力编写了一本《中国城市史纲》。该书虽然仅有三十万字，却耗费了我数年的时间，直到1993年才得以完成，1994年由四川大学出版社出版。该书为国内较早对中国城市史进行长时段研究的著作之一，在此之前，没有任何可资借鉴的资料。该书主要是对先秦至20世纪中叶数千年间中国城市发展脉络进行较为系统的梳理，对城市的发展变迁和特点加以概述和总结，在一定程度上弥补了中国城市史研究的不足，具有一定的学术价值。该书出版后，得到学术界的肯定，获得中国图书奖，并成为历史学、建筑学、规划学等相关学科的硕士、博士研究生了解中国城市历史的一本入门参考书。

但是，由于该书成于20世纪90年代初，缺少相关资料，因而详今略古，仅能以"史纲"的形式对"中国城市史"做一探究，成为中国城市通史研究的探路之作。20世纪90年代以来，关于中国城市的通史性著作相继问世，受到学术界的高度重视。这些通史性著作各有所长，以不同的方式对中国城市的历史变迁进行了研究，具有重要的学术价值，但也有若干不足，因而在讲授中国城市史课程和开展新的课题研究时，我深感有必要对《中国城市史纲》进行修订。由于多种原因，我始终未能下定决心重写。2008年，冯天瑜教授在全国范围内约请相关学科知名专家学者撰写中国专门史丛书，由何晓明教授出面约我撰写《中国城市史》。其时我虽应允，但因正在主持《清史·城市志》项目的研究工作，不能全身心地投入中国城市史的研究工作，只能选择在《中国城市史纲》的基础上进行改写，保留了《中国城市史纲》的框架，按时间顺序对先秦、秦汉、三国两晋南北朝、隋唐、宋辽金夏元、明清（中前期）、晚清（鸦片战争后）、民国等时段的城市情况分章进行概述，力图将不同时代中国城市的风貌、经济、社会、建设规划等特点展示出来，凸显中国城市的发展轨迹及特点。《中国城市史》较《中国城市史纲》增加了三十余万字，内容更加丰富，观点更加明确，条理也更加清晰。该书的一个特点在于尽量对中国漫长的城市历史进行全方位把握和科学分期，简明扼要地阐述中国城市的缘起及数千年间的发展演变，为漫长而复杂的中国城市历史梳理出一条较为清晰的脉络，同时尽可能地展现各个时期中国城市的不同特点。但是，当《中国城市史》出版后，再回头来看，深感不足之处甚多，故而希望整合国内学术界的力量，重新撰写一部大型多卷本《中国城市通史》。

2012年，国家社科规划办公室向全国征求重大招标课题的选题，我将编纂大型多卷本《中国城市通史》的设想加以梳理、论证，并经由四川大学向国家社科规划办推荐，经相关专家评议，该课题被列入重大招标课题指南。于是，我在全国范围内联络了多名中国城市史领域的著名专家学者，准备共同申报该项目。经过两个多月的准备，撰写了十万余字的申报书。当我们满怀信心地等待评审结果时，却得到了一个令人沮丧的消息,在专家评审时,有个别专家并不是对申报书有不同意见,而是认为编纂多卷本《中国城市通史》够不上重大项目,因此功亏一篑,该课题由重大项目降为重点项目立项。由于重点项目与重大项目的经费相差较大,故而难以再请国内其他著名专家参与该课题,只能依托四川大学城市研究所自身的力量进行相关研究。

虽然《中国城市通史》的编纂从重大项目降为重点项目,但我们仍然按照重大项目的相关要求进行研究,其总体框架是基于对中国城市历史基本脉络及总体特点的梳理,按历史变迁将中国城市发展历史分为七个时期,每一时期编纂一卷,分别为先秦卷、秦汉魏晋南北朝卷、隋唐五代卷、宋辽夏金卷、元明卷、清代卷、民国卷,加上总领全套书的绪论卷,凡八卷七册、450余万字。

多卷本《中国城市通史》的编纂充分吸取了学术界目前有关中国城市史研究的相关成果,通过不同学科的对话和不同研究方法的碰撞,对中国城市发展规律和重大理论进行了探讨、提炼和升华,在一定程度上进行了学术开拓和创新。多卷本《中国城市通史》从时间与空间两个维度较为系统地梳理了史前时期至中华人民共和国成立以前数千年间中国城市孕育、发展与变迁的历史过程;重点探讨了中国城市发展与演进的内在规律和阶段性特点;揭示了各个历史发展阶段中国城市的兴衰及其原因,以总体史的方法论对中国城市发展变迁的全过程加以探讨和论述,对不同朝代、不同阶段中国城市的空间形态、经济发展、人口数量、管理制度、社会生活等多个方面的内容进行细致、深入的考察,勾勒出中国城市发展的总进程与不同时期城市发展的全貌。每一卷都涵盖了不同时期中国城市发展变迁的方方面面,体现出中国城市发展的历史逻辑延续性。另外,每一卷又在不同章节根据不同时代的实际情况对中国城市的特殊性加以重点研究,如唐宋时期城市的"市坊"、元明港口城市的兴起与变迁、清代水系城市、民国城市现代化转型等。

多卷本《中国城市通史》较前人著作有一个重要的创新,就是一改过去只重视中国内地城市历史的研究范式,而以中华民族命运共同体的视角对中国城市进行多维度的审视,将今天内陆边疆地区的城市发展变迁纳入中国城市史研究之中,突破了以汉族、中原政权为中心的历史书写模式。这既是本项目研究的一个突出特征,也是以往城市史研究中的薄弱环节。无论是中国城市的起源,还是不同时期中国城市的发展,都将民族地区的城市发展演变纳入整体研究之中,如秦汉魏晋南北朝卷、宋辽夏金卷、元明卷、清代卷等都设置了专篇或专章,强化对民族地区、边疆地区城市发展的研究,尤其是对辽、夏、金三个少数民族政权城市史设置专篇进行研究,着重对与宋朝并立的辽、夏、金等少数民族政权统治区域内的城市进行系统考察,其研究文本多达三十余万字,弥补了过去对辽、夏、金等城市史研究的不足。另外,本套书还专门设置章节对西藏、新疆、内蒙古等民族地区城市的发展进行深入研究。这些都是之前中国城市史相关著作较少涉及的领域,故而具有开拓性和创新性,突破了以往中国城市史研究中狭隘的地域界限,有助于增进人们对中华文明发展全貌的认识,在一定程度上,可以说是填补了学界有关中国古代农牧交接带地区城市史研究的空白。

多卷本《中国城市通史》的编纂遵循"搜采欲博,考评欲精,职任欲分,义例欲一"的基本原则,一方面充分吸收前人的研究成果,另一方面尽可能地深入发掘历史资料,大量地运用新的历史资料和统计数据,参考文献上千种,引用史料数千种。

总体上看,多卷本《中国城市通史》作为一部通史性城市史专著,具有较高的学术价值,但是由于时间跨度太大,涉及的内容繁多,研究难度极大,难免存在不足之处:首先,作为中国城市通史,尚缺少中国当代城市史的内容。多卷本《中国城市通史》之所以不包括中华人民共和国时期城市发展的历史,一是因为中华人民共和国的成立距今不远,相关研究才刚起步,很多问题都没有进行深入研究,学术准备尚不充分;二是有关此一时期城市发展的资料虽然丰富,但有不少重要资料尚未公开,因而会影响研究的学术性和客观性。有鉴于此,按现在一般通史体例,《中国城市通史》的时间下限为1949年,中华人民共和国城市史的编纂可待条件成熟后另行启动。其次,本课题组的研究者虽然运用了大量的历史文献、图表数据,但地图较少,除了元、明、清等几个时期,其他各朝代都缺乏城市地域分布图、城市空间结构图,需要在其后增补,以便对历代城市的地域分布、城市空间结构有更直观的认识。另外,中国城市发展在不同历史阶段的相关问题很多,见仁见智,挂一漏万,难以周全;加之这是一个多人合作的集体项目,研究者水平参差不齐,风格也略异,作为项目负责人,我有时也深感学识不够,力不从心,虽然尽力统稿,但仍然存在不少问题,文字叙述和分析还有若干不足。

多卷本《中国城市通史》的编纂历时六年多,远超最初的计划,相继还有一些专家学者参与相关的研讨和写作,课题组主要成员除项目负责人外,还有冯剑、黄沛骊、赵淑亮、王立华、冯兵、吴朝彦、韩英、陆雨思、何永之、念新洪、王伟、王超、黄灵、田玥、王肇磊等,他们中有的参与了部分专题研究,有的撰写了分卷文稿,主要分工如下:

全书由何一民拟定框架并对各卷进行全面修改;

绪论卷主要撰稿人何一民、何永之;

先秦卷主要撰稿人王立华、何一民;

秦汉魏晋南北朝卷主要撰稿人冯剑、何一民;

隋唐五代卷主要撰稿人冯兵、何一民;

宋辽夏金卷主要撰稿人何一民、陆雨思、王立华、韩英、黄灵、田玥;

元明卷主要撰稿人何一民、赵淑亮、吴朝彦;

清代卷主要撰稿人何一民、念新洪、何永之、王伟、王超、范瑛;

民国卷主要撰稿人黄沛骊、何一民。

此外,四川大学城市研究所还有多名研究人员参与了本课题,他们或收集资料,或撰写与之相关的论著,皆为本课题最终成果的完成做出了贡献。总之,本项目为集体成果,没有大家的努力,很难在几年内完成。

在本项目研究过程中，中国城市史研究会成立，本项目的研究得到了中国城市史研究会会长熊月之教授、副会长张利民教授、周勇教授、李长莉教授、涂文学教授、高中伟教授等人的关心和支持，在此表示诚挚的谢意。时任四川大学出版社社长熊瑜教授对本项目高度关注，并力邀完稿后在四川大学出版社出版。其后，在熊瑜社长和邱小平总编的大力支持和推荐下，本项目得到国家出版基金资助，四川大学出版社为此安排了若干精兵强将，对本项目的出版予以重点支持，在此深表谢意。

本套书的责任编辑何静、袁捷、舒星、高庆梅、刘慧敏、李施余等以高度的职业责任感投入书稿的编辑，认真地核对文献资料，校对文稿，并与主编和撰稿者反复交流磋商，使书稿的质量得以提升，并避免了一些错误。他们认真工作的态度值得学习，精益求精的精神令人感动。在此深表感谢。

中国城市历经五千多年的发展，到20世纪中叶进入了一个新的历史时期。随着中华人民共和国的成立，工业化、城市化、现代化成为不可逆转的趋势。20世纪末，全球进入城市的世纪，世界上50%的人口居住在城市中。中国也在这一时期加速了城市化进程，农村人口以每年1%以上的比例向城市转移。城市以其巨大的磁力吸引着越来越多的农村人口，大城市、超大城市成为人们向往的地方。工业时代的城市与农业时代的城市相比，有一个明显的差异，就是城市的三维空间越来越大，在部分地区，单体城市向城市群、城市带、城市巨型连绵带演变。城市的发展一方面给人类带来进步，带来福祉和发展的机遇。另一方面，城市存在的问题越来越多，环境问题、交通问题、住房问题、就业问题、安全问题等层出不穷，越来越多的人想对城市说"爱你"却不容易。如何发展城市，同时又避免城市给人们带来的烦恼，已经成为时代的新课题。在提倡新的发展理念，走新型城市化道路的同时，如何向古人学习生存的智慧，以人为本，人与自然和谐相处，也是值得思考的一个重要课题。因而中国城市史研究者需要有一种时代的责任感和使命感，不仅要研究历史，还要关注现实和未来的发展，要站在历史与未来的交汇点去探究中国城市的发展规律，寻找一条适合中国国情的城市发展道路，这样才能在中华民族伟大复兴的进程中，将中国城市建设成为可持续发展的现代化生态城市、智慧城市。

前　言

隋唐五代是中国古代历史上最重要的时期之一。隋朝建立，结束了魏晋南北朝以来长达数百年的分裂割据局面，使中国重新归于统一。唐继隋之后，建立了大一统的中原王朝，唐太宗在继承隋制的基础上进行了一系列政治、经济和文化改革，对吏治、科举制度等一系列治世政策加以完善。唐朝采取了以农为本、休养生息、厉行节约、复兴文教等若干政策措施，使社会出现了较为安定的局面；随着国内局势的稳定，唐朝大力平定外患，尊重边族风俗，促进了民族融合，稳固边疆。不数年，唐朝开创了史称"贞观之治"的新局面，为其后盛世的出现奠定了基础。统一国家的建立，促进了生产力的大发展和人口的大幅度增加。天宝末年，全国在籍人口达八千万人左右。在统一国家的范围内，水陆交通较前有了更大发展，推动了长距离商业贸易的兴盛和区域市场的繁荣。在多种因素的作用下，中国古代城市又出现了一次发展高潮。无论是隋朝和唐朝前中期的鼎盛局面，还是唐朝后期至五代十国的社会变革，均在城市历史的进程中留下了重要的印迹，并对后世城市的发展产生了深远的影响。

隋唐时期，由于国家的统一，以及社会经济的不断发展和繁荣，城市建设高潮迭起，无论是城市总量还是城市规模，都较前代有较大发展，而城市经济兴盛和文化繁荣均非同时期其他国家或地区的城市所能比拟，尤其是长安、洛阳等国际化大都市的兴建，不仅对中国本土的城市建设与发展影响巨大，而且对东亚其他国家的城市建设与发展也产生了深刻的影响。唐朝建立后，城市职能、类型、空间与社会结构、管理体制等皆发生了明显变化。唐代城市职能仍以政治职能为主，特别是随着君主专制中央集权制度的不断加强，城市的政治职能进一步强化。坊市制度的完善，标志着对城市空间的布局和对居民的管控完全服从于权力的意志。由于君主专制中央集权的强化，城市的行政级别高低对城市规模和发展速度产生了更大的影响。但值得注意的是，随着经济的发展和文化的兴盛，城市被不断叠加以经济职能、文化职能，城市的区域性经济中心和文化中心的地位及作用增强，城市经济发展水平在城市等级分布中的影响力上升。与此同时，城市的兴盛和持续发展，又反过来对社会、经济、文化和人们的生活产生巨大影响，成为推动社会变迁的强大动力。

隋唐时期，随着国力的强盛和疆域的扩大，城市分布范围也不断向西北、东北和西南内陆边疆民族地区扩展。魏晋时期因战争而引发的北方经济和人口南移，导致南北经济发展不平衡的状况有所改变。隋唐时期，中央王朝进一步加强了对南方的开发，特别是大运河的修建促进了南北经济、文化的交流和交融，推动了南方的经济发展和人口增加。长江以南地区的城市发展迅速，呈现出继续向东南扩展的趋势。大运河的修建改变了中国城市分布的格局，而长江航运的开发与发展也对城市分布产生了重要影响，中国城市地域空间结构出现了运河城市和长江城市两条城市带。但是，隋唐时期中国东中部农耕地区的城市分布格局仍然以北方为主体，秦岭—淮河以北的城市仍然在全国城市体系中占主导地位，黄河流域城市仍然是中国城市的重心所在，特别是都城长安和东都洛阳的修建，更是提升了黄河流域城市的地位和影响力。值得注意的是，唐代长江流域的城市有较大发展，长江上游的成都（益州）和下游的扬州相继发展成全国除都城以外首屈一指的大都会，时人称之为"扬一益二"。珠江流域的城市在此一时期也有较大发展，尤其是珠江下游三角洲的广州成为重要的海上贸易城市，地位日趋重要。五代十国时期，多个政治中心崛起，隋唐时期以长安和洛阳为轴心的政治中心格局转变为五代时期以开封和洛阳为轴心的政治中心格局，而其他地区性政治中心的建立，使中国城市空间分布重心出现从黄河流域向长江流域转移的趋势。

隋唐时期，城市等级结构得以调整，城市规模差距拉大，府州级城市数量显著增多。划分府州的等级标准有所改变，隋至唐代中前期，城市等级、分布与政治、军事地位密切相关。唐后期至五代时期，随着君主专制中央集权制度的弱化，地区的人口数量、政府税收等社会经济因素成为州县等级划分的重要依据。整个隋唐五代时期，原以行政中心为主的城市等级体系得到进一步完善，城市等级与人口规模对应关系逐步形成，地区性经济中心城市即中等城市普遍出现，县城网络基本成型，大、中、小相结合的城市规模分布体系形成。

隋唐时期，由于生产力的发展、疆域的扩大，城市数量增多，不仅表现为大中城市总量的增长，更主要表现为交通沿线和南方沿江、沿海地区具有经济意义的新兴城市的增长，以商品流通为主的水陆交通河港城市逐步兴起与发展。对外贸易的繁荣催生了沿海贸易港口城市和陆路交通城市。城市规模的扩大趋势极为明显，主要表现为城区规模的扩大与城市人口的增加，以及人口结构的变化。由于经济发展，工商业人口和流动人口增加，城市人口的异质性加大。百万人口以上的特大型城市开始出现，次级中心城市逐渐形成，地区中心城市即州县日趋繁荣和集中，城市之间的经济和文化联系有所加强。长江中下游地区经济出现较大发展，江南地区由于大运河的建设而与北方的联系加强，促进了运河沿岸城市商业、手工业的繁荣，形成了运河沿岸城市带，而运河重要支点城市——扬州在唐代发展为江南地区的经济中心。

隋唐时期，城市规划在空间结构上追求统一性，尊卑有别的礼制渗入城市空间和建筑形制布局等各个方面，中国传统城市空间结构得以定型，如中轴线由局部发展到全城，形成纵贯全城、严谨而对称布局的空间形态；都城的宫城由多宫制演变为单一的宫城制，形成由宫城、皇城和外郭城组成的三重环套结构形态；道路网由简单的、不甚严格的方格状演变为复杂的、十分完善的棋盘状,"坊"的排列亦随之由不规整发展为整齐划一的形态。空间相对封闭的坊市制成为城市管理制度的核心,并采取分区管理的模式,坊门的管理严格而兼具人性化。州县市场的管理日益得到重视,而街道的管理主要体现在治安、警卫方面;军事力量开始介入城市的治安管理,新的街道制度开始形成,严格而有序的城市管理系统逐步成熟。

隋唐时期,城市经济呈现多样化特征。许多城市除传统手工业和商业之外,诸如邸店、柜坊、飞钱等新的金融行业也相继出现并得到较大发展;跨区域商业贸易的发展,促进了车坊、质库、寄铺、运输等的兴盛,也带动了城市餐饮、娱乐、衣铺等生活服务性行业的发展。城市内已出现独立的手工业者和商人开设的店铺,工商业的发展推动了行业组织的形成,工商分业逐步开始。但是,行业组织并非独立的社会组织,在一定程度上是政府机构的延伸和功能的让渡,政府对工商业管控并未弱化,而是进一步加强。唐末五代时期,随着君主专制中央集权制度的弱化和城市经济的繁盛,城市居民区与商业区严格分离的坊市制出现解体的趋势,部分城市由封闭式坊市结构向开放式街市演变,居民区与商业区连成一片,市场活动不仅向居民区渗透,亦向城郊居住区扩展。

隋唐时期,由于政治局势相对安宁,社会、经济和文化繁荣发展,城市社会生活比以往更加丰富多彩。唐代城市居民的物质生活较前代有很大改变,社会生活呈现开放、进取和蓬勃向上的风貌。盛唐时期,多民族、多元文化在城市中交流、融合,对城市居民的服饰、饮食、娱乐、习俗都产生了很大的影响。另外,佛教、道教在隋唐时期因统治者的大力支持得到较大发展,宗教文化渗入城市居民生活中,对城市的发展也产生了重要的影响。此一时期,城市文化达到前所未有的新高度,唐诗创作的繁荣成为唐代文化兴盛的重要标志;隋代开创而唐代完善的科举制对于人才的培养和文化教育的发展起到了十分重要的作用。

总之,隋唐建立后,中国由分裂走向统一,对外不断扩大交流,同周围各国建立了友好关系,尤其是物质文化和精神文化不断东传,对东方各国的发展做出了巨大贡献;对内大力推动各民族文化交流、融合,在以汉文化为主的中华传统文化中融入了多民族文化和域外文化,形成了一种新型的开放的文化体系,有力地推进了城市的发展。

唐后期,统治集团极端腐败贪残,社会矛盾和阶级矛盾日趋尖锐、激化,从而爆发了黄巢领导的农民起义,历时十年,波及大江南北,给予唐王朝致命的打击,加速了唐王朝的灭亡。由于藩镇崛起,唐中央集权式微。907年,朱温篡唐建后梁,其后唐朝的疆域先后被一批藩镇瓜分,在中原地区前后出现五个为时极短的王朝,中原以外地区也建立了十个割据政权,史称此一时期为五代十国。

唐末五代十国时期,城市的发展出现较大变化,南、北方多个地区爆发战乱,长安、洛阳等许多著名的大城市遭到严重破坏,元气大伤,由此衰落。但与此同时,也有部分城市因成为新政权的都城或受战乱影响较小而得到了不同程度的发展。

目 录

第一章 隋唐五代城市的发展变迁 …………………………………… (001)
    第一节 隋朝建立与城市发展 …………………………………… (001)
    第二节 唐代城市的恢复与兴盛 ………………………………… (014)
    第三节 五代十国时期分裂割据与城市兴衰 …………………… (030)

第二章 城市体系、空间结构与形态演变 …………………………… (044)
    第一节 城市等级体系分布与区域城市的发展 ………………… (044)
    第二节 城市形态结构与坊市制 ………………………………… (064)
    第三节 城市给排水系统与水文化 ……………………………… (077)

第三章 经济变迁与城市发展 ………………………………………… (092)
    第一节 大运河开凿与运河城市发展 …………………………… (092)
    第二节 工商业繁荣与城市发展 ………………………………… (098)
    第三节 草市的发展与转型 ……………………………………… (114)

第四章 城市社会结构变迁 …………………………………………… (124)
    第一节 人口变迁与城市发展 …………………………………… (124)
    第二节 城市社会等级与社会结构变迁 ………………………… (135)
    第三节 民族融合与城市发展 …………………………………… (143)

第五章 城市社会生活及文化的变迁 ………………………………… (153)
    第一节 物质生活的发展变化 …………………………………… (153)
    第二节 节日文化与娱乐生活 …………………………………… (169)
    第三节 宗教文化生活 …………………………………………… (179)
    第四节 文学艺术的发展 ………………………………………… (197)
    第五节 教育的发展 ……………………………………………… (205)

结 语 …………………………………………………………………… (215)

参考文献 ………………………………………………………………… (220)

第一章　隋唐五代城市的发展变迁

第一节　隋朝建立与城市发展

隋朝的建立在中国历史上具有划时代的意义，结束了魏晋南北朝时期分裂割据的混乱局面，使中国历史再进入大统一时期。隋朝于建立初期，在全国范围内推行各种有利于生产发展的措施，使中国的经济文化出现飞跃式发展，生产力有了进一步的提高，并为唐代进入农业时代的全盛时期奠定了重要的基础。隋朝存在的时间虽然短暂，仅三十余年，却是上承南北朝、下启唐朝的朝代，被普遍认为是中国古代承前启后的重要时期。[①]

隋朝建立后，统一了全国，结束了魏晋南北朝时期长达360余年的分裂割据状态，从而为中国封建经济文化的进一步发展创造了条件，也为城市的兴盛打下了基础。隋朝建立后，在继承和总结前代各种制度的基础上形成了具有创新性的隋制，开创了一个新的时代，城市发展也进入一个新阶段。

一、隋朝统一与城市重建

隋开皇元年（581），北周丞相杨坚废周静王自立，称隋文帝，国号隋。隋文帝即位后，积极进行统一全国的准备工作，在政治、军事等方面采取了一系列措施来加强中央集权和扩张军事力量。其时，南方的陈朝政治极度腐败，士族衰落，南北力量均势被打破。589年，隋军攻入建康，陈朝灭亡，全国统一。

隋朝统一全国之初，隋文帝在政治、经济、社会和文化等方面进行了一系列改革，使阶级矛盾、民族矛盾和社会矛盾趋于缓和，生产力得到一定程度的解放，工农业和商业迅速发展，百姓富足，文化出现新的繁荣，史称"开皇之治"。

隋文帝统一天下，综合前代各种制度，有沿有革，形成隋制。隋朝在政治上建立了影响深远的三省六部制，改革吏治，加强和巩固中央集权制度；结束了西魏宇文泰的鲜卑化政策，使被改成鲜卑姓的汉人大臣以及府兵将领（以及其所辖府兵）

[①] 何一民：《中国城市史纲》，四川大学出版社，1994年，第92页。

得以恢复汉姓；选官上废除九品中正制，正式制定较为完整的科举制度，以选拔优秀人才进入官员行列，弱化世族对仕官的垄断；另外还建立了政事堂议事制度、监察制度、考绩制度等，加强对职官的考核和管理。这些都强化了政府的管理机制，并深刻影响了唐朝以及后世的政治制度。在军事上，隋朝继续推行和改革府兵制度，规定三年一拣点以补充缺额，服役年龄为21~59岁。为防止将帅拥兵专权，规定凡出兵征防须由朝廷命将统率，调遣时必须持兵部所下之鱼符，经州刺史和折冲府将领勘合后，才得发兵。战争结束则兵散于府，将归于朝，从而使将帅不能拥兵自重，保证了皇帝和朝廷的集权，使君主专制进入一个新的阶段。经济上，隋文帝采取了一系列有利于发展生产的措施。首先在确保国家赋税收入的同时，采取轻徭薄赋政策，以解民困，稳定民生。南北朝以来，户籍不清，税收不稳，于是隋文帝在开皇五年（585），实行"大索貌阅"政策，并接纳尚书左仆射高颎之建议，推行输籍法，在全国范围内进行户口调查，在一定程度上治理了魏晋南北朝以来隐瞒户籍之积弊，从而增加了国家税收，改善了经济状况。隋朝建立以前，各地赋役繁苛，隋朝初定，"给复十年"，赋役有所减轻。隋统一全国后，统一货币和度量衡。隋统一全国后建立的一系列制度在中国历史上具有重要的意义，隋制同秦制一样，具有划时代的意义。

  隋朝建立后，在经济方面也实施了一系列改革措施。一方面推行均田制和租庸调制，减轻农民的生产压力，使土地兼并受到一定的限制，农民可以得到一些土地，从而提高生产积极性；另一方面减轻租调力役，采取"大索貌阅"和"输籍定样"等措施，制定各户等级和纳税标准，使农民负担减轻而向政府纳税的户口增加。据《文献通考·户口考》载："文帝之初有户三百六十余万，平陈所得又五十万，至大业之始，不及二十年而增至八百九十余万。"[①]《田赋考》又载："开皇九年，任垦田千九百四十万四千二百六十七顷……至大业中，天下垦田五千五百八十五万四千四十顷。"[②]《隋书·食货志》称："虽数遭水旱而户口岁增。"这种现象的出现，是前代不可想象的。人口耕地的大量增加，农业生产的恢复和发展，使政府的经济实力有所加强，豪强大族的力量则相对有所削弱，从而促进了城市工商业的繁荣，最终成就了隋初的开皇之治。[③]

  隋朝统一大业的完成，有力地推进了城市经济的恢复和重建，城市工商业、手工业快速发展。由于政治上的统一，跨区域贸易得以实现，全国性市场不断扩大，进而又推动了农业和手工业发展。隋政府在恢复城市经济之初，对部分涉及民生的手工业实施减免税的措施，除入市之税外，罢酒坊，通盐池盐井，与百姓共之。工商业者的积极性得到了提高，不少城市工商业得到较大发展，除北方原有的工商业城市之外，西南、东南地区也出现许多比较繁华的商业城市。如西南的重要城市成

[①] 马端临：《文献通考》，中华书局，2011年，第277页。
[②] 曾贻芬校笺：《通典食货典校笺·食货二·田制下》，巴蜀书社，2013年，第28~29页。
[③] 何一民：《中国城市史》，武汉大学出版社，2012年，第213页。

都,在秦汉时期就是五都之一,南北朝时期受战争影响较小,因而到隋朝建立后仍是"水陆所凑,货殖所萃,盖一都之会也"①。此外,江南的宣城、毗陵、吴郡、丹阳、会稽、余杭、东阳等经过南北朝时期的发展,也都成为经济发达的重要城市。古称曲阿的丹阳,在隋代也是"人物本盛,小人率多商贩,君子资于官禄,市廛列肆,埒于二京……"②荆州古称江陵,早在战国时期就是长江中游的重镇,"南控岷峨,东连吴会,五方枕倚,四民昌阜"。岐州"密迩京圻,古称繁剧。兼以西通河陇,舟车辐凑,内多豪族,外引名商"③。蔡州"地接荆、郢,商旅殷繁"④。隋代城市经济最发达的城市还要数东、西二京。隋代所建大兴城作为都城,以政治功能为主,因集中了皇室、贵族和大量官吏等,为了满足他们的生活需要,城市的工商业得到鼓励和发展。大兴城建有东、西二市,东市名都会,西市名利人,因系国都所在,市内"俗具五方,人物混淆,华戎杂错。去农从商,争朝夕之利,游手为事,竞锥刀之末"⑤。东京洛阳则设有三市,东市名丰都,南市名大同,北市名通远。通远市邻通济渠,周围六里,二十门分路入市,商贾云集,停泊在渠内的舟船数以万计。丰都市周围八里,通十二门,市内有百二十行,三千余肆,市四壁有四百余店,重楼延阁,牙相临映,招致商旅,珍奇山积。⑥如此规模巨大的市场与统一的国家,与全国性市场的形成有着直接的联系,而市场的发展也对城市空间分布和市民的社会生活产生了深刻的影响。

秦统一中国后,随即统一了货币,从而促进了全国的金融发展。汉承秦制,也建立了统一的货币制度。但是魏晋南北朝时期,统一的国家解体,统一的货币制度也随之消解,各国发行的货币各有不同。因而隋朝建立后,统一货币也成为建立统一国家的重要举措。隋朝建立以前,钱币紊乱,种类繁多,币值极不稳定,关东有北齐所制的常平钱,关中有五行大布、永通万国等钱,不但大小轻重不一,而且劣币充斥,甚至还有私人铸造的各种恶钱、劣钱混迹于市,商品交换极其不便,民间称苦,亟盼统一货币。隋文帝即位后,很快宣布废除以前发行的各种钱币以及私人铸造的钱币,改铸新五铢钱,世称"隋五铢"。隋朝铸新钱采用严格的新工艺——母钱翻砂法,即先做样钱,呈皇帝审定后,再依照钱样做祖钱,用祖钱铸造母钱,再用母钱制作模具铸钱,铸造好的钱币还要上交呈验,从而保证钱币的质量。按照新法所铸的隋五铢钱,《隋书·食货志》载期"背面肉好,皆有周郭,文曰'五铢',而重如其文。每钱一千,重四斤二两"。为了保证钱币符合标准才能进入市场流通,隋朝在新币发行之初,于开皇三年(583)"诏四面诸关,各付百钱为样。从关外来,勘样相似,然后得过。样不同者,即坏以为铜,入官"。开皇五年(585),

---

① 魏徵、令狐德棻撰:《隋书》卷二十九《地理志上》,中华书局,1973年,第830页。
② 魏徵、令狐德棻撰:《隋书》卷三十一《地理志下》,中华书局,1973年,第887页。
③ 韩理洲辑校编年:《全隋文补遗》卷五《张寿墓志》,三秦出版社,2004年,第330页。
④ 韩理洲辑校编年:《全隋文补遗》卷五《张寿墓志》,三秦出版社,2004年,第348页。
⑤ 魏徵、令狐德棻撰:《隋书》卷二十九《地理志上》,中华书局,1973年,第817页。
⑥ 吴枫:《隋唐五代史》,人民出版社,1958年,第29页。

"又严其制。自是钱货始一,所在流布,百姓便之"。① 正是由于采取了严格的措施,才使隋五铢钱的铜质、重量及大小得到保证,从而使民众对统一的货币产生了信任,这对隋初经济的发展起到了至关重要的作用。另外,在南北朝分裂时期,除货币发行混乱以外,度量衡也十分混乱,因而隋朝建立后也相继统一了度量衡,开皇时规定以古尺一尺二寸为一尺,以古斗三升为一升,以古秤三斤为一斤。货币和度量衡的统一,改变了经济的混乱局面,促进了城市商业的繁荣。

商业的发展刺激了消费的增长,也推动了手工业的发展。有研究者认为,从手工业经济运行的内在规律看,手工业生产的发展需要两个重要的外部条件:一是广阔的市场,二是便捷的交通网络。有了这两个条件,手工业产品就有了畅销的出路,可以进一步扩大再生产,从而获得良性发展。而市场的培育与发展需要有政治统一的社会环境,否则就会受到制约。隋朝统治者对以上问题的重要性有充分的认识,因而在政策上尽量为经济发展创造条件,促进水陆交通的发展,鼓励商业活动跨区域开展,从而使相当部分城市的手工业产品市场得以扩大,由此促进了手工业规模的扩大,增强了城市的聚焦力和辐射力,从而促进城市规模的扩大。隋朝建立后,在南北朝时期得到较大开发的淮河流域和江南地区被纳入统一国家的治理之下,其区域优势得以突显。淮河流域的地理位置独特,地处中国南北两区域的交汇处,东接大海,西连长安、洛阳,水陆交通相对发达,全国统一后阻碍淮河流域手工业产品向全国市场流动的制度因素消除,淮河流域城市手工业得到迅速发展,如纺织、冶铸、酿造等传统优势产业率先崛起,而新兴的造船业、海盐业、竹木编织业等也因市场的扩大而出现较快的发展。② 扬州因大运河的开通,手工业、商业都有很大的发展,特别是冶铜业全国领先,成为隋朝铸币业的主要基地,其生产制作的铜镜、铜屏风等更是声名远扬。扬州的造船业更是异军突起,造船能力在全国城市中名列前茅。《资治通鉴》载:"杨玄感之乱,龙舟水殿皆为所焚,诏江都更造,凡数千艘,制度仍大于旧者。"③ 从此段资料来看,能重新造出如此数量多、质量高、规模大的龙舟,足以说明其造船业之发达,堪称当时全国造船业的翘楚。

北方、西南地区的城市经济也因国家的统一出现了新的发展局面。如河北地区重新成为北方丝织业的中心地,相州所产绫文细布非常精美。西南蜀郡的丝织在南北朝时期就领先于全国,隋朝建立后更是得到大发展,其各类丝绸织品皆质量上乘,行销全国,以成都为中心的蜀地"人多工巧,绫锦雕镂之妙,殆侔于上国"④。豫章郡的丝织业也有很大发展,在产品创新方面有所突破,出产一种"鸡鸣布","一年蚕四五熟,勤于纺织,亦有夜浣纱而旦成布者,俗呼为鸡鸣布"⑤。

隋文帝时期,隋统治者采取各种巩固国家统一的政治、经济和社会治理等措

---

① 以上俱引自魏徵、令狐德棻撰《隋书》卷二十四《食货志》,中华书局,1973年,第691页。
② 周怀宇:《论隋唐统一对淮河流域手工业的促进》,《安徽史学》2001年第2期。
③ 司马光编著,胡三省音注:《资治通鉴》卷一百八十二,中华书局,1956年,第5700页。
④ 魏徵、令狐德棻撰:《隋书》卷二十九《地理志上》,中华书局,1973年,第830页。
⑤ 魏徵、令狐德棻撰:《隋书》卷三十一《地理志下》,中华书局,1973年,第887页。

施，使数百年间连续不断的战事得以停息，社会得以安宁，民众得以休养生息，城乡经济出现较大发展，社会呈现空前的繁荣。此时期的城市也因此出现新的发展态势，而隋大兴城与东都洛阳的规划建设则成为当时城市发展的重要标志之一。

二、修筑大兴城与营建东都

隋朝城市建设的成就主要体现在都城大兴城（长安）和东都洛阳的兴建上。隋朝建立之初，其都城仍为北周的都城长安。隋文帝称帝后，心生另建新都的想法。史家一般认为正是以下几方面原因促使隋文帝大兴土木，另建新都。

一是北周都城是在汉长安城的基础上修建的，从西汉末年至隋初的八百年间，长安故城历经沧桑，凋敝日久，屡为战场，遭到多次严重破坏，到处残破不堪，城市难以更新。二是北周所建宫室形制狭小，不能适应新建的统一国家都城的需要。三是汉长安城从建设之初至北周，城市分区不明，宫殿与一般建筑杂处，统治者的安全防范不易，管理也不方便，需另择地址重建新都城。四是原汉长安城周边的河流和地下水皆遭污染，水质甚差，居民不堪其苦。岑仲勉著《隋唐史》也认为："文帝继北周都长安（汉旧都），嫌其制度狭小，庾季才言，汉营此城，年将八百，水皆咸卤，不甚宜人。开皇二年六月，诏于城东南廿一里龙首川处，创建新都……"① 汉长安城建立之初，也曾经过认真勘查，龙首原北麓地势较平坦，距渭水又近，故而也曾适合人居。汉长安建城几百年来城市污水沉淀，壅底难泄，至隋代已是水皆咸卤，饮水供应成为一大问题。而多经战争破坏的汉长安城的人居环境已经无法进行根本性的改造，唯一的办法就是放弃旧城另选新址，重建新都城。除此以外，还有一个重要理由促使隋文帝下定决心另建都城，那就是汉长安故城一度为前赵、前秦、后秦、西魏、北周的都城，而这些王朝存在的时间都很短，在隋文帝看来，此城已是气息奄奄、气数已尽的不祥之地，而隋朝新立，亟须新的气象，旧城制度狭小，难以适应新建立的统一王朝的需要，因而营建新都成为其巩固新生政权的重要举措。另外，原长安城内还暗藏着若干对新朝不满的敌对势力，因此，另建新都也是革故鼎新之举，隋文帝对此尤为心动。中国历史上有多个新王朝都是通过迁都来巩固政权和改善人居环境的，因而隋文帝经过慎重考虑之后，下定决心另建新都城。

在隋朝建立的第二年，隋文帝即下诏选择新都的地址，诏书称：

>此城（汉长安）从汉，凋残日久，屡为战场，旧经丧乱。今之宫室，事近权宜，又非谋筮从龟，瞻星揆日，不足建皇王之邑，合大众所聚……京师百官之府，四海归向……谋新去故，如农望秋，虽暂劬劳，其究安宅。今区宇宁一，阴阳顺序，安安以迁。②

---

① 岑仲勉：《隋唐史》，河北教育出版社，2000年，第27页。
② 魏徵、令狐德棻撰：《隋书》卷二《高祖纪下》，中华书局，1973年，第17页。

经过周密的考察论证，隋文帝决定将新的都城修筑在汉长安城东南十三里，即今西安城北面的龙首山南麓。"龙首山川原秀丽，卉物滋阜，卜食相土，宜建都邑，定鼎之基永固，无穷之业在斯。"① 这里川原秀丽，地势开阔，有扩建新都之余地，居高临下，自然条件较好，便于将来发展，也能体现大一统国家新王朝的气象。关中地区虽然历经战乱，生态环境遭到很大破坏，但是经两汉和魏晋数百年的经营，一直是全国政治中心所在地，经济较发达，文化兴盛。更重要的是，杨坚等隋朝新贵皆关陇集团出身，其根基在关陇地区，因而新都选址不能离开关陇地区。由于隋文帝在北周时曾被封为大兴公，故新都城建成后，"城曰大兴城，殿曰大兴殿，门曰大兴门，县曰大兴县，园曰大兴园，寺曰大兴善寺"②。

大兴城的营建始于开皇二年（582），隋文帝亲自过问都城的规划与营建，要求各项事务均要向他汇报。隋文帝任命左仆射高颎总领其事，任命太子左庶子宇文恺创制规划。高颎和宇文恺在新都建设方面各司其职，皆做出了重大贡献。此外，参与都城规划和施工营建管理的还有将作大臣刘龙、太监李询、工部尚书贺娄子干、太府少卿高龙义等。

大兴城所在的龙首山，位于汉都长安城的东南面，南及终南山子午谷，北据渭水，东临浐川，西接沣水。山上古木参天，花草争奇，林荫茂密，是极佳的天人合一之处。宇文恺在实地考察后向隋文帝报告，他在龙首原发现六条高坡，正像《周易》乾卦之六爻。他充分吸取北魏洛阳和高齐邺城的优点，巧妙利用龙首南麓六坡地形，将宫室、百官廨署等统治机构布置在全城制高点六坡上，以此为中心来设计全城，从而凸显皇权的至高无上。隋文帝对于宇文恺的设想十分赞同。"初，宇文恺置都，以朱雀街南北尽郭有六条高坡象乾卦。故于九二置宫殿，以当帝之居；九三立百司，以应君子之数；九五贵位，不欲常人居之，故置此观（玄都观）及兴善寺以镇之。"③ 汉长安的皇宫偏在京城西南角，大兴城的皇城却置于城市的正北方向，寓含皇帝南辖百官，君临百姓，统御天下。皇宫、官署全在龙首高地，既象征了皇帝作为王朝核心、主宰的至高无上，又显示了皇朝的威严和权威。宫城、皇城是京都和全国最高级的人居环境区。大兴城的兴建，不是在旧城基础上进行改建、扩建，而是在短时间内按周密规划兴建的崭新城市，整个工程的规划设计及人力、物力的组织和管理都是相当精细和严谨的。在城市规划设计和建设施工过程中，除对宫室、衙署、坊市、街道进行建设以外，还需要充分考虑地形、水源、交通、军事防御、环境美化、城市管理、市场供需等各方面的配套设施，另外，还需要兼顾规划大兴城作为都城的政治、军事、经济、文化中心的各种需求，因而大兴城的规划和营建是一项复杂的系统工程，而整个城市的营建时间短、水平高，解决了一系列复杂工程以及社会和文化等方面的问题，故而大兴城的营建标志着中国城市建设

---

① 魏徵、令狐德棻撰：《隋书》卷二《高祖纪下》，第17~18页。
② 徐松撰，李健超增订：《增订唐两京城坊考（修订版）》卷二《西京》，三秦出版社，2006年，第52页。
③ 骆天骧撰，黄永年点校：《类编长安志》，中华书局，1990年，第147页。

已达到一个相当高的水平。

据《类编长安志》卷二记载，隋大兴城修建时，"先修宫城，以安帝居。次筑子城，以安百官，置台、省、寺、卫，不与民同居。又筑外郭京城一百一十坊两市，以处百姓"①。皇城是国家政权的所在地，宫城是家天下的皇权的象征，二者共同象征一姓为君的国家政权。都城规划以宽深为模数，因为其实有象征"普天之下，莫非王土"和皇权控御一切、涵盖一切的意思。②大兴城的营建以修建宫城为先，当宫城建设基本结束后才开始营建皇城，最后再建安置百姓的外郭城。开皇二年（582）六月开始兴建大兴宫，第二年三月大兴宫建成，隋文帝即率百官迁入，前后仅九个月，其建设速度之快实在令人惊叹。直到大业九年（613）三月，外郭城才修筑完工。为了保障大兴城的生活用水和生产用水，宇文恺又主持开凿龙首渠、永安渠、清明渠，引浐水、交水、潏水入城。

大兴城北临渭水，东有灞、浐两水，漕渠运输十分方便。城南面对终南山，西有秦代阿房宫及汉昆明湖等遗址，西、北两面是将汉长安城也包括在内的皇帝禁苑。大兴城的区划，正中北是宫城，宫城南为皇城，也叫子城，再外是郭城。城制为左祖右社，市场、居民都有一定分置布局。③

大兴城建在旧长安城东南约7公里处的渭水南岸，总面积84平方公里，约为今西安旧城（明、清时建）的7.5倍。据《隋书·地理志》载，大兴城南北长15里175步；据考古勘察，实为16里125步，即8651.25米，东西长18里115步（实为18里1步，即9721米）④，周长约37.6公里，总面积为84平方公里，是世界古代史上规模最大的城市，比公元800年所建的世界著名城市巴格达的总面积30.44平方公里还要大1.75倍。

大兴城东、南、西各开三门，北面开一门。城的北部中心地区为宫城和皇城。宫城、皇城的东、南、西三面分列106个居民住区——坊（包括官吏府第、百姓户室及寺观庙宇）。⑤城东、城西各设一市，作为民间商品交易活动场所。宫城、皇城、坊、市由有规则的纵横25条大街分隔开。其中通向城门的6条主干大街，最宽的达150米。其他街道一般也都有几十米宽。⑥

宫城为皇室居处，位于城市正中北部，南面为皇城，北面为禁苑——大兴苑。《长安志》卷六《宫室》载：宫城东西4里，南北2里270步，周长13里180步，高3丈5尺。经实测，南北1492.1米，东西2820.3米，周长约8.6公里，面积约4.2平方公里。宫城中部是宫殿区，正殿称大兴宫，居中轴线上。宫城西侧是掖廷宫，东侧是东宫。各宫之间隔着高墙，有门相通。宫城共设四门，南为长乐门，东

---

① 骆天骧撰，黄永年点校：《类编长安志》，中华书局，1990年，第44页。
② 武廷海：《从形势论看宇文恺对隋大兴城的"规画"》，《城市规划》2009年第12期。
③ 李洁萍：《中国古代都城概况》，黑龙江人民出版社，1981年，第103页。
④ 中国科学院考古研究所西安唐城发掘队报告：《唐代长安城考古纪略》，《考古》1963年第11期。
⑤ 武金铭等：《中国隋唐五代经济史》，人民出版社，1994年，第16页。
⑥ 中国科学院考古研究所西安唐城发掘队报告：《唐代长安城考古纪略》，《考古》1963年第11期。

为承天门，西为广运门，北为定武门。宫城正南门外为一横街，宽 220 米，是大兴城中最宽的大道，也可视其为广场。

皇城为官府所在地，位于宫城之南，北部无墙，与宫城南墙隔一横街，东西两墙与宫城的东西两墙相接，南北 1843.6 米，东西与宫城东西距离相同，为 2820.3 米。皇城共有七门，东西各两门，南面三门：含光门、朱雀门、安上门。皇城内有东西向街道七条，南北向街道五条，皇城内集中设置了中央各官府衙署及附属机构，以及官办作坊、仓库、禁卫部队。设立皇城是大兴城首创。隋文帝在总结以前各朝都城的得失时，感到六朝时期宫阙、官府和居民杂处，很不方便，因此修建大兴城时，将官府集中于封闭式的皇城内，与市民区分开。这种明确的功能分区成为大兴城规划建设的一个特点。郭城城垣为夯土版筑，最厚处约 9~12 米，城垣外距墙基约 3 米挖有一条壕沟，宽 9 米，深 4 米。郭城东、西、南三面各开三门。南面正中的明德门是最大的城门，共有 5 个门道，各宽 5 米，深 18.5 米；其余各门均为 3 个门道。郭城有南北向大街 11 条，东西向大街 14 条，均直角相交，形成非常严整的方格网形道路系统，其中通往南面 3 门的 3 条大街和连接东西 6 门的 3 条大街为主要干道，除一条宽 55 米外，其余均宽 100 米以上。连接皇城南正门、朱雀门和外郭南正门、明德门的朱雀大街宽 150~155 米，为城市的南北中轴线。中轴线以东为大兴县，以西则是长安县，两县同城。各街皆中间高，两面低，两侧建有宽 2.5 米左右的排水沟。

外郭城为一般居民的居住区，采用严格的里坊制，南北 11 条街和东西 14 条街将郭城划分成了 108 个坊和东西两市。每坊的大小有些区别，最大的坊达 80 多万平方米，小的坊也有 34 万平方米。除朱雀大街两侧的四列坊内只设东西向的横街外，其余各坊内均设十字形街，街宽 15 米左右。坊的四周筑有夯土墙，在对街处开有坊门，晨开夜闭。多数坊被十字街划分为四个区域，每个区又被小的十字街划分为四个小区，居民的住宅便建置在小区内。大兴城居民区占全城面积的 63.8%，较之汉代长安城宫殿建筑占全城三分之二的情形，有了很大改变和进步。

大兴城内设有两个市，分别置于皇城外东南和西南处，各占一坊之地。市场内分设四条大街，成"井"字形，周围建有夯土城墙，开有八门，内有沿墙街道。市中有肆及行，管理市场的市署及平准署位于井字街的中央。东市主要为官僚服务，西市颇多外国商人开设的商店，以波斯人和阿拉伯人居多。市内有少量与店铺相连的手工业作坊。傅熹年认为：《隋书》记载，只有 106 坊为居住用地。各坊排列横平竖直，中间夹着街道，除四面顺城街外，东西向有十二条街，南北向有九条街，形成全城的棋盘格式街道网。隋规划大兴时，皇城东西各三行坊中，每一行南北设十三坊，象征一年十二个月再加闰月；在皇城南安排四行坊，象征春夏秋冬四季；每行设九坊，象征王城九逵。此外，北周制度在形式上效法周官，可能在隋初仍有影响，大兴城东、南、西三面各开三门，在外郭内形成东西、南北各三条干道的布局，就可能是受《考工记·王城制度》的影响。①

为了解决大兴城的生活用水和环境用水问题，隋初开凿龙首、清明、永安三条水渠。龙首渠位于城东，引浐水经长乐坡，然后分成两条支渠，一条支渠经通化门、兴庆宫，由皇城入太极宫；一条支渠绕城东北隅，由大明宫南部流入禁苑。清明渠位于城南，引潏水经安化门，北向流入安乐坊，再北流入皇城和太极宫。永安渠也位于城南，仍然引交水经大安坊、大通坊流入禁苑。由于佛教盛行，隋文帝大力提倡佛教和鼓励建造寺庙，因此大兴城内寺庙很多，这些也成为大兴城的一个特点。

大兴城的规划修建以北魏洛阳城和东魏、北齐邺都南城为参照，并在此基础上有所发展与创新。

一是城市选址较科学，符合古人都城选址原则。大兴城依山傍水，北枕渭水，南临终南山，东有浐水、灞水，西有沣河，其以龙首原以南的六条自然形成的高坡——六坡为骨架，并按《易经》爻卦来布置宫室："故于九二置宫阙，以当帝王之居；九三立百司，以应君子之数；九五贵位，不欲常人居之，故置玄都观、兴善寺以镇之。"从而将居于统治地位的皇宫、衙署和寺庙都布置在城市的高处，与一般居民区形成鲜明对照。

二是因地制宜。大兴城充分利用地形的优势，将帝王宫室和百官衙署布局于高地，增大了立体空间，使宫城和皇城显得更加雄伟壮观；将城市居民的住宅区布置在岗原之间的低平区域，不仅便于集中管理，而且利于开渠引水，修建湖泊，解决城市居民的生产和生活用水问题。另外，根据城区四隅地势起伏变化的特点，按传统礼教分别在各隅修建园苑或寺庙，如于东北隅修"入苑"，于西北隅修真坊，建汉明堂、辟雍、积善寺，于东南隅建曲江芙蓉园，于西南隅建禅定寺、大禅定寺。为了解决城内水运交通，宇文恺在建城的同时还预先开掘了引浐水的龙首渠、引潏水的清明渠、引交水的永安渠三条水渠，既满足了城市生活用水，也解决了水上运输问题，同时还增加了"三水绕京都"的美景。

三是大兴城的平面布局整齐划一，形制规整，为长方形。全城由宫城、皇城、外郭城三部分组成，完全采用东西对称布局。中国都城均衡对称格局从周朝开始提出，其间经历了若干都城规划、实践，至大兴城则形成典范：街道整齐划一，南北交错，东西对称，大街小巷，井井有条。

四是功能分区严整。皇宫、官署、民居严格区分，界线分明，郭城内的坊市统一划分，安全实用，既有利于统治者加强防卫，又有利于对城市的管理，特别是这使得坊市制更加完善。

五是外郭城面积约占全城总面积的大部分，居民住宅区的大幅度扩大，是大兴城建设总体设计的一大特点。大兴城在汉长安城的基础上进一步规范里坊制，其外郭城被纵横交错的大街分化为110个坊市。坊为独立的社区，亦称"里"（也称为

---

① 傅熹年：《隋唐长安洛阳城规划手法的探讨》，《文物》1995年第3期。

"里坊"），每一坊皆有坊名，建有坊墙，开有坊门，朝启晚闭，从而成为封闭的居住空间。为了方便居民的生活，坊内允许开设酒肆、饭馆、旅馆、当铺等与居民日常生活相关的商铺。同时，坊内还设有维护治安的武候铺。

大兴城规模宏大、布局严整、结构合理，成为严谨的对称轴线封闭式棋盘形城市格局的范例。《长安图志》载宋人吕大防云："隋氏设都，虽不能尽循先王之法，然畦分棋布，闾巷皆中绳墨，坊有墉，墉有门，逋亡奸伪无所容足，而朝廷宫寺、门居市区，不复相参，亦一代之精制也。"可见，大兴城不仅是中国古代城市建设规划高超水平的代表，也是隋朝经济实力和科技水平的综合表现，是当时世界规模最大的城市，对后世唐长安城的建设以及日本、朝鲜等国的都城规划建设也产生了深远的影响。

2. 东都洛阳

隋代除了营建大兴城外，还营建了另一座规模巨大的城市——东都洛阳。洛阳的营建无论对当代还是对后世，都产生了深远的影响。

洛阳，位于今河南省偏西黄河中游伊洛河谷，北依邙岭，南眺万安，西拒崤山，东南毗邻中岳嵩山。其战略地位十分重要，从周代起，就一直被视为"天下之中"。西周初年，周公提出在"天下之中"建都的思想，他认为伊洛盆地地势平坦，土壤肥沃，南望龙门山，北倚邙山，群山环抱，地势险要，伊、洛、瀍、涧四水汇流其间，水陆交通便捷，顺大河而下，可达殷人故地；顺洛水，可达齐鲁；南有汝、颍二水，可达徐夷、淮夷。故而周公认为此地是建都的好地方，他"复卜申视，卒营筑，居九鼎焉。曰：'此天下之中，四方入贡道里均。'"① 洛邑后成为东周都城，持续时间长达五百余年；到东汉魏晋时，也曾先后作为各个王朝及政权的都城。北朝后期，洛阳屡遭战火破坏，人口锐减，经济衰落，户口租调十亡六七。东魏武定五年（547），洛阳仅有户三千六百五十九，口一万五千七十二。战争导致洛阳城废荒芜，人口锐减。

隋朝建立后，隋文帝为承大统，仍然选择关中之地营建都城大兴城，规模宏大，与世无匹。但隋炀帝即位后，对大兴城并不满意，认为选择关中建都有利有弊，相比之下，洛阳作为天下之中的地理位置更适宜作帝都：可以西控突厥，东抚齐鲁，北定辽东，南接淮扬，控以三河，固以四塞；不仅可以彰显大隋天下独尊之地位，还可加强对中原地区和江南地区的控制。正是基于这样的考虑，隋炀帝于604年下诏在洛阳旧地营建东都。其诏书称："我有隋之始，便欲创兹怀、洛，日复一日，越暨于今。念兹在兹，兴言感哽！"②

隋炀帝之所以不满意在关中建都，也有其考量，一个重要的原因即在于关中已经失去了汉代建都时的优势。秦汉时期关中地区的自然环境优越，土地肥沃，物产丰富，农业经济发达，可供养的人口甚多，故而成就了秦汉霸业，使其得以一统天

---

① 司马迁撰：《史记》卷四《周本纪》，中华书局，1982年，第133页。
② 魏徵、令狐德棻撰：《隋书》卷三《炀帝纪》，中华书局，1973年，第61页。

下，尤其汉长安成为中国第一个人口达百万的大都市。但经两汉时期的过度开发，关中的生态环境遭到很大破坏，而从秦末至南北朝时期，作为政治中心的关中地区也成为战争频发之地，大规模的战争对关中地区造成了极大的破坏。战争破坏和过度开发在一定程度上对环境造成了不可逆转的破坏；另外，由于关中地区长期作为都城所在地，聚集的人口数量甚多，相对狭小的关中地区已经不堪重负，承载能力减弱。隋朝建立之后，根据政治和军事的需要继续选择关中地区为都城所在地，但是大兴城建成后，聚集的人口越来越多，需要大量粮食和各种物资，但关中已经不能自给自足，需要从关东地区和南方引进。而关中为四塞之地，对外交通极为不便，大量物资必须经过崎岖的山路和险要的关隘才能运到，故而当关中可以自给自足时，还可支撑关中和大兴城百姓的生活，但是一旦发生自然灾害，关中之民就会出现生存危机。隋文帝继位以后，深刻地认识到关中的缺陷，相继采取了多种措施加以弥补。一是建立了从关东到关中的四大粮仓——黎阳仓（卫州）、河阳仓（洛州）、常平仓（陕州）、广通仓（华州），以储备上百万石的粮食；二是开通渭河运输，把广通仓和大兴城连接起来；三是开建了长达三百余里的广通渠，把大兴城与黄河连接起来，以保证东部的粮食等物资能够顺利地运输到大兴城。但是开皇十四年（594）关中地区突发严重干旱，导致大批饥民逃荒至洛阳等地，使隋文帝产生在洛阳另建别都的想法。但营建东都之举还未实施，隋文帝就驾崩了。

隋炀帝继位后，深刻地认识营建东都的必要性和紧迫性。他除了高度重视关中地区粮食供应和"水陆通贡赋"外，还从军事及政治的战略高度强调营建东都的必要性。另外，流传甚广的谶纬之说也成为影响隋炀帝决定兴建第二个都城的强有力动因。"时有术人章仇太翼表奏云：'陛下是木命人，雍州是破木之冲，不可久住……陛下曾封晋王，此其验也。'帝览表，怆然有迁都之意。即日车驾往洛阳，改洛州为豫州。"[1] 正是在多重原因的推动下，营建东都之事很快被提上日程。

隋大业元年（605），隋炀帝在即位当年，"发丁男数十万掘堑，自龙门东接长平、汲郡，抵临清关，渡河至浚仪、襄城，达于上洛，以置关防"[2]。构建一条长数百公里、拱卫洛阳的军事防御工程，确保东都的安全。随即命尚书令杨素、纳言杨达为东都营作大监，将作大匠宇文恺为营作副监，负责营建东京，"每月役丁二百万人"[3]。其中筑宫城者七十万人，建宫殿墙院者十余万人，建东都城的土工八十余万人，木工、瓦工、金工、石工等十余万人。其动员人数之多，花费之大，为历史上所罕见。此时隋朝已统一全国，南北各地经济也得到进一步发展，从而为建设东都洛阳提供了雄厚的物质基础。炀帝在营建诏书中曾要求"今所营构，务从节俭，无令雕墙峻宇复起于当今，欲使卑宫菲食将贻于后世。有司明为条格，称朕意焉"[4]。但实际上东都洛阳的建设完全不是"务从节俭"，而是"穷极壮丽"，耗费

---

[1] 杜文澜辑：《古谣谚》，中华书局，1958年，第969页。
[2] 司马光编著，胡三省音注：《资治通鉴》卷一百八十《隋纪四》，中华书局，1956年，第5614页。
[3] 魏徵、令狐德棻撰：《隋书》卷二十四《食货志》，中华书局，1973年，第687页。
[4] 魏徵、令狐德棻撰：《隋书》卷三《帝纪第三》，中华书局，1973年，第61页。

巨大。据史料记载，隋炀帝"发大江以南、五岭以北奇材异石，输之洛阳，又求海内嘉木异草、珍禽奇兽，以实园苑"①，"隋室造殿，楹栋宏壮，大木非随近所有，多从豫章采来。二千人曳一柱，其下施毂以随之，终日不过三二十里。略计一柱已用数十万功，则余费又过于此"②。

大业二年（606），在耗费了无数人力、物力、财力之后，一座规模宏大壮丽的洛阳城仅用了一年的时间就大功告成，其建设速度甚至超过了大兴城，也可以说，这是世界建筑史上的一大奇迹，但这个奇迹是建立在广大劳动人民的生命和膏脂之上的。大业四年（608），隋炀帝将东京改名为东都，洛阳正式成为隋朝的别都。

隋朝东都洛阳与大兴城一样，也是另择新址而建。新城距汉魏洛阳旧城八公里，东望伊阙，北据邙岭，东临瀍水，西接涧河，洛水横贯其中。东都洛阳与大业城的基本构建及修建次序大体相同，也是由宫城、皇城、郭城三部分组成；也是先修宫城，次修皇城，然后再建郭城。在布局上，隋文帝初欲建一个与大兴城相似的以宫城为中心的对称布局的新城市，但是郭城在修建了东半部分后，却未再往西部发展，因而东都洛阳的宫城和皇城不是位于全城中轴线上，而是在整个城区的西北隅。东都洛阳的规模也比大兴城小。据今人考古发掘，东都外郭城东墙长7312米，西墙长6776米，南墙长7290米，北墙长6183米，总面积为45.2平方公里，比大兴城小。

东都洛阳外郭城东、西、南三面各开了三个城门，北面开两门，南面上鼎门与皇城的端门、宫城的承天门相对。洛水横贯洛阳城东西，将城分为南北两部分，河上建有三座桥连接南北两城区。南半城主要是居住区和商业区，北半城东部为居住区，西部是宫城和皇城，其地势较高，南面正对伊阙，从而使宫城和皇城的气势显得更为宏伟。

洛阳的坊比大兴城的坊多，但坊的面积则不及大兴城。杜宝《大业杂记》言：洛南有96坊，洛北有30坊，大街小陌纵横相对。有建国门，即罗城南正门。门南二里有甘泉渠，引洛水入伊渠，上有通仙桥五道，时人称之为五桥。桥南北有华表，长四丈，各高百余尺。建国门西二里有白虎门，门西二里至苑城。傍城南行三里有天经宫，宫南二里有仙都宫，并置先帝庙堂。南半城有南北向大街十二条，东西向大街六条，洛水以北有南北向街道四条，东西向街道三条，这些街道都呈直角平面相交。将郭城划分为一百三十二坊，洛水以南有九十六坊，以北有三十六坊，多数坊成正方形，边长一里，坊内有"十"字形街，四面开门。郭城内建有三个市：大同市（南市）、丰城市（东市）、通远市（西市）。三市中以丰城市最大。据杜宝《大业杂记》，该市居二坊之地，周八里，通十二门，其内一百二十行，三千余肆，甍宇齐平，遥望如一，榆柳相交，通渠相注，市四壁有四百余店，重楼延阁，牙相临映，招致商旅，珍奇山积。其他两个市的规模略小一些，但是也相当繁

---

① 李贽：《史纲评要》，中华书局，1974年，第461页。
② 刘昫等：《旧唐书》卷七十五《张玄素传》，中华书局，1975年，第2640页。

华热闹。三市在隋末战乱时皆毁于战火。

宫城称紫微城，是皇帝的宫殿所在。杜宝《大业杂记》云：

> 宫城东西五里二百步，南北七里。城南东西各两重，北三重，南临洛水，开大道，对端门，名端门街，一名天津街。阔一百步，道傍植樱桃、石榴两行。自端门至建国门，南北九里，四望成行，人由其下。中为御道，通泉流渠，映带其间。端门即宫南正门。重楼上重名太微观，临大街，直南二十里，正当龙门。出端门百步，有黄道渠，阔二十步，上有黄道桥三道。过渠二百步至洛水，有端门百步，有黄道渠，渠阔二十步，上有黄道桥三道。过渠二百步至洛水，有天津浮桥，跨水长一百三十步，桥南北有重楼四所，各高百余丈。过洛二百步，又疏洛水为重津，渠阔四十步，上有浮桥。津有时开阖，以通楼船入苑。重津南百余步有大堤，南有民坊。各周四里，开四门，临大街，门并为重楼，饰以丹粉。

宫城内从南到北建筑了多座殿宇。宫城后是陶光园，北面还有曜仪、圆璧两小城。皇城称太微城，又称南城，是朝廷文武官司之所在。其墙垣绕宫城的东、西、南三面，东、西两侧有一段与宫城之间形成夹墙。东面一门，西面两门，南面三门，正南门为端门。皇城内有南北向街道四条，东西向街道四条。此外，在皇城之东又筑有东城，呈南北纵向长方形。在东城之北、宫城之东又建有含嘉仓城，内建四百多座粮窖，是全国最大的粮仓。

洛阳城西修有西苑，周两百里。又于皂涧营建显仁宫，苑囿连接，北至新安，南及飞山，西至渑池，周围数百里。西苑，名曰芳华苑，培育有各地征集而来的奇花异草、奇禽异兽。苑内凿有大池，称之为海，周十余里，海中建有蓬莱、方丈、瀛洲诸山，高出水面百余尺，山上建有台观殿阁，穷极华丽。罗络山上，向背如神。北有龙鳞渠，萦纡注海内。苑内沿龙鳞渠建有十六所宫院，门皆临渠，"每院以四品夫人主之，堂殿楼观，穷极华丽。宫树秋冬凋落，则剪彩为华叶，缀于枝条，色渝则易以新者，常如阳春。沼内亦剪彩为荷芰菱芡，乘舆游幸，则去冰而布之。十六院竞以殽羞精丽相高，求市恩宠。上好以月夜从宫女数千骑游西苑，作《清夜游曲》，于马上奏之。"①

大业二年（606）四月，隋炀帝率百官到达东都洛阳，徙原洛阳故城的居民和诸州富商大贾数万户以实之，又命江南诸州科上户分房入东都住，各为部京户，六千余家。据杜宝《大业杂记》，其另令河北诸郡送工艺户三千余家陪东都，于建阳门东道北置十二坊，北临洛水，给艺户住。洛阳城内居民大增，达 202230 户。按每户五口人计算，洛阳人口达百万以上。洛阳不仅是全国的政治中心，也是全国水陆交通枢纽，随着大运河的开凿，更是天下之舟船所集，常万余艘，填满河路，商旅贸易，车马填塞。洛阳既是西接关中长安，东南通江都、太湖等地，东北直达北

---

① 司马光编著，胡三省音注：《资治通鉴》卷一百八十《隋纪四》，中华书局，1956年，第5620页。

河等地的水陆交通枢纽,也是新兴的经济中心。

魏晋南北朝时期,连绵不断的大规模战争,对各地城市的物态本体、人口、生态环境等造成影响,乃至巨大破坏,导致城市发展的动力机制受损和发展脉络中断,不少重要城市相继衰落,数百年甚至更长时间积淀起来的城市文明被毁灭。隋朝的统一,结束了将近四个世纪战乱所造成的纷乱局面。隋文帝在政治、经济、军事和文化等方面实行了一系列改革,促进了农业、手工业和商业的恢复与发展,中国农耕文明进入一个新的繁荣发展时期。

政治统一和经济发展推动了隋代城市的兴起,都城大兴城和东都洛阳成为中国城市史上的代表性城市。隋大兴和洛阳两座都城的建设改变了秦汉时期宫殿、官署占据城市一半以上主要空间,而手工业者、商人和一般市民仅占据城市外围空间的格局。隋代宫殿官署建筑所占据的城市空间较前相对缩小,却更加集中,形成了宫城、皇城与郭城相套的重城格局。王权的至高无上和封建中央集权的专制统治在城市建设中得到更加突出的表现,政治权力对城市建设的干预进一步加强。城市仍然首先是政治中心,但另一方面,随着经济、文化的发展,城市受经济、文化的影响也不断加大——手工业作坊、商业店铺及库房和市民居住区开始占据城市的大部分空间即是经济发展的结果。手工业、商业离不开城市,而城市的发展也离不开手工业和商业。大兴、洛阳的建设成为中国城市进入一个新的发展阶段的标志,促进了隋朝其他地区城市的建设,也对后世城市的发展产生了深远影响。[①]

第二节　唐代城市的恢复与兴盛

唐朝是继隋朝之后的又一个统一王朝,经贞观之治、永徽之治、武周时期,到开元时期达到鼎盛,出现开元盛世,综合国力强大,农业、手工业和商业都呈现前所未有的繁荣,文化也出现兴盛局面,疆域也较前扩大。唐朝的强盛与同时期欧洲国家的腐败、混乱、分裂形成鲜明对照,此时期的中华文明居于世界领先地位,对周边国家产生了深远影响。唐代也是中国农业时代城市高度发展的重要时期,其城市的兴盛经历了隋末战争破坏和唐初城市重建,并随着国力强盛而出现新的发展。

一、隋末战争对城市的破坏

隋朝与建立第一个统一的中华帝国的秦朝有着惊人的相似之处:虽然结束了中国分裂割据的局面,并在政治、军事、经济和文化等方面多有所开拓和创举,但其王朝统治的时间甚短。隋开国君主隋文帝是一位有开拓性的君主,对隋朝经济、社会的发展作用巨大;隋炀帝颇具雄心,并在多方面有所创举,是一位对后世产生了

---

① 何一民:《中国城市史》,武汉大学出版社,2012年,第219页。

第一章
隋唐五代城市的发展变迁

重要影响的政治人物,虽然后世之人对他多有贬斥,但仍然不能抹去他对历史的贡献。虽然想建立一个强大的帝国,但由于过于急功近利、好大喜功,隋炀帝在关键问题上决策失误,导致社会矛盾和民族矛盾尖锐,最终成为亡国之君。隋末战争风起云涌,对社会经济和城市都造成了很大的破坏。

隋末战争对城市的影响表现在直接破坏和间接破坏两方面。直接破坏就是战争对城市的建筑物、街道及经济等产生了直接破坏,并造成人口减少。如东都洛阳在隋末战争中就受到一定程度的冲击,城中重要商贸区大同市(南市)、丰城市(东市)、通远市(西市)及部分城市建筑均毁于战火,在唐朝建立后的一段时间内才得以恢复。① 另外,相关史料对其他城市的受损情况也多有记载:"废信州城,在(汝阴)县西北十五里。隋大业十三年郡城为贼房献伯所陷……"② "废期思县,在县百八十里。……大业十三年,狂贼房献伯攻破县,因此遂废。"③

隋末战争对城市的破坏和影响远不止于对城池等有形建筑的损毁,人口的伤亡和流失则是战争对城市发展影响的另一重要表现。特别是隋炀帝发动"三征"高丽的战争,征兵甚多,影响甚大。大业七年(611)二月,隋炀帝令山东、河北等地增置军府,"扫地为兵","舳舻相次千余里,载兵甲及攻取之具,往还在道常数十万人……"④ 后炀帝又"亲征吐谷浑,驻军青海,遇雨雪,士卒死者十二三。又三驾东征辽泽,皆兴百余万众,馈运者倍之"⑤。连年的全国性征发徭役,不仅使大部分青壮劳动力脱离社会生产,更严重的是造成了大量劳动人民的死亡。连年征战,最终致使城乡经济残破,人口大量减少,将社会经济推向崩溃绝境。在隋朝后期,社会矛盾十分尖锐,民不聊生,甚至出现人相食的惨状:"初皆剥树皮以食之,渐及于叶,皮叶皆尽,乃煮土或捣藳为末而食之。其后人乃相食。"⑥ 由于战争、饥荒、瘟疫等多种因素的影响,隋末唐初全国户口骤然减少。"炀帝大业二年,户八百九十万七千五百三十六,口四千六百一万九千九百五十六,此隋之极盛也。"⑦ 但是,到了唐初,户口大减,武德年间全国有户两百余万,贞观初期户不满三百万。贞观二年(628),尚书左丞戴胄上言曰:"今丧乱之后,户口凋残,每岁纳租,未实仓廪,随时出给,才供常年,若有凶灾,将何赈恤?"⑧ 贞观六年(632),魏徵称"然承隋末大乱之后,户口未复,仓廪尚虚"⑨。二人所言均生动地描绘了唐王朝版图内人口稀少、鸡犬不闻的荒凉景象。

---

① 蔡云辉:《战争与古代中国城市衰落的历史考察》,《中华文化论坛》2005年第3期。
② 乐史撰,王文楚等点校:《太平寰宇记》,中华书局,2007年,第209页。
③ 乐史撰,王文楚等点校:《太平寰宇记》,中华书局,2007年,第2552页。
④ 司马光编著,胡三省音注:《资治通鉴》卷一百八十一,炀帝大业七年七月条,中华书局,1956年,第5654页。
⑤ 杜佑撰,王文锦等点校:《通典》卷七《食货七》,中华书局,1988年,第148页。
⑥ 魏徵、令狐德棻撰:《隋书》卷二十四《食货志》,中华书局,第688页。
⑦ 杜佑撰,王文锦等点校:《通典》卷七《食货七》,中华书局,第147页。
⑧ 刘昫等撰:《旧唐书》卷四十九《食货志》,中华书局,第2122页。
⑨ 司马光编著,胡三省音注:《资治通鉴》卷一百九十四,太宗贞观六年条,中华书局,1956年,第6094页。

唐初，全国人口大幅度地减少，部分地区更是十室九空。贞观十一年（637），马周上疏称："今百姓承丧乱之后，比于隋时才十分之一。"① 同年，岑文本也说："既承丧乱之后，又接凋弊之余，户口减损尚多，田畴垦辟犹少。"② 贞观十四年（640），侯君集率兵进军高昌时，高昌王鞠文泰说："吾往者朝觐（指贞观四年），见秦、陇之北，城邑萧条，非复有隋之比。"③ 平定高昌时，陇右，特别是河西地区负责军粮的运输，但由于唐初河西各"州县萧条，户口鲜少，加因隋乱，减耗尤多"④。唐太宗虽然开创了贞观之治，但其治下的全国人口仍然未能恢复到隋朝人口兴盛时的水平。唐高宗继位后，全国的户口虽有所增加，但总体仍然较少，仅比贞观年间略有增加而已。据《旧唐书》载：永徽三年秋七月"丁丑，上问户部尚书高履行：'去年进户多少？'履行奏称：'进户总一十五万。'又问：'隋口有几户，今见有几户？'履行奏：'隋开皇中有户八百七十万，即今见有户三百八十万'"⑤。

隋炀帝统治后期，全国的户口就开始减少，大业二年全国有户890万，至唐初武德年间全国仅有200余万户，仅为隋大业二年全国户口的四分之一。唐王朝的建立，也是通过战争等暴力手段来实现的，因而夺取政权、稳固政权仍然是第一位，军事需要优先于经济的恢复和人口的增长。贞观初年，社会经济有所恢复，但人口的增长仍然较缓慢，户仅有300万，只为隋大业二年的三分之一。唐永徽三年（652），全国有户385万。仍然不及隋大业二年户口的一半。除战争、饥荒和瘟疫外，被北方少数民族政权掳掠或为躲避战争而逃亡也是唐人口减少的一个重要原因。相关史料多有记载，如武德三年（620）突厥处罗可汗"以弟步利设骑二千会并州三日，多掠城中妇人女子去"⑥。武德五年（622）刘黑闼"以突厥万人扰山东，又残定州。颉利未得志，乃率十五万骑入雁门，围并州，深抄汾、潞，取男女五千……"⑦ 另据《资治通鉴》载，"时中国人避乱者多入突厥，突厥强盛，东自契丹、室韦，西尽吐谷浑、高昌诸国，皆臣之，控弦百余万"⑧。"中国士民在北者，处罗悉以配之，有众万人。"⑨ 随着唐朝国力的强盛，唐贞观年间不断讨伐突厥，使生活在突厥的汉人全部归附唐朝，从而使唐朝人口有所增加。

二、唐代前中期城市的发展与繁荣

唐朝建立后，面对隋末出现的各种社会问题和尖锐矛盾，唐王朝采取了多种改

---

① 刘昫等撰：《旧唐书》卷七十四《马周传》，中华书局，1975年，第2616页。
② 刘昫等撰：《旧唐书》卷七十《岑文本传》，中华书局，1975年，第2536~2537页。
③ 刘昫等撰：《旧唐书》卷一百九十八《高昌》，中华书局，1975年，第5295页。
④ 吴兢撰，谢保成集校：《贞观政要集校》，中华书局，2009年，第504页。
⑤ 刘昫等撰：《旧唐书》卷四《高宗本纪上》，中华书局，1975年，第70页。
⑥ 刘昫等撰：《旧唐书》卷二百一十五《突厥上》，中华书局，1975年，第6029页。
⑦ 刘昫等撰：《旧唐书》卷二百一十五《突厥上》，中华书局，1975年，第6030页。
⑧ 司马光编著，胡三省音注：《资治通鉴》卷一百八十五，中华书局，1956年，第5792页。
⑨ 司马光编著，胡三省音注：《资治通鉴》卷一百八十八，中华书局，1956年，第5878页。

革措施,去除弊政,与民休息,从而使城乡经济逐渐得到恢复与发展,人口渐次增加。据相关史籍记载:"贞观初,户不及三百万,绢一匹易米一斗。至四年,米斗四五钱,外户不闭者数月。马牛被野,人行数千里不赍粮。民物蕃息,四夷降附者百二十万人。是岁天下断狱,死罪二十九人,号称太平。"① 中国历史进入了贞观之治的历史时期,时人称贞观之治是"振古而来,未之有也"的昌盛局面。贞观之治及其后的永徽之治,再加上武则天执政时期推行的一系列改革,为其后开元盛世的出现奠定了较为雄厚的基础。开元年间(713—741),唐王朝进入鼎盛时期,这也是中国古代历史上的一个黄金时代,史称"开元盛世"。其时"家给户足,人无苦窳,四夷来同,海内晏然"②。大诗人杜甫也曾写诗《忆昔二首·其二》描绘开元时期的盛景:

忆昔开元全盛日,小邑犹藏万家室。

稻米流脂粟米白,公私仓廪俱丰实。③

经过唐前期百余年持续稳定的发展,人口逐渐增加,到唐玄宗时,全国人口达6050.3万,比隋朝人口净增近千万,达到先秦以迄唐中期中国人口的最高峰。由于人口增加,社会生产力提高,经济十分繁荣,城市也发展到一个新的阶段。唐代城市的发展主要表现在以下几方面。

(一)城市数量增加,分布广泛

唐代城市数量的增加,与疆域的扩大有着密切的关系,唐前期疆域为东西9320里,南北13368里,有郡国103个,县城1314个。唐代天宝年间的疆域为东西9511里,南北16918里,新增县城大约140个。贞观元年(627),唐太宗分天下为十道:关内道、河南道、河东道、河北道、山南道、陇右道、淮南道、江南道、剑南道和岭南道,此外还设有州治城市315个。

唐代,城市的数量不仅增多,而且分布也较过去更广,尤其是南方城市发展很快。唐太宗贞观年间,全国共设十道,360州(府)。玄宗开元二十一年(733),又分天下为十五道,即将山南道、江南道各分为东西二道,又增设了京畿道、都畿道和黔中道。此外,天宝年间又先后新增设140余个城镇,其中有105个位于东南和西南地区,州一级的城市也较过去大大增多,表明城市规模普遍扩大。此外,西域地区城市也得到一定程度的发展。唐朝建立后,恢复和加强了对西域的管辖。唐太宗贞观十四年(640),唐朝设置北庭都护府,辖地包括天山北路和巴尔喀什湖以西至雷翥海(今中亚咸海)的广大地区。北庭都护府的治所位于天山北麓东端,准噶尔盆地东南缘,今吉木萨尔县城以北的冲积平原上,东临东河坝,西接西河坝。北庭都护府的城址平面布局略呈长方形,南北长约1.5公里,东西约1公里,为内

---

① 欧阳修、宋祁撰:《新唐书》卷五十一《食货一》,中华书局,1975年,第1344页。
② 杜佑撰,王文锦等点校:《通典》卷十五,中华书局,1988年,第359页。
③ 杜甫著,仇兆鳌注:《杜诗详注》卷十三,中华书局,1979年,第1164页。

外两重城布局。北庭都护府设立后相继设置了金满、轮台、蒲类三县，瀚海、天山、伊吾三军，以及盐治州、盐禄州、阴山州、大漠州、轮台州、金满州、玄池州、哥系州、咽面州、金附州、西盐州、东盐州、叱勒州、迦瑟州、冯洛州和孤舒州等16个羁縻州，天山北麓准噶尔盆地的城镇数量大增。由于北庭都护府的设立，大量中原人来到西域，进行戍边屯田和经商，带动了天山北麓准噶尔盆地的开发，农业、牧业、商业和手工业都得到空前的发展。

贞观十四年（640），唐太宗派侯君集出兵天山南麓，平高昌国，在西州城设西州都护府。同年，唐朝在车师前王国都城交河城设安西都护府。贞观二十二年（648），唐军进驻龟兹后，安西都护府迁至龟兹（今库车）。同时在龟兹、焉耆（今新疆焉耆西南）、于阗（今新疆和田西南）、疏勒（今新疆喀什）四城修筑城堡，建置军镇，由安西都护兼统，故简称安西四镇。唐高宗显庆二年十一月，唐军平定西突厥，将安西都护府治所迁回高昌故地。显庆三年（658），安西都护府又迁到龟兹，安西都护府升格为大都护府，在突厥故地分设蒙池、昆陵两个都护府，并将其附属小国分别设置州府，西境直抵波斯，都隶属于安西大都护府，使这一带都置于唐朝的直接统治之下。高宗龙朔元年（661），在于阗以西、波斯以东十六国，设置十六都督州府，统辖80个州，110个县，126个军府，并在吐火罗立碑记述此事。唐朝前中期加强了对西域的有效管辖，使西域城镇有较大发展，也使西域各城镇与中原内地经济、文化交流大大加强。

唐代，东北地区的城市也有所发展。唐高祖武德八年（625），居住在黑龙江上、中游和额尔古纳河两岸的室韦部遣使来到长安，愿意归附于唐。唐王朝随即在该地区设置行政机构，任命室韦部首领为都督等官职。周圣历元年（698），粟末靺鞨首领大祚荣统一粟末靺鞨，在东牟山（今吉林敦化西南城子山山城）建立政权，称"震国王"。唐玄宗开元元年（713），唐朝在粟末靺鞨地区（松花江上游）设置忽汗州（治所在今黑龙江省宁安县南的东京城），任命粟末靺鞨首领大祚荣为州都督，并封他为左骁卫大将军、渤海郡王，辖地包括松花江、乌苏里江、绥芬河等流域，东边直至大海。开元十年（722），唐朝政府封黑水靺鞨（住在黑江龙中下游地区）首领倪属利稽为勃利州刺史。渤海国建立后，先后派遣了大量的人员到长安学习，广泛吸收中原文化，并按照中原行政建置和城市制度建立了五京制，其都城为上京龙泉府（在今黑龙江宁安），另外相继建立了中京显德府、东京龙原府、西京鸭渌府、南京南海府。在各京府之下，还设置有15府，62州，130多个县。① 渤海国建立后，社会经济有较大发展，社会生产门类较为齐全，其农牧业产品和手工业产品除供应本国外，还与中原各地城市进行贸易（对唐朝的贸易主要是以朝贡方式进行，但对周边的国家和地区则以自由贸易的方式进行），由此也推动了城市工商业的发展。

---

① 金毓黻：《关于渤海国三个问题》，《历史教学》1956年第4期。

(二) 城市人口总量有较大的增加

有唐一代，鼓励人口生育是政府的重要政策之一，至中宗神龙三年，终见成效，全国户数增为六百万，开元天宝之际人口数达唐代顶峰，增至千万户。安史之乱后，全国人口又有减少趋势，尤其由于藩镇割据和豪强庇护，税户数连年减少。至乾元三年（760），税户减至1933174户。五代十国时期各政权所领著籍户数合计约464万余户，与唐开成、会昌年间中央政权直接掌握的户数基本相当。与全国人口数增加相对应，隋唐城市人口迎来秦创帝制以来的一个新的高峰期，然史料有限，全国总的城市人口难以有清晰统计和测算，仅能根据部分资料和现有研究管窥重要城市人口数量。有研究者认为隋唐时期城市人口总数达到了中国农业时代的一个高峰，如赵冈认为：天宝年间全国总人口5290万，城市人口比重达到20.8%，约1100万人；如若人口总数还有隐匿，则比例可能会略低于此，但仍可说明这一时期城市发展已经居于一个很高的水平。[①] 这一比率在农业时代已是非常高的，其城市化水平远高于农业时代向工业时代过渡的晚清民国时期。另据何一民研究，"唐朝城市人口达800万人左右，占全国人口总数的10%以上。远远高于世界人口城市化的平均水平"[②]。相比之下，直到18世纪，世界人口城市化率仅3%，唐代的城市化已经远远处于超前发展状态，说明当时中国的城市和经济、文化在世界上居于领先地位。

(三) 城市规模扩大

出现了一批大城市，甚至还有人口达百万的特大城市，且中等城市的数量也有增多。

唐代最重要的政治中心城市主要为十府和二十四都督府所在的城市，其中都城长安为皇帝所在的政治中心城市，地位最为重要。东都洛阳也是河南府城，其地位仅次于西京长安。此外，全国还有八个重要的府城，分别为太原府城、凤翔府城、成都府城、河中府城、江陵府城、兴元府城、兴德府城、兴唐府城。另外，二十四都督府分别设于汴州、齐州、兖州、魏州、冀州、并州、蒲州、鄜州、泾州、秦州、益州、绵州、遂州、荆州、夔州、通州、梁州、襄州、扬州、安州、润州、越州、洪州、潭州。其中扬州、益州（成都）、并州（太原）、荆州虽为大都督府治所，但其级别高于其他各都督府城。由于成都、荆州、太原分别是府城和大都督治所，故而唐代前中期最重要的中心城市共有31个。

唐代的这些重要政治中心大都位于重要经济区域内，而这些区域的农业和手工业都较发达，随着商品经济和水陆交通的发展，这些城市除了政治功能强大以外，其经济功能也在不断叠加，相继发展成为工商业繁荣、人口繁多的大都会。

---

① 赵冈：《中国城市发展史论集》，新星出版社，2006年，第63页。
② 何一民：《中国城市史》，武汉大学出版社，2012年，第258页。

唐代政治中心城市以政治功能为主，因而政治因素对这些大都会的发展所起的作用巨大。从先秦以来逐渐形成的君主专制中央集权的特殊国情，在城市发展进程中形成了具有东亚特色的政治中心城市优先发展规律，城市的行政级别高低对于城市的发展起着十分重要的作用，都城的兴废与其君主的重视程度有着十分密切的关系。

隋以前，汉魏长安、洛阳均因战争等原因而残破不堪，因而隋朝建立后，隋文帝和隋炀帝相继放弃了这两座有着千年历史的城市，通过国家权力来聚集各种资源，不惜花费巨资和庞大的人力、物力重新营建了西京大兴城和东都洛阳城，而原有汉魏长安城和洛阳城也就从此自生自灭，掩埋于尘土之中；而新营建的大兴城市规模之大，超过以往历史上任何一座城市，居于同时代世界之最；新建的东都洛阳的规模略次，但人口却超过百万。隋末唐初战争期间，大兴城和洛阳城虽然也都遭到不同程度的破坏，但是唐朝建立后，仍然保持两城市的政治中心地位，改大兴城为长安城，依然为唐朝的都城；洛阳同样保留了陪都地位，称东京。故而这两座城市作为全国的政治中心，在唐代得到快速发展。在唐王朝强有力的权力运作下，大量聚集人口和各种经济要素，并投入大量的财力、物力、人力来建设这两个城市的基础设施，因而唐代长安和洛阳的发展超过了同时期其他任何城市。

唐朝长安城基本承继隋大兴城的格局，后者的建制、街道、坊市的布局和设施大部分得以保留。唐王朝对长安城主要进行了一些扩建和营造，特别是对宫城进行了大规模的建设。唐王朝在隋大兴宫（唐改为太极宫）之外，相继修建了兴庆宫和大明宫——兴庆宫在宫城内，大明宫则修建在隋大兴城垣以外北部偏东处，从而使唐长安城市面积超过隋大兴城，继续保持其作为世界古代史上规模最大城市的地位。长安作为全国的政治中心，依靠封建君主专制王朝的特权来聚集全国的各类经济资源，以满足统治者的各种需要，唐长安的城市经济也因而呈现出特殊的繁荣，成为全国最大的工商业都会，城市人口也超过百万。长安城所在的京兆府在唐初贞观年间有户 207650 户，到开元年间则增至 362909 户，天宝年间保持为 362821 户；如果以每户 5 人计算，贞观年间则达 103 万人，开元年间则达 181 万余人。其时，有不少人对唐长安人口的繁盛有所描述，有较为著名的诗人岑参所写的《秋夜闻笛》中的两句："长安城中百万家，不知何人吹夜笛。"诗人所描述的"百万家"并不是确切的数字，只是一种形容和文学夸张，但在一定程度上也反映了长安人口繁多的实际情况。因而一般研究者都估计唐中期长安的人口已经达到百万以上。其时，长安不仅是皇城所在地，聚集了大量的皇室成员、王公贵族、官员及其家属，以及为他们服务的侍从、仆役等，还汇聚了为数众多的军队，这些人群构成了一个庞大的消费群体，为了满足他们的物质和精神文化需要，各类手工业、商业和文化娱乐活动都向长安聚集，由此又推动了长安人口的增加。

由于唐朝实行对外开放政策，与东、西方许多国家都有密切的交往，长安也成为国际性的大城市，有"世界首都"之称，大批外国的使者、学者、商人、僧尼等来到长安。

唐朝建立后，政治稳定，疆域广大，经济繁荣，国泰民安，思想意识领域内也同样呈现出繁荣景象。唐王朝在宗教方面实行开放政策，佛教和道教都发展到一个高峰，祆教、景教、摩尼教也得到很大的发展，因而长安城内各类寺庙林立，僧侣、道士和各种宗教人员云集。

随着长安的发展壮大，围绕长安还兴起了一些卫星城市，如冯翊、扶风、三原、临潼、咸阳、渭南、潼关等城市。这些城市因与京畿接壤，并处于长安与东西交往的交通要道上，而发展为具有一定规模的城市，俗具五方，华戎杂错，工商业兴盛。其民众多去农从商，争朝夕之利。

隋文帝所营建的东都洛阳，在唐朝建立后仍然作为东都，其政治、军事、经济地位都十分重要，因而在中央集权的作用下，也得到优先发展。尤其是在武则天掌权时期，多在洛阳处理政务，洛阳实际上成为武周的都城，一度取代了长安的首都地位，因而洛阳在此时期发展尤快。除政治因素外，东都洛阳自然地理条件和自身经济的发展也是其在唐中期得到大发展的重要原因。

洛阳位于南北经济大动脉——大运河的中心点，也是长安与东部和南方联系的要冲，水陆交通便利，在唐朝中前期是中外商贾荟萃之地，手工业相当发达，不亚于长安，而城内市场比长安的市场更大。唐代洛阳有南、北、西三个市场，每个市场都规模甚巨，其中南市有邸310区，资货100行。隋末，洛阳市场毁于战乱，但到唐初又得以重建，仍然保持隋代的规模，大同市为周4里，通远市为周6里，丰城市（东市）为周8里。而长安东、西市边长各600步，各周8里，与丰城市规模相当。由于洛阳有3个市场，故而其市场的总体规模大于长安。

大运河开通后，洛阳成为南北交通枢纽，成为全国最大的粮仓，粮食充裕，每当关中地区发生饥荒时，都靠洛阳发运粮食救济。唐中后期曾多次发生过唐朝君臣赴洛阳就食的事情。

洛阳经济的发展还表现在城市人口的增加上，最高峰达140万人之多，远远超过长安的人口规模，成为当时世界上人口规模最大的城市。随着洛阳的兴起，其在经济上出现了取代长安经济中心地位的趋势。

（四）区域性中心城市崛起

除长安、洛阳外，唐代具有跨区域聚集和辐射力的繁华大城市也较前有所增加，扬州、成都、广州、苏州、杭州迅速崛起，其中尤以扬州、成都著名，世称"扬一益二"。

南北朝时期，由于经济重心南移，长江流域得到进一步开发。到隋唐时期，统一国家的建立推动了长江流域经济的发展，从而为东、西两大中心城市扬州和成都的崛起创造了有利条件。

1. 扬州城市的崛起

扬州是在隋朝年间因大运河的开通脱颖而出的城市，成为联结南北和长江中下游的重要城市,"射利万室,控荆衡以沿泛,通夷越之货贿,四会五达,此为咽颐"①。这一变化也推动了扬州城市的政行政地位的提高,特别是隋炀帝三下扬州,广修行宫,进一步推动了扬州的发展。贞观元年(627),全国分为十道,淮南道则以扬州为治所,下辖十四州,扬州成为东南重镇。其后唐王朝在扬州置扬州大都督府,下辖扬、和、滁、楚、舒、庐、寿七州。唐代扬州的行政建置虽然也有一些变化,但始终保持着区域行政中心的地位。

由于扬州位于长江、大运河交汇处,四会五达,是全国最重要的水陆交通中心之一,联系着南北大半个中国,南北商人和物资多在此总汇,江淮荆湖入岭南的物产,特别是东南一带的海盐,大都在此集散;北方的许多货物也多汇集在此。唐王朝在扬州设有盐铁转运使,垄断东南盐铁之利。扬州是唐朝的漕运中心,一年四季漕运不断,淮汴之间,楼船万计。代宗年间,岁转粟百一十万石。史称"扬州地当冲要,多富商大贾"②。唐人罗隐在《广陵妖乱志》中说:"广陵为歌钟之地,富商大贾通逾百数。"③ 实际绝不止数百人。肃宗时,田神功入扬州平乱,仅"商胡大食、波斯等商旅死者数千人"④。这些胡商多为富商巨贾。

当时的汴州史称"汴为雄郡","舟车辐辏,人庶浩繁"⑤,"此州都会,水陆辐凑,实曰膏腴"⑥。可见汴州已相当繁盛,聚集的富商自然很多。凉州"为河西都会,襟带西蕃、葱右诸国,商旅往来,无有停绝"⑦。玄宗时富商大贾层出不穷,当时仅长安巨商就有郭行先、任宗、杨崇义、王元宝、郭万金、任令方、康谦等人,其中杨崇义"家富数世,服玩之属僭于王公"⑧。开元中,唐政府"没京兆商人任令方资财六十余万贯"⑨。唐代全国每年货币发行量仅三十二万贯,而任令方被没收的资产竟多达六十余万贯,其拥有的资产值约等于全国两年的货币发行量之和,足见其财力之雄厚。王元宝亦为都中巨豪,"常以金银叠为屋壁,上以红泥泥之……故时人呼为王家富窟"⑩。

唐中后期,扬州不仅是唐朝财赋所赖的重镇,而且也是商贾如云的国际大商埠,成为长江下游对外贸易的中心。扬州由于商旅辐辏,人烟浩繁,纷华靡丽,珠翠填咽,产生了巨大的吸引力,人们心驰神往,趋之若鹜,从而使扬州人口不断增

---

① 权德舆:《大唐银青光禄大夫检校司徒同中书门下平章事太清宫及度支诸道盐铁转运等使崇文馆大学士上柱国岐国公杜公淮南遗爱碑铭》,董诰等编:《全唐文》卷四百九十六,中华书局,1983年,第5055页。
② 刘昫等撰:《旧唐书》卷八十八《苏瑰传》,中华书局,1975年,第2878页。
③ 罗隐:《广陵妖乱志》,董诰等编:《全唐文》卷八百九十七,中华书局,1983年,第9361页。
④ 刘昫等撰:《旧唐书》卷一百一十《邓景山传》,中华书局,1975年,第3313页。
⑤ 刘昫等撰:《旧唐书》卷一百九十《齐浣传》,中华书局,1975年,第5037页。
⑥ 刘昫等撰:《旧唐书》卷六十四《李灵夔传》,中华书局,1975年,第2435页。
⑦ 惠立、彦悰:《大慈恩寺三藏法师传》卷一,中华书局,2000年,第11页。
⑧ 王仁裕、姚汝能撰,曾贻芬点校:《开元天宝遗事 安禄山事迹》卷上,中华书局,2006年,第17页。
⑨ 刘昫等撰:《旧唐书》卷八《玄宗本纪》,中华书局,1975年,第200页。
⑩ 王仁裕、姚汝能撰,曾贻芬点校:《开元天宝遗事 安禄山事迹》卷下,中华书局,2006年,第37页。

多。天宝年间，扬州有 7.7 万余户，较唐初增加了三倍多。同时城市建区的规模也在不断扩大。扬州的前身汉代广陵城周长十四里，唐代扬州周长达四十余里。沈括《梦溪笔谈》称："扬州在唐时最为富盛，旧城南北十五里一百一十步，东西七里三十步。"① 扬州成为仅次于长安、洛阳的第三大城市。

唐玄宗天宝年间发生安史之乱，战事长达八年之久，北方再次遭到战乱破坏，经济重心进一步南移。一方面是长安、洛阳等城市因战争而出现衰落，另一方面则是北方的各种资源和经济要素向南方迁移，尤其是向扬州等城市聚集，由此推动扬州等城市经济实力的增长和工商业的繁盛。《资治通鉴》记载："扬州富庶甲天下，时人称扬一、益二。"② 所谓"扬一"，即扬州的繁盛天下第一。在唐代的诗文中有不少关于扬州盛况的描述，如权德舆《广陵诗》写道："广陵实佳丽，隋季此为京。八方称辐辏，五达如砥平。大旆映空色，笳箫发连营。层台出重霄，金碧摩颢清。交驰流水毂，回接浮云軿。青楼旭日映，绿野春风晴。喷玉光照地，颦蛾价倾城。"杜牧也赞曰："扬州胜地也，每重城向夕，倡楼之上，常有绛纱灯万数，辉罗耀列空中，九里三十步街中，珠翠填咽，邈若仙境。"③ 扬州的繁华确实令人叹为观止，甚至长安和洛阳与之相比都要略逊一筹。

2. 成都在唐代的兴盛

成都虽位于西蜀，但在魏晋南北朝时期较少受到战争兵燹的蹂躏，故而长期保持着农业和手工业的繁荣，商业贸易也十分兴盛。特别是在南北朝时期，以成都为起点的河南道沿着岷江河谷进入甘南地区，直达青海湖，使经过河西走廊因战争而中断的丝绸之路重新连通。其时，南方丝绸之路也继续得到开发，成都通过长江航运与江南地区建立起的经济文化联系也进一步加强。南北朝时期成都的发展奠定了唐代成都发展的重要基础。唐代中前期，成都既是西南的政治中心，也是西南的经济、文化中心，并且发展成中国人口最多的城市之一，"户口滋多"，人口高峰时达十万户，约五十万人左右，位于长安、洛阳之后，居全国第三位，超过扬州的人口规模。天宝年间，扬州改为广陵郡，领七县，77150 户，467857 人，扬州的人口二十余万，不及成都人口的一半。唐代成都由于经济发展，人口增加，城市的范围也不断扩大，向东南方向扩展。

唐贞元年间，韦皋节制成都之时，鉴于成都人口增多，"于万里桥隔江创置新南市，发掘坟墓，开拓通街，水之南岸人逾万户"④。唐僖宗年间，高骈扩筑成都罗城，"役徒九百六十万工，计钱一百五十万贯"，"每日一十万夫，分筑四十三里，皆施广厦，又砌长砖"。⑤ 故而唐代成都规模宏大，唐代大诗人李白曾写诗盛赞成都的壮丽："九天开出一成都，万户千门入画图。"成都的经济在唐代中后期也得到

---

① 沈括：《梦溪笔谈》卷三《补笔谈》，中华书局，2015 年，第 311 页。
② 司马光著，胡三省音注：《资治通鉴》卷二百五十九，中华书局，1956 年，第 8430 页。
③ 李昉：《太平广记》卷二百七十三，中华书局，1961 年，第 2151 页。
④ 张君房编，李永晟点校：《云笈七签》卷一百二十一，中华书局，2003 年，第 2670~2671 页。
⑤ 唐僖宗：《奖高骈筑成都罗城诏》，董诰等编：《全唐文》卷八十七，中华书局，1983 年，第 911 页。

空前发展，成都成为全国性的经济大都会。陈子昂称："……蜀为西南一都会，国家之宝库，天下珍宝聚出其中，又人富粟多，顺江而下，可以兼济中国"①。成都成为西南地区最大的政治、经济、文化中心。乾符五年（878），黄巢起义爆发，战火从北方蔓延至南方，扬州遭到严重破坏，而成都则处于安宁无事，唐人卢求称其"江山之秀，罗锦之丽，管统歌舞之多，伎巧百工之富……扬不足以侔其半"②。故而在扬州经济衰落之时，成都经济的发展则有骎骎乎凌驾于扬州之上的趋势。

3. 广州在唐代的发展

广州经历了魏晋至隋朝数百年间的平稳发展，到唐代已成为中国一个十分重要的对外贸易港口城市。瑰宝山积，蛮胡贾人，舶交海中，外国之货日至，珠香、象犀、玳瑁等奇物溢于中国。唐朝在广州设立有市舶使院，主要管理东南路海路民间贸易和朝贡贸易，征收进出口税。外国船只"每岁至广州、安邑，师子国船最大，梯上下数丈，皆积百货"，"市舶使籍其名物，纳船脚，禁珍异"。③ 外国商人也在这里购买中国的商品运回国去，故广州成为中国土特产品的出口基地，南方的竹、布、藤、药材等货物都在此集散。

4. 苏州在唐代的发展

苏州是历史悠久的战国名城，但秦以后受各种因素的影响，其发展相对滞后。而到唐代则成为与杭州齐名的新兴城市，被称为六雄州之一。唐中叶以后，苏州的经济发展很快。白居易称"况当今国用、多出江南；江南诸州，苏最为大"④。苏州被时人称为"人稠过扬府，坊闹半长安"。

5. 杭州城市的兴起

杭州在秦汉时期为钱塘县治所，梁朝时提升为钱塘郡治所。隋代，由于大运河南至杭州，杭州成为舟车辐辏之会，江湖冲要之津，行政地位进一步提高，后废郡为州，故被称为杭州。唐代，杭州地理位置的优越性更加突显，由此促进了城市的发展。李华《杭州刺史厅壁记》云："咽喉吴越，势雄江海、国家阜成兆人，户口日益……水牵卉服，陆控山夷，骈樯二十里，开肆三万室。"⑤ 唐代，杭州的工商业十分繁盛，商贾如织，百货山积，有商店三万家。沈亚之《杭州场壁记》云："南派巨流，走闽禺瓯越之宾货，而盐鱼大贾，所来交会，每岁官入三十六万千计。"⑥

唐中后期，随着经济重心南移，南方的大城市也增多，除扬州、广州、杭州、苏州外，京口、湖州、洪州均是重要的经济中心城市。唐朝开元年间开凿伊娄河，运河入江渡口从丹徒改到京口，于是位于运河入江上端的京口（今镇江）成为漕粮

---

① 刘昫等撰：《旧唐书》卷一百九十中《陈子昂传》，中华书局，1975年，第5023页。
② 卢求：《成都记序》，董诰等编：《全唐文》卷七百四十四，中华书局，1983年，第7702页。
③ 王谠撰，周勋初校证：《唐语林校证》卷八，中华书局，2008年，第728页。
④ 白居易：《苏州刺史谢上表》，《白居易集》卷六十八，中华书局，1979年，第1434页。
⑤ 李华：《杭州刺史厅壁记》，董诰等编：《全唐文》卷三百一十六，中华书局，1983年，第3206页。
⑥ 沈亚之：《杭州场壁记》，董诰等编：《全唐文》卷七百三十六，中华书局，1983年，第7604页。

与南北物质转运的重要运输站，工商业随之兴起。常州也是居三吴襟带之邦，百越舟车之会的交通要冲，运河开通后，成为地大人众、政繁务殷的望县。湖州是太湖地区的经济中心，为江表大郡，其地物产丰饶，工商业发达，舟车所会、物土所产雄于楚、越。洪州为中唐时江淮间兴起的都会，岭南的许多货物大都越庾岭，取水道至洪州，再从洪州沿江东下分散到各地，因而洪州工商业相当兴盛，其瓷器十分有名。岳州为五岭三湘水陆会合之地，商贾运输多经由此处。唐代南方城市多有发展，如吉州、饶州、荆州、襄阳、长沙、南郡、鄂州、明州、泉明、升州、江州、京口、宣城、毗陵、东阳等城市都是"川泽衍沃""四方凑会"的工商业都会；另外，夷陵、竟陵、江夏、安陵、沔阳、沅陵、清江、春陵、汉东、安陆、永安、义阳、武陵、巴陵、零陵、桂林、澧阳、衡山等城市也有一定程度的发展。

岭南地区虽然广阔，下辖七十余州，但由于经济腹地开发较迟，除广州以外，其余多数城市人口较少、规模较小，经济也不发达。巴蜀地区的城市除川西平原形成以成都为首位城市的城市群外，平原外围的城市发展也相对缓慢。位于长江与嘉陵江交汇处的渝州（今重庆），因长江上游航运还不发达，城市人口较少，仅三千余户，工商业也不兴旺，城市功能则以政治、军事为主。

唐代东中部以农耕文明为基础的地区城市发展较快，城市数量较多，城市规模相对较大，城市化水平较高，而西北、东北和西南等居民以少数民族为主的内陆边疆地区的城市发展仍然较为缓慢。总体而言，唐代城市较魏晋南北朝时期有较大发展，据估计，唐代城市人口最多时达 800 万人左右，占全国人口总数的 10% 以上，远远高于当时世界人口城市化的平均水平。直到 19 世纪以前，世界人口城市化率仅 3%，与唐朝同时期的欧洲，除地中海、北海沿岸有少数较大的城市外，大陆内部的城市稀少；在北美，人迹寥寥，还谈不上城市的发展；非洲大部分地区也十分落后，城市极少。公元 7 世纪至 9 世纪，中国城市的发展居于世界领先地位。

三、唐中后期战乱与城市衰落

唐朝经过前期的励精图治，创造了中国古代历史的辉煌，达到一个鼎盛时期。唐代城市也随着政治的稳定，经济、文化的兴盛而发展，不仅长安、洛阳等城市成为国际大都会，而且成都、扬州、广州、苏州等三十余个城市也发展为经济繁华的大城市，"唐朝城市人口达 800 万人左右，占全国总人口总数的 10% 以上"[1]。但盛世的出现也往往潜伏着危机，唐玄宗开元盛世后期，政治腐败，官场黑暗，宦官专权，边将专横，地方势力坐大，社会矛盾和民族矛盾尖锐，最终导致安史之乱。大规模的战乱使人口锐减，国力衰退，唐王朝也由此盛极而衰。

唐后期，社会矛盾更加激化，导致战争频繁爆发，据不完全统计，隋唐五代发生较大规模战争 353 次，仅唐代即有 192 次，年均 0.666 次，且主要集中于唐代中

---

[1] 何一民：《中国城市史》，武汉大学出版社，2012 年，第 258 页。

后期。① 唐后期的战争以黄巢领导的起义影响最巨，乾符五年（878）黄巢在山东起兵，随之进至河南，进而转战江南，继而北伐，攻占长安，拥兵称帝。但在唐军的围攻下，黄巢起义军最终于中和四年（884）战败。此次战争历时六年多，波及半个中国，对相应城市造成了巨大的破坏，损坏了这些城市的有机构成和支撑系统，导致城乡经济衰败，人口大量减少，尤其是战争对人口的杀戮和战后的次生灾害导致大量的人口非正常死亡。人口作为生产力最主要、最活跃的要素，亦是城市系统存在与发展重要构成，因而人口大规模减少对于城市的负面影响十分明显。战争双方为了争夺城市，都不惜采取各种暴力手段，在战争状态下，以屠杀的方式消耗城市主体人群，这往往成为交战双方迫使对方屈服，并最终占有对方社会经济财富的惯用方式。这一方式的普遍采用，使战区民众产生巨大心理压力，无论是战场屠杀本身，抑或其潜在的恐惧作用，均使城市人口锐减成为战时的常态。有关唐代中后期战争所造成城市人口的严重损失的史料不胜枚举，其中颇多记载令人触目惊心。

乾元元年（758）郭子仪兵围邺城，"城中人相食，米斗钱七万余，鼠一头直数千"②。乾元三年（760）闰四月，史思明再陷东都，"京师米斗八百文，人相食，殍骸蔽地"③。上元二年（761），"洛阳诸郡人相食，城邑榛墟"④。"春以东周之地，久陷贼中，宫室焚烧，十不存一。百曹荒废，曾无尺椽，中间畿内，不满千户。井邑榛棘，豺狼所嗥，既乏军储，又鲜人力。东至郑、汴，达于徐方，北自覃怀，经于相土，人烟断绝，千里萧条。"⑤ "征郡国之版在，验地官之籍列，太平之人，已十无七八。"⑥ "东都凋破，百户无一存，起宜阳、熊耳、虎牢、成皋五百里，见户才千余，居无尺椽，爨无盛烟，兽游鬼哭。"⑦

中和元年（881），黄巢起义军在长安城内大败唐军，因城中有民帮助官兵，黄巢遂纵兵屠杀，流血成川，谓之"洗城"。乾宁二年（895），昭宗出幸南山麓莎城、石门等处旬余，京城士庶从幸者数十万人，中暑而死者三分之一。"东都经黄巢之乱，遗民聚为三城以相保，继以秦宗权、孙儒残暴，仅存坏垣而已。全义初至，白骨蔽地，荆棘弥望，居民不满百户。"⑧

需要注意的是，君主专制统治下的冷兵器时代战争的残酷性被发挥到极致，战斗的一个重要目的就是尽量消灭敌对方的人口，作为非军事人员的平民百姓也成为杀戮对象，故而战争的最直接后果之一就是人口的大量减少和地域性迁徙。而"人

---

① 冯兵、杨兵：《五代十国时期南北城市发展趋势与基本面貌》，《南都学坛》2018年第4期。
② 刘昫等撰：《旧唐书》卷二百上《安禄山附子庆绪传》，中华书局，1975年，第5373页。
③ 刘昫等撰：《旧唐书》卷三十七《五行志》，中华书局，1975年，第1361页。
④ 欧阳修、宋祁撰：《新唐书》卷二百二十五上《史思明附子朝义传》，中华书局，1975年，第6432页。
⑤ 刘昫等撰：《旧唐书》卷一百二十《郭子仪传》，中华书局，1975年，第3457页。
⑥ 李庚：《两都赋·后赋西都》，董诰等编：《全唐文》卷七百四十，中华书局，1983年，第7648页。
⑦ 欧阳修、宋祁撰：《新唐书》卷一百四十九《刘晏传》，中华书局，1975年，第4794页。
⑧ 司马光编著，胡三省音注：《资治通鉴》卷二百五十七《僖宗记》，中华书局，1956年，第8359页。

口"是社会的主体,是社会经济活动中核心和最活跃的要素,每次战争爆发都必然导致大量青壮年士兵伤亡,也使大量普通平民百姓死亡或受害,同时动荡的社会也使民众为了生存而被迫逃亡。唐玄宗天宝末年全国有户891.4余万户,安史之乱发生后,全国人口大减,"肃宗乾元三年,见到帐百六十九州,应管户总百九十三万三千一百三十四。不课户总百一十七万四千五百九十二,课户七十五万八千五百八十二。管口总千六百九十九万三百八十六,不课口千四百六十一万九千五百八十七,课口二百三十七万七百九十九"①。仅数年间,全国户口数减少一半以上。除了战争死亡外,大量的户口减少则与逃亡有关。

唐中后期战争期间,参战各方军队除了大开杀戒以外,还大肆劫掠财物和对城市建筑物进行破坏,由此对城市经济社会造成了极大的破坏。韦庄在《秦妇吟》中描述了战争的惨象:

  自从洛下屯师旅,日夜巡兵入村坞。
  ……………
  家财既尽骨肉离,今日垂年一身苦。
  一身苦今何足嗟,山中更有千万家。
  朝饥山草寻蓬子,夜宿霜中卧荻花。
  ……………②

安史之乱后,藩镇割据继之而起,洛阳因处"四战之地"而屡遭破坏。广明元年(880),"汝州所募军李光庭等五百人自代州还……过东都,烧安喜门,焚掠市肆"③。中和四年(884),秦宗权复职命将出兵,寇掠邻道,"屠残人物,燔烧郡邑。西至关内,东极青齐,南出江淮,北至卫滑,鱼烂鸟散,人烟断绝,荆榛蔽野"④。孙儒陷东都后,所至屠翦焚荡,殆无孑遗。由于孙儒、李罕之、张全义等藩镇对洛阳的争夺,巍峨壮丽的东都洛阳鞠为煨烬,野无遗秆,寂无鸡犬之音。张全义任河南尹时,洛阳仍是白骨蔽地、荆棘弥望……四野俱无耕者。刘晏在给元载的信中称:

  函、陕凋残,东周尤甚。过宜阳、熊耳,至武牢、成皋,五百里中,编户千余而已。居无尺椽,人无烟爨,萧条凄惨,兽游鬼哭。牛必嬴角,舆必说辕,栈车挽漕,亦不易求。⑤

数十年之后,洛阳仍然元气未复,"国家营创两都,盖备巡幸。然自艰难以来,此事遂绝。东都宫阙及六军营垒、百司廨署,悉多荒废。陛下必欲行幸,亦须稍稍

---

① 杜佑撰,王文锦等点校:《通典》卷七《历代盛衰户口》,中华书局,1988年,第153页。
② 辛文房:《唐才子传笺证》卷十,中华书局,2010年,第2215页。
③ 司马光编著,胡三省音注:《资治通鉴》卷二百五十三《僖宗纪》,中华书局,1956年,第8232页。
④ 刘昫等撰:《旧唐书》卷二百下《秦宗权传》,中华书局,1975年,第5398页。
⑤ 刘昫等撰:《旧唐书》卷一百二十三《刘晏传》,中华书局,1975年,第3513页。

修葺。一年半岁后，方可议行"①。可见安史之乱和黄巢起义对于洛阳造成的破坏和影响之深远。

唐末五代之际，洛阳由于频年战争破坏与年久失修，城门建筑为战火焚毁，城垣多已颓废坍塌，城内建筑原有布局被人为改变。

"光启末张全义为河南尹，为蔡贼所攻，乃于南市一方之地筑垒自固，后更于市南，又筑嘉善坊为南城"②。时至五代，城内所留多为唐末战争时期的战垒和壕沟，满目疮痍。

唐代最繁华的特大城市长安，也在唐中后期数次战争的打击下，变成了一片废墟。昔日繁荣的大城市遭到毁灭性破坏，由此一蹶不振。

唐代宗广德元年（763）正月，安史之乱刚结束，吐蕃开始东犯，十月攻陷长安，李豫逃往陕州。"吐蕃剽掠府库市里，焚闾舍，长安中萧然一空。"③

唐僖宗广明元年（880）二月，黄巢起义军攻克长安，焚坊市，烧宫城。当时京师"九衢三内，宫室宛然"④。

广明二年（881）底，唐军从四面围攻长安，放火焚烧诸城门。唐僖宗中和三年（883），黄巢起义军退出长安，唐军及沙陀兵入长安暴掠，宫、庙、寺、署焚荡殆尽，"长安室屋及民所存无几"⑤。署廨民居寺庙被焚十之六七，京兆尹王徽上任后率人经三补葺，仅完成十分一二。

中和五年（885）十二月，田令孜挟持僖宗出奔凤翔，"乱兵复焚，宫阙萧条，鞠为茂草矣"⑥。

唐昭宗大顺元年（890），李茂贞攻占长安，争货相攻，纵火焚剽，宫室廛闬尽为灰烬，十焚六七。

唐昭宗乾宁二年（895）七月，右神策军将李继鹏欲劫皇驾幸凤翔，纵火焚烧宫门，京城大乱。

唐昭宗乾宁三年（896）七月，李茂贞再入长安，大肆焚掠，自僖宗中和以来修葺之宫室市肆燔烧俱尽。

唐昭宗天复元年（901）十一月，宦官韩全晦勾结神策军指挥使李继筠等，劫持昭宗至凤翔，又焚其城。

唐昭宗天复三年（903），朱温逼车驾幸洛阳，面对城内残破情形，"率诸道丁匠财力，同构洛阳宫，不数月而成"⑦。

天祐元年（904）正月，宣武、宣义、天平、护国四镇节度使朱温勾结宰相崔

---

① 刘昫等撰：《旧唐书》卷一百七十《裴度传》，中华书局，1975年，第4428页。
② 王钦若等编：《册府元龟》卷十四《帝王部·都邑二》，中华书局，1960年，第152页。
③ 司马光编著，胡三省音注：《资治通鉴》卷二百二十三《唐代宗纪》，中华书局，1956年，第7152页。
④ 刘昫等撰：《旧唐书》卷十九下《僖宗纪》，中华书局，1975年，第722页。
⑤ 司马光编著，胡三省音注：《资治通鉴》卷二百五十五《僖宗纪》，中华书局，1956年，第8294页。
⑥ 刘昫等撰：《旧唐书》卷十九下《僖宗纪》，中华书局，1975年，第722页。
⑦ 薛居正等撰：《旧五代史》卷二《梁太祖本纪二》，中华书局，1976年，第34页。

胤，劫帝迁都洛阳，毁长安宫室百司及民间庐舍，取其材木，浮渭沿河而下，长安自此成丘墟，到处皆是残垣断壁和焦土瓦砾。如果从西汉算起，历经千年的繁华已经荡然无存；如果从隋朝大兴城修筑算起，也是几百年的黄金时代一去不返。正如唐末诗人韦庄在《长安旧里》诗中所说："满目墙匡春草深，伤时伤事更伤心。车轮马迹今何在，十二玉楼无处寻。"又在《秦妇吟》中写道："长安寂寂今何有？废市荒街麦苗秀。采樵斫尽杏园花，修塞诛残御沟柳。华轩绣毂皆销散，甲第朱门无一半。含元殿上狐兔行，花萼楼前荆棘满。昔时繁盛皆埋没，举目凄凉无故物，内库烧为锦绣灰，天街踏尽公卿骨。……百万人家无一户。破落田园但有蒿，催残竹树皆无主。"诗文虽有一定的文学夸张成分，但也大体上反映了唐末长安城的萧条破败景象。诗人子兰所写《悲长安》一诗再次为韦庄的描述提供了佐证，其诗曰："何事天时祸未回，生灵愁悴苦寒灰。岂知万顷繁华地，强半今为瓦砾堆。"

唐朝末年，长安城早已面目全非。战争对长安的破坏主要表现在三个方面：一是导致城市、市场设施受损，例如长安城内建筑损毁，房屋、道路以及各种市（肆）坊、店铺因战乱而遭到严重破坏。二是造成人口大量死亡或流散，城市居民锐减。三是使长安及关中城乡经济遭到严重破坏。战争各方军队直接对长安的城乡经济进行疯狂破坏，对城市所积累的物质财富进行了大肆抢掠，这些也成为导致城市衰落的因素之一。城市市场设施、城市人口及城乡经济恰好是长安城市赖以发展的基本条件，当这些条件动摇之后，长安再也无法成为中国的政治中心，其衰退成为历史的必然。

唐中期"安史之乱"是唐朝由盛而衰的重要转折点。此次战乱历时八年，叛军与前来镇压的唐军前后参战的军队达数十万，战事遍及今陕西、河南等黄河中下游地区。战争异常残酷，导致大量人口死亡，城乡遭到严重破坏，东至郑、汴，达于徐方，北自覃、怀经于相土，人烟断绝，千里萧条。长安和洛阳这两个在当时堪称世界级大都市的城市皆遭毁损，宫室焚烧，十不存一，百曹荒废，曾无尺椽。经过战乱，广大民众皆处在无家可归之状态，如杜甫《无家别》诗中所描述的，"寂寞天宝后，园庐但蒿藜。我里百余家，世乱各东西"。安禄山欲南取江、汉，而唐朝军民合力助鲁炅扼守南阳，南夏得以保全。另外，唐朝官员张巡、许远率军死守睢阳十个月，成功地阻挡了叛军南下，"睢阳之役"歼灭叛军十二万，使叛军再也无力南下，唐王朝逐渐恢复元气，最终击败叛军。南方各地因此未曾直接蒙受"安史之乱"战祸，各地城市也得以保全。由于"安史之乱"对北方经济和社会造成了极大的破坏，导致北民南迁的情况越来越多，也使从南北朝开始出现的经济中心南移现象更加突出。北民南迁为南方带去了大量劳动力、先进文化和生产技术，由此促进了南方城乡经济的进一步发展。

唐后期，阶级矛盾进一步激化，剥削加重。唐僖宗乾符二年（875），王仙芝在河南，黄巢在山东等地相继起义。起义迅速在北方蔓延，规模越来越大，起义军转战湖北、江南、福建、广东等地，并从广东开始北伐。起义军与各地唐军发生激烈战斗，沿途城镇都遭到不同程度的破坏。唐僖宗中和元年（881），黄巢军进入长安，建立大齐政权。唐王朝为了镇压黄巢起义军，调集了大批军队进行围攻。中和四年（884），黄巢起义军为唐军所镇压。其虽然失败，但却给予唐王朝沉重打击，唐王朝就此衰落，仅苟延残喘二十余年就灭亡。与此同时，各地藩镇随之而兴，战乱此起彼伏，南北各地城市遭受战乱严重影响，经济萎缩，人口锐减。例如，光启三年（887）四月，广陵兵乱，师铎纵兵大掠。宣军以所求未获，焚进奉两楼数十间，宝货悉为煨烬，自城陷，诸军大掠，昼夜不已。货财在扬州者，填委如山，悉为乱兵所掠。大顺二年（891）七月，朱全忠和杨行密相约共攻孙儒，孙儒于是悉焚扬州庐舍。史籍载："江淮之间，广陵大镇，富甲天下。自师铎、秦彦之后，孙儒、行密继踵相攻，四五年间连兵不息，庐舍焚荡，民户丧亡，广陵之雄富扫地。"唐后期南北各地城市因藩镇割据和此起彼伏持续不断的战乱都在不同程度上出现衰落，特别是一些著名大都市因战争破坏而元气大伤，如曾以经济、文化繁盛而闻名于世的扬州就因战乱而衰落，失去了"扬一益二"之天下第一繁华大都市之美誉。

值得注意的是，唐末藩镇割据时期，北方城市虽然遭到较大破坏，但是各藩镇的统治中心及割据地区的重要城市在此一时期也得到一定发展，并促进了区域城市体系的发展。据邹逸麟等人研究，各藩镇治所多为历史悠久的著名大城市，都具有重要的战略地位和优越的区位优势，经济相对发达，或为先秦列国国都，或为秦汉郡治，藩镇治所称为会府，所辖其他各州称为支郡，因此形成以会府、支郡和县构成的城市体系。藩镇割据虽然不利于中央集权，削弱了朝廷势力，但藩镇不服朝令，不输王赋，也有可能减少某些中央政令不一造成的损失，或避免了本区人民承受更大的额外负担，有些藩镇因此积累了大量财富。自给自足的经济，财富的积累，一定程度上有利于当地的生产，从而促使交换的发达，促进了城市的发展。因此，唐末分裂割据的政治局面，并不阻碍个别地区生产的发展和经济的繁荣，唐安史之乱后，河北城镇的发达就是一个例子。①

第三节　五代十国时期分裂割据与城市兴衰

五代十国是中国古代历史上的一个短暂的分裂割据时期，是唐后期分裂割据与政治动荡的延续。从总体上考察，五代十国时期中国各地城市因为战乱频发而多受影响，但由于战争并非全面进行，多为局部战争，不同区域的城市经济与社会运行所受影响有所不同。部分战争比较严重的地区，城市人口下降、建筑破败、经济凋敝、财富流失，但部分相对安宁地区的城市却因此得到一定程度的发展，甚至人口明显增加，经济功能不断增强，城市文化出现新的繁荣。五代十国时期的城市发展为宋代统一全国后的城市发展奠定了基础。

---

① 邹逸麟主编：《黄淮海平原历史地理》，安徽教育出版社，1993年，第338页。

第一章
隋唐五代城市的发展变迁

一、战争频仍与北方城市的兴衰

五代十国存续的时间只有五十多年，虽然时间短暂，但却在中国历史上产生了十分重要的影响。在此期间，唐王朝灭亡，中国陷入分裂割据状态，北方中原地区先后出现了后梁、后唐、后晋、后汉与后周五个政权，史称五代。另外，在原唐王朝所辖区域先后出现了十余个地方政权，统称十国。后世史家将此一历史时期合称为五代十国时期。此一时期内，中国社会发生了很大的变化，一是统治阶级内部结构发生了很大变化，一批新兴统治集团崛起；二是社会经济结构发生了很大变化，尤其是南方经济出现较大发展，大量自耕农出现，推动了农业经济的发展，由此也促进了手工业和商业的发展；三是城市的结构也发生了很大的变化，坊市制开始解体，从而为宋代"城市革命"创造了条件。

唐末，社会矛盾和民族矛盾的激化导致各地民变风起云涌，其结果是唐王朝中央集权衰微，而各地方藩镇崛起，形成了地方军阀割据。这些地方军阀不仅拥兵自重，而且还控制了政权和财权，"郡邑官吏，皆自署置，户版不籍于天府，税赋不入于朝廷。虽曰藩臣，实无臣节"[①]。当唐王朝灭亡之后，藩镇分裂割据的局面也就自然形成。但各地新建立的政权都不甘心据守一隅，都试图统一中国，因而五代十国期间战争仍然持续不断。据统计，隋唐五代378年间共爆发一定规模战争353次：隋朝88次，年均2.44次；唐朝192次，年均0.666次；五代73次，年均1.4次。由此可知，五代十国时期战争频率远超唐代，其中不少战争规模大，破坏巨大，对城市的影响尤其突出。如朱温灭唐建后梁，先后与朱瑄、李克用、李存勖等进行了大小数十战，造成"野无人耕"的悲惨情况。903年，朱全忠遣朱友宁攻博昌，"月余不拔，朱全忠怒，遣客将刘捍往督之。捍至，友宁驱民丁十余万，负木石，牵牛驴，诣城南筑土山，既成，并人畜木石排而筑之，冤号声闻数十里。俄而城陷，尽屠之"[②]。

五代时期，北方政局混乱，兵变叛乱此起彼伏，民众惨遭荼毒。相关记载不绝于书，其状惨不忍睹。魏博镇军队叛乱，魏之士庶被屠戮者不可胜纪。[③]

梁、晋争衡时，晋泽、潞二州叛乱，卫州黎阳为后梁所据，"州以西，相（州）以南，寇抄日至，编户流亡"[④]。

镇州张文礼叛乱，"出则千余人露刃相随，日杀不辜，道路以目"[⑤]。

后晋末年杨光远叛，自开运元年（944）三月至十一月，青州"城中人民相食

---

① 刘昫等撰：《旧唐书》卷一百四十一《田承嗣传附佴悦传》，中华书局，1975年，第3838页。
② 司马光编著，胡三省音注：《资治通鉴》卷二百六十四《唐昭宗纪》，中华书局，1956年，第8610页。
③ 薛居正等撰：《旧五代史》卷八《梁末帝纪上》，中华书局，1976年，第121页。
④ 薛居正等撰：《旧五代史》卷二十九《唐庄宗纪三》，中华书局，1976年，第407页。
⑤ 薛居正等撰：《旧五代史》卷六十二《张文礼传》，中华书局，1976年，第830页。

将尽"①。

五代时期，北方游牧民族也趁机南下，对中原地区造成了极大破坏。如后晋末年，契丹三次南侵，耶律德光"纵胡骑四出，以牧马为名，分番剽掠，谓之'打草谷'。丁壮毙于锋刃，老弱委于沟壑，自东、西两畿及郑、滑、曹、濮数百里间，财畜殆尽"②。

此时期，北方诸割据政权之间持续不断地发生战争，导致人口大量减少。如北汉政权所管辖的12州，在盛唐时有28万户，但到北汉亡国时仅存3万余户，约为盛唐时户口的八分之一。唐文宗时期，全国有499万户，到宋朝再度统一时，只剩下379万户。140年间全国人口减少120万户，可以想见五代战乱的惨烈和战争对人口之负面影响。

五代时期持续不断的战争对战区城市的直接影响除了使其人口大量减少外，还表现为城市基础设施被破坏，建筑物遭损毁，城内财富遭劫掠，工商业凋敝，农业发展停滞。北方的重要城市长安、洛阳则首当其冲，成为战争的主要攻击目标和破坏对象。社会经济长期处于一蹶不振的境地。虽然在相对安定的时候，社会经济会有所恢复与发展，商业也会稍见复苏，但这种复苏总是很快就被频繁的战乱打断，重新陷入徘徊不前的状态。晚唐诗人韦庄所作《秦妇吟》生动形象地描写了长安的衰败景象：

> 长安寂寂今何有？废市荒街麦苗秀。采樵斫尽杏园花，修塞诛残御沟柳。华轩绣毂皆销散，甲第朱门无一半。含元殿上狐兔行，花萼楼前荆棘满。昔时繁盛皆埋没，举目凄凉无故物。内库烧为锦绣灰，天街踏尽公卿骨。来时晓出城东陌，城外风烟如塞色。路旁时见游奕军，坡下寂无迎送客。霸陵东望人烟绝，树锁骊山金翠灭。大道俱成棘子林，行人夜宿墙匡月。明朝晓至三峰路，百万人家无一户。破落田园但有蒿，摧残竹树皆无主。③

唐末，节度使韩建为军事防御的需要，在皇城的基础上重建长安城，其规模仅为原长安城的十分之一，人口也大大减少。后汉乾祐元年（948）三月，原京兆尹赵赞的部将赵思绾在京兆府城发动叛乱，并联络河中镇节度使李守贞，不久，镇守关中西部的凤翔节度使王景崇也起兵响应。后汉政府调兵遣将，久无战功。久经围困的长安城粮食极为短缺，以致出现人食人的现象。赵思绾残暴至极，"杀人而食，每犒宴，杀人数百，庖宰一如羊豕。思绾取其胆以酒吞之，语其下曰：'食胆至千，则勇无敌矣！'"④后汉乾祐二年五月，赵思绾被迫开城投降，不久又叛，被后汉军斩于长安市。这次战乱历时一年有余，长安深受破坏，人口急剧减少。长安城内原

---

① 薛居正等撰：《旧五代史》卷九十七《杨光远传》，中华书局，1976年，第1293页。
② 司马光编著，胡三省音注：《资治通鉴》卷二百八十六《后汉高祖纪上》，中华书局，1956年，第9334—9335页。
③ 辛文房撰，周绍良笺证：《唐才子笺证》卷十，中华书局，2010年，第2214页。
④ 欧阳修撰，徐无党注：《新五代史》卷五十三《赵思绾传》，中华书局，1974年，第606页。

有十余万人，经赵思绾之乱，人口锐减为一万人。此次战乱使长安又陷入极度萧条的状态，长安商业再次跌入历史低谷。繁荣的长安变得荆棘满城，狐兔纵横。诗人荆叔《题慈恩塔》诗云：

> 汉国山河在，秦陵草木深。
> 暮云千里色，无处不伤心。

亦有诗云：

> 六街晴色动秋光，雨霁凭高只易伤。
> 一曲晚烟浮渭水，半桥斜日照咸阳。
> 休将世路悲尘世，莫指云山认故乡。
> 回首汉宫楼阁暮，数声钟楼自微茫。①

由唐末至五代，长安逐渐失去全国政治、经济、文化中心的地位，其在中国城市体系中的地位也发生了根本性变化，从世界第一大城市下降为一般性的中等规模的地方城市。

洛阳在唐末五代时期经历了破坏—复兴—再衰的过程。安史之乱时，洛阳成为主要战区，城市遭到严重破坏，"宫室焚烧，十不存一。百曹荒废，曾无尺椽，中间畿内，不满千户。……人烟断绝，千里萧条"②。唐末，洛阳又先后经秦宗权、孙儒、李罕之等乱军的蹂躏破坏，以致白骨蔽地，荆棘弥望，城邑残破，都城灰烬，满目荆榛，井邑穷民，不满百户，四野俱无耕者。张全义任河南尹时，率民披荆斩棘，缮理闾阓和府廨仓库，劝民耕织，洛阳居民渐多，才略有一点城市的气象。

朱温灭唐后建后梁，以洛阳为都城，大兴宫室建筑和城垣等，故而洛阳城一度出现了复兴和发展。但是随着战乱持续不断，洛阳也难免受到战争的荼毒。后梁乾化三年（913），朱友珪杀其父朱温自立为皇帝。禁军将官袁象先发动兵变推翻朱友珪，率军十余万大掠都市，洛阳遭受大劫难。923年，李存勖灭后梁建后唐，认为洛阳是帝王之都，为继唐统，以洛阳为东都。但后唐存在的时间很短，也无财力来重建洛阳，因而洛阳仍是故城断垣、残垒绵亘，城市内居民区的建设也无任何规划，任其自行发展，以致房屋侵占街面，道路不通车驾。洛阳和长安一样，历经战乱，一蹶不振。后唐天成元年（926），郭从谦率众哗变，诸军大掠都城，洛阳再次遭到大劫难。后唐明宗李嗣源夺取庄宗李存勖帝位，放任兵士在洛阳大肆抢掠。宋人李格非说：

> 方唐贞观、开元之间，公卿贵戚开馆列第于东都者，号千有余邸。及其乱离，继以五季之酷，其池塘竹树，兵车蹂践，废而为丘墟；高亭大榭，烟火焚

---

① 张泌：《题华严寺木塔》，彭定求等：《全唐诗》卷七百四十二，中华书局，1960年，第8452页。
② 刘昫等撰：《旧唐书》卷一百二十《郭子仪传》，中华书局，1975年，第3457页。

燎，化而为灰烬。①

洛阳井邑穷民，不满百户。宋初，宋太祖赵匡胤有意迁都洛阳，终因洛阳衰败太甚而不得不放弃此想法。

除了关中和河南地区外，北方经济比较发达的山东、河北也出现了满目荒凉、疮痍数千里的惨象，山西更是赤地千里、人迹断绝。

五代十国时期，北方大多数城市都受到不同程度的破坏，但也有少数城市却因战乱而提升了政治地位，从而得到发展，幽州即一个典型案例。五代时期，中原政权与北方游牧政权之间的冲突加剧，迫使中原统治者在边境城市屯集重兵，幽州由此成为显赫一时的军事重镇。随着战争的不断升级，幽州的政治地位也不断提升，城市的集聚力和辐射力也不断提升，掀起大规模民族迁移浪潮，民族大融合和燕山南北经济文化交流得以加强。因而幽州一方面因战争频繁激烈而在经济上遭受极大的损失，其人民也遭受了战争的残酷侵袭；另一方面，战争在客观上又为幽州地区的经济发展创造了一定条件，促进了消费需求的增加，大量移民的迁入也使城市规模扩大，从而为宋代幽州城市的繁荣和发展创造了条件。

此外，开封也是因政治地位提升而发展起的城市。开封在唐代因运河航运的兴盛而得到较大发展，成为重要的区域性经济都会。907年，朱温篡唐称帝，建立后梁，以开封为都。开封成为帝都后，城市建设得到空前发展。后梁之后，开封又相继成为后晋、后汉、后周的都城，随着其行政地位的提高，开封城市建设和经济也有所发展，特别是在后周时期，由于北方社会经济逐渐恢复，社会也较为稳定，故而商业贸易有较大发展。开封作为帝都，自然也就成了北方的经济中心，周世宗《京城别筑罗城诏》曰："东京华夷臻凑，水陆会通，时向隆平，日增繁盛。"②但开封原来的行政地位较低，故城市相对狭窄，百司公署无处兴修，坊市之中邸店有限，工商业者从各地纷至沓来，致使城区拥挤不堪，旧有的城市建设格局已不能适应政治、经济发展的需要，因而后周世宗柴荣下诏扩建开封城。经过几年营建，完成了外城的修筑工程。新修开封城周长48里，官府对普通居民居住的区域实行开放政策，任民营建。因此新建的开封城在整体上具有相当的规划性，建筑规整有序。新的城市较前扩大四倍，城内街道宽阔笔直，主干道宽50步，一般街道宽25～30步，道路两旁划定植树地带。新修筑的宫殿建筑相当雄伟壮丽，"琪树明霞五凤楼，夷门自古帝王州"③。后周还制定了一些城市防火措施和改善城市卫生的措施，尽量改善城市的各类物资供应，促进经济发展。五代前期，由于藩镇割据、战火连绵，流经开封的大运河已不能通航，黄河水患不断，因而周世宗发徐、宿、

---

① 李格非：《洛阳名园记》，《全宋文》卷二千七百九十二，上海辞书出版社、安徽教育出版社，2006年，第129册，第283页。
② 周世宗：《京城别筑罗城诏》，董诰等编：《全唐文》卷一百二十五，中华书局，1983年，第1254－1255页。
③ 元好问编，萧陶和点校：《中州集》癸集第十《汴梁杂诗》，华东师范大学出版社，2014年，第621页。

宋、单、滑等州的丁夫疏浚汴河、五丈河，堵塞黄河决口，修固黄河河堤，在汴河口立斗门控制黄河水势，确保开封城的安全。经过整治，汴河水东流定陶，入于济，通青、郓水运之路，恢复了以开封为中心的水路交通网络，使山东和江南各地的粮食、货物均可由水道直达开封，从而使开封城市进入一个新的发展时期，为宋朝开封城市的繁盛奠定了基础。

综上所述，五代十国时期，北方大多数城市都遭到战争的破坏开始衰落，特别是长安、洛阳等唐代重要都会因战争而遭到严重的破坏，长安从此变成了一个地方城市，失去了往昔的繁华，但开封等少数北方城市却因战争和军阀割据而得到发展。

二、南方开发与城市发展

五代十国时期，由于北方持续的战乱，中国经济和文化重心进一步南移，南方城市得到不同程度的发展。

五代十国时期，北方地区战争持续不断，经济遭到严重破坏。持续的战乱导致政局极不稳定，生态环境日益遭到破坏，气温下降，雨量增多，水灾、旱灾交替发生，蝗灾也频繁出现。[①] 天灾人祸使北方人口大量减少，也使其经济发展衰退，城市或出现衰落，或发展趋于停滞。与北方相比，南方的自然环境相对较好，平均气温较高，降雨量较为充沛，南方各地经过唐代两百多年的综合开发，农业和手工业也有很大的发展。唐王朝覆灭之后，南方也出现了多个政权，但相比北方，南方各地的战争数量较少，规模较小，所遭受战争的破坏也较小，仅有少数城市遭受的破坏较为严重，如唐代南方重要工商业城市扬州在唐末五代十国时期多次遭到战争的严重破坏而出现衰落。史载："江淮之间，广陵大镇，富甲天下。自师铎、秦彦之后，孙儒、行密继踵相攻，四五年间，连兵不息，庐舍焚荡，民户丧亡，广陵之雄富扫地矣。"[②] 扬州的衰落还与大运河北段的汴河堙塞，南北运输中断有关。由于南北交通中断，扬州商业大受影响而衰微。同时，长江水势也发生变化，江流向南岸摆动，海船不能像过去那样可以停泊在扬州城外，导致扬州失去了外贸港口城市的地位。战争和交通地理意义的变化导致扬州经济地位下降，逐渐失去区域经济中心的地位。

但是总体来看，五代十国时期，南方相对于北方战乱较少，偶发战事，规模也不大，各地方政权统治者大都能采取保境息民、重农抑武之政策，各国之间基本上保持和平相处，各于境内劝课农桑，兴修水利，招徕商旅，所以大量北方人口南迁，其中既有众多普通的农民和手工业者，也有为数不少的文人学士。这些北方的农民和手工业者来到南方后，不仅为南方城乡补充了必要的劳动力，同时也带来了

[①] 竺可桢：《中国历史上气候之变迁》，《东方杂志》第22卷第3号，1925年。
[②] 刘昫等撰：《旧唐书》卷一百八十二《秦彦传》，中华书局，1975年，第4716页。

中原的生产技术和文化，促进了南方各地农业、手工业的发展，为江淮地区经济的发展与繁荣创造了前提条件；而北方的文人学士，或为了争取个人的生存空间，或为了政治前途而流寓南方城市，推动了五代十国时期南方文人政治格局的形成，也为南方城市文化艺术的发展注入了新的活力。

正是在多种因素的推动下，当北方经济和文化开始衰落之际，南方经济和文化却获得不同程度的发展。甚至在毕师铎、秦彦和高骈等军阀集团混战时惨遭破坏的扬州，也在南吴太祖杨行密的治理下有所复兴，"广陵殷盛，士庶骈阗"[1]。长江中游的荆州虽然在大兵之后，井邑萧条，但经过高季兴招辑抚绥，民皆复业，渐次恢复元气。两浙地区水利事业在唐代十分发达，"钱塘富庶由是盛于东南"。吴越的杭州在此时期出现了较大发展，号称有三万商户，钱塘江内舟楫辐辏，望之不见其首尾。[2] 福州、泉州也因当政者"招徕商贾，敛不加暴，而国用日益富足"。自古为天府之国的四川地区，在前蜀时期，农业和手工业都较前有所发展，政府的财政收入大增，仓廪充溢。后蜀时期，成都平原的粮食年年丰收，斗米三钱。江淮、剑南、岭南各地的城市经济和人口在五代十国时期也逐渐恢复旧状，且有相当进步。这一切都为南方经济的繁荣和城市发展提供了有利条件。

（一）南唐都城金陵的发展

金陵在三国时期成为吴国的都城，东晋时再次成为都城，南朝时期相继为宋、齐、梁、陈的都城，因而奠定了城市发展的基础。五代十国时期，金陵再次成为南唐的国都，在政治中心优先发展规律的作用下，南唐统治者优先扩建都城，其时金陵城垣周围长达25里多（有说30里），其四至东达今日大中桥；西临长江，即抵今水西门和汉中门；南到长干里，即今中华门；北至今北门桥、竺桥。其将秦淮河和石头城都包括在内，相当于明代应天府城的西南部分。城四周有城墙，高两丈五尺，共有八门，即龙门、栅寨门、上水门、下水门和东、南、西、北等门。子城（宫城）位金陵城中偏北，周围长达四里，除北面无门外，其余东、南、西面各有一门。其范围南临今内桥，北尽小虹桥，东到升平桥，西至大市桥（羊市桥），御街由宫城南门一直延伸到今中华路。

从晚唐至五代的70余年间，金陵地区一直都未发生过大的战事，和平安宁的环境为经济的发展和人口的增长创造了条件。南唐统治者注意恢复生产，重视农桑，奖励耕织，安抚移民，不到十年，南唐就旷土尽辟，国以富强。江淮流域经济繁盛远远超过唐代，金陵的经济、文化尤为发达。金陵具有优越的地理位置，其辐射范围更广，聚集程度较同时代其他城市更高，故而从南唐至五代后期，逐渐成全国重要的经济和文化中心。南下的北方移民也以此为首选迁入地。南唐后期，因后

---

[1] 吴任臣撰，徐敏霞、周莹点校：《十国春秋》卷十二《黄冠道人传》，中华书局，2010年，第160页。
[2] 薛居正等撰：《旧五代史》卷一百三十三《钱镠传》，中华书局，1976年，第174页。

第一章 隋唐五代城市的发展变迁

周南侵而大举南迁的淮南人民,也多定居在金陵一带。大量贵族、官僚的定居,使得奢侈品市场出现了很多商机。另外,金陵城内居住有一定数量的外国商人,曾有大食国使者前来进贡龙脑,南唐元宗爱惜异常。郑文宝《耿先生传》云:"南海常贡奇物,有蔷薇水、龙脑浆。上实宝之,以龙脑调酒服,香气连日,亦以赐近臣。"[①] 王贞白《娼楼行》云:"龙脑香调水,教人染退红。"五代后期,有大量的外国商人在金陵城内外经营奢侈品,酒店、酒肆的数量也较多。由于商业的繁荣,原有的大市、小市已经不能满足各类不同人群的需要,沿秦淮河两岸临街设置商肆,与手工业作坊相结合而形成的行业街市在金陵出现。这种新型的经商场所延展了商业时空,打破了传统的封闭型坊市格局。金陵作为都城,人口大幅度增加,产生了迫切的消费需求,刺激了商业贸易的发展,同时还出现了专门为城市居民日常生活服务的市集,多集中在城南地区。何剑明提出:"郑文宝在《南唐近事》中曾经提及的'鸡行',是南唐的闹市区,宋《庆元建康续志》说此地'自昔为繁富之地,南唐放进士榜于此'。又云:'戚氏《续志》云银行,今金陵坊银行街,物货所集。花行,今层楼街,又呼花行街,有造花者,诸市但名存,不市其物。'这些坊均为手工业作坊集中地,所谓银行就是金银器加工场,花行则是专门制作装饰用花的集市。"[②]

南唐重商及商业的活跃造就了金陵城内庞大的富商阶层,他们甚至与士大夫共同执掌国运,开历代风气之先。南唐开国元老周世宗也在淮上从事贩卖羊马的生意,身兼政客与富商双重身份。其交易规模巨大,闻于中原,以致周世宗兵谋渡淮时,竟想出了将士兵蒙上羊皮伪为商旅的计谋。大商人囤积居奇,一度使南唐财富集中到了少数商贾手中。李煜即位之初,国库储备不足以向宋进贡,不得不从金陵富商那里购得绢品以充贡物。金陵城内的官员及其家属、军队、部分商贾及城市手工业者,以及北方南下的士大夫、文人墨客、妓女等,成为金陵及其周边中心城市新的消费阶层,他们人数众多,经济实力雄厚,生活状态影响着城市的消费习惯,对金陵的城市经济繁荣起到了推动作用。

正是在此背景下,金陵城市建设的观念发生了变化,城市的核心区域慢慢变成了官员生活和休闲的场所,在城市核心区域能够追求到山水的清静,这使得城市已从纯粹的军事和政治载体,变成具有舒适生活气息的场所。官衙从平面、单调的建筑,变成了庭院、长廊、园圃、楼阁的结合体,建筑样式丰富而多变。南唐首都金陵富豪高官众多,对建造园林十分热衷。时人对这种情况描绘云:"有唐再造,俗厚政和,人多暇豫,物亦茂遂,名园胜概,隐辚相望。至于东田之馆,西州之墅,娄湖张侯之宅,东山谢公之游,青溪赋诗之曲,白杨饮酒之路,风流人物,高视昔贤。京城坤隅,爰有别馆。百亩之地,芳华一新。"[③]

[①] 吴任臣撰,徐敏霞、周莹点校:《十国春秋》卷三十四《耿先生传》,中华书局,2010 年,第 479 页。
[②] 何剑明:《南唐时期江苏区域经济与社会发展论要》,《江苏行政学院学报》2004 年第 3 期。
[③] 徐铉:《毗陵郡公南原亭馆记》,董诰等编:《全唐文》卷八百八十三,中华书局,1983 年,第 9225 页。

金陵城内建造了数量众多的私人园林，有财有势者想方设法地在自己的住宅中建楼造园。如徐司徒家里的池亭园苑就十分出名："亭榭跨池塘，泓澄入座凉。扶疏皆竹柏，冷淡似潇湘。萍嫩铺波面，苔深锁岸傍。朝回游不厌，僧到赏难忘。"① 园中有亭榭等建筑，有水面很广的池塘，还种植了很多竹子和树木，给人幽静清雅的感觉。

南唐时期，受达官贵人、富商大户和文学之士消费的影响，与奢侈性消费品和文化用品生产有关的手工业较为发达。如后主时期流行一种叫"天水碧"的印染品，相传这种技术是后主李煜的宫人偶然发明的："南唐末时前数年，宫人挼蔷薇水染生帛，一夕忘收，为浓露所渍，色倍鲜翠。因令染坊，染必经宿露之，号为天水碧。"② 可见在宫廷贵族的需求下，印染技术有了明显进步。后来传到民间，成为一种时尚：建康市中染肆之榜，多题曰"天水碧"，天水碧成为染织品店主们吸引顾客的招牌。同时，金陵出现大量染肆、染坊，意味着该地区也有众多纺织作坊，这也应是五代江淮地区"桑柘满野"现象的必然结果。金陵造纸业颇为发达，宫廷内苑所出的澄心堂纸堪称一绝。其制作包括冷水浸楮、取脂、烘焙等工序，制成后，纸张坚滑如玉，质量上乘，因而价值极高，除供君主使用外，也供名人书画，大画家徐熙就多在澄心堂纸上画花果。"澄心堂纸"不仅为南唐文人所喜爱，亦为后世文人所珍视。苏轼即作《次韵宋肇惠澄心纸二首》咏"澄心堂纸"云："诗老囊空一不留，百番曾作百金收。"另外，因自唐末以后金陵的军事地位日益重要，造船等与军事有关的手工业也有较快发展。

（二）吴越都城杭州的发展

五代十国时期，江南重要城市杭州也有较快发展。杭州位处江南运河和钱塘江、浙东运河的交汇处，是江湖冲要之津。唐代，杭州已是"咽喉吴越，势雄江海"的东南大都会。钱镠在创立吴越国之前，为了加强防守，曾先后两次对杭州城进行扩建。第一次是唐昭宗大顺元年（890），钱镠任杭州刺史兼防御使，在杭州修筑新城。第二次在唐昭宗景福二年（893），"镠率十三都兵，洎役徒二十余万众新筑罗城……薄钱塘湖、霍山、范浦七十里"③。这次扩建罗城，东南濒钱塘江，西南到六和塔，东北抵艮山门，"城门凡十，皆金铺铁叶，用以御侮"。城形南北展而东西缩，形如腰鼓，故称"腰鼓城"。其十城门"曰朝天门，在吴山下，今镇海楼；曰龙山门，在六和塔西；曰竹车门，在望仙桥东南；曰新门，在炭桥东；曰南土门，在荐桥门外；曰北土门，在旧菜市门外；曰盐桥门，在旧盐桥西；曰西关门，在雷峰塔下；曰北关门，在夹城巷；曰宝德门，在艮山门外无星桥"④。

---

① 李中：《徐司徒池亭》，彭定求辑：《全唐诗》卷七百四十七，中华书局，1960年，第8506页。
② 张敦颐撰，张忱石点校：《六朝事迹编类》卷八，中华书局，2012年，第124页。
③ 吴任臣撰，徐敏霞、周莹点校：《十国春秋》卷七十七《武肃王世家上》，中华书局，2010年，第1053页。
④ 田汝成撰：《西湖游览志余》卷一《帝王都会》，清文渊阁四库全书本。

第一章 隋唐五代城市的发展变迁

每一城门的建造都十分讲究,如朝天门"上架危楼。楼基迭石,高四仞有四尺,东西五十六步,南北半之,中为通道,横架交梁承以藻井,牙柱壁立三十有四。东西闼门对辟名曰武台,夷敞可容兵士百许。武台左右北转登石级两曲达于楼上。楼之高六仞,有四尺,连基而会十有一仞。贮鼓钟以司漏刻"①。杭州城垣的修筑和扩建,不仅加强了杭州的防卫能力,起到了保境安民的重要作用,而且也为其后杭州的发展奠定了基础。此外钱镠还在凤凰山麓唐州治故址修筑子城,建造宫室。子城周九里,南为通越门,北为双门,与大城相互呼应。钱镠创吴越国后,杭州成为都城,加名西府,亦称西都,一跃而为吴越国的政治、经济和文化中心。吴越国占地仅为两浙的十三州,相比其他国家而言,是一个地狭人少的弱国,却是南方割据政权中立国最久的。其时,南方各个割据政权你争我夺、互相并吞。吴越国西南一面当福州王氏,地小力微,不敢为害;而西北二面皆淮南之地,兼悍臣构煽,遂无宁岁。因此,吴越历代统治者"知尊中国,效臣顺,及其亡也,顿首请命,不烦干戈,令其民幸富完安乐"②。吴越国长期执行远交近和、保境息民的政策,从而赢得了长时期的和平,客观上有利于杭州经济和文化的发展。正是由于长期保持国内政治局势相对稳定,吴越国的经济和文化得到较大发展,尤其是都城杭州发展为东南地区一大都会,人口最盛时达数十余万人。

五代十国时期,杭州的商人还通过海船发展远距离贸易。吴越国统治者对于钱塘江加以治理,凿平钱塘江中妨碍大船航行的巨石,使大船顺利入海,沿海岸线北通山东登州、莱州,南达闽、广。其时,钱塘江上的船舶往来如织。僧契盈陪侍忠懿王游西湖碧波亭,"时潮水初满,舟楫辐凑,望之不见其首尾"③。吴越国统治者在杭州设有博易务,专门管理对外贸易。杭州与日本、高丽、大食等国有着商业贸易往来,其时杭州有锣木营、锣木桥等地名,锣木即为"日本国所献"。吴越贞明五年(919),吴越军曾用火油焚烧吴军战舰,火油自"海南大食国"而得,可知杭州与大食国之间有着直接的海上往来。

吴越国的开国之君钱镠及继任者都笃信佛教,厚礼僧人,相继在西湖内外大兴寺院、建造佛塔、开凿石窟佛像。据明人田汝成统计:

> 杭州内外及湖山之间,唐已前为三百六十寺,及钱氏立国,宋朝南渡,增为四百八十,海内都会,未有加于此者也。④

杭州众多著名寺庙创建于吴越国时期,其中颇有影响的如钱塘门外的昭庆寺、南屏山的净慈寺、梵村的云栖寺、天竺山的天竺寺、吴山的宝成寺、六和塔的开化寺、北高峰的韬光寺、南高峰的法相寺、赤山埠的六通寺、九溪十八涧的理安寺、

---

① 田汝成撰:《西湖游览志》卷十三《衢巷河桥》,明嘉靖本。
② 欧阳修:《欧阳修全集》卷四十,中华书局,2001年,第585页。
③ 吴任臣撰,徐敏霞、周莹点校:《十国春秋》卷八十九,中华书局,1983年,第1290—1291页。
④ 田汝成辑:《西湖游览志余》卷十四《方外玄踪》,文渊阁四库全书本。

青芝坞的灵峰寺等。① 杭州佛寺在五代时期进入了一个发展高潮。在钱氏当权不到一百年的时间里，仅杭州一地就以各种名义新建了三百多座寺院，因此，时人称杭州为"佛国"。佛寺的修建不仅对城市文化产生了直接影响，而且对城市的空间布局产生了重要影响，改变了城市居民的精神文化活动空间。

五代十国时期，杭州的城市基础设施建设也颇有成效。钱氏在城内广开池井，较著名者如涌金门内引湖水以入城的涌金池，吴山北麓大井巷的五眼吴山大井，南屏山西法因寺的钱王井，凤凰山梵天寺的灵鳗井。其中吴山井"品其味，为钱塘第一"②，至今仍为居民所用。据古籍记载，仅在今下城区百井坊巷一带就有"钱王所凿九十九眼井"。③ 广凿大井主要是为了满足不断增加的城市居民的饮水需要。此外，吴越国统治者还加强了连接杭州各城门的街道的建设，修建了横跨各河渠的桥梁，并对市场、房舍、城楼等都进行了规划和修建。在多年的经营下，杭州成为东南一大都会，"邑屋之繁会，江山之雕丽，实江南之胜概也"。其后宋人欧阳修在《有美堂记》中称杭州"邑屋华丽，盖十万余家"。位于凤凰山麓的吴越王城宫室更是壮丽豪华，殿堂楼台，雕梁画栋，庄严巍峨，"垂杨夹道，间以芙蓉"，"环以古松"，"风帆沙鸟，咸出履舄下"。④

五代十国时期，杭州城市在吴越钱氏长达八十余年的经营下，城市繁华，人口增加。据乾道《临安志·户口》记载，杭州在"唐贞观中，户三万五百七十一"，到吴越归宋时，有"户主六万一千六百八，客八千八百五十七"，共计70465户，如果每户按5口计算，则有35万余人。五代十国时期，杭州经济繁荣，丝织业更是兴旺发达，产品远销海内外，由是钱塘富庶盛于东南，富甲天下。可以说，五代十国时期是杭州城市发展史上的一个承先启后、继往开来的开拓阶段，对后代杭州的发展奠定了重要基础，产生了深远的影响。

（三）南汉都城广州的发展

广州在隋唐时期，由于海上贸易的发展，成为当时最重要的对外贸易港口城市。唐朝在广州设立有市舶使院，主要管理东南路海路民间贸易和朝贡贸易，征收进出口税。大量胡商聚集广州，东南亚各国之奇珍异宝如珠香、象犀、玳瑁等溢于集市，各种海外瑰宝如同山积，中华各地商品也在此集散，广州成为南方财富渊薮。⑤ 唐天祐四年（907）朱温篡唐，建后梁，开启了五代十国历史之序幕。后梁贞明三年（917），南海王刘䶮在广州称帝，改广州为兴王府，国号大越。次年，刘䶮改国号汉，史称南汉。南汉历四帝，国祚54年。广州作为南汉的国都，城市有较大发展。刘䶮及其继位各皇帝先后对广州进行了规模空前的建设，仿唐代长安城

---

① 根据咸淳《临安志》、万历《钱塘县志》、雍正《浙江通志》等寺观部分统计而得。
② 梁诗正、沈德替：《西湖志纂》卷九《吴山胜迹》，文渊阁四库全书本。
③ 田汝成：《西湖游览志》卷二十一《北山分脉城内胜迹》，文渊阁四库全书本。
④ 吴伍臣撰，徐敏霞、周莹点校：《十国春秋》卷一百一十六，中华书局，2010年，第1774页。
⑤ 李肇等：《唐国史补 因话录》卷下，上海古籍出版社，1979年，第63页。

市规划,将广州分为内城、郭城。内城包括宫城与皇城两大部分。宫城坐北朝南,建于广州内城北部高地,是南汉皇帝、皇族居住之所和皇帝处理朝政、举行朝会的地方。宫城内仿长安宫殿建制,修建有昭阳殿、乾和殿、文德殿、万政殿等规模宏大的宫殿。、豪华壮观掌管宫廷内务的内侍省也设在宫城。宫城之南为皇城,集中了三省六部等南汉国家最高政务机构。皇城之南为郭城,郭城以"左街"和"右街"为南北中轴线,大街左右布列大小坊市,居民密集,商业兴旺。广州作为南汉都城,不仅成为南汉国政治中心,也成为岭南地区的经济中心。五代十国时期,广州手工业生产有较大发展,主要表现在规模扩大、工艺技术提高等方面。如南汉高祖时修建昭阳殿,以金为仰阳,银为地面,檐槛榱桷亦皆饰以银,皆极瑰丽。中宗时建乾和殿,12条柱均以铁铸,每条周长7尺5寸,高1丈2尺有余,总重量达到300多万斤,岭南矿冶史上前所未有,亦为五代所仅见。大宝间,法性寺修造了两座铁塔,其中西铁塔1丈2尺,共七层,塔身四面铸佛像千尊以上,故又称千佛塔;形体高大,气势雄伟,结构精巧,设计独特,工艺复杂,技术一流,为我国现存古铁塔罕见的精品。① 南汉时期,广州的商业贸易延续唐代的发展趋势,仍然为南方沿海最大的海港,海外贸易通商区域也比前代扩大。从广州出发的海船直航瓮蛮(阿曼)、波斯湾畔之西拉甫港、八哈剌因、俄波拉、巴斯拉等港,而以上诸港之船舶,亦直接航至广州。

(四) 前后蜀都城成都的发展

唐末,利州刺史王建出兵西川,攻克成都,被封为蜀王。王建以节度使府为王府。唐天祐四年(907),朱温灭唐,自立为后梁皇帝,王建也随之在成都称帝,国号蜀,史称前蜀。王建称帝后,将原成都府城改建为皇城,以原蜀王府为宫城,以大衙门为宣德门,狮子门为神兽门,大厅为会同殿,毬场门为神武门,蜀王殿为承乾殿,清风楼为寿光阁,西亭子厅为咸宜殿……②另外对唐朝高骈所修筑的罗城(外郭)城垣加以扩建,并保留原成都的子城,以此为百官的办公之处,从而使成都形成了三重城的空间格局。前蜀永平五年(915),蜀王宫发生火灾,多座宫殿烧毁,宫中专藏各类宝物的百尺楼也悉为灰烬。王建乃于旧宫之北营建新宫,新建之宫城较原来以节度使衙门所改建的旧宫规模更加宏大,宫城与子城、郭城仍保持三重城空间格局。其后,王建去世,其子王衍继位。王衍年少荒淫,其母徐氏干预政事,前蜀王朝政治极端腐败,奸佞当朝,贪淫若市。王衍奢侈无度,大修宫苑,把原来宫苑中的龙跃池加以扩建,改名为宣华苑;又在池畔四周广建宫殿亭榭,著名的有重光殿、太清殿、延昌殿、会真殿、清和宫、迎仙宫、降真亭、蓬莱亭等,各宫殿装饰皆穷极奢丽。前蜀统治集团的奢侈腐败虽然对成都城市建设起了某种程度

---

① 杨万秀、钟卓安主编:《广州简史》,广东人民出版社,1996年,第101—102页。
② 吴任臣撰,徐敏霞、周莹点校:《十国春秋》卷三十五《前蜀一·高祖本纪上》,中华书局,2010年,第501页。

的推动作用，但也由此造成了极大的浪费和社会危机。前蜀咸康元年（925），后唐大军攻蜀，一路所向披靡，蜀军多弃城而逃，后唐大军包围成都，王衍未做抵抗而投降，前蜀灭亡，成都也因此而未遭到战争破坏。

后唐天成二年（927），西川节度使孟知祥发民夫20万人在成都郭城之外修筑羊马城，经一月余城即建成。羊马城规模宏大，周长42里，城垣高1.7丈，城垣基宽2.2丈，城垣上部阔1.7丈。羊马城外凿有一重壕沟，作为护城河。羊马城的城垣以凿壕沟的土版筑而成，故省力、省时、节用。羊马城建有9座城门，城门皆修有城楼，城垣上修有白露舍4957间，以作军队防守之用；另在城垣四角建筑有敌楼，其军事防御功能较前加强。羊马城筑成后，与罗城、皇城、宫城形成四重城套城格局。后蜀时期，后蜀皇帝孟昶曾令人在城墙上尽种芙蓉，每年九月芙蓉花盛开，数十里外望之皆如锦绣，故而成都被世人称为"蓉城"。

公元934年，蜀王孟知祥在成都建国称帝，年号明德，国号蜀，史称后蜀。孟知祥去世后，其子孟昶继位，颇能励精图治，境内很少发生战争，维持了三十多年的安宁和平。相对和平安宁的社会环境为经济发展创造了有利条件，前后蜀时期成都经济在唐代基础上有了进一步的发展，除农业外，纺织、造纸、印刷等行业都有较大发展，手工业技艺也有较大进步。前后蜀时期成都所产蜀锦最为精美，延续了自汉唐以来精妙绝伦的工艺，"织文锦绣，穷工极巧，其写物也如欲生，其渥采也如可掇"①。后唐庄宗灭前蜀以后，曾命蜀匠织十幅无缝锦当做被料，称为六合被。②后蜀建立后，成都的织锦业继续发展，纺织技术出现新的进步，成都工匠经过对织机和对投梭方式的革新，已能够纺织出宽约五尺、没有拼缝的锦被，这种由一梭织成的被料被称为"鸳衾"。其时成都所生产的丝织衣裳穿在身上如雾薄云轻，华美无比。蜀锦不仅制作工艺有所提升，花色更是纷繁，最著名的花色有长安竹、象眼、雕团、狮团等，各种花色合称十样锦。五代时期蜀锦的发展为宋代成都锦院的设立奠定了基础。前、后蜀成都的制瓷业也有较大发展，成都及周边共有十余处烧造、生产陶瓷的瓷窑，其中邛崃十方堂窑、成都琉璃厂窑、灌县玉堂窑盛产青瓷，又以邛崃十方堂窑的陶瓷最为著名；广元窑生产的瓷器则以黑釉器为大宗，在上釉前将白色化妆土涂于胎体，烧成之后，釉色光亮莹润。③后蜀时期成都的制瓷制陶工艺较唐代更加精湛。米芾《砚史》记载前蜀皇帝王衍有一件西蜀生产的陶砚，"连盖，盖上有凤坐一台，余雕杂花草，涅之以金泥红漆，有字曰'凤凰台'，此制方直，上狭，笋在砚上，中甚平也"④。前、后蜀时期，成都是中国的造纸中心之一。成都浣花溪在前蜀为重要的造纸作坊集中地，其造纸技艺继承前代，并制成各色彩笺，最为著名的当属前蜀王衍时期的霞光笺，颜色深红，用胭脂染色，虽

---

① 吕大防：《锦官楼记》，周复俊：《全蜀艺文志》卷三十四，清文渊阁四库全书本。
② 陶谷：《清异录》卷三《陈设》，民国景明宝颜堂秘笈本。
③ 重庆市博物馆：《四川广元瓷窑的调查收获》，《四川古陶瓷研究》第1辑，四川省社会科学院出版社，1984年，第222页。
④ 米芾：《砚史》，宋百川学海本。

不经久,但最为靡丽。① 成都手工业的发展为商业繁荣提供了条件,前蜀时成都仍保有唐代的东市、西市、北市和南市,南市更是零售与批发相结合的市场,此外还有专门的米市、炭市等专业市场出现。

(五) 闽国都城福州的发展

后梁开平三年 (909),琅琊王、威武军节度使、福建观察使王审知被加封为中书令,册封闽王。闽国奉中原王朝后梁为正朔,并向后梁朝贡。王审知为闽王期间,政治较为清明,招揽了不少中原人士,北方逃难之人也多入闽。王审知选拔良吏,发展生产,轻徭薄赋,休养生息,福州在此期间有较大发展。王审知任闽王后,扩大城市,新修街道,在原福州城外围修筑罗城40里,从而形成了双重城格局。内城为宫城和政治中心区,以及官员贵族居住区,整体布局谨严;罗城为平民居住区和商业区,外形呈不规则圆弧形,设有8个城门:东海晏门、西善化门、南利涉门、北永安门、东南通津门、东北延远门、西南清远门、西北安善门。此一时期,闽国的对外贸易也有较大发展,王审知高度重视发展对外贸易,不仅积极招徕蛮商,尽去繁苛,纵其交易,而且允许闽国商人出海经商,并把连江的黄岐半岛开辟为对外贸易港,时人称之为甘棠港。甘棠港每年聚集了大量中外海船,这些海船北至新罗、东洋,南达东南亚,经南洋以达印度、三佛齐以及阿拉伯等国,中国的瓷器和文物多从此港出口,而象牙、犀角、珍珠、玳瑁、香药等海外奇珍异物经此港运往福州,并从福州再贩往中原各地。由于海外贸易的发展,闽南的泉州亦成为海上贸易的重要港口,福建的陶器、铁器从泉州大量运销海外,由此推动泉州城市的发展,并为宋代泉州的兴起奠定了基础。

五代十国时期是中国历史上的一段大分裂时期,从总体上看,北方战火始终未能平息,社会动荡、经济萎缩、民不聊生,北方人口持续减少,相当部分城市多遭战争蹂躏,处于衰落状态,特别是唐代都城长安、洛阳等大都会历经浩劫,长期一蹶不振,其地位和规模大幅下降,不过当长安、洛阳等城市衰落之后,开封等城市却应运而兴。北方战乱一直到后周时期才逐渐减少,社会经济才逐渐恢复生气,但北方经济整体上已经落后于南方。北方人口大规模南移,使南方社会经济获得难得的发展。其时,南方虽然国家林立,但战乱相对较少,社会较为安定,民众能安心生产;而北民的南迁,也为南方各地带来了大量的劳动力及先进的生产技术和文化,加速了南方经济发展。南方各国君主较为重视发展生产,采取了一系列推动社会经济发展的措施,由此促进了城乡经济的发展,并形成了若干个以大城市为中心的经济区域,如以杭州为中心的江南经济区,以成都为中心的西蜀经济区,以福州为中心的闽越经济区,以广州为中心的岭南经济区。这些经济区域内的各级城市普遍得到较大发展,南方城市整体上出现超过北方城市的发展趋势,此后这一局面再也没有逆转。

---

① 费著:《笺纸谱》,周复俊:《全蜀艺文志》卷五十六,清文渊阁四库全书本。

第二章　城市体系、空间结构与形态演变

东晋以后，中国长期处于割据分裂状态，城市体系和空间结构都因政治局势的变化而发生变化。城市体系是"指一个国家或地区范围内由一系列规模不等、职能各异的城市所组成，并具有一定的时空地域结构，相互联系的城市网络的有机整体。城市体系并不是固定不变的，而是处于不断的变化发展之中，由不发达走向发达，由不完善趋向完善"[①]。隋统一中国后，城市体系发生了一些变化。唐朝在隋朝的基础上进一步巩固了统一的多民族国家，中原城市体系出现了新的变化，唐王朝还将中原城市体系向东北地区、西北地区不断延展。隋唐时期，中国城市的空间结构和形态等要素亦随着社会政治制度、经济结构、军事局势和自然条件的改变而发生变化。

第一节　城市等级体系分布与区域城市的发展

一、城市行政等级体系的变化

秦朝所确立的城市行政等级体系，在三国两晋南北朝时期因长期战争而扭曲。张觉人所撰《隋朝的地方自治制度》一文印证了这一观点，文章指出：自汉末群雄割据，以迄隋朝统一，中经三国、两晋、南北朝四百年的战乱相寻、兵运祸结，地方行政制度迭经改革，地方行政区域亦时加变更，郡县割裂，版籍混淆，至隋代统一宇内之时，政治典章紊乱已极。[②]《宋书·律志序》载，魏晋以来迁徙百计，一郡分为四五，一县割成两三，或昨属荆豫，今隶司兖，朝为零桂之士，今为芦九之民，来去纷扰，无暂止息，版籍为之混淆，职方所以不能记。显然，由于列国并起，南北分离，政区混乱，变动频繁，州、郡两级建置变动甚大，相对而言，县级建置较为稳定。隋代统一之前，州由最初的二十多个增至两百多个，而且设置混乱，分布不均；郡的数量也从汉代百余增至六百多个，其中又杂有若干侨郡和双头

[①] 李映涛：《唐代巴蜀地区城市等级结构与空间分布特征研究》，《社会科学研究》2009年第3期。
[②] 张觉人：《隋朝的地方自治制度》，《地方自治》1947年第1卷第4期。

郡，亦是混乱不堪。南北各国相加，共有253州，698郡，1562县。隋统一之初，"郡县倍多于古，或地无百里，数县并置，或户不满千，二郡分领"[①]。

隋朝建立后，隋文帝对行政区划进行了全面而深刻的改革。鉴于地方郡县林立、行政效率低下、中央赋税减少等种种弊病，隋文帝采纳杨尚希和苏威的建议，于开皇三年（583）十一月下令"罢天下诸郡"，实行裁郡并县的政策。此次地方行政区划调整，并未从并郡着手，而是直接废除了已毫无意义的郡制，使东汉末年以来所形成的州、郡、县三级地方行政区划制度变成了州、县二级地方行政区划制度，改由州直接统辖县。州分为上、中、下三等，每等又有上、中、下之差，计凡三级九等，具体分为上上州、上中州、上下州、中上州、中中州、中下州、下上州、下中州、下下州。至隋文帝开皇十四年（594），又将州的等级更改为上、中、下、凡四等，较九等少了五等。隋文帝执政二十余年间，天下太平，户口滋生，因而屡屡增置州县，至仁寿四年（604），全国共有州303个，县1362个。隋炀帝继位后，改州为郡，地方行政区划仍为二级制，并对州县存要去闲，省并部分州县，从而使全国地方行政区划整齐划一，较前更加合理，彻底扭转了魏晋南北朝时期地方行政区划的乱局。大业三年（607），全国共有郡185个，县1249个。大业四年（608）增加楼烦郡，大业五年（609）增加鄯善、且末、西海、河源4郡，故郡的总数增至190个，县1255个，无论是郡（州）还是县，都较隋文帝时期有所减少。由此，隋代城市行政等级体系得以确立，并对唐代产生了深远的影响。

隋代虽然短暂，但经过隋文帝和隋炀帝的多次改革，中国地方行政建置较前更加规范，一改南北朝时期郡、县空置的现象，郡县治所基本上都设置于管辖区域内较为重要的城市，尤其是郡的治所多设在各地区历史较悠久的城市。隋朝统一中国后，疆域大为扩展，中国城市的空间分布也随之发生变化。

表2-1　隋大业三年（607）全国设郡一览表[②]

地　区	郡　名
雍州地区	京兆、冯翊、扶风、安定、北地、上郡、雕阴、延安、弘化、平凉、朔方、盐川、灵武、榆林、五原、天水、陇西、金城、枹罕、浇河、西平、武威、张掖、敦煌
梁州地区	汉川、西城、房陵、清化、通川、宕渠、汉阳、临洮、宕昌、武都、同昌、河池、顺政、义城、平武、汶山、普安、金山、新城、巴西、遂宁、涪陵、巴郡、巴东、蜀郡、临邛、眉山、隆山、资阳、泸州、犍为、越巂、牂柯、黔安
豫州地区	河南、荥阳、梁郡、谯郡、济阴、襄城、颍川、汝南、淮阳、汝阴、上洛、弘农、淅阳、南阳、清阳、淮安
兖州地区	东郡、东平、济北、武阳、渤海、平原

---

① 李延寿：《北史》卷七十五《杨尚希传》，中华书局，1974年，第2579页。
② 据周振鹤主编，施和金著《中国行政区划通史·隋代卷》，复旦大学出版社，2009年。

续表

地　区	郡　名
冀州地区	信都、清河、魏郡、汲郡、河内、长平、上党、河东、绛郡、文城、临汾、龙泉、西河、离石、雁门、马邑、定襄、太原、襄国、武安、赵郡、恒山、博陵、河间、涿郡、上谷、渔阳、北平、安乐、柳城
青州地区	北海、齐郡、东莱、高密
徐州地区	彭城、鲁郡、琅琊、东海、下邳
扬州地区	江都、钟离、淮南、弋阳、蕲春、庐江、同安、历阳、丹阳、宣城、毗陵、吴郡、会稽、余杭、新安、东阳、永嘉、建安、遂安、鄱阳、临川、庐陵、南康、宜春、豫章、南海、龙川、义安、高凉、信安、永熙、苍梧、始安、永平、郁林、合浦、珠崖、宁越、交趾、九真、日南、比景、海阴、林邑
荆州地区	南郡、夷陵、竟陵、沔阳、沅陵、武陵、清江、襄阳、春陵、汉东、安陆、永安、义阳、九江、江夏、澧阳、巴陵、长沙、衡山、桂阳、零陵、熙平

　　隋文帝时期，城市分为都城、郡治、县治三级。京城大兴是全国的政治中心，东都洛阳则是次中心，两城也同时是全国的经济中心。大兴的城市空间规模为全国之最，城市人口规模也一度为全国之最。但隋文帝迁都洛阳后，洛阳的城市空间规模虽不及大兴，人口却逐渐超过大兴，为全国各城市之最。

　　隋朝的郡有等级层次之分，共分为九等，具体分为上上郡、上中郡、上下郡、中上郡、中中郡、中下郡、下上郡、下中郡、下下郡。县是地方行政地位最低的一层，也有等级层次之分。郡级城市为地区的政治中心，其中大部分城市都位于区域的地理中心，具有交通优势，其经济腹地幅员辽阔，因而郡级城市多数都是区域内规模最大的城市和最有影响力的重要城市，部分重要的郡级城市的影响力甚至超越了郡域范围，辐射全国。隋朝存在的时间虽然较短，但此时期内，长江下游与运河沿岸的城市开始出现，扬州等一批重要的城市随之而兴起，位于长江上游的成都和珠江下游的广州也在此时期内成为区域性的经济中心，从而为在唐代成为具有全国影响力的大都会做了充分的准备。

　　隋后期计有县1255个，除畿内各县外，皆因其事务简繁、人口多寡、经济状况等要素分为九等，即上上县、上中县、上下县、中上县、中中县、中下县、下上县、下中县、下下县。① 县城则为县域内的政治、经济和文化中心，一般而言，县城都是县域内规模相对较大的人口聚落。

　　隋朝统一对中国城市的发展和空间分布影响甚大。由于国家统一，疆域拓展，区划改革，经济发展，交通畅达，城市有较大发展，特别是长江中下游流域的城市不仅增加较快，而且发展甚速，长江中游的郡级城市有南郡、夷陵、竟陵、沔阳、沅陵、武陵、清江、襄阳、汉乐、安陆、永安、义阳、九江、江夏、沣阳、巴陵、长沙、衡山、桂阳、零陵、熙平、巴郡、巴东等，下游则有江都、钟离、淮南、弋

---

① 张觉人：《隋朝的地方自治制度》，《地方自治》1947年第1卷第4期。

第二章 城市体系、空间结构与形态演变

阳、蕲春、庐江、同安、历阳、宣城、毗陵、吴郡、会稽、余杭、新安、东阳、永嘉、建安、遂安、鄱阳、临川、庐陵、南康、宜春、豫章等。有研究者指出：综合隋唐五代城市发展的情况，南方城市越来越多，发展越来越好，而西北方的城市则渐趋衰落。这与北方游牧民族（政权）南下和南方经济的发展，东南交通的开发，以及海上贸易的刺激关系密切。如果说中国城市存在此一趋势的话，那么趋势开始出现应是在南北朝时期，但隋朝则无疑是一个重要的转折点。①

唐代是中国历史上承上启下的一个重要历史时期，综合国力在唐中期达到当时世界的领先水平，物质文明和精神文明高度发达，城市也得到很大的发展。

通过农民战争建立起来的唐王朝，吸取了隋朝灭亡的经验，采取了一系列恢复生产、革新政治的措施，并对隋朝的制度有因有革，从而使政权得到巩固，社会经济文化有较大发展，出现了"贞观之治"。史称："天下大稔，流散者咸归乡里，斗米不过三四钱。终岁断死罪才二十九人。东至于海，南及五岭，皆外户不闭，行旅不赍粮，取给于道路焉。"②此虽有溢美之嫌，但也反映了唐初经济的恢复、发展，社会的安定和政治的清明。公元8世纪上半叶，唐玄宗统治前期，唐朝进入极盛时期，政局稳定，经济繁盛，史称"开元盛世"。经过唐前期百余年的持续稳定发展，人口逐渐增加，唐玄宗时中国人口达6050.3万，是唐以前中国人口的最高峰。由于人口增加，社会生产力提高，经济十分繁荣，城市也发展到一个新的阶段，城市体系出现新的变化。

一般而言，我国古代地方城市的功能以政治行政功能为主，其行政建置级别的高低与城市规模的大小有着密切的关系，在同一区域内，不同等级的地方行政建置治所即为不同规模等级的城市。唐初，地方行政区划也沿袭了隋制，只设有州、县二级，与隋朝不同的是，将郡制改为州制。唐太宗贞观元年（627），唐玄宗开元二十一年（733），又分全国为十五道。由于道在唐代前中期主要是监察区域而非地方行政建置，因此唐代推行的还是以州统县的二级地方行政建置，地方城市也就分为州城和县城两个等级，州城和县城分别为各自所在区域内的政治和军事中心，多数情况下，也是该区域的经济和文化中心。州城在行政级别上比县城高一级，在一般情况下，州城都会选择本州之内规模最大、经济最富庶、交通最便捷的县城为州治。某县城一旦成为州治，就会在政治中心优先发展规律的作用下，相比本州内其他县城发展得更快，成为州域内规模最大、人口最多、经济最发达的城市。唐代州县在传承隋制的基础上，也依据其行政地位与户口多少、资地美恶等要素划分为上、中、中下、下等不同级别。唐开元时期的标准是四万户以上为上州，二万五千户以上为中州，不满二万户为下州；边远地区的州三万户以上为上州，两万户以上为中州，二万户以下为下州；县则以六千户以上为上县，三千户以上为中县，三千户以下为中下和下县。贞观元年（627），唐太宗分天下为十道：关内道、河南道、

---

① 张剑光：《隋唐五代江南城市的基本面貌与发展趋势》，《史林》2014年第1期。
② 陆贽撰，王素点校：《陆贽集》卷二十二，中华书局，2006年，第749页。

河东道、河北道、山南道、陇右道、淮南道、江南道、剑南道和岭南道，设有10个道治城市，此外还设有州治城市315个。开元二十一年（733），又分天下为15道，即将山南道、江南道各分为东、西道，又增设了京畿道、都畿道和黔中道。此外，又先后新增设140余个县级城市，其中有105个县城位于东南和西南地区，长江干流地区东南侧新设县城达60个，位于西南地区的新设县城达45个。

表2-2　唐贞观元年中国地方行政区划道、州（府）一览表①

道名及道治所	府州名
关内道，治所凤翔府（今陕西凤翔）	京师（长安）、京兆府、华州、同州、坊州、丹州、凤翔府、邠州、泾州、陇州、宁州、原州、庆州、鄜州、定州、绥州、银州、夏州、灵州、盐州、丰州、会州、宥州、胜州、麟州、安北大都护府
河南道，治所洛阳、汴州（今河南洛阳、开封）	东都（洛阳）、河南府、孟州、陕州、虢州、汝州、许州、汴州、蔡州、陈州、颍州、亳州、宋州、濮州、郓州、泗州、海州、兖州、徐州、宿州、沂州、密州、齐州、青州、棣州、莱州、登州
河东道，治所河中府（今山西永济西）	河中府、绛州、晋州、隰州、汾州、慈州、潞州、泽州、沁州、辽州、太原府（北京）、蔚州、忻州、岚州、石州、朔州、云州、单于都护府
河北道，治所魏州（今河北大名东南）	怀州、卫州、相州、魏州、澶州、博州、贝州、洺州、磁州、邢州、赵州、冀州、深州、沧州、景州、德州、定州、祁州、易州、瀛州、莫州、幽州、涿州、檀州、妫州、平州、顺州、归顺州、营州、燕州、威州、慎州、玄州、崇州、夷宾州、师州、鲜州、带州、黎州、沃州、昌州、归义州、瑞州、信州、青山州、凛州、安东都护府
山南道，治所襄州（今湖北襄阳）	兴元府、兴州、凤州、利州、通州、洋州、泽州、合州、集州、巴州、蓬州、壁州、商州、金州、开州、渠州、渝州、邓州、唐州、均州、房州、随州、郢州、襄州、复州、江陵府、硖州、归州、夔州、万州、忠州
淮南道，治所扬州（今江苏扬州）	扬州、楚州、和州、濠州、寿州、光州、蕲州、申州、黄州、安州、舒州
江南道，治所苏州（今江苏苏州）	润州、常州、苏州、湖州、杭州、越州、明州、台州、婺州、衢州、信州、睦州、歙州、处州、温州、福州、泉州、建州、汀州、漳州、宣州、池州、洪州、虔州、抚州、吉州、江州、袁州、鄂州、岳州、潭州、衡州、澧州、朗州、永州、道州、郴州、邵州、连州、黔州、辰州、锦州、施州、巫州、夷州、播州、思州、费州、南州、溪州、溱州、珍州、牂州
陇右道，治所鄯州（今青海乐都）	秦州、成州、渭州、兰州、临州、河州、武州、洮州、廓州、叠州、宕州、凉州、甘州、瓜州、伊州、沙州、西州、安西大都护府、北庭都护府
剑南道，治所成都府（今四川成都）	益州、汉州、彭州、蜀州、眉州、剑州、梓州、阆州、果州、遂州、普州、陵州、资州、荣州、简州、嘉州、邛州、雅州、黎州、泸州、茂州、巂州、涂州、炎州、彻州、向州、冉州、邛州、笮州、戎州、嵩州、松州、文州、扶州、龙州、当州、悉州、恭州、保州、真州、霸州、柘州

---

① 据何一民《中国城市史》，武汉大学出版社，2012年，第235页。

第二章 城市体系、空间结构与形态演变

续表

道名及道治所	府州名
岭南道，治所广州（今广东广州）	广州、韶州、循州、贺州、端州、新州、康州、封州、泷州、恩州、春州、高州、滕州、义州、窦州、勤州、桂州、昭州、富州、梧州、龚州、浔州、郁林州、平琴州、宾州、澄州、绣州、象州、柳州、融州、邕州、贵州、党州、横州、田州、严州、山州、峦州、罗州、潘州、容州、辩州、白州、牢州、钦州、禹州、滚州、汤州、岩州、古州、安南都督府、武峨州、粤州、芝州、爱州、福禄州、长州、骥州、林州、景州、峰州、陆州、廉州、雷州、笼州、环州、德化州、郎茫州、崖州、儋州、琼州、振州、万安州、赤土国、丹丹国

表2-3　唐代州级城市一览表[①]

州　府	别　称	州治所	县　数
京城	京城、西京、中京、西京、上都	—	—
雍州	京兆府	京城	20
华州	华阴郡	郑县	4
同州	冯翊郡	冯翊县	8
商州	上洛郡	上洛县	6
岐州	凤翔府	雍县	9
邠州	新平郡	新平县	4
陇州	汧阳郡	汧源县	3
泾州	保定郡	安定县	5
原州	平凉郡	平高县	2
渭州	—	襄武县	1
武州	—	萧关县	1
宁州	彭原郡	定安县	5
庆州	顺化郡	安化县	10
鄜州	洛交郡	洛交县	5
坊州	中部郡	中部县	4
丹州	咸宁郡	义川县	4
延州	延安郡	肤施县	10
灵州	灵武郡	回乐县	4
威州	—	鸣沙县	2
会州	会宁郡	会宁县	2

---

① 据何一民《中国城市史》，武汉大学出版社，2012年，第237页。

续表

州　府	别　称	州治所	县　数
盐州	五原郡	五原县	2
夏州	朔方郡	朔方县	3
绥州	上郡	上县	5
银州	银川郡	儒林县	4
宥州	宁朔郡	延恩县	2
麟州	新秦郡	新秦县	3
胜州	榆林郡	榆林县	2
丰州	九原郡	九原县	2
单于大都护府	云中都护府	—	—
安北大都护府	燕然都护府	—	2
镇北大都护府	—	—	2
东都	洛阳、神都、东京、东都	—	—
洛州	河南府	东都	20
汝州	临汝郡	梁县	7
陕州	陕郡	陕县	6
虢州	弘农郡	弘农县	6
滑州	灵昌郡	白马县	7
郑州	荥阳郡	管城县	7
颍州	汝阴郡	汝阴县	4
许州	颍川郡	长社县	9
陈州	淮阳郡	宛丘县	6
蔡州	汝南郡	汝阳县	10
汴州	陈留郡	浚仪县	6
宋州	睢阳郡	宋城	10
亳州	谯郡	谯县	7
徐州	彭城郡	彭城县	7
泗州	临淮郡	临淮县	4
濠州	钟离郡	钟离县	3
宿州	—	符离县	4
郓州	东平郡	须昌县	9
齐州	济南郡	历城县	6

续表

州　府	别　称	州治所	县　数
曹州	济阴郡	济阴县	6
濮州	濮阳郡	鄄城县	5
青州	北海郡	益都县	7
淄州	淄川郡	淄川县	4
登州	东牟郡	蓬莱县	4
莱州	东莱郡	掖县	4
棣州	乐安郡	厌次县	5
兖州	鲁郡	瑕丘县	10
海州	东海郡	朐山县	4
沂州	琅邪郡	临沂县	5
密州	高密郡	诸城县	4
蒲州	河中府	河东县	13
晋州	平阳郡	临汾县	8
绛州	绛郡	正平县	7
慈州	文城郡	吉昌县	5
隰州	大宁郡	隰川县	6
并州	太原府	晋阳县	13
汾州	西河郡	西河县	5
沁州	阳城郡	沁源县	3
辽州	乐平郡	辽山县	3
岚州	楼烦郡	宜芳县	4
宪州	—	楼烦县	3
石州	昌化郡	离石县	5
忻州	定襄郡	秀容县	2
代州	雁门郡	雁门县	5
云州	云中郡	云中县	1
朔州	马邑郡	善阳县	2
蔚州	兴唐郡	灵丘县	3
武州	—	文德县	1
新州	—	永兴县	4
潞州	上党郡	上党县	10

续表

州　府	别　称	州治所	县　数
泽州	高平郡	晋城县	6
孟州	—	河阳县	5
怀州	河内郡	河内县	5
魏州	魏郡	贵乡县	14
博州	博平郡	聊城县	6
相州	邺郡	安阳县	6
卫州	汲郡	汲县	5
贝州	清河郡	清河县	8
澶州	—	顿丘县	4
邢州	巨鹿郡	龙冈县	8
洺州	广平郡	永年县	6
惠州	—	滏阳	4
镇州	常山郡	真定县	11
冀州	信都郡	信都县	9
深州	饶阳郡	陆泽县	7
赵州	赵郡	平棘县	8
沧州	景城郡	清池县	7
景州	—	弓高县	4
德州	平原郡	安德县	6
定州	博陵郡	安喜县	10
易州	上谷郡	易县	6
幽州	范阳郡	蓟县	9
涿州	—	范阳县	5
瀛洲	河间郡	河间县	5
莫州	文安郡	莫县	6
平州	北平郡	卢龙县	3
妫州	妫川郡	怀戎县	1
檀州	密云郡	密云县	2
蓟州	渔阳郡	渔阳县	3
营州	柳城郡	柳城县	1
安东都护府	—	—	—

续表

州　府	别　称	州治所	县　数
荆州	江陵府	江陵县	8
峡州	夷陵郡	夷陵县	4
归州	巴东郡	秭归县	3
夔州	云安郡	奉节县	4
澧州	澧阳郡	澧阳县	4
朗州	武陵郡	武陵县	2
忠州	南宾郡	临江县	5
涪州	涪陵郡	涪陵县	5
万州	南浦郡	南浦县	3
襄州	襄阳郡	襄阳县	7
泌州	淮安郡	泌阳县	7
随州	汉东郡	隋县	4
邓州	南阳郡	穰县	6
均州	武当郡	武当县	3
房州	房陵郡	房陵县	4
复州	竟陵郡	沔阳县	3
郢州	富水郡	京山县	3
金州	汉阴郡	西城县	6
梁州	兴元府	南郑县	5
洋州	洋川郡	西乡县	4
利州	益昌郡	绵谷县	6
凤州	河池郡	梁泉县	3
兴州	顺政郡	顺政县	2
成州	同谷郡	上禄县	3
文州	阴平郡	曲水县	1
扶州	同昌郡	同昌县	4
集州	符阳郡	难江县	3
壁州	始宁郡	诺水县	5
巴州	清化郡	化城县	9
蓬州	蓬山郡	大寅县	7
通州	通川郡	通川县	9

续表

州　府	别　　称	州治所	县　数
开州	盛山郡	盛山县	3
阆州	阆中郡	阆中县	9
果州	南充郡	南充县	5
渠州	潾山郡	流江县	3
扬州	广陵郡	江都县	7
楚州	淮阴郡	山阳县	4
滁州	永阳郡	清流县	3
和州	历阳郡	历阳县	3
寿州	寿春郡	寿春县	5
庐州	庐江郡	合肥县	5
舒州	同安郡	怀宁县	5
光州	弋阳郡	定城县	5
蕲州	蕲春郡	蕲春县	4
安州	安陆郡	安陆县	6
黄州	齐安郡	黄冈县	3
申州	义阳郡	义阳县	3
润州	丹杨郡	丹徒县	4
升州	江宁郡	上元县	4
常州	晋陵郡	晋陵县	5
苏州	吴郡	吴县	7
湖州	吴兴郡	乌程县	5
杭州	余杭郡	钱塘县	8
睦州	新定郡	建德县	6
越州	会稽郡	会稽县	7
明州	余姚郡	鄮县	4
衢州	信安郡	信安县	4
处州	缙云郡	丽水县	6
婺州	东阳郡	金华县	7
温州	永嘉郡	永嘉县	4
台州	临海郡	临海县	5
福州	长乐郡	闽县	10

续表

州　府	别　称	州治所	县　数
建州	建安郡	建安县	5
泉州	清源郡	晋江县	4
汀州	临汀郡	长汀县	3
漳州	漳浦郡	漳浦县	3
宣州	宣城郡	宣城县	8
歙州	新安郡	歙县	6
池州	—	秋浦县	4
洪州	豫章郡	豫章县	7
江州	浔阳郡	浔阳县	3
鄂州	江夏郡	江夏县	7
岳州	巴陵郡	巴陵县	5
饶州	鄱阳郡	鄱阳县	4
虔州	南康郡	赣县	7
吉州	庐陵郡	庐陵县	5
袁州	宜春郡	宜春县	3
信州	—	弋阳县	4
抚州	临川郡	临川县	4
潭州	长沙郡	长沙县	6
衡州	衡阳郡	衡阳县	6
永州	零陵郡	零陵县	4
道州	江华郡	营道县	5
郴州	桂阳郡	郴县	8
邵州	邵阳郡	邵阳县	2
黔州	黔中郡	彭水县	6
辰州	卢溪郡	沅陵县	5
锦州	卢阳郡	卢阳县	5
施州	清化郡	清江县	2
叙州	潭阳郡	龙标县	3
奖州	龙溪郡	夜郎县（峨山县）	3
夷州	义泉郡	绥阳县	5
播州	播川郡	遵义县	3

续表

州　府	别　称	州治所	县　数
思州	宁夷郡	务川县	3
费州	涪川郡	涪川县	4
南州	南川郡	南川县	2
溪州	灵溪郡	大乡县	2
溱州	溱溪郡	荣懿县	5
益州	成都府（又称蜀郡）	蜀县	10
彭州	蒙阳郡	九陇县	4
蜀州	唐安郡	晋原县	4
汉州	德阳郡	雒县	5
嘉州	犍为郡	龙游县	8
眉州	通义郡	通义县	5
邛州	临邛郡	临邛县	7
简州	阳安郡	阳安县	3
资州	资阳郡	磐石县	8
嶲州	越嶲郡	越嶲县	9
雅州	卢山郡	严道县	5
黎州	洪源郡	汉源县	3
茂州	通化郡	汶山县	4
翼州	临翼郡	卫山县（翼县）	3
维州	维川郡	薛城县	3
戎州	南溪郡	僰道县	5
姚州	云南郡	姚城县	3
松州	交川郡	嘉诚县	4
当州	江源郡	通轨县	3
悉州	归诚郡	左封县	2
静州	静川郡	悉唐县	3
柘州	蓬山郡	柘县	2
恭州	恭化郡	和集县（广平县）	3
保州	天保郡	定廉县	4
真州	昭德郡	真符县	4
霸州	静戎郡	—	4

续表

州　府	别　称	州治所	县　数
干州	—	—	2
梓州	梓潼郡	郪县	9
遂州	遂宁郡	方义县	5
绵州	巴西郡	巴西县	8
剑州	普安郡	普安县	8
合州	巴中郡	石镜县	6
龙州	应灵郡	江油县	2
普州	安岳郡	安岳县	6
渝州	南平郡	巴县	5
陵州	仁寿郡	仁寿县	5
荣州	和义郡	旭川县	6
昌州	—	昌元县	4
泸州	泸川郡	泸川县	5
保宁都护府	—	—	—
广州	南海郡	南海县	13
韶州	始兴郡	曲江县	6
循州	海丰郡	归善县	6
潮州	潮阳郡	海阳县	3
康州	晋康郡	端溪县	4
泷州	开阳郡	泷水县	4
端州	高要郡	高要县	2
新州	新兴郡	新兴县	2
封州	临封郡	封川县	2
潘州	南潘郡	茂名县	3
春州	南陵郡	阳春县	2
勤州	云浮郡	富林县	2
罗州	招义郡	石城县	4
辩州	陵水郡	石龙县	2
高州	高凉郡	良德县	3
恩州	恩平郡	齐安县	3
雷州	海康郡	海康县	3

续表

州　府	别　称	州治所	县　数
崖州	珠崖郡	舍城县	3
琼州	琼山郡	琼山县	5
振州	延德郡	宁远县	5
儋州	昌化郡	义伦县	5
万安州	万安郡	陵水县	4
邕州	朗宁郡	宣化县	7
澄州	贺水郡	上林县	4
宾州	岭方郡	岭方县	3
横州	宁浦郡	宁浦县	3
浔州	浔江郡	桂平县	3
峦州	永定郡	永定县	3
钦州	宁越郡	钦江县	5
贵州	怀泽郡	郁林县	4
龚州	临江郡	平南县	5
象州	象郡	武化县	3
滕州	感义郡	镡津县	4
岩州	常乐郡	常乐县	4
宜州	龙水郡	龙水县	4
瀼州	临潭郡	瀼江县	4
笼州	扶南郡	武勤县	7
田州	横山郡	横山县	5
环州	整平郡	正平县	8
桂州	始安郡	始安县	11
梧州	苍梧郡	苍梧县	3
贺州	临贺郡	临贺县	6
连州	连山郡	桂阳县	3
柳州	龙城郡	马平县	5
富州	开江郡	龙平县	3
昭州	平乐郡	平乐县	3
蒙州	蒙山郡	立山县	3
严州	循德郡	来宾县	3

第二章 城市体系、空间结构与形态演变

续表

州　府	别　称	州治所	县　数
融州	融水郡	融水县	2
思唐州	武郎郡	武郎县	2
古州	乐兴郡	乐兴县	3
容州	普宁郡	北流县	6
牢州	定川郡	南流县	3
白州	南昌郡	博白县	4
顺州	顺义郡	—	4
绣州	常林郡	常林县	3
郁林州	郁林郡	石南县	4
党州	宁仁郡	善劳县	8
窦州	怀德郡	信义县	4
禹州	温水郡	峨石县	4
廉州	合浦郡	合浦县	4
义州	连城郡	龙城县	3
交州	安南中都护府（交趾郡）	宋平县（治所多移）	8
陆州	玉山郡	乌雷县	3
峰州	承化郡	新昌县	5
爱州	九真郡	九真县	6
驩州	日南郡	九德县	4
长州	文杨郡	文阳县	4
福禄州	唐林郡	安远县	3
汤州	汤泉郡	汤泉县	3
芝州	忻城郡	忻城县	7
武峨州	武峨郡	武峨县	7
演州	龙池郡	忠义县	7
武安州	武曲郡	武安县	2
凉州	武威郡	姑臧县	5
沙州	敦煌郡	敦煌县	2
瓜州	晋昌郡	晋昌县	2
甘州	张掖郡	张掖县	2
肃州	酒泉郡	酒泉县	3

续表

州　府	别　称	州治所	县　数
伊州	伊吾郡	伊吾县	3
西州	交河郡	前庭县（高昌县）	5
庭州	北庭大都护府	金满县	4
安西大都护府		西州（后随军迁治多处）	
河州	安昌郡	枹罕县	3
渭州	陇西郡	襄武县	4
鄯州	西平郡	湟水县	3
兰州	金城郡	金城县	2
临州	狄道郡	狄道县	2
阶州	武都郡	将利县	3
洮州	临洮郡	临潭县	1
岷州	和政郡	溢乐县	3
廓州	宁塞郡	广威县	3
叠州	合川郡	合川县	2
宕州	怀道郡	怀道县	2

唐代的城市数量不仅较隋代有所增多，而且分布的范围也较隋代更加广泛，形成了以道为空间范围的区域城市行政等级体系。州一级的城市也较过去大大增多，表明城市规模普遍扩大。

唐朝建立后，在地方行政建置方面沿袭隋制，根据各府州县的政治功能、经济功能、户籍数量、军事作用等将府州级行政单位划分为八个等级（府、辅州、雄州、望州、紧州、上州、中州、下州），县级行政单位划分为十等（赤县、次赤县、畿县、次畿县、望县、次望县、紧县、上县、中县、下县），从而分别进行统筹，加强对地方行政的管控。以上各行政区划在确立初期主要是发挥其政治功能，其后又逐渐具备经济、人口和军事等多方面的功能。

此外，西域的城市也得到一定程度的发展，并形成了新的城市行政等级体系。唐太宗贞观十四年（640），唐朝设置北庭都护府，辖地包括天山北路和巴尔喀什湖以西至雷翥海（今中亚咸海）的广大地区。唐武后长安二年（702），唐朝设置安西都护府，辖地包括天山南路和帕米尔以西地区。

东北地区的城市也因朝廷设置而有所发展。唐高祖武德八年（625），室韦部（分布于黑龙江上、中游和额尔古纳河两岸）遣使来唐，其后唐朝就在这个地区设置行政机构，任命室韦部首领为都督等官。唐玄宗开元元年（713），唐朝在粟末靺鞨地区（松花江上游）设置忽汗州（治所在今黑龙江省宁安县南的东京城），任命粟末靺鞨首领大祚荣为州都督，并封他为左骁卫大将军、渤海郡王。此后，粟末靺鞨即专称渤海，辖地包括松花江、乌苏里江、绥芬河等流域，东边直至大海。开元十年（722），唐朝政府封黑水靺鞨（分布于黑龙江中下游地区）首领倪属利稽为勃利州刺史。勃利州治所在乌苏里江口东岸的伯力（今苏联境内哈巴罗夫斯克）。开元十三年（725），唐朝政府在黑水靺鞨地区设置黑水军。次年，又以其最大部落为黑水都督府，其余各部为隶属于都督府的州；都督府辖地包括黑龙江中下游两岸，北抵小海（今鄂霍次克海），东临大海。

二、隋唐区域城市的发展变迁

隋唐时期，中国出现了一批特大城市和大城市，中等城市的数量也逐渐增多。唐代最重要的政治城市主要有十府和二十四都督府的治所京兆府、河南府、太原府、凤翔府、成都府、河中府、江陵府、兴元府、兴德府、兴唐府；二十四都督府设置于汴州、齐州、兖州、魏州、冀州、并州、蒲州、鄜州、泾州、秦州、益州、绵州、遂州、荆州、夔州、通州、梁州、襄州、扬州、安州、润州、越州、洪州、潭州。其中扬州、益州、并州、荆州为大都督府所在州。这些府州治所城市皆为区域内经济发达、人口众多的大中城市。

唐代主要的城市大都位于重要经济区域内，这些区域的农业和手工业都较发达。随着商品经济的发展，位于水陆交通要道上的城市发展为工商业繁荣、人口繁多的大都会，经济功能增强。除经济因素外，政治因素对这些大都会的出现和发展所起的作用也不可忽视，这特别表现在长安、洛阳两个特大城市的兴起上，中国特殊的历史背景下形成的政治中心城市优先发展规律在中国城市的发展过程中一直起着重要作用。长安、洛阳在隋以前均已残破不堪，隋朝建立后，隋文帝可以通过国家权力来聚集各种资源，不惜花费巨资和庞大的人力、物力来新建大兴和重修洛阳，大兴城市规模之大，超过以往任何城市；洛阳规模略次，但人口却超过百万。隋末战争，大兴、洛阳都遭到不同程度的破坏。但唐朝建立后改大兴为长安，作为都城，长安同样得到新发展。洛阳作为陪都，称东京，仍然得到重建。因此在唐王朝的强力推动下，长安和洛阳的发展超过了同时期其他任何城市。

唐朝长安城基本上承隋大兴城的格局，对其建制、街道、坊市的布局和设施大都保留，主要进行一些扩建和营造，特别是宫城。唐代在隋大兴宫（唐改为太极宫）之外，修建了兴庆宫和大明宫（兴庆宫在城内，大明宫在隋大兴城垣外北部偏东处），从而使唐长安城市面积超过隋大兴城，成为世界古代史上规模最大的城市。长安城所在的京兆府在唐初贞观年间有 207650 户，到开元年间增至 362909 户，天宝年间仍然保持在 362821 户，如果以每户 5 口计算，贞观年间达 103 万口，开元年间则达 181 万余口。其时，有人对唐长安人口的繁盛有所描述，较为著名的有诗人岑参的"长安城中百万家，不知何人吹夜笛"。诗人所描述的长安人口百万家并不是确切数字，只是一种文学的修辞和夸张，却反映了人口繁多的实际情况。因而一般研究者推测唐中期长安的人口已经达到百万以上。

唐朝中期国力强盛，与外部的联系加强，南北朝时期时断时续的丝绸之路在此时期重新开通。丝绸之路不仅成为联系东西方经济的重要通道，也成为东西方文化交流的大通道，特别是佛教文化通过丝绸之路传入，经长安传播到中国各地。大批外国使者、学者、商人、僧尼等来到长安，长安有"世界首都"之称，成为国际性大城市。

唐朝建立后，政治稳定，疆域扩大，经济繁荣，国泰民安，思想领域同样呈现繁荣景象。唐王朝在宗教方面实行开放政策，佛教和道教出现了发展高峰，祆教、景教、摩尼教也得到很大发展，长安城内各类寺庙林立，僧侣、道士和各种宗教人员云集。长安附近的一些城市，如扶风、三原、临潼、咸阳、渭南、潼关等，因与京畿接壤，并处于长安与东西交往的交通要道上，而俗具五方、人物混淆、华戎杂错、工商业兴盛，其民众多去农从商，争朝夕之利。

隋炀帝重建东都后，洛阳的政治地位得到提升，成为仅次于长安的次政治中心。唐朝建立后，关中地区常受到自然灾害的影响，粮食供应时常发生困难，而洛阳位于大运河漕运的中心点，是水陆交通枢纽，粮食和各类物资储备丰富，因而唐朝皇帝多次率领百官到洛阳就食，从而使洛阳的地位变得更加重要，促进了洛阳城市的快速发展，其手工业和商业发达程度堪比长安。

除长安、洛阳外，唐代具有跨区域聚集效应和辐射力的繁华大城市也较前代增加。唐代，以黄河流域和长江流域为主的大河流域城市体系得到很大发展，集中了当时中国最主要的大城市。此外，运河城市体系也因运河漕运的兴起而逐渐形成。

此一时期，北方的大城市数量仍然多于南方，中国的城市重心和经济重心也仍然在北方。北方除了长安、洛阳以外，位于汴河之滨的汴州也因运河的开通而成为南北漕运枢纽，舟车辐辏，人庶浩繁，成为四通八达之都。此外，晋阳、济阴、睢阳、沧州、清河、景城、绛郡、东丰、鲁郡等城市仍然保持区域中心地位；而一些交通便利的城市，如陈留等也发展为中等工商业城市。北方的一些古城如兖州、青州、徐州、彭城、鲁郡、琅琊、东海、下邳等城市虽然没有大的发展，但也保持一定程度的繁荣。

唐代，南方的大城市也较前有所增多，南方的大城市主要有成都、扬州、杭州、苏州、京口、湖州、洪州等，这些南方大城市大多数都分布在长江流域，只有广州在岭南，长江流域城市以扬州、成都（益州）最为著名，世称"扬一益二"。

长江上游巴蜀地区的城市在秦汉时期就很兴盛，成都东汉时就是"五都"之一。唐代成都有了更大的发展，与长江下游的扬州并列为当时的工商业大都会，并在川西平原形成了以成都为首的城市群。大运河的开通使南北经济、文化联系进一步加强，不仅让运河沿岸城市得到大发展，初步形成运河城市体系，而且也使以扬州为中心的地区得到较大发展。除扬州外，长江下游的多个城市在唐代也得到较大发展。唐朝开元年间开凿伊娄河，运河入江渡口从丹徒改到京口，于是位于运河入江上端的京口（今属镇江）成为漕粮与南北物资转运的重要站点，工商业随之兴起。居于"三吴襟带之邦，百越舟车之会"的常州，在运河开通后也成为交通要

第二章 城市体系、空间结构与形态演变

冲,地大人众,政繁务殷。湖州是太湖地区的经济中心,为江表大郡,工商业发达,其舟车会聚之程度,物产之丰饶,不输于临淄。洪州为中唐时江淮间兴起的都会,岭南的许多货物大都越庾岭,取水道至洪州,再从洪州沿江东下分散到各地,因而洪州工商业相当兴盛,瓷器十分有名。岳州为五岭三湘水流会合之地,商贾往来,多经由此处。其他如吉州、饶州、荆州、襄阳、长沙、南郡、鄂州、明州、泉州、升州、江州、京口、宣城、毗陵、东阳等也是川泽衍沃、四方凑会的南方工商业城市。另外,夷陵、竟陵、江夏、安陵、沔阳、沅陵、清江、春陵、安陆、永安、义阳、武陵、巴陵、零陵、桂林、澧阳、衡山等城市也有一定程度的发展。

岭南地区的城市以广州为最大,其余城市的规模都较小。岭南地区虽然广阔,下辖七十余州,但由于经济腹地开发较迟,大多数城市人口数量较少,城市建成区规模较小,经济发展缓慢。

从总体上看,唐代城市发展较快,城市化水平较高,形成了新的发展特点。首先,以京城长安和东都洛阳为中心的黄河中游流域城市的地位日益提高,形成了两大区域城市群,围绕长安有四大辅州,围绕洛阳也设置了陕、怀、郑、绛、汴、魏等六大雄州。辅州在前代即有设置,而雄州却为唐代新设,这表明东都洛阳在唐代地位日益增强。其次,长江流域城市的地位也日益提高。唐前期雄州、望州均在黄河流域,唐中后期长江流域出现三府二雄州及六望州,长江流域拥有的上州数量超过了黄河流域,居于全国各大江河流域之首。以县而论,唐前期赤、畿县均在黄河流域,唐中后期随着成都、江陵、兴元各府的设置,其属县或为次赤县,或为次畿县,在江南出现次赤县、次畿县二十余个。唐前期望县集中在北方,唐中后期江南道的望县数量增长,拥有望县及上县的数量均居全国各道之首。这都表明长江流域在唐中后期的地位日益提升。最后,划分州府的等级标准有所变化。唐前期举凡府和辅州、雄州均以"环天子之居"或以政治地位、军事战略地位为标准来确定,然而,唐中后期,除军事因素外,经济和人口也成为重要标准,如荆州是以"荆南井邑,十倍其初"而升为府,苏州则因"兵数不少,税额至多"而升为雄州。① 这表明唐后期地区人口数量、政府税收等社会经济因素成为州县等级划分的重要依据。

如若从长时段的视野来观察隋至五代南北方城市的变化,亦会产生新的认知。特别是唐末五代时期政治中心城市所出现的地域性转移,更能清晰表明这一认识。唐末藩镇割据时,政治中心向东转移的趋势已经明朗,关中地区的经济在长达数百年间多遭严重破坏,自然生态环境也发生了较大变化,已经无法承载都城的发展,无法供养大量的非农业人口,尤其是以皇帝和百官为主的统治集团的高端物资消费。长安失去政治中心地位的结局已经不可避免。唐昭宗时,朱全忠焚毁长安宫室、百司、民间庐舍,胁迫昭宗迁都洛阳,长安从此不复往日辉煌。后梁时期,洛阳虽然是都城,但后梁太祖朱温对洛阳的修复也仅限于宫室重建,经营的重心实为

---

① 翁俊雄:《唐代的州县等级制度》,《北京师范学院学报》1991年第1期。

其起家之地——汴州。① 后唐建立后，虽然也定都洛阳，但后唐统治者却始终没有对洛阳进行大规模的建设，其原因虽然是多方面的，但唐以后洛阳的地理优势和经济优势的逐渐消失无疑是原因之一。而位于汴河之畔的开封则因与大运河相联系而逐渐取代洛阳的枢纽地位，从而在黄河中下游地区形成了洛阳—开封双中心城市体系，取代了唐代的长安—洛阳双中心城市体系。从更长时段看，五代十国时期实际上也是中国南北城市在中国历史上进行地位互换的一个重要转折时期，黄河流域城市虽然在表面上仍然居于领先地位，政治中心城市虽然仍然在黄河流域，但城市的整体衰落趋势已经显现。

第二节 城市形态结构与坊市制

城市空间形态，是指城市各物质要素构成在空间上的表现形态，即城市的总体布局形式、分布密度与整体形状。城市空间形态的形成，一方面受到自然条件的影响和制约，另一方面更要受到政治制度、礼制观念等多种因素的影响和制约。秦汉时期，统一国家的建立为城市的空间形态做出了制度方面的规范，大多数城市皆为紧凑型，即固定在城垣范围内，聚集度高，布局相对严谨，城市外部形态呈方形、长方形或近似圆形等相对规整的形态。唐代是城市内部空间结构发生重要变化的时期，秦汉以后，历朝统治者为了加强对城市的管理控制，对城市空间布局有严格的规定，将居住区和商业区实行分区管理，由此形成了坊市制。坊市制对于城市空间产生了直接的影响。唐朝中后期，一方面，城市人口增加，商业经济繁荣，商业活动盛行，原有的坊市制成为束缚市场发展的桎梏；另一方面，中央集权的式微、地方势力的兴起也使原来的一些制度和规定发生松动，因而在多种因素的推动下，破墙开店渐成趋势，官府对城市市场交易的控制不得不有所松弛，沿街设铺、买卖街的形成，以及早市、夜市等新的商品交易方式的出现，使部分城市的坊市制度逐渐解体或名存实亡，城市空间形态逐渐发生变化，为宋代的"城市革命"创造了条件。

一、重要城市的形态与结构变化

隋唐时期，中国的都城建设进入一个新的发展阶段，城市形态与内部结构相继发生重大变化，主要表现为隋大兴城、洛阳城和唐长安城的形态与结构的变化。

周人所撰《考工记》描绘了比较规整的城市布局："匠人营国，方九里，旁三

---

① 宁欣：《唐初至宋中期城市修建扩建述略——兼论南北地区城市发展之异同》，《扬州大学学报》2006年第2期。

门。国中九经九纬，经涂九轨，左祖右社，面朝后市，市朝一夫。"① 即城市为方形，每一边城垣各开三道门，纵横交错的九条街道形成经纬交织的道路网络，南北中轴线贯穿全城，形成了以宫城为轴心，以南北中轴线为主导，重要建筑严格对称布局的城市空间形态。但是，无论是先秦时期各国所建都城，还是秦朝所建咸阳，汉朝所建长安，以及三国两晋南北朝时期各国所建都城，都未能按照《考工记》来规划建设城市。到了隋朝，情况发生了变化。隋朝规划建设大兴城，无疑是贯彻了《考工记》的基本规划思想。"大兴城平面呈长方形，宫城和皇城位于外郭城北部正中，宫城、皇城的东、西、南三面为里坊区，其间布列坊市。全城以位于宫城南北轴延长线上的朱雀门大街为中轴，严格按照左右对称原则规划布局，结构谨严，区划整齐，形成单一轴线的严整布局形式。"②

唐长安城是在隋大兴城的基础上发展而来，经过唐前期代人的营建，其城市空间布局形成了外郭城（罗城）、宫城和皇城三重城所组成的重城格局，按修筑时间，宫城先筑，皇城次之，外郭城最后才完成。宫城和皇城位于都城北部中央，外郭城内的各坊从左、右、南三面拱卫宫城和皇城。以正中的朱雀大街为轴线和界线，东边由万年县管辖，西边由长安县管辖；郭城东、西、南三面为两县的郊区。

另据考古学家对长安城遗址发掘结果，"实测东西长（自春明门至金光门，包括城墙厚度在内）9721米，南北长（自明德门至宫城北面玄武门偏东处）8651.7米，周长36.7公里。平面呈东西长、南北略窄的长方形。实测所得数据与文献记载基本吻合"。"外郭城东、西、南三面各开三门：东墙自北向南为通化、春明、延兴门；南墙自东向西为启夏、明德、安化门；西墙自北向南为开远金光、延平门。北墙中部与宫城北墙共用，宫城以西有芳林门（隋称华林门）、景耀门和光化门。宫城之东有兴安门，原是通禁苑的北门，唐初创建大明宫后，成为大明宫南墙的城门之一。"③ 明德门是长安城的南面正门，位于长安城的中轴线上，北对皇城的朱雀门和宫城的承天门，规模宏大壮观，是长安城最大的城门，具有典型意义。据考古发掘，门址东西长55.5米，南北进深18.5米，有五个门道，每个门道均宽5米，门道间的夯土隔墙厚2.9米。在门道两侧都有排柱的柱坑，每排15个，东西对称。④由此可见长安城城门均修建有高大宏伟的门楼建筑。

唐长安外郭城区域为住宅区，具体又可划分为王子、公主、及其他皇亲国戚住宅区，内侍省官员住宅区，高官显贵、权贵豪门住宅区，卑官庶民住宅区，番人住宅区等。住宅区之外为工商业区、商人住宅，进奏院、旅馆，城东南隅风景区，外郭城西北隅汉代遗址区，"围外"六个方面。宫城及皇城周围的王子、公主、皇亲国戚、内侍省官员之宅第层次分明；外郭城近北诸坊多为百官之宅第，其中又尤以万年县所领朱雀门街以东相对集中；皇城之南，永安、清明二渠流经，或其相邻坊

---

① 阮元校刻：《十三经注疏·尚书正义·召诰》卷十五，中华书局，2009年，第449页。
② 胡方：《隋唐长安、洛阳城空间形态的演变》，《广西师范大学学报》2008年第1期。
③ 秦浩：《隋唐考古》，南京大学出版社，1992年，第17页。
④ 秦浩：《隋唐考古》，南京大学出版社，1992年，第18页。

里尚有百官之别馆新宅；藩人、商贾之宅第相对集中在金光门、槽渠周围，西市附近；卑官庶民之宅第相对集中在延平门—延兴门街两边，特别是永安、清明二渠流经或相邻之坊里；外郭城之东南隅为唐长安的著名风景区，其西北隅多为汉代遗址，其南四坊属"围外"。以上区域分布清晰，结构明确，当为唐长安外郭城区域结构的重要特征。①

唐长安城的核心为宫城，《长安志》记载：长安宫城东西四里，南北二里二百七十步，周一十三里一百八十步。今经考古实测所得为南北长1492.1米，东西宽2820.3米，周长8.6公里。城墙均为夯土版筑，基部一般宽达18米左右。据记载宫城墙垣高三丈五尺，是长安城中最高的。宫城南墙正中的承天门址（隋称广阳门），考古探得东西残宽7米，南北进深19米。有三个门道，门基铺石条或石板。宫城北面设三门，玄武、安礼两门为太极宫的北门，至德门则为东宫的北门。据实测，掖庭宫东西宽702.5米，南北长1492.1米。掖庭宫的北部为太仓所在。太极宫即隋之大兴宫，位于宫城中央，是宫城内宫殿的所在地，有殿堂、楼阁等建筑数处，正殿为太极殿。太极宫宽1285米。东宫在太极宫之东，为太子的住所，宽832.8米，其间150米处有隔墙一道。②

皇城又名"子城"，位于宫城之南，东西两城墙与宫城东西墙相接，北面无墙，与宫城之间以"横街"相隔，此街据记载有三百步之宽，实测残宽尚有220米，是长安城中最宽的街道。皇城的形制亦呈长方形，东西宽2820.3米，南北长1843.6米，周长9.2公里。据文献记载，皇城内有东西向街七条，南北向街五条，各广百步。各街之间设中央衙署及其附属机构。皇城有城门七：东墙的延喜、景风门；南墙的安上、朱雀、含光门；西墙的顺义和安福门。南墙的朱雀门是皇城的正门，与承天门遥遥相对，南接朱雀大街，直达外郭城的正门明德门，处于全城中轴线之上。

长安的郭城内有南北向大街11条，东西向大街14条。其中贯穿于城门之间的三条南北向大街和三条东西向大街是隋唐长安城内的主干大街，号称"六街"。六条大街中，除通延平门和延兴门的东西大街仅宽55米外，其余五条皆宽100米以上。特别是明德门内的朱雀大街，宽达150~155米。它北通皇城之朱雀门，直对宫城的承天门，故此街也称"天街"，是贯通长安城南北的一条主干大街。其他不通城门的大街宽度在35~65米，顺城街仅宽20~25米。各街路面皆中间略高，两侧稍低。两侧都筑有宽2.5米以上、深2米多的排水沟。关于各街之沟，文献上有很多记载，如"长安御沟，谓之杨沟，谓植高杨于其上也"③。可见，长安城街道与坊里的排列极为整齐。

隋唐在城市管理上沿袭了历史上的坊市制，"两京及州县之郭内，分为坊，郊

---

① 陈忠凯：《唐长安外郭城区域结构之研究》，《文博》2001年第2期。
② 秦浩：《隋唐考古》，南京大学出版社，1992年，第21页。
③ 何清谷：《三辅黄图校释》卷六，中华书局，2005年，第386页。

外为村"①;"在邑居者为坊,在田野者为村"②。坊为居住区,实行封闭式管理。而"市"则为商品交易的场所,不同的城市,市的数量和位置有所不同,但共同点则是市必须设在城市内的某一区域内,亦为固定地点,同时也实行封闭式管理。唐朝都城长安的坊市集中修建在外郭城中,布局规则齐整,外郭城中有东西向十四条大街,南北向十一条大街,笔直宽敞,彼此平行。此二十五条大街相互交错,又将外郭城划分为网格式地段,每个网格即为一个坊里。皇城中亦有南北向五条大街,东西向七条大街,这十二条大街相互交错,也将皇城地区划分为网格式地段。唐代诗人白居易在《登观音台望城》诗中生动地描绘了长安城这种棋局式布局:"百千家似围棋局,十二街如种菜畦。"白居易在《谕友》诗中还描写道:"西望长安城,歌钟十二街。"长安城外郭的空间密度有所不同,长安城的人口,主要集中在市区的北侧,尤以东、西两市周围地区最为繁华③。而沿外郭城南垣的四排坊,"除城东南角曲江池附近因辟为游览风景胜地而比较繁华以外,其他诸坊都很少有人居住,往往是'烟火不接'而'耕垦种植,阡陌相望'"④。

　　唐长安的城市形态与空间布局是在隋大兴城的基础上不断发展演变而形成的,宫城、皇城和外郭城三城相套,宫城居中,皇城和外郭城环环相套,不仅具有军事防御的重要意义,而且还具有政治象征意义,这种宫城居中的布局充分体现了皇权的至高无上,是古代中国君主专制中央集权制度在城市建设方面的集中体现。另外,重城格局和对称布局在视觉上还具有空间复制的效果,重楼叠翠的宫室与衙署在整齐划一的平民房舍烘托下,更显崇丽壮美。

　　隋唐时期,大兴城—长安城的城市形态独具特色,大兴城是摆脱原有城市格局束缚而新建的城市,并且是按照完整的平面设计和详密的规划制度而营建的,因而城市布局整齐,规制严密。其规模空前,全城面积达84平方公里,是唐以前我国乃至世界规模最大的一座都城。该城市的规划营建改变了自春秋战国以来宫城位置必在郭城之西或西南的传统,将宫城置于北部的中心。这种布局突出了宫城的中心地位,也就是突出了皇帝的最高统治地位,同时体现了皇帝据北而立、面南而治的儒家传统思想;在地形上还可以背靠龙首原的有利地势,以禁苑控制都城地区的制高地段,有利于宫城的防卫,维护最高统治者的安全。从古人建邦设都必稽玄象的思想看,长安城的布局体现了以宫城象征北极星且以为天中,以皇城百官衙署象征环绕北辰的紫微垣,以外郭城象征向北环拱的群星等天象观念,从而在都城的布局上增加了皇权统治的神秘色彩。

　　隋唐长安城在建筑上突破了以往都城仅有内城、外城的传统格局,在宫城之南修建了皇城,专置中央衙署机构,从而改变了过去都城内中央衙署与居民住宅混杂在一起的状态。这应当说是隋唐长安城市规划的又一创新。

---

① 刘昫等撰:《旧唐书》卷四十三《职官志二》,中华书局,1975年,第1825页。
② 刘昫等撰:《旧唐书》卷四十八《食货志上》,中华书局,1975年,第2089页。
③ 骆天骧撰、黄永年点校:《类编长安志》,中华书局,1990年,第40页。
④ 肖爱玲:《隋唐长安城空间等级规范》,《建筑与文化》2009年第5期。

此外，隋唐长安城的规划建设与前代城市规划建设相比较，还有一点值得关注，即长安城扩大了外郭城居民住宅区空间范围。从长安城各部分建筑面积比例看，宫城面积为 4.2 平方公里，约占全城总面积的 5%；皇城面积 5.2 平方公里，约占全城总面积的 6.19%；外郭城的坊里住宅区面积约为 74.6 平方公里，占全城总面积的 88%。这与汉长安城宫殿区占全城面积三分之二以上，居民住宅区仅占全城面积不到三分之一相比，显然有很大的差异。①

另外，隋朝所新建洛阳城，也在空间形态上与大兴城有相似之处，即一方面通过宫城南北轴线遥对伊阙，形成空间的视线走廊，构成城市的礼仪轴线；另一方面还设计了以洛河为轴的功能性轴线。与大兴城不同的是，洛阳的规划突显了洛水的中轴线功能，"洛水贯都，有河汉之象"②。"洛水贯都"，不仅在视觉上形成了"河汉之象"，而且在功能上形成了沿河的经济空间，从而使洛河的功能多样化，既是生态空间、文化空间，也是经济空间，并且构成城市轴线。

隋唐两代，洛阳作为东都，百官廨署皆如京城之制，唐高宗又在洛阳宫城西南建上阳宫，常居此听政。武则天即位后定都洛阳，也居此宫处理政务。上阳宫的建成，使皇室活动空间进一步西移，也使洛阳城政治中心集中于西北部的趋势更加明显。洛阳城东部是商业功能区，城东洛河两岸分布着各类商业机构店铺，再向东是沟通江淮地区的水陆通道，可以通过洛河串联起运河沿岸的各个商业城市，构成了繁荣的运河经济带。

洛阳城周长 28 公里，面积 47 平方公里，建成区的形制与长安城不同，分为内城、外城。内城包括宫城和皇城，只是位置不是在全城的正北，而是西北部。据秦浩《隋唐考古》③，唐代洛阳宫城位于郭城之西北隅，与皇城南北毗连，南临洛河，北置曜仪、圆壁二城，东接东城。平面形制近似凸字形，东西稍宽，南北略短，南面中段向外凸出。城基的夯筑采取平面加宽的方法，与长安大明宫城垣建筑方法相同。洛阳"皇城在都城之西北隅，南面三门，中曰端门，左曰左掖门，右曰右掖门。东面一门，曰宾耀；西面二门，南曰丽景，北曰宣耀"④。另据《新唐书》记载，皇城为长方形，位于宫城之南，东西五里一十七步，南北三里二百九十八步，周一十三里二百五十步。安史之乱前后，唐王朝为了加强对宫城的防卫，在宫城的南墙增筑了一道长 180 米，宽约 9 米的城垣，与皇城的北墙相接，使宫城与皇城北墙之间形成了一道夹城。

洛阳的外郭城与长安有很大的区别，洛水横贯东西，将外郭城划分为南北两区，郭城内纵横各十街，计 112 坊。洛阳城区的面积小于长安，坊制虽然略同于长安，但各坊面积则较长安各坊更小。洛阳在武则天时为武周的都城，聚集了大量的人口，因而对粮食、蔬菜、肉类、柴炭等各类生活资料的需求量极大。同时由于洛

---

① 张永禄：《唐都长安》，西北大学出版社，1987 年，第 22 页。
② 李吉甫撰，资次君点校：《元和郡县图志》卷五，中华书局，1983 年，第 130 页。
③ 秦浩：《隋唐考古》，南京大学出版社，1992 年。
④ 李林甫等撰，陈仲夫点校：《唐六典》卷七，中华书局，1992 年，第 220 页。

阳位于区域中心，连接东、西、南、北各地区重要城市，是当时的经济商贸中心，为了满足城市内部和外部经济功能的需求，洛阳外郭内设有三个面积相当大的市场：北市位于北郭，占有一坊之地；西市位于西郭，也占一坊之地；南市面积最大，占两坊之地，位于南郭中心。三市除有道路与外部相连外，还因临近漕渠、运渠和通化渠而有水利交通之便。

洛阳外郭城的面积所占比例大体同于长安。洛阳城虽然仍实行严格的坊市制度，但因水利交通的发展在一定程度上打破了封闭式的格局，与长安城相比，居民活动空间、交往空间和交易空间都更具开放性，再加上大部分时间皇帝和中央机构都在长安，"洛阳城内官民商的社会氛围更宽松，受到的约束明显小于长安，自由度明显大于长安"[1]。洛阳作为陪都以及短时期的都城，聚集了大量的达官贵人，他们在洛阳城内外兴建了大量的官邸别墅。唐贞观、开元之间，公卿贵戚开馆列第于东都者，大约有千余邸。[2] 洛阳兴建别墅园林之风一直从唐延续到五代及北宋。

总体上看，隋唐五代时期，不仅都城建成区的形态发生了明显的变化，而且一般州县城也在都城规划建设的影响下发生变化。这种变化呈现出三个趋势：一是都城及其周边区域构成首都圈，突破了城墙的制约，逐渐形成大都城的平面布局。隋唐时期，城墙的分隔作用在许多城市仍很明显，到了五代时期才有所松动。"如隋唐长安城（大兴城）分为内城与外郭城，内城又分宫城和皇城（宫城与皇城之间并无隔墙）。在大部分州府治所城市，则依照都城制度，形成子、罗城二重城垣分隔城市的布局：子城为衙署区，为各级官署衙门、仓储、官员宅舍之所聚；罗城内主要安置居民里坊和市场，亦即'坊市'所在。"[3] 有研究者认为：子城为官署、军营、仓储所聚之地，并无普通居民。二是重城格局在唐代有了新的发展，三重城格局在配置上由以中央大街（朱雀街）为轴心线的重心北靠型变为以中心圈为核心的四方扩散型，有利于城市功能相应向复合型、经济文化多中心的趋势发展。[4] 三是随着经济发展和社会变迁，越来越多的城市的功能分区发生变化，从而推动坊市制向厢坊制转换，官署、民居、商铺（店）的分区逐渐模糊，形成混合区。[5]

二、坊市制与城市空间

隋唐五代时期的城市延续了从秦汉以来所形成的坊市制，都城作为国家的政治中心，更是严格实行坊市制管理，从而对于城市的空间形态产生了很大影响。但随

---

[1] 宁欣：《转型期的唐宋都城：城市经济社会空间之拓展》，《学术月刊》2006年第5期。
[2] 王禹偁：《书〈洛阳名园记〉后》，吴楚材、吴调侯：《古文观止》，安徽人民出版社，2002年，第240页。
[3] 鲁西奇、马剑：《空间与权力：中国古代城市形态与空间结构的政治文化内涵》，《江汉论坛》2009年第4期。
[4] 宁欣：《转型期的唐宋都城：城市经济社会空间之拓展》，《学术月刊》2006年第5期。
[5] 宁欣：《转型期的唐宋都城：城市经济社会空间之拓展》，《学术月刊》2006年第5期。

着唐后期以及五代十国时期城市经济的发展和中央集权的式微,里坊的面积、等级与形态,里坊的管理与治安,市的建立、发展及管控等方面都发生了明显的变化,从而对于城市的空间形态与城市格局产生了直接的影响,并对统治集团控制城市社会产生了深刻的影响。坊市制对于统治者加强城市管制,维护封建统治有着重要的作用,但却限制了城市居民的生产和生活,不利于商业发展,也使城市居民感到生活极不方便,因而,随着唐后期经济商品经济的发展和政治局势的变化,部分城市坊市陆续解体,多方力量的博弈使打破封闭式的坊市制,建立开放式的街区成为城市发展的必然趋势。虽然统治者对此极不情愿,但也不得不顺应时代发展的潮流,城市的空间格局和管理最终于宋朝建立后发生了根本性的变化。

坊市制度是中古社会对城市生活进行组织管理的一种基本制度,主要包括坊市分区、定时启闭坊市门以及夜禁等内容。它是统治阶级试图从时间上和空间上严密控制城市社会生活的措置,是集权统治在城市管理中的具体体现。[①] 坊市制起源很早,大约在周代就出现了早期的坊市制雏形。坊市制的建立与政治管理制度有关,即统治者为了加强对城市居民和城市活动的控制所采取的强制管理措施。另外,里坊作为城市居住组织的基本单位,是从奴隶社会时期的"鄙邑"、里(邑)发展而来,并与城市的规划建设有关。古代,城区的建设规划多数由贯通南北、东西城门的干线街道将城区切割成若干方块,如井字形。居民区的一个方块即为一坊。坊各有名称,由坊正管理。市场也呈方形,有立市必四方之说,建在方块之内,所以叫作坊市,也称"市井"。市独立建在坊之外,市也是封闭的空间,建有市门和围墙。"阛者,市垣也;阓者,市门也。"城市中的市是商品交易的主要场所。城市的市场状况是商业发展程度的重要标志。从汉到隋唐,历朝统治者对市都实行严格的管理制度,定时开启和关闭,开市升旗,闭市降旗。市设有专门的管理人员,除维持市场秩序外,还要保证市场交易的公平性,严禁伪劣商品进入市场,并禁止价格欺诈。因而,在相当长的时期内,封闭式的市场管理对于城市商业的发展起了一定的积极作用。

隋朝建立后,为了加强中央集权和对城市社会的管控,大大强化了城市里坊的管理。每坊置坊主一人,佐二人。炀帝三年,京都坊改为里,以里司官主其事,每里置里司一人,官从九品下,至义宁初废。隋炀帝后期,又将城市中的里改称坊,但相当数量的城市仍然保持"里"的名称。及至唐代,在不同城市,里和坊的称呼经常互用。里坊逐渐脱离封闭式的居住区概念而具有一种城市规划基本用地单位的意义。

唐代前期,唐统治者沿袭了前代对城市居住和商品交易管理的各种制度,从而使坊市制更加严密并有所发展。[②] 唐政府规定:"百户为里,五里为乡。两京及州

---

① 盛会莲:《唐代坊市制度的发展变化》,《西北师大学报》2000 年第 3 期。
② 盛会莲:《唐代坊市制度的发展变化》,《西北师大学报》2000 年第 3 期。

县之郭内，分为坊，郊外为村。里及坊村皆有正。"① 唐代各城市内的里坊设坊正，虽然并无官品，但其"职在驱催"，"掌追呼催督"，"司督察"，因此，坊正就是长安城各坊的直接管理者和控制者。五代时期汴州也设有坊正。《册府元龟》载："后唐陈延嗣，魏人也。……延嗣杀人。无几舍主惧，白坊正，执讯，乃称今年四月事。"② 可见当时汴州实行坊制，并设有坊正。城市中的所有居民都被编入坊中，邸第、寺观、编户的建筑被分别规划在不同的坊内。每一个坊都有围墙和坊门，实行封闭式管理。唐代各城市的坊市布局较前代更加齐整，如长安城内的里坊被整齐地划分为110坊。110坊中，芙蓉园占去二坊之地，实为108坊。"然畦分棋布，间巷皆中绳墨，坊有墉，墉有门，通亡奸伪，无所容足，而朝廷宫寺，民居市区，不复相参。"③ 各里坊的地理方位不同，等级不同，规模大小也不同。"朱雀街东第一坊，东西三百五十步；第二坊东西四百五十步，次东三坊东西各六百五十步。朱雀街西准此。皇城之南九坊，南北各三百五十步；皇城左右四坊，从南第一第二坊，南北各五百五十步；第三坊第四坊南北各四百步。"④ 中国科学院考古研究所西安唐城发掘队对唐长安城遗址进行实测，其各坊的实际面积为："朱雀大街两侧的四列坊最小，南北长500～590米，东西宽550～700米；皇城两侧的六列坊最大，南北长660～838米，东西宽1020～1125米。"⑤ 据相关学者研究，长安各坊的大小是按等级划分的，"皇城两侧的里坊大体东西宽955米南北长808米，为第一等级；宫城两侧的里坊大体东西宽955米，南北长588米，为第二等级；朱雀门街东西两侧第一列各9坊东西宽514米，南北长477米，为第五等级；第二列各9坊东西宽661米，南北长477米，为第四等级；三至五列里坊东西宽955米，南北长477米，为第三等级。其中规模较小的两级里坊位于皇城正南、城市中轴线两侧，更是礼制思想在都城规划中的运用"⑥。另外，受皇权影响和制约，靠近宫城的朱雀大街两侧的四列坊的规划十分特殊，因四坊在宫城正南，不宜开北街，每坊但开东西二门，所以只有东西向一条横街。除此以外，长安城内其余各坊都设有十字街，即有东西、南北向的纵横街道各一条，宽度在15米左右，并且四面开坊门。⑦

洛阳的里坊与长安城基本上相同，但也略有差别。一是里坊空间分布有差异。长安城的里坊设在宫城和皇城东、西、南三面的郭城内，以朱雀大街为轴线左右对称。洛阳城里坊则分布在宫城和皇城的东面及南部，南北两部分里坊分布不全对称，全城里坊整体未能形成像长安那样沿都城中轴线——定鼎门大街两侧左右对称、规整的布局。二是里坊形制、面积有差异。洛阳城区各里坊平面形制基本呈方

---

① 刘昫等撰：《旧唐书》卷四十三《职官志二》，中华书局，1975年，第1825页。
② 王钦若等编：《册府元龟》卷九百四十一，中华书局，1960年，第1092页。
③ 骆天骧撰，黄永年点校：《类编长安志》卷二，中华书局，1990年，第40页。
④ 宋敏求、李好文撰，辛德勇、郎洁点校：《长安志 长安图志》，三秦出版社，2013年，第256页。
⑤ 张全民：《隋唐长安城》，西安出版社，2016年，第50页。
⑥ 肖爱玲：《隋唐长安城空间等级规范》，《建筑与文化》2009年第5期。
⑦ 马得志：《唐代长安城考古纪略》，《考古》1963年第11期。

形或近方形，面积大小基本相同，每边各 300 步，约 0.25 平方公里；而长安城里坊平面形制均呈长方形，面积较大的坊超过洛阳，而面积较小的坊小于洛阳，如长安皇城东西两侧的 12 坊，南北长 808.5 米，东西宽约 955.5 米，面积有 0.77 平方公里；最小的朱雀大街东西两侧的 18 坊，南北长 514 米，东西宽 477 米，面积约 0.25 平方公里。三是里坊布局结构有差异。长安里坊有东西二门制和东西南北四门制两种，其坊内区划因此有南北"二区制"和东西南北"十六区制"。洛阳里坊均为东西南北四坊门，基本上还是"开十字街，四出趋门"，其坊内区划分为四个区域，每面各开一门。

隋唐时期，从京城到各地方城市的里坊都实行严格的封闭式管理，唐代前中期更是加强了相关的制度建设。

一是实行晨启晚闭制度。坊市门必须定时启闭，启闭信号最初是令旗，后来是各街的晨暮传呼之人，到唐太宗时，在马周的建议下改用鼓。① "先是，京师晨暮传呼以警众，后置鼓代之。"② 早上五更二刻自宫内"晓鼓"声起，诸街鼓以序敲动，坊门开启，每晚鼓声敲响即关闭，不许出入。"唐制……最有条理。城中几坊，每坊各有墙围，如子城然。一坊共一门出入，六街。凡城门坊角，有武侯铺，卫士分守。日暮门闭。五更二点，鼓自内发，诸街鼓，城振坊市门皆启。"③ "五更三筹，顺天门击鼓，听人行。昼漏尽，顺天门击鼓四百槌讫，闭门。后更击六百槌，坊门皆闭，禁人行。"④

二是实行宵禁制度。每天坊门关闭后，全城各街道实行严格的宵禁，为了加强宵禁管理，各城市都成立有专门的管理机构。《监门式》曰："京城每夕分街立铺，持更行夜。""闭门鼓后，开门鼓前行者，皆为犯夜。""诸犯夜者笞二十，有故者不坐。"违反禁令者，一旦被抓住，则将受到严刑处罚。官员亦不例外，曾经就发生过官员犯禁而被严厉处罚之事："中使郭里旻酒醉犯夜，杖杀之。"⑤

三是对破坏坊市设施的行为予以严厉的处罚，并通过制定相关法律法规来确保坊市制的推行。如过去对城市居民破坏坊市垣篱的行为处罚不严，屡禁不止，为此《唐律疏议》专门规定："越……坊市垣篱者，杖七十，侵坏者，亦如之。从沟渎内出入者，与越罪同。越而未过，减一等。"⑥ 另外还规定："诸坊市街曲，有侵街打墙，接檐造舍等，先处分一切不许，并令拆毁……如有犯者，科违敕罪，兼须重罚。"⑦ 严厉的刑律规定不仅确保坊市墙垣不易遭到人为破坏，而且还规范了城市居民必须从坊门和市门进出坊市的方式。而对于坊市管理者的违规行为进行了量

---

① 盛会莲：《唐代坊市制度的发展变化》，《西北师大学报》2000 年第 3 期。
② 欧阳修、宋祁撰：《新唐书》卷九十八《马周传》，中华书局，1975 年，第 3901 页。
③ 黎靖德编，王星贤点校：《朱子语类》卷九十，中华书局，1986 年，第 2304 页。
④ 钱大昕：《恒言录》卷四，钱大昕著，陈文和主编：《嘉定钱大昕全集（增订本）》，凤凰出版社，2016 年，第 119 页。
⑤ 刘昫等撰：《旧唐书》卷十四，中华书局，1975 年，第 425 页。
⑥ 刘俊文：《唐律疏议笺解》卷八，中华书局，1996 年，第 633 页。
⑦ 刘俊文：《唐律疏议笺解》卷二十六，中华书局，1996 年，第 1823 页。

刑，"其坊正、市令非时开闭坊、市门者，亦同城主之法"①，也要处以一年徒刑。另外，对于因特殊情况需要在非规定时间内开启坊门的情形也做了明确的规定："若公使赍文牒者，听。其有婚嫁，亦听。"②

唐代城市除实行严格的里坊管理制度，将城市居民的各类活动都限制在一定空间和时间范围内，还传承了以往长期实行的封闭式市场管理制度，并在原有的基础上有所创新和发展。

第一，对市场的设立加以严格限制，并设置相关的机构和官员进行管理。唐政府明确规定只准在州、县以上治所城市设市。唐景龙元年（707）十一月敕："诸非州县之所，不得置市。"③为了进一步加强对市的管理，隋唐政府设置了相关的管理机构和官员。隋朝置司农寺主管各城市内的市，唐代则改设太府寺。唐代太府寺下设市署、常平署、平准署，除西京长安外，于东都洛阳也设市署，"各令一人，从六品上；丞各二人，正八品上。京、都诸市令掌百族交易之事；丞为之贰"④。两京诸市署直属太府寺管理。其时京师与市相关的官员还有京兆尹所属仓曹司，此外，户部的金部司也掌天下库藏出纳、权衡度量之数，两京市、互市、和市、宫市交易之事。另外，长安东、西市分别设立了市局和平准局。《长安志》载："当中东市局，次东平准局。"两京之外，诸都督府、州、县各级城市市署的官吏设置、品级、人数均有具体规定。大中五年（851）八月敕："中县户满三千已上，置市令一人，史二人；不满三千户以上者，并不得置市官治；要路须置，旧来交易繁者，依三千户法置，仍申省；诸县在州郭下并置市官。"⑤即中县满三千户以上可许置市官，如不满三千户，只有两种中县许置，即居"要路""交易繁者"和"在州郭下"者。

第二，对市实行封闭式管理。市设于城市之中，为固定的商品交易场所。市与里坊一样都有不同的隔离设施，唐代不同城市的市场的隔离设施大体有三种：第一种是京城和大都会完全隔离封闭的永久性市场；第二种是用土墙或篱笆圈起来的普通市场；第三种是仅仅竖立几根竿子，挂几面旗子，堆起土台子作为市场标志的简易市场。这后两种市场主要是州县政权驻在城的市场。禁止场外交易，禁止在场内垄断经营和非商贩倒买倒卖营利。⑥

第三，进一步规范市场开市闭市管理制度。不同城市设市数量不一，但却有着共同的基本特点：一是市场的建设规划齐整、布局严谨，各市皆有市名；二是对市场的交易进行统一管理，且唐代对市场的管理较前代更加严格，"凡市以日午，击

---

① 刘俊文：《唐律疏议笺解》卷八，中华书局，1996年，第634页。
② 刘俊文：《唐律疏议笺解》卷八，中华书局，1996年，第634页。
③ 王溥撰：《唐会要》卷八十六，中华书局，1955年，第1581页。
④ 李林甫等：《唐六典》卷二十，中华书局，1992年，第542页。
⑤ 宣宗皇帝：《三千户以上县置市令敕》，董诰等编：《全唐文》卷一千，中华书局，1983年，第10452页。
⑥ 李长峰：《唐代以前的坊市和旗亭》，《北京工商管理》1994年第1期。

鼓三百声而众以会；日入前七刻，击钲三百声而众以散"①。"其市当以午时，击鼓二百下而众大会；日入前七刻击钲三百下散。"②钲鼓之制是市制的一项重要内容，通过鸣鼓、钲的方式提醒民众开市和闭市。但是，由于不少地方城市规模小，朝廷对于其是否严格实施鼓钲制也不强求，"其州县领务少处，不欲设钲鼓，听之"③。即朝廷允许"领务少"之州县不设钲鼓，在一定程度上表明市制在形式上具有一定的灵活性，是否实行鼓钲制主要取决于所在城市的地位与规模。

第四，对于破坏市场规范的行为予以严厉处罚。一是规定所有交易都必须在市中进行，而且必须在规定的时间内进行，否则就算违反规定，要受到严厉处罚。二是严厉禁止伪劣商品进入市内交易，严厉禁止价格欺诈。唐律规定："诸造器用之物及绢布之属，有行滥、短狭而卖者各杖六十。"三是严禁用非法手段和方法进行市场交易。严禁私自造作斛斗秤度在市执用，严禁"参市"行为④，严禁"更出开闭，共限一价"行为⑤，严禁交易禁物和行使恶钱⑥。四是对于破坏市场管理的相关行为加大了处罚力度，如"诸在市及人众中故相惊动令扰乱者，杖八十，以故杀伤人者减故杀伤一等，因失财物者坐赃论；其误惊杀伤人者从过失法"⑦。

隋唐时期，城市有较大发展，城市人口较前有较大幅度的增加，因而市场的规模也普遍较前代有所扩大，特别是长安和洛阳两都都是规模甚巨的超大城市，人口众多，因而市场的空间范围也很大。隋建大兴城，在外郭城内设有都会、利人二市。唐朝建立后，长安城的规模扩大，人口增多，市场的空间范围也有所扩大，隋朝大兴城都会市在唐代改名为东市，面积较前扩大，占有两坊之地，"东、西、南、北各六百步，四面各开二门"⑧。东市"四面街各广百步，北街当皇城南之大街，东出春明门，广狭不易于旧。东西及南面三街向内开，并广于旧"。隋朝大兴城的利人市在唐代改名为西市，南北尽两坊之地，市内货财120行，四面立邸，四方奇珍皆所积聚⑨，市内店肆如东市之制。"东市在朱雀街东第三街，西市在朱雀街西第三街。这两街由北向南皆有十三坊，两市所占均为该街之第五坊和第六坊，东西对称，十分整齐。"⑩隋炀帝营建东都洛阳城后，也在城区设有大同、通远、丰都三个市场，三市的规模都十分庞大。大同市周长4里，通远市周长6里，设有20个门，供商家和消费者分路入市。丰都市规模最大，周长达8里，设有12道，市

---

① 李林甫等：《唐六典》卷二十，中华书局，1992年，第543~544页。
② 中宗皇帝：《检校市事敕》，董诰等编：《全唐文》卷一千，中华书局，1983年，第10383页。
③ 中宗皇帝：《检校市事敕》，董诰等编：《全唐文》卷一千，中华书局，1983年，第10383页。
④ 即非买卖当事人与买卖当事人一方勾结，故意哄抬或者压低价格，从而获取利益的行为。
⑤ 即贩卖之徒为了谋取利益，相与共谋，互相勾结，卖物以贱为贵，买他人物则以贵为贱，以及共同限定一个价格进行卖买的欺行霸市行为。
⑥ 通币的厚薄大小都有官定标准，如果币厚薄大小不如法，即为恶钱。
⑦ 刘俊文：《唐律疏议笺解》卷二十七，中华书局，1996年，第1875页。
⑧ 宋敏求、李好文撰，辛德勇、郎洁点校：《长安志 长安图志》卷八，三秦出版社，2013年，第291页。
⑨ 杨宽：《中国古代都城制度史研究》，上海古籍出版社，1993年，第228页。
⑩ 芦蕊：《论唐代市场制度中国家与市场的联结关系》，《河南社会科学》2011年第5期。

第二章 城市体系、空间结构与形态演变

内有120行，3000余肆，400余店。《两京新记》载："（南市）隋曰丰都市，东西、南北居二坊之地，四面各开三门，邸凡三百一十二区，资货一百行。"① 唐朝建立后，沿袭从前洛阳的市场制度。唐时洛阳有南、北、西三市。唐代洛阳南市即隋代丰都市，南市的面积有两坊之地，四面各六百步，与丰都市周长8里相同。南市内同样分设120行，四周靠墙建立许多用作行栈的邸店，只是四面各开二门，比丰都市每面少开了一门。

隋朝结束了南北朝以来的分裂割据局面，建立了统一的国家。唐朝在隋朝的基础上进一步强化了中央集权，综合国力达到一个新的高度。在城市管理方面，坊市制趋于完善。坊市制将城市居民的区住区与商品交易区严格地分开，并实行封闭式管理。作为君主专制中央集权的产物，坊市制既是一种特殊的城市规划营建制度，更是一种城市管理制度，有利于统治者对城市进行有效管理和控制，因而隋唐两朝都采取各种措施来强化坊市管理。坊市制在一定程度上有其合理性，其坊墙、市墙包围下的封闭式管理，严厉的夜禁制度，将城市居民的生活和经济活动控制在一定的空间和时间范围内，强迫其接受一种规范统一的生活方式和行为范式，从而使统治者对城市社会和经济的管理变得简单而有效。另外，坊市制在一定程度上还限制了城乡人口的流动和商品经济的发展，在城乡商品经济尚不发达的情况下，它所面临的挑战还不突出。但是这种严格限制城市居民的生活和经济活动自由的管理方式在唐后期商品经济发展的冲击下，终于发生了松动。

唐朝坊市制发生的变化与唐朝经济发展有着直接的关系。唐中期的开元盛世，唐朝版图空前扩大，经济前所未有的繁荣，人口也大幅度增长，长安、洛阳等部分重要城市的人口更是达到空前的规模。由于社会相对安宁与经济大发展，统治者、上层社会以及城市平民对各类物资的需求不断提高，促进了城市商品经济的发展。特别是长安、洛阳等重要城市，商品经济出现了前所未有的繁荣，原有的东、西两市已经不能满足工商业发展的需要，在市墙外设立商业店铺渐成趋势。东、西两市附近的坊和春明门至金光门的街道相继出现一些商业店铺，特别是东市附近的崇仁坊，与西市相邻的延寿坊，逐渐向街市演变。到后来，甚至还出现了夜市，并逐渐得到当局的默许。由于不受坊市围墙的限制，这些坊市之外的商业街市的热闹繁华程度渐超东、西两市。"因是一街辐辏，遂倾两市，昼夜喧呼，灯火不绝，京中诸坊莫之与比。"② 唐中期，随着扬州等工商业城市的兴起，商人势力扩大，商对官的依附性加强，而官对商的权力让渡也日益加大，在官商互动之下，越来越多的城市开始突破坊的空间范围和时间限制。特别是夜市，成为一种较为普遍的社会现象，如诗人王建就对扬州夜晚的街市有着生动的描写："夜市千灯照碧云，高楼红袖客纷纷。如今不似时平日，犹自笙歌彻晓闻。"③ "每重城向夕，倡楼之上，常有

---

① 韦述、杜宝撰，辛德勇辑校：《两京新记辑校　大业杂记辑校》，中华书局，2020年，第156页。
② 徐松撰，张穆校补，方严点校：《唐两京城坊考》卷三，中华书局，1985年，第53页。
③ 王建著，尹占华校注：《王建诗集校注》卷八，巴蜀书社，2006年，第344页。

绛纱灯万数,辉罗耀烈空中,九里三十步街中,珠翠填咽,邈若仙境。"① 受都城及工商大都市的影响,唐代各大中城市也普遍出现夜市以及早市,政府对城市生活的时间限定不复存在。开成五年(840),政府虽明令禁止夜市,但这种法令已不具有什么效力,仍然有人在坊中拦街通夜宴乐。当然,这些人大多是达官贵族,因而甚至出现京兆尹发现有人夜饮之后不但不管,反而一同参加饮宴的情况。据《唐两京城坊考》载,崇仁坊内"昼夜喧呼,镫火不绝"②。淮南道的楚州也有夜市,卢纶《送吉中孚校书归楚州旧山》曰"沿溜入闾门,千灯夜市喧",可见其繁华已近于扬州。苏州夜市见于杜荀鹤《送人游吴》诗"夜市卖菱藕,春船载绮罗",杜荀鹤又有《送友游吴越》诗云"夜市桥边火,春风寺外船",即是对苏州等南方城市夜市的生动描述。

  唐朝中后期,在商品经济的冲击下,不仅市制发生变化,坊制也发生变化,部分城市的坊内也开始出现商铺。《太平广记》卷一九三《车中女子》载:"唐开元中,吴郡人入京应明经举。至京,因闲步坊曲……抵数坊,入东市一小曲内,有临路店数间,相与直入,舍宇甚整肃。二人携引升堂,列筵甚盛……于席前,更有数少年,各二十余,礼颇谨……至午后……闻一车直门来,数少年随后……见一女子从车中出……遂揖客入宴……又有十余后生,皆衣服轻新,各设拜,列坐于客之下。"③ 另据记载,唐开元以后,长安城内一些重要的里坊相继出现各种商铺,如崇仁坊有赵家乐器铺,延寿坊有金银珠玉铺,长兴坊有饆饠店,宜阳坊有彩缬铺,纺康坊有烟花妓所以及小铺席,胜业坊出现了"以小车推蒸饼卖之"的商贩④,永昌坊更开设有茶肆,道政坊、常乐坊有酿酒店,宣平坊夜间有卖油者张帽驮桶,靖恭坊有造毡的毡曲,新昌坊有客舍及"会饮"的"饮所",升平坊里门旁有胡人鬻饼之舍,怀德坊富商邹凤炽则开设商铺,四方之物尽为所收,丰邑坊多假赁方相辁车送丧之具。唐德宗时,有宫人"置白望数百人于两市并要闹坊,阅人所卖物,但称宫市,则敛手付与"⑤。另外,洛阳的修善坊也相继出现了车坊、酒肆,清化坊和殖业坊均开设有沽酒店。

  由于城市居民对商品和消费的需求不断增强,越来越多的商家为了追逐利益而不惜冒着被官府处罚的风险,采取了各种方式打破坊市限制。官府面对这种状况,起初也力图加以控制,但后来不少官员自身也卷入其中,官府也只好默认。

  此外,除了部分商家因图利而敢于突破坊市制的限制外,城市中的其他居民也多有侵街行为,而这往往是由官员贵族和上层人士带头。天宝年以后,朝廷明令二品以上官员的宅邸可以临街开门。随着中央集权的式微和商品经济的发展,城市里

---

  ① 辛文房:《唐才子传笺证》卷六,中华书局,第1563页。
  ② 徐松撰,张穆校补,方严点校:《唐两京城坊考》卷三,中华书局,1985年,第53页。
  ③ 李剑国:《唐五代传奇集》第三编卷二十一,中华书局,2015年,第1695页。
  ④ 张鹭:《朝野佥载》卷五,中华书局,1979年,第119页。
  ⑤ 司马光编著,胡三省音注:《资治通鉴》卷二百三十五《唐德宗纪》,中华书局,1956年,第7579页。

坊结构已经越来越不适应发展的需要，居住在坊墙之内的各类人群，特别是官员和商人等越来越不能忍受束缚生活自由的坊市制，以各种方式来破坏或突破坊墙的封闭，临街开门和侵街现象不断出现，"诸坊市街曲，侵街打墙，接檐造舍等"[1]，主管街市的官员无可奈何。"右巡使奏，义成军节度使韦让，……于怀真坊西南角亭子西，侵街造舍九间，敕旨，韦让侵街造舍，颇越旧章，宜令毁拆。"[2]"不合辄向街开门，各逐便宜，无所拘限，因循既久，约勒甚难，或鼓未动即先开，或夜已深犹未闭，致使街司巡检，人力难周，亦令奸盗之徒，易为逃匿。"[3]侵街现象在唐后期和五代时期已经成为普遍现象，而带头破坏者往往是体制内的重要人物。在他们的带头下，侵街、临街开门、临街设店渐成趋势。

唐朝中后期，随着商品经济和市场的日渐繁荣，里坊制度面临挑战和冲击，市场外和里坊内开设的商业店铺逐渐增多，侵街和临街开门也成为普遍现象，坊市制在空间上发生动摇，而夜市、早市的出现和临街开门也使坊市制在时间限制上发生松动。坊市制在时空维度发生松动，形成了相互促进、相互影响的关系，"即坊市界限的突破利于繁华夜市的出现和形成，夜市的不断发展则又在一定程度上加速了坊市界限的松弛"[4]。面对这种种破坏坊市制的现象，政府的行政权力在商业经济的冲击下日渐式微，从而为宋代坊市制的解体创造了条件。

第三节　城市给排水系统与水文化

隋唐五代时期城市供水系统是城市建造水平的重要标志。城市是人类社会发展的产物，给人们生活提供了安全保障。居住于城市的人们在获得安全保障的同时更需便利的生活。城市供水是城市生活的重要保障。隋唐城市水利较前代有明显进步，城市给水方式主要为河流给水、穿渠引水、池沼湖泊蓄水、凿井汲水等。河流为城市供水主要来源，水渠是城市给水重要通道，池沼、湖泊是城市水源储备方式，井泉为城市用水内在保障。四者相互连接，共同构建起城市给水网络系统。

水为城市生命之源，水利作为最关键因素直接介入城市建设发展之中，关乎城市生存状态、发展规模、建筑风格、环境质量等多个方面。城市给水为城市提供生产、生活用水水源，是一切城市市政设施的基础。

河流是城市供水主要来源。隋唐五代时期城市生产、生活用水主要有地下水、地表水两源头。地下水以泉水、井水为主，地表水主要包括河流、水渠引水。因城市多以地表水为城市用水的主要来源，又因水渠之水多引自城内或城外之河流，古人在城市选址时即将河流因素置于首要位置。

---

[1]　王溥撰：《唐会要》卷八十六《街巷》，中华书局，1955年，第1576页。
[2]　王溥撰：《唐会要》卷八十六《街巷》，中华书局，1955年，第1576页。
[3]　王溥撰：《唐会要》卷八十六《街巷》，中华书局，1955年，第1576页。
[4]　成松柳、高利文：《中晚唐社会城市结构的演变和晚唐词的关系》，《长沙理工大学学报》2006年第3期。

隋唐长安城城址就选在龙首原东南面灞水、浐水与潏水之间的平原上，潏水之南有交水，潏水之西有沣水和滈水，城市北面有泾水和渭水，长安城建造其间，即有"八水绕长安"之说。《类编长安志》载，京城"南值终南山子午谷，北据渭水，东临灞浐，北枕龙首原"，即表明古人早已将河流这一城市供水的主要来源作为都城选址的重要因素。关于长安附近之河流流量，《西安水利志》载：潏河年径流量2亿立方米，滈河0.95亿立方米①，两河相交而成的河水年径流量为2.95亿立方米。渭河年平均流量最大达到70.24亿立方米；泾河是渭河最大的一级支流，年平均流量20.129亿立方米；灞河和浐河分别是17.9亿立方米和1.88亿立方米；沣水年平均流量15.36亿立方；交水年平均流量4亿立方米。②八水围绕，构成了长安城周密的水网系统。长安城在建城之初即是一个水源富足的城市，城中宫禁、苑囿用水，居民日常生活用水，园林景观用水以及东西两市的放生池之水，均来自长安城周围的八水。③ 八水滋润了长安城，既提供了城市生产、生活用水，又满足了城市大面积景观用水，对长安城的发展起到了无可替代的作用。唐朝盛期，长安城人口总数达百万人以上，如此规模与其富足的河流供水有着直接的关系。

隋唐洛阳城的选址与发展也与河流有着密切的关系，洛阳城周围有伊、洛、瀍、涧四条大的天然河流，其中伊水、涧水、瀍水三河为洛水支流，它们共同构成了洛阳城丰富的自然水资源。伊水掠城南来向东北流；洛水由城西上阳宫南入城，并沿皇城城南向东横贯全城，是对洛阳城市影响最大的一条河流；瀍水由城北入城，经过进德坊、履顺坊、思恭坊、归义坊，终于槽渠相连，汇入洛水；涧水即谷水，从城西北角流入城内，流经宫城、上阳宫、西苑，终汇入洛水。由此，隋唐洛阳城不仅洛水贯城，而且三面环水，伊洛二水近似平行，其自然水系提供了城中宫禁、苑囿用水和居民日常生活用水，为后来洛阳兴盛提供了得天独厚的条件。④ 关于这一情况，欧阳修《新唐书》亦有记载："隋唐洛阳城，前直伊阙，后据邙山，左瀍右涧，洛水贯其中。"隋炀帝即位之初即对洛阳大加称赞："洛邑自古之都，王畿之内，天地之所合，阴阳之所和。控以三河，固以四塞，水陆通，贡赋等。故汉祖曰：'吾行天下多矣，唯见洛阳。'……我有隋之始，便欲创兹怀、洛，日复一日，越暨于今。今兹在兹，兴言感哽。"⑤ 之后，唐朝统治者也对洛阳水利进行了全面建设，充分利用这些水道，根据其流经区域与地势，有计划地将涧、瀍、洛等水引入宫城、御苑、皇城和里坊区，城内河渠成网，对城内生活用水供给、排污、防火及漕运均产生了重要作用。⑥

---

① 西安市水利志编纂委员会编：《西安市水利志》，陕西人民出版社，1999年，第38页。
② 温亚斌、刘临安、王赢：《隋唐长安城的供水系统》，《四川建筑科学研究》2008年第1期。
③ 温亚斌：《隋唐长安城"八水五渠"的水系研究》，西安建筑科技大学硕士学位论文，2005年，第20页。
④ 钱珂等：《隋唐洛阳城景观水系构景艺术研究》，《西南林学院学报》2010年第2期。
⑤ 魏徵、令狐德棻撰：《隋书》卷三《炀帝纪》，中华书局，1973年，第61页。
⑥ 田莹：《隋唐洛阳水环境与城市发展的互动关系研究》，陕西师范大学硕士学位论文，2008年。

第二章
城市体系、空间结构与形态演变

隋唐五代时期，河流作为城市主要水源，除在都城选址上有所体现外，在地方城市选址上亦有明显表现，唐代扬州即为一例。据考古勘探发掘，扬州城有护城河贯通四周，在18个城门中，开有3个水门，分别是东水门、西水门和南水门。扬州城通过3个水门与城外河流沟通，扬州城内河流呈井字状分布，南北向为市河和官河，市河位于官河以西，直对子城南门，从子城南门前与浊河相会处开始，贯穿整个罗城。官河自东水门向西，过驿桥以北，向南北分流。向北在子城东南隅与浊河相连，可西出西水门，与距城7.5公里的勾城湖、爱敬陂相连。向南穿过罗城中部出南水门，接扬子津、瓜州出长江。城内东西向有位于罗城中心周家桥沟通官河和市河的河流，漕河在周家桥以南，与官河和护城河相连。①

唐时，成都的城市水利也有所发展。唐乾符时，西川节度使高骈在郫江修建縻枣堰并开凿了护城河。高骈开凿的新护城河改变了成都原来只南面有河流而其余西、北、东三面皆无河流的状况，构成了四面河流环抱的城河水系，并与内城的摩诃池等共同构成了较为完善的市政水道和园林河湖景观，形成了河岸亭台与街坊市井相连，园林与作坊杂陈交错的城市空间布局。高骈曾赋诗《锦城写望》描述成都水利："蜀江波影碧悠悠，四望烟花匝郡楼。不会人家多少锦，春来尽挂树梢头。"为数众多的诗人来到成都后，多写有吟咏成都水利的诗句，李白《送友人入蜀》有"芳树笼秦栈，春流绕蜀城"，杜甫《江村》有"清江一曲抱村流，长夏江村事事幽"。

另外，边远之城将河流作为城市主要水源的情况亦很普遍。高昌故城在吐鲁番东约25公里，胜金口以南二堡和三堡之间，从胜金口流出的木头沟水，经过二堡流入高昌故城。唐代交河城即雅尔湖古城，在吐鲁番城西10公里处，位于两条宽而深的河床之间的狭长地带上，两河在城南汇合，交河城城名由此而来。可见时人对城市水系构成之河流的重视，河流于城市水利中的重要地位得以凸显。

水渠是城市给水的重要通道。水渠供水是隋唐五代时期城市重要的基础设施。城内水渠与城内外河流相连，河流与人工渠道相互沟通，形成以河流为主干，城内水渠为给水方式的水道网络，将水流源源不断地供应给城内各个用水区域。仍以隋唐洛阳城为例，洛阳城不仅有洛水贯城，而且三面环水，伊洛二水近似平行，这一地势十分有利于开凿水渠。隋炀帝即位次年便命宇文恺营建东京洛阳，在充分考虑四水流经区域和地势后，有计划地筑渠，将洛水、瀍水、涧水引入宫城、御苑、皇城和里坊，使得整个城市水网四通八达。隋唐洛阳供水主要来自洛河，洛阳引水渠道分洛河南部、洛河北部两部分。洛河南部引水渠道自洛河上游和伊河上游引水入城，在城内流入洛河。洛河南岸入城之渠道有四，分成五支，其中通济、通津二渠自洛河上游引水，两条伊河支渠和运渠引自伊河。洛河北部引水渠道从城内洛河直接分引北出，或者从支流谷水和瀍水注入城内，其主要渠道有三条，即漕渠、泄城渠、写口渠。漕渠即隋代开凿的通远渠，自城内惠训坊北修坝引洛水，向东流经立

---

① 万京京、万乾山：《扬州唐代"城市水利"初探》，《江苏水利》2012年第5期。

德、归义、景行、时邕、毓财和积德六坊，解决了洛北诸坊、北市和含嘉仓供水、运输问题。泄城渠由城北入城，向南流经道政、道光、清化和立德四坊，于立德坊东南汇入漕渠。写口渠于东城东门宣仁门南清化坊西南处枝分泄城渠，向南流经立德坊，于其坊东南流入漕渠。①之外，洛北还有谷水渠道。隋炀帝建洛阳城时，使谷水回复故道，并在城北外修渠两条，一条引入宫城，一条引入上阳宫，其余则由城西旧道进入西苑，之后于城西南注入洛水。②城内水渠供水另一表现为隋朝皇家园林的建造。《隋书》中记载隋炀帝建造西苑时"开渠，引谷、洛水，自苑西入，而东注于洛"③，说明园中之水引自涧水、洛水，而后又注入洛水。《资治通鉴》载，西苑"周二百里；其内为海，周十余里；为蓬莱、方丈、瀛洲诸山，高出水百余尺。……北有龙鳞渠，萦纡注海内。缘渠作十六院，门皆临渠"④。说明隋炀帝注重在城内开渠引水，使之与河流相通，形成水系发达的城市水利体系。

与洛阳类似，唐代长安亦十分注重城内水渠供水。唐在隋都基础上继续营建，使长安供水系统日渐完善，形成沟渠纵横、南北东西相通的城市水利系统。其时长安的引水工程主要有四处：城东的龙首渠、城东南的黄渠、城南的清明渠和漕渠以及永安渠。⑤具体而论，龙首渠在长安东南引浐水，经通化门入城，主要为解决宫城内苑用水而修建。清明渠在城南分沇水东南流，经安化门至皇城，又西与永安渠会，解决外郭西城及皇城、宫城部分用水。隋代宇文恺在城东南角利用泉水开曲江池，辟其周围为皇家苑囿。唐代更开水源，引南山溪水注入曲江池，渠称"黄渠"。曲江池以下渠道入城，称"御沟"，与许多私家园林相通。漕渠于隋开皇四年（584）由宇文恺主持开凿，引渭水经长安城北，东至潼关，长300里。永安渠在城东南，凿于隋开皇二年（582），在城南引交水从大安坊入城，直北入芳林园，然后出城，北入渭水。⑥关于永安渠，韦述所著《西京记》载："西市，隋曰利人市，市西北有海池，长安中僧法成所穿，分永安渠以注之，以为放生之所。"《类编长安志》亦载："隋开皇三年，引交水西北流入城，经大通、信义、永安、延福、崇贤、延康六坊之西，又经西市东北，流经布政、颁政、辅兴、崇德四坊，及兴福寺之西，又北入芳林园，又北入苑，注之于渭"⑦。可见永安渠修建时间、流向与城市水利之关联。关于永安渠的作用，有研究者从西市与永安渠的关系方面做了论述，认为永安渠为西市居民提供了日常生活用水。时人西市利用永安渠水流开凿了放生池。永安渠源源不断的供水保证了放生池水量的稳定，同时补充了地下水，从而为西市的工商业用水提供了保障。这一观点从《太平广记》中可以得到印证，居住在

---

① 田莹：《论隋唐洛阳城的池沼》，《唐都学刊》2008年第1期。
② 田莹：《隋唐洛阳水环境与城市发展的互动关系研究》，陕西师范大学硕士学位论文，2008年，第48页。
③ 魏徵、令狐德棻撰：《隋书》卷二十四《食货志》，中华书局，1973年，第686页。
④ 司马光编著，胡三省音注：《资治通鉴》卷一百八十，《隋纪四》，中华书局，1956年，第5620页。
⑤ 黄盛章：《西安城市发展中的给水问题以及今后水源的利用与开发》，《地理学报》1958年第4期。
⑥ 周魁一、谭徐明：《中华文化通志·水利与交通志》，上海人民出版社，1998年，第108页。
⑦ 骆天骧撰，黄永年点校：《类编长安志》卷六，中华书局，1990年，第192页。

西市的窦乂，经常雇佣人在崇贤坊西门洗涤衣物等生活用品，其洗衣场所即永安渠。可见永安渠是城内居民生产用水的重要渠道。

水渠供水不单在都城中广泛应用，在地方性城市中亦较为普遍。以唐代为例，唐武德时，陕东道大行台金部郎中长孙操开广济渠，引水入陕县城，以代井汲；贞观中，长史李勣架汾水引晋水入太原东城，以甘民食，谓之晋渠；开成年间，坊州州郭缺水，刺史张怡自城东北七里上善泉架水入城，以纾远汲。① 唐代成都为解决城区供水问题，方便几十万居民生活饮用、洗濯、消防及市内交通，由白敏中主持，在成都西郊开渠引岷江水入城。水自城西入，穿城而过，至东城出，汇入府河。② 该引水工程竣工后，大大方便了成都市民的生活，改善了城市的环境和交通。

池沼、湖泊是城市水源储备方式，也是城市重要的水利工程。前文已述，隋唐五代时期，无论王朝都城抑或地方城市，在城址选择上均坚持近水原则，即多依傍河流而建，又应城内居民生产、生活之需，采取修筑水渠的方式将河流之水注入城内，使水渠与城市内外河流相互连接，形成网状城市水系。城市网状水系结构构成要素之一为城内池沼、湖泊，与河流、水渠等供水方式相辅相成；一方面，城市内外分布之河流、水渠为池沼、湖泊提供了充足水源；另一方面，城内池沼、湖泊具有蓄水功能，成为城市储备水源，对保持城市供水平衡具有重要意义。

隋唐洛阳城宫苑内及外郭城私家园林多凿有池沼。曾有研究者对洛阳城内池沼数量做过粗略统计，城内约有 21 处池沼，其中最大池沼为位于宫城西北隅隋代兴修的九洲池。《唐两京城坊考·宫城》载："其池屈曲，象东海之九洲，居地十顷，水深丈余，鸟鱼翔泳，花卉罗植。"考古发掘显示，该池平面呈不规则形，东西长约 205 米，南北宽约 130 米，深约 3.6 米。③ 进水渠道在水池北侧，渠宽 4～5 米，深 4 米，由砖石砌筑而成，出水渠道在南侧。④ 西苑中所谓之"海"，由相互连通的池沼组成，三山分列其间，形成海、湖、渠等多类型水体形态。以上二池以外，唐代曲江池亦值得一提。曲江池最早开挖于隋初营建大兴城时，唐玄宗开元时期（713—741）对其进行了大规模扩建营修。开凿黄渠，从南山大峪口引潏水北流注入池内，加大水量，使池面扩大到约 70 万平方米。⑤ 由此可见当时曲江池的规模。

客观而论，上述池沼仅为长安当时众多园池之代表，类似沼池于长安仍有不少，限于篇幅，难以一一列举，摘录主要园池及水源列表如下。

---

① 齐涛：《魏晋隋唐乡村社会研究》，山东人民出版社，1995 年，第 114 页。
② 熊达成、郭涛：《中国水利科学技术史概论》，成都科技大学出版社，1989 年，第 389 页。
③ 中国社会科学院考古研究所洛阳唐城队：《洛阳隋唐东都城 1982—1986 年考古工作纪要》，《考古》1989 年第 3 期。
④ 王岩：《隋唐宋时期洛阳园林考古学初探》，《汉唐与边疆考古研究》第 1 辑，科学出版社，1994 年，第 226 页。
⑤ 张永禄：《唐都长安》，西北大学出版社，1987 年，第 177 页。

表 2-4　长安主要园池及给水渠/河表[①]

主要园池	给水渠/河
昆明池（14.7 平方千米）、镐池（1.4 平方千米）等。	交水、沣水
内苑兴庆池（0.21 平方千米）、太液池（0.16 平方千米）、龙首池、灵符池、凝碧池、积翠池，胜业坊宁王九曲池，昌化坊岐阳公主宅沼，大宁坊太清宫池，东市放生池等。	龙首渠
鲍陂（0.48 平方千米）、曲江（1 平方千米）、昭国坊韦家物宅池、水宁坊永宁园池、独孤公转池、长兴坊杨师道园池、晋昌坊慈恩寺池等。	黄渠
皇子陂（0.56 平方千米）、兴化坊裴度园池、太平坊园池、太极宫西海池。	清明渠
定昆池（1.5 平方千米）、昭行坊王晞园池、西方放生池、修德坊兴福寺池。	永安渠
鱼藻池（0.56 平方千米）	漕渠

上述表格所列长安园池均为有籍可考者，有如下几个特点：第一，长安城内园池数量众多，仅不完全统计即达 28 处，所列园池多位于宫廷苑囿内，由官府开凿、管理和使用，表格未包含城内大量私家园林池沼，这类园池因无史料明确记载，故并未列入，但数量不会在少数；第二，表中所列长安园池并非孤立存在，各园池之间都与城市内外之明渠相连，继而与自然河流承接，池沼与渠水、河流共同构成城市水系，由此从一个侧面印证了上文所述，河流、渠道于城市供水中所处地位至关重要；第三，园池面积较大者亦不少，加之数量众多，供水量之大可以想见。长安的昆明池自汉代以来一直是皇帝和达官贵人的宴乐场所，唐代水面仍然宽阔且水很深。据唐人记载，昆明池占地 320 顷，中有戈舟各数十，楼船百艘，戈船上建戈矛，四角垂幡旌麾盖。玄宗开元时开黄渠，曲江池水域扩大，昆明池地位才被其取代。

私家园林池沼众多是为隋唐时期城市园林别具一格之处。由于城中渠网纵横，大多数里坊内水渠环绕，水量充沛，隋唐时期若干大中城市的私家园林多引水入院，开凿池沼，于保证充足水源供应的同时，使园中之水长流不息，不致污浊。据记载，洛阳裴度湖园是一个以平津池为主体的水景园，从伊水东支渠引水入园，湖面很大，中有三岛。又如白居易的履道宅园，同样从伊水东支渠引水，在园中形成白莲池、水阁池、后园池三池后又汇入伊水东支渠。整个园区水面面积几乎占全园的三分之一，院内处处有水，水系有聚有分，匠心独运。[②]

南方城市由于多天然江河湖泊，故而城市中的园池数量较多。唐代宗时，杭州刺史李泌曾于城中主持开凿六井，以西湖水为源，使城市用水得以改善；当时六井只是六处蓄水池，所蓄之水用瓦管或竹筒从西湖引来，将城市与西湖水系联系起来。由六井开始，西湖成为杭州不可分割的部分。白居易出任杭州刺史时，对西湖水利进行系统治理，疏浚湖泊，修筑东堤，提高西湖蓄水量和调节能力，并将满足

[①] 周魁一、谭徐明：《中华文化通志·水利与交通志》，上海人民出版社，1998 年，第 110 页。
[②] 钱珂等：《隋唐洛阳城景观水系构景艺术研究》，《西南林学院学报》2010 年第 2 期。

城区供水后的余水用于农田灌溉。五代十国时期,钱镠以杭州为吴越国都城,西湖被经营成杭州的水源。与杭州类似,西南重镇成都市内亦存多处水塘和水池。这些池塘,雨季能蓄水排涝,旱季可放水灌田,兼可养鱼种莲,改善城市环境,成为城市重要的辅助水源。隋代扩大成都子城,在市中区挖土筑墙,形成一个名曰摩诃池的大水池。《元和郡县志》亦有摩诃池在"州中府城内"的记载。唐咸通十二年(871),南诏入寇,民争入城,时城中乏水,取摩诃池泥汁澄而饮之,显示摩诃池在关键时刻起到了供水水源的作用。① 摩诃池又称"龙池",花蕊夫人有诗云:"龙池九曲远相通,杨柳丝索两岸风。长似江南好风景,画船来去碧波中。"从该诗所描述的场景来看,五代时期的摩诃池水面是如此之大。

井泉也是城市重要的水利工程之一,成为城市用水的内在保障。利用井泉取水是古代解决城市供水的重要措施之一。囿于古代环境卫生条件,即使一个城市同时具备多种水源,但也无法取代井泉的作用,井泉经过地下土层过滤澄清,水质稳定、清洁,无须经过繁杂的净化程序,因此始终作为主要的饮用水水源之一,成为城市供水系统的重要补充,虽然部分城市井泉水质含碱较重,也仍然为广大民众所依赖。井泉供水在隋唐五代时期得到政府、民众普遍重视。唐末天祐元年(904)朱全忠逼昭宗迁都洛阳,烧毁宫殿,夷平坊市,使得长安沦为废墟。后虽经历代重建,规模却已不及唐城六分之一。城中引水系统自此即坏,入城三渠大抵湮废,城内饮水只能依赖井水。② 其他文献有关井泉的记载亦不少见,如"十三载秋,大霖雨,六旬不止。九月,闭坊市北门,盖井"③;"长安初,醴泉坊太平公主第井水溢流"④;"景龙四年三月庚申,京师井水溢"⑤;等等。均与隋唐水井有关。《唐两京城坊考》载:"开皇二年……撅甘泉浪井七所"⑥。《太平广记》曰"王涯奢豪,庭穿一井,金玉为栏"⑦。姚合的迁居,乃是因为"旧客常乐坊,井泉浊而咸;新屋新昌里,井泉清而甘"⑧。城市之中,井泉分为私井和公井,达官权贵的宅院多挖有私井,而普通民众则多使用坊内的公井,"数家同汲"。贞元末年,长安发生"五坊小儿"利用公井勒索居民的事件。另有大量资料记载僧寺供厨亦常取井水。另外,长安、洛阳宫廷平素的饮用水也是以井水为主,而不是渠水,隋朝即曾在醴泉坊置监,以甘泉水供御。唐开元时期,日以骆驼从善和坊运井水入内,以供内厨。另据记载,长安之外的白鹿原有一神谷井泉,唐时亦每日取运入宫,酿造御酒。⑨ 隋唐长安城井泉数量甚多,曾有研究者对其中部分井泉的分布做过粗略统计,参见

---

① 熊达成、郭涛:《中国水利科学技术史概论》,成都科技大学出版社,1989年,第393页。
② 杜鹏飞、钱易:《中国古代的城市给水》,《中国科技史料》1998年第1期,第6页。
③ 欧阳修、宋祁撰:《新唐书》卷三十四《常雨》,中华书局,1975年,第876页。
④ 欧阳修、宋祁撰:《新唐书》卷三十六《火沴水》,中华书局,1975年,第946页。
⑤ 欧阳修、宋祁撰:《新唐书》卷三十六《火沴水》,中华书局,1975年,第946页。
⑥ 徐松撰,张穆校补,方严点校:《唐两京城坊考》卷四《西京》,中华书局,1985年,第117页。
⑦ 李昉等编:《太平广记》卷二百三十七《王涯》,中华书局,1961年,第1824页。
⑧ 姚令:《新昌里》,彭定求等:《全唐诗》卷五百零二,中华书局,1960年,第5714页。
⑨ 杜鹏飞、钱易:《中国古代的城市给水》,《中国科技史料》1998年第1期。

下表。

表 2-5　隋唐长安城可考井泉[①]

官坊名	井泉名	数量	宫坊名	井泉名	数量
大明宫	麟德殿西侧井	2	靖安坊	张籍宅井	1
兴庆宫	龙泉	1	开化坊	寿春公主宅井	1
大安宫	待考	3	光福坊	权德舆宅井	1
西内苑	云韶殿井	1	靖善坊	大兴善寺井	1
芙蓉苑	汉武泉	1	开明坊	萧氏宅井	1
道政坊	刘某宅井	1	兰陵坊	宣上人宅泉	1
长乐坊	八角井、姚合寓井	2	保宁坊	昊天观井	1
新昌坊	姚合宅井、青龙寺井	2	善和坊	御井	1
安兴坊	同昌公主宅井	1	太平坊	王供宅井	1
安邑坊	奉诚园井	1	布政坊	王纯宅井	1
宣平坊	来俊臣宅井、某宅井	2	光德坊	御用井、京兆府廨井	2
青龙坊	普耀寺井	1	延康坊	西明寺井	1
光宅坊	光宅寺井	1	醴泉坊	醴泉监七井、僧方回宅井、太平公主宅井	9
永兴坊	魏徵宅井、王乙宅井	2	怀远坊	大云经寺井	1
平康坊	待考	42	晋昌坊	慈恩寺井	1
永宁坊	杨凭宅井、王涯宅井		合计		52
务本坊	先天观井	1			

上表显示，隋唐长安城内井泉数量甚为可观，粗略统计即达50余，但这远不是全部井泉的数量。长安盛时人口达百万，当与长安位于南山之阴，有沣、交、滈、潏、浐、灞等水周流其间，地下水比较丰富有关。上表中所列水井，遍布宫廷、苑囿、官贵宅邸、寺院坊间，说明当时宫廷、官贵、僧道和部分平民都凿有井泉，凿井汲水已属普遍。表中所列城中井泉可考者50多处，约有半数分布于城内东南部，这一分布情况应与当时坊间分布和人口密度、聚集特点有关。

凿井取水是一个全国性的普遍现象，在各地方城市更是如此。据史料记载："唐代都督刘巨麟凿千秋井、万岁井、方便百姓汲取。"[②] 考古工作者曾在扬州发现唐代水井，大部分集中在"官河"（唐代南北漕运重要运输线）东岸附近。[③] 考古发掘证实隋唐五代时期城市居民凿井取水十分普遍。考古队曾在西北大学发现唐代太平坊水井遗迹，说明唐代太平坊周围地区地下水水位较高，易于凿井取水，这也

[①] 李令福：《关中水利开发与环境》，人民出版社，2004年，第204页。
[②] 吴庆洲：《广州古代的城市水利》，《人民珠江》1990年第6期。
[③] 薛炳宏：《扬州发现唐代河道及古水井遗迹》，《中国文物报》1994年6月12日。

第二章
城市体系、空间结构与形态演变

从侧面反映了太平坊周围人口密度很大。① 这一认识得到部分研究者认可。黄盛璋认为隋文帝迁都龙首原的原因之一是汉长安城之水咸卤，不适于饮用，所以新都城选择利用龙首、永安、清明三渠引水。唐末城废后，三渠湮废，居民改为饮用井水，直到宋初井水咸苦不堪食用，才恢复龙首西渠。② 郭声波指出，隋唐长安城市居民获取饮用水的方式主要是掘井汲泉，利用地下水，只在个别特殊的坊里或缺乏地下水的季节偶尔饮用渠水。③ 张永禄《唐都长安》与上述观点趋向一致。④

隋唐五代时期，各地城市供水可以说是地表水与地下水兼而有之，二者之中又以地表水源为主。时人已能明晰地表水源是地下水之源头，地下水量一般少于地表水的道理。单纯依靠地下水难以满足城市需求，特别是大型城市用水需求甚巨，只有源源不断的河流供水才能弥补地下水之不足。城市兴盛繁荣的背后，供水系统虽非决定条件，但确为必备条件之一。充沛的水源是城市发展的持续动力之一，因而隋唐时期各级城市均极为注重城市给水系统之营造和水利工程建设，其共同之处在于大多数城市都遵循城市供水方式多样化的理念，对河流加以整治，将河流作为城市供水主要源泉；修建水渠，以之作为城市给水的重要通道；广凿池沼、湖泊，以之作为城市储备水源；利用地下水，以井泉担负城市用水的内在保障任务。此一时期城市居民开始有意识地将四者相互连接，共同构建合理的城市给水系统。其城市供水认知的思想和规划实践，不仅对隋唐城市的发展起了促进作用，也为后世城市规划与水利事业的发展提供了借鉴。

隋唐时期，城市水利工程除供水系统较前更加完善外，城市的排水系统也在原来的基础上有所发展。水为城市生命之源，水利作为最关键因素介入城市建设发展，关乎城市生存状态、发展规模、建筑风格、环境质量等多个方面。城市排水的改进是提高城市新陈代谢能力的重要方式，亦为一切城市市政设施的基础。隋唐时期城市排水方式与功能体现出古人城市规划理念，并为当今化解城市内涝问题提供有益参考。

沟渠是城市排水的主要力量。隋唐时期城市兴建十分注重城市排水问题，将此作为城市水利的重要构成，地位与作用完全可与城市供水相提并论。二者均为影响城市持续兴盛、繁荣的重要因素。隋唐时期洛阳和长安的排水系统是当时城市排水技术达到很高水平的典型代表。两座城市在规划营建之初，不仅考虑到供水问题，也考虑到城市排水问题，并科学地解决了城市内涝问题。

洛阳城市的排水体系大致分为地上明沟和地下暗沟两种，二者又同城内的天然

---

① 贾麦明、吉笃学：《西北大学校北门唐代遗迹的发掘》，《考古与文物》2005年第6期。
② 黄盛璋：《西安城市发展的给水问题以及今后水源的利用与开发》，《历史地理论集》，人民出版社，1982年。
③ 郭声波：《隋唐长安的水利》，《唐史论丛》第4辑，三秦出版社，1988年。
④ 张永禄：《唐都长安》，西北大学出版社，1987年。

河流、城壕等紧密结合，共同构成较为完整的城市排水网。① 从考古发掘来看，隋唐洛阳城市街道纵横，主要街道两旁大多设有排水沟，如定鼎门街东西两侧各有一条水渠，呈南北走向，东侧水渠西距定鼎门街中线约64.5米，上口东西宽14.2米，深1.85米。西侧水渠东距定鼎门街中线约63.5米，西距宁人坊坊墙1米，上口东西宽9米，深1.6米。有研究者认为这两条水渠具有如此规模，显示其功能强大与所负担排水责任重大，具有排泄定鼎门街面雨水和郭城外侧来水的双重功能。与此类似，考古工作者曾发现仁和坊与兴教坊之间的南北向街道西侧有一处沿街排水沟，沟宽2.5米，深0.8～1.1米。因上述两处水沟铺设于街道两侧，发掘时清晰可见，被研究者认定为排水明沟。之后，考古队在唐寺门附近发现遮盖下水道用的青石板，其所覆盖之排水沟为地下暗沟。② 说明当时城市排水沟渠主要有二，一为露天之明沟，一曰地下排水管道之暗沟。

与洛阳类似，隋唐长安城市在兴建之前经过了周密调查和精心设计，其后又不断加以扩充，规模最大时总面积达83平方公里，人口逾百万。对于此种特大城市而言，排水系统十分重要，对于雨季城市的正常运转和居民的居住出行安全具有重要意义。隋初相关城市规划人员在对大兴进行规划时，高度重视城市排水系统的设计与修筑。考古工作者和相关研究者在隋唐长安城遗址平康坊、南里坊曾发现多处排水沟渠，其发掘的土挡北侧有一排水沟，排水沟底部深于道路最低点至少1米，上口宽度2.5米以上。另外，考古工作者在今友谊路南侧发掘出一处唐代排水沟遗迹，这条排水沟为东西向，沟中心北距今友谊路中心约110米，沟宽约100米，沟底距今地表深约3.2米，距沟南沿原生土顶约3米。另外，在防洪渠北侧道路与沟渠遗迹曾开挖东西向管道沟渠一处，宽约24米。沟东岸有一宽15米左右的道路断面，道路底部约高于沟底1米左右，道路底部东高西低，有一定倾斜度。道路底部有两对深宽的车辙窝，车轨距1.35～1.40米。由此说明，当时长安城内的干道路面中间高，两边低，便于将路面的积水分流到道路两侧，排水沟渠位于道路两侧，并均明显低于路面1米左右，便于及时排除雨水，由此可见当时的城市道路营建已充分考虑路面排水问题。对古代城市规划研究颇有建树的当代学者吴庆洲认为，唐长安城在规划设计时充分考虑了排水问题，长安城内大部分街道两侧或一侧均建有排水沟，宽度都在2.5米以上，口宽底窄，两壁倾斜。朱雀街两侧的水沟形制是沟上口宽3.3米，底宽2.34米，沟东壁（朱雀街的西边）深2.1米，另一壁深1.7米，断面为上宽下窄的梯形。沟两壁均呈76度的坡度，沟壁修制光整，未加木板或砌砖。西市街道两侧也有与街平行的水沟。水沟分早晚两次修建。早期沟底距晚期路面深2.1米，沟底宽0.75米，上口宽0.9米。晚期因路面升高，早期被淤土填塞，失去排水功能，便在其上面建新沟，沟口与沟底均宽1.15米，深0.65

---

① 田莹：《隋唐洛阳水环境与城市发展的互动关系研究》，陕西师范大学硕士学位论文，2008年，第50页。
② 阎文儒：《洛阳汉魏隋唐城址勘查记》，《考古学报》1955年第1期。

米。两壁砌以长方砖,沟底平铺素面方砖,说明城内各街之沟大致都与朱雀街之沟宽度和深度相同,即上口宽3.3米,底宽2.34米,深1.7~2.1米。

另外,在长安城内还存有与朱雀街水沟宽度、深度类似之羊沟,时人或称之为御沟。马缟撰《中华古今注》载:长安御沟谓之杨沟,植高杨于其上也。一曰羊沟,谓羊喜抵触垣墙,故为沟以隔之,故曰羊沟。引终南山水从宫内过,所谓御沟。这些排水沟是非泄城市污水、雨水的重要渠道。

唐长安城周围之壕池与水渠是城市排水的又一重要方式。长安城外郭城外有一圈壕池,其周长为36.7千米。城壕宽9米,深4米,假定其边坡为2:1,则底宽5米,其蓄水断面为28平方米,环城壕池总容量达百万立方米。[1] 城内三条主要供水渠道龙首渠、永安渠、清明渠虽主要是为解决城内供水问题而修,但实际上它们仍有一定的排水功能。为举例说明此问题,特以隋唐长安城五渠为分析对象。

表2-6 隋唐长安城内五渠情况一览表[2]

渠道	开凿时间	引用水源	基本情况	资料来源	渠水与长安城的关系
清明渠	开皇初年(581)	潏水	引潏水自丈八沟分支,经杜城之北,曲而东北,经京城之南的安化门入城。入城后,经大安坊的东南隅,又曲而东,经安乐坊之西南隅,曲而北流,经安乐、昌明和朱雀门街西第一街左右的各坊。	张礼《游城南记》	渠水惠施了长安城的中西部分,为宫城中南海、西海、北海提供水源。
龙首渠	开皇二年(582)	浐水	至长乐坡西北,分为二渠:东渠北流,经通化门外至外城东北隅,由小儿坊东南向西折入东内苑,入东内苑为龙首池,入苑后分为南北两支渠,一支东北流经凝碧池、积翠池后向西北流,注入太液池;另一支进入大明宫南部向西流去,再折而北流,入于苑内。	《长安志》卷九《唐京城三》	渠水惠施了长安城的东北部分,为宫城中北海以及大明宫中的太液池提供水源。
永安渠	开皇三年(583)	交水	自南郊香积寺西南筑香积堰(又称福堰)引交水向西北流,经石栏桥、第五桥至外郭城西南,经过景耀门至大安坊西侧的南北大街的南端,沿街流入城内。	《长安志》卷十二《长安县》	渠水惠施了长安城的西半部分,为大明宫太液池提供水源。
黄渠	武德六年(623)	潏水	黄渠水出义谷(引潏水),北上少陵原,西北流经三像寺鲍陂之东北,今有亭子头,故巡渠亭子也。北流入鲍陂。鲍陂,隋改曰杜陂,以其近杜陵也。自鲍陂西北流,穿蓬莱山,注曲江。由西北岸直西流,经慈恩寺而西。	张礼《游城南记》	渠水惠施了长安城的东南部分。

---

[1] 吴庆洲:《唐宋明清京都排水排洪系统的研究》,《城市规划》1988年第6期。
[2] 据温亚斌《隋唐长安城"八水五渠"的水系研究》,西安建筑科技大学硕士学位论文,2005年,第63页。

续表

渠道	开凿时间	引用水源	基本情况	资料来源	渠水与长安城的关系
漕渠	天宝元年（742）	潏水	京兆尹韩朝宗自南郊分潏水，向北流至外郭城西面，自金光门入城，东流经群贤坊和西市北部流至西市东边，凿潭于西市之街，以贮材木。	《新唐书》	渠水主要为长安城运输木材和薪炭。

依据上表，隋唐长安城有五条主要的供水渠，亦为排水渠。五渠又以龙首渠、永安渠、清明渠为代表，三者之中有两渠未明最终流向。共通之处在于，五渠均顺应长安城西南高而东北低的地势，由南向北分布。这种设计理念确实考虑了城市供水与排水问题，利于城市防洪排涝。已有考古发现证实，隋唐长安城的排水系统大致情况如下：先于居民房屋附近挖掘专门用于汇集污水或雨水的坑，将这些坑与小的排水沟（明沟或暗沟）相连，以便把水排放到街边的大沟内，进而将水通过大沟排入城壕或排水渠，最后汇入周围的河流。由此可判断，三个主要供水渠道以及分布于城内的排水支流，涝时能够减少城中洪水流量，缓解城市排水压力，具有排泄疏导积水、雨水的功能。

除此之外，隋唐时期的城市已经普遍使用各类排水装置。考古学家在唐长安大明宫太液池岸边就发现了十多条排水沟遗迹，西岸有由北向南的主排水沟和九条汇入此沟的小排水沟。主排水沟深 0.76~1.18 米，宽 1.2~1.5 米，沟的两壁比较陡直，壁面残存部分砌砖，于沟底两边淤泥二层台砌垒而成，首先顺铺两层砖，其上侧立一层同样的砖，上面再间隔用顺铺、侧立的方法依次垒砌到要求的高度。所用砖为长方形素面砖和手印砖，长 35 厘米，宽 15 厘米，厚 5 厘米。沟底平整，东西砖墙之间宽 0.85 米，未见铺砖。这条主排水渠的东西两侧还发现有汇入此沟的 9 条砖砌小排水沟。这些沟一般宽 20~30 厘米，最宽的大约 60 厘米，深度在 25~30 厘米。主排水沟和 9 条小排水沟的发现，说明当时太液池池岸周围应有统一规划的排水系统。2005 年，考古工作者在对太液池东岸的考古发掘中，又发现了 3 条用陶管套接而成的排水管道。① 排水渠道内设置有横向砖壁，雨水经过时可将较大的杂物拦截。西内苑发现的排水暗渠为砖石结构，为防止渠道淤塞，又分段安装了多道铁质闸门，第一道闸门先由铁条构成直棂窗，拦阻较大的垃圾杂物；第二道闸门布满细小的菱形镂孔，可以滤出较小的杂物。闸门拆卸自如，方便疏通。如果排水渠道不畅通时，只要打开闸门附近渠道口覆盖物，即可进行清理。坊市之内，曲、巷之中的小路之下一般有砖砌地下排水道，污水由此流入街道两边的水沟，再汇入城内大街两旁的明渠，最后排到城外。②

除都城外，地方城市的排水系统在隋唐时期亦较为完善。唐代成都修建有完善

---

① 中国社会科学院考古研究所、日本独立行政法人文化财研究所奈良文化财研究所联和考古队：《西安唐长安城大明宫太液池遗址的新发现》，《考古》2005 年第 12 期。
② 杜鹏飞、钱易：《中国古代的城市排水》，《自然科学史研究》1999 年第 2 期。

的城市排水系统，这一系统将城市内外供排水系统相互结合。成都于战国末年建成的都江堰水利工程，为城区提供了稳定的水源供给，形成了完善的河渠水系和便利的水运与泄洪通道。来自都江堰的两江从西北入城，使成都既有舟楫之利，又免受河流洪水之害。① 同时，城区内部建有完善的城市排水系统。城市排水干渠为南北走向的明渠，地下排水道为东西走向，城区雨水和污水由排水道入明渠后排入二江。这种城河格局和排水系统布局是利用自地形修建城市的成功案例。

北方城市还发明了一种特殊的排水设施——渗井。渗井是黄土高原地区常见的排水设施，主要用于生活污水的排放，其原理为利用黄土高原土壤疏松、吸水力大的特点，于合适之处挖掘直径30～50厘米、深度3～5米的渗井，日常的生活污水随时排入其中，由于土壤疏松，吸水力大，经过一段时间，污水于井中慢慢被井壁土壤吸收，水中不溶物质逐渐沉淀。这种排水设施简单有效，被普遍采用。

渗井在隋唐长安城广泛存在。有研究者认为唐代长安城内分布有多个渗井，其功能主要是排泄生活污水，是城市的辅助排水设施。② 这一论断得到考古成果印证。经考古发掘，确实发现多口渗井散布长安城各个里坊以及宫禁园囿。1982年，西北大学基建工程曾发现砖砌渗井两口，所在地为唐代太平坊温国寺内。③ 1985年，在位于延康坊西南部的唐代名刹西明寺遗址的考古发掘中，于庭院南部偏西处发现渗井一口，井口圆形，直径0.95米，井为直筒形，砖砌井壁，井深2.5米。井口南部与砖砌排水道相连，水道往南与穿过南回廊埋入地下的陶水管道相通。④ 几年后，考古工作者又陆续发现渗井多处，如1992年在雁塔路西安地质博物馆南30米处发现渗井一口，并于渗井以南发现青泥井十余口，南北分布长达60米。这类渗井距今地表3～4米，原井深达6～7米，依据渗井中出土之陶器、砖瓦判断，分布地点当属当时的平康坊。1994年，又于西安南二环路防洪渠施工现场发现水井、渗井各一口，并于防洪渠南岸发现暴露渗井一口。该渗井口小底大，口径1米，底1.5米，井深1.65米。⑤ 王意乐同样认识到渗井、渗坑是隋唐长安城排水系统的重要构成部分，认为隋唐长安城排水渠道并非完美，有时不能很好地发挥功能，由此给居民日常生活带来诸多不便。为解决生活排水问题，除排水渠和排水管道之外，长安城内遍布渗井或渗坑，作为城市排水系统的重要补充。⑥ 2001年，醴泉坊遗址发现大量窖穴、渗井和渗坑。⑦ 西北大学校内发现唐代渗井数量多达数十

---

① 庾莉萍：《我国古代都城水文化及恢复措施》，《城建档案》2008年第2期。
② 温亚斌：《隋唐长安城"八水五渠"的水系研究》，西安建筑科技大学硕士学位论文，2005年，第63页。
③ 贾麦明：《西北大学发现唐代砖垒水井》，《文博》1985年第1期。
④ 中国社会科学院考古研究所西安唐城工作队：《唐长安西明寺遗址发掘简报》，《考古》1990年第1期。
⑤ 赵强：《略述隋唐长安城发现的井》，《考古与文物》1994年第6期。
⑥ 王意乐：《隋唐长安城的城市水利系统初探》，西北大学硕士学位论文，2008年，第35页。
⑦ 姜捷：《唐长安醴泉坊的变迁与三彩窑址》，《考古与文物》2005年第1期。

口。① 以上渗井多发现于里坊之内。事实上，里坊之外的宫苑内亦有大量渗井。2002 年，考古工作者于太液池发现 15 个南北向一线排开的渗坑和渗井。② 这些渗坑坑口呈圆形、长方形、椭圆形和不规则形等，大小和深度不一，直径一般不会超过 1 米，深度多在 2~3 米，最深不超过 4 米。

  上述考古发掘表明，当时以长安和洛阳为代表的城市渗井和渗坑体现出以下特点：一是数量较多，已发现隋唐时代渗井数量较多，仅西北大学校园内就发现有几十口，可见当时渗井、渗坑使用十分普遍。二是渗井分布面积较广，上自宫苑，下至普通坊间街道、居民住宅，均有渗井分布。三是渗井零散分布与集中布局并存，这一特点主要表现为渗井的分布的不规则性，集中分布的渗井表明当时其挖掘和布局经过了具体规划，而零星分布的渗井当属临时性随意挖掘，以满足紧急之需。这说明当时城市内存在因陋就简挖掘渗井排水的情况。四是渗井多分布于生活区，由此可推断渗井功能之一为处理生活污水。有些渗井与地下排水管道相连接，生活废水进一步通过管道排到水渠，并与城内河流汇合，最终排出城外，有效发挥了渗井、渗坑的排水、渗水功能。

  河流、池沼、湖泊是城市排水的必要补充。隋唐时期，河流、池沼、湖泊既是城市供水的主要水源，亦为城市蓄水、排水的重要方式。当时王朝都城抑或地方城市于城址选择上均坚持近水原则，多依傍河流而建。应城内居民生产、生活之需，又采取铺设水渠的方式将河流之水注入城内，水渠与城市内外河流、池沼、湖泊相连，形成网状城市水系。这些河流、池沼、湖泊一方面为城市发展提供充足水源，另一方面又有强大的排水、蓄水功能，对保持城市供排水平衡具有重要意义。

  隋唐时期，城市排水系统主要由河流、沟渠、池沼、渗井、渗坑等分支共同构成。隋唐时期城市排水规划体现了时人对排水系统建构的重视，说明其在城市规划、建造时已充分考虑城市内外水文、地理等诸多因素。河流担负着城市供水与排水的双重职能；沟渠于城市引水与排泄积水两方面发挥积极作用；池沼、渗井、渗坑则以其自身蓄水功能成为上述排供水方式的重要补充。多种排水方式的综合运用，体现了城市排水分流理念，有利于对城市用水进行分流处理，增强了城市排水系统排放水与净化水质的能力。

  隋唐时期城市排水系统构建已经较为完善，有着若干成功经验，一是在城市规划建设之初即对城市排水系统进行了科学规划设计，充分考虑城市排水防洪，将城市排水设施与城市布局、建筑同步规划、同步施工。排水设施规模及水平应与城市发展程度相适应，必须满足城市排水系统的承受能力，与城市生产、生活规模形成合理比例，如果这一比例严重失调，则会于城市内涝中显现无遗。二是城市规划应将排水系统与供水系统有机结合。在城市选址阶段即应充分考虑城市排水、供水问

---

  ① 张渑：《西大发现 38 口唐代水井》，《西安晚报》2002 年 10 月 26 日第 1 版。
  ② 中国社会科学院考古研究所、日本独立行政法人文化财研究所奈良文化财研究所联和考古队：《唐长安城大明宫太液池遗址发掘简报》，《考古》2003 年第 11 期。

题，将二者统一综合考虑，根据城市的规模和发展需要，增大城市内部河道、沟渠密度，增强湖泊、池沼的调蓄能力，使城市供水系统兼具部分排水功能；要留置充足的城市空间，严格控制填湖塞渠，为增强城市内部池沼、湖泊蓄水调洪能力创造空间。城市排水一直是世界性难题，隋唐城市排水系统构建虽非完美之作，仍包含有古人改造自然、利用自然的成功经验，体现了古人用水、治水的智慧与营建理念。

第三章　经济变迁与城市发展

隋唐时期，中国社会经济和城市进入一个繁荣发展的高峰期。推动此一时期经济和城市发展的因素是多方面的，首先是国家的统一，政治的相对稳定；其次是农业的发展，水利事业的发展，农业工具的进步，劳动生产率的提高。另外，水陆交通运输条件的改善和全国性的商业贸易的勃兴，都对经济的发展和城市的变迁产生了深刻的影响。

第一节　大运河开凿与运河城市发展

隋唐时期，大运河的修建是影响中国经济和社会的一项重大水利工程。大运河的开凿开辟了漕运通道，促进了南北物资交流与人口交通，从而改变了中国经济活动的方向、城市的空间分布与人口移动的轨迹。

一、大运河的开凿

早在春秋战国时期，南北各国即开始开凿运河。吴国开邗沟，连接江、淮二水。魏国修筑鸿沟，沟通黄、淮。汉武帝时又开凿漕渠，长三百里，自此长安可直通黄河，"泛舟山东，控引淮湖，与海通波"[①]。然东汉以后，南北战争频生，故而各水系淤塞严重，水上交通不畅。因而隋统一中国后，强化国家机器，巩固中央政权，加强对南方地区的控制，成为隋朝开凿大运河的主要原因之一。

开皇七年（587），隋文帝为了统一江南，开挖大运河的江淮河段，即"于扬州开山阳渎，以通运漕"[②]，完成了大运河第一期工程——山阳渎的修建。山阳渎南起江都县的扬子津，北至山阳，长约300里，沟通了长江和淮河的水上运输。山阳渎实际上是对邗沟旧道的全面整修和疏浚。这时，开山阳渎主要是出于军事需要，是为消灭陈朝所采取的一项战略性措施。

国家的统一，经济的发展，促使区域之间建立起密切的经济联系。将南方物资

---

① 班固：《西都赋》，高步瀛：《文选李注义疏》，中华书局，1985年，第71页。
② 魏徵、令狐德棻撰：《隋书》卷一《高祖纪》，中华书局，1973年，第25页。

运输到北方，特别是运输至关中地区，以满足帝都的需要，成为开凿大运河的又一重要原因。东汉末年以来，北方经济多次遭到毁灭性的破坏，许多古老的城市荡然无存。尽管不少北方城市在北朝后期和隋朝初期得到一定程度的恢复，但是部分地区因生态环境等被破坏的时间太长，已经元气大伤，不可逆转，特别是渭河流域和华北平原的生态破坏严重，小麦、谷子等粮食产量大大减少，因而从总体上看，北方经济已难以恢复到汉代的发展水平，难以满足隋朝中央统治机构和统治阶级的需要，同时也难以满足日益扩大的大兴城和洛阳城人口的需要，不得不依赖经济日益发展的南方各地供给粮食等各种物资。其时，长江中下游的农业发展已超过黄河流域，成为中国主要的粮食产地，隋王朝迫切需要将南方的粮食和其他消费品运往北方，供应洛阳、长安两大城市。因此，利用旧河道，开通大运河，建立一个有效的全国水陆运输系统，成为巩固隋朝统治的重要手段。

早在隋文帝立国之初，渭水就因大小无常，流浅沙深，漕运常受阻，故隋文帝于开皇四年（584）命宇文恺率领水工另开漕渠，自大兴城西北引渭水，略循汉代漕渠故道而东，至潼关入黄河，长三百余里，名广通渠。自此漕运通利，关中赖之，故又称"富民渠"。仁寿四年（604），改名为"永通渠"。隋朝及其后的唐朝都经此渠将关东和江南的粮食货物运进关中，供应京师，因而此集成为一条重要的经济命脉。大业元年（605），隋炀帝继位，为了将江南和北方各地的经济有机地联系在一起，又下令分段开凿南北大运河。此外，隋炀帝个人也有着借运河之利巡游享乐的愿望，这也成为加快开发大运河的一个次要原因。经过数年时间，在上百万劳动大众的辛勤劳动下，举世闻名的大运河开通。隋代所开大运河主要分为四段：通济渠、邗沟、永济渠、江南河。

通济渠源于《禹贡》所载之雍水，春秋时称为邲水，秦汉时又叫鸿沟，其后叫蒗宕渠（浪荡渠），亦曰汴渠。隋炀帝所开的通济渠就是在鸿沟和下游的汴河两水的基础上加以疏浚而成。通济渠自洛阳城西引谷水、洛水入黄河，再自板渚（板城渚口的简称，在今河南荥阳氾水镇东北黄河侧）引黄河入汴河，经今河南开封东南入淮河。同年，隋炀帝又征发淮南民十余万，对东汉陈登所开凿的邗沟直道加以疏浚，从而使长江和淮河之间水上运输得以连通。大业四年（608），隋炀帝为征伐高句丽做准备，再发河北诸郡壮丁百余万人开永济渠。因男丁不够，还征发了妇女劳工。永济渠从洛阳的黄河北岸引沁水东流入清河，到今天的天津附近，经沽水和桑干河到涿郡，从而使洛阳与涿郡之间水上运输得以。永济渠也是利用历史上开凿的运河河道与自然水道疏浚而成的，自今河南武涉至汲县一段。开永济渠的目的之一就是利用洛阳的粮食来接济北方。大业六年（610），隋炀帝再征发江南劳工疏浚江南河。春秋时吴国以都城吴为中心，在太湖平原凿了许多条运河，其中一条向北通向长江，一条向南通向钱塘江，即最早的江南河。三国孙吴、东晋、南朝陈国等多个历史时期都曾对江南河进行疏浚。大业六年冬十二月，隋炀帝敕令在六朝以来江南河的基础上加以疏浚，贯通河道。"敕穿江南河，自京口至余杭，八百余里，广十余丈，使可通龙舟，并置驿宫、草顿，欲东巡会稽。"[①] 至此，连接中国南北的大运河全线贯通。大运河两岸筑有御道，栽种柳树，自大兴至江都修建离宫40多座和粮仓若干。

隋大运河以洛阳为中心，北起涿郡，穿越华北平原，到洛阳，然后往南，中经江都，经长江，到达江南的杭州，运河水面宽30～70米，长2700多公里，是世界上最长的人工运河，也是世界上最伟大的工程之一。隋大运河联通了钱塘江、长江、黄河、淮河、海河等中国五大水系，形成运河水系和独具特色的漕运体系。这一伟大的工程，对中国社会经济的发展产生了深远的影响，大运河以廉价、通畅、快速的水运，将经济重心南方同政治中心和军事中心北方联结起来，加强了南北经济文化的交流，巩固了国家统一，促进了城市的发展，成为此后一千余年间中国的经济大动脉，对推动整个社会经济的发展起了很大作用。

二、运河通航与南北城市的发展

大运河的开通和南北水上交通运输的兴起，促进了南北经济的交流，从而为隋朝南北方城市，尤其是运河沿岸城市经济的繁荣和发展奠定了基础。杜佑《通典》称："通济渠，西通河洛，南达江淮。……其交、广、荆、益、扬、越等州，运漕商旅，往来不绝。"[②] "自扬、益、湘南至交、广、闽中等州，公家运漕，私人商旅，舳舻相继。隋氏作之虽劳，后代实受其利焉。"[③] 李敬方《汴河直进船》诗云："汴水通淮利最多，生人为害亦相和。东南四十三州地，取尽脂膏是此河。"大运河开凿之后，交、广、荆、益、扬、越等州，运漕商旅往来不绝，运河沿岸商业城市日益繁荣，如运河南端的杭州，运河和长江交口处的京口和江都，运河和淮河汇合处的楚州，运河和黄河相遇处的汴州等，都成为一方繁盛的都会，成为物资和人文荟萃之地。[④] 大运河的开通和码头、堰闸、货栈、仓库等设施的修建，促进了密集的水陆交通网络的形成，加快了运河沿线城镇的兴起和经济的发展。

隋唐建立统一国家后，位于北方的政治中心城市亟须南方经济的支撑，尤其安史之乱时，赋之所出，江淮居十九。南北方物资交流亟须扩大，而经济活动范围的扩大有赖于运输的畅通。但是长期以来南北方的物资运输都依赖陆路，而陆路运输又受到运输条件和运输工具的制约，故而成本极高，不利于运输的扩大和物资的交流。在当时的历史条件下，水上运输无疑是运输量最大、成本最省、最为便捷的运输方式，故而大运河的开通排除了当时制约南北经济交流的主要障碍，同时也推动了运河沿岸城市的兴起与发展，改变了城市面貌，丰富了城市生活，也对旧有的城

---

① 司马光编著，胡三省音注：《资治通鉴》卷一百八十一《隋炀帝纪》，中华书局，1956年，第5652页。
② 杜佑撰，王文锦等点校：《通典》卷一百七十七，中华书局，1988年，第4657页。
③ 李吉甫撰，贺次君点校：《元和郡县图志》卷五，中华书局，1983年，第137页。
④ 韩国磐：《隋唐五代史纲》，人民出版社，1979年，第65页。

市空间结构产生了强烈的冲击。① 有研究者指出，大运河的开通不仅促进了运河城市带的形成，也带动了南北城市的大发展。南北大运河的开凿，大大促进了沿线城市商业的繁荣，形成了运河沿线的城市带。从长安、洛阳轴心向东延伸，有郑州、汴州、宋州，汴水与泗水交汇的徐州，泗水与淮河交会的泗州等；从汴州分出支线，向南沿着颍、涡、汝诸水，经亳州、陈州、颍州、豫州，进入淮河流域，或自汴州向西南，许昌、襄城，进入南阳盆地。自洛阳向东北的永济渠沿岸的魏州、清河州，被称为"天下北库"，还有北端的幽州。从洛阳向北渡黄河，经卫州，沿着太行山脉东麓向北有相州、邯郸、赵州、恒州、定州、易州。从长安沿渭水而下，渡过黄河，东北沿着涑、汾流域向北有绛州、晋州、汾州、太原、忻州、朔州、代州、云州可进入蒙古高原。自长安向西溯渭水而上，经上邽、渭州、兰州或向西经鄯州进入青藏高原，或向西北经凉州、甘州、肃州、沙州，出河西走廊进入新疆地区。②

大运河的开通，首先促进了运河沿岸城市和南方城市的发展。"自隋炀帝凿运河，沟通江淮，地形所造成之南北阻碍完全打通，长江流域与黄河流域取得直接联系，于是文化传播、商贾贸迁，日趋便利，而运道所径由之都会，亦骤增重要而益趋繁荣。"③ 此外，位于大运河与其他水路沿岸的城市也都相应得到很大的发展，在较短的时间内发展为重要的工商业城市。如运河与长江交汇处的京口和江都，运河和淮河交汇处的楚州，运河和黄河相遇处的汴州等，都成为一方经济繁荣的都会，扬州、苏州、杭州、淮安并称南方四大城市。

扬州工商业在南朝时期也较为繁盛，隋唐时期更是成为全国最著名的工商业城市之一，至唐中期号称天下繁侈，其原因之一就是大运河的开凿和南北航运的发展。大运河开通使原来只具有区域意义的邗沟一跃而成为贯通南北的大动脉，处于运河与长江交汇处的扬州的区位优势就此得以突显，"控荆衡以沿泛，通夷越之货贿，四会五达"④。隋唐时期，扬州不仅发展为南北经济交流中心与交通枢纽，也成为江淮地区的经济中心城市，呈现出"江淮之间、广陵大镇、富甲天下"的繁荣景象，而且政治地位也得到提升。隋朝在扬州先后设置扬州大都府、淮南节度使衙署及州治所等；炀帝还在扬州大修宫苑，从而使扬州在一定程度上成为隋王朝的政治副中心。唐朝建立后，扬州继续保持在政治上的独特地位，并在唐中期发展为南方的经济中心和对外贸易窗口，全国货物的大集散地。⑤ 有关唐代扬州商业的记载不绝于书，如"扬州地当冲要，多富商大贾，珠翠珍怪之产"⑥。《唐国史补》记

---

① 赵春容：《古运河城市发展特征分析》，《四川建筑》2010 年第 6 期。
② 邹逸麟：《历史时期黄河流域的环境变迁与城市兴衰》，《江汉论坛》2006 年第 5 期。
③ 陈锡祺：《隋唐运道》，《斯文》1942 年第 2 卷第 13 期。
④ 权德舆：《大唐银青光禄大夫检校司徒同中书门下平章事太清宫及度支诸道盐铁转运等使崇文馆大学士上柱国岐国公杜公淮南遗爱碑铭并序》，董诰等编：《全唐文》卷四百九十六，中华书局，1983 年，第 5055 页。
⑤ 赵春容：《古运河城市发展特征分析》，《四川建筑》2010 年第 6 期。
⑥ 刘昫等撰：《旧唐书》卷八十八《苏环传》，中华书局，1975 年，第 2878 页。

载:"扬州有王生者,人呼为王四舅,匿迹货殖,厚自奉养,人不可见。扬州富商大贾,质库酒家,得王四舅一字,悉奔走之。"① 另外《太平广记》也记载有:"吕用之……父璝,以货茗为业,来往于淮浙间,时四方无事,广陵为歌钟之地,富商大贾,动逾百数。璝明敏,善酒律,多与群商游。"②

苏州是一座历史悠久的古城,经济在秦汉南北朝时期有相当的发展,但相比北方的大城市仍然较为落后。江南大运河通航后,苏州成为大运河与娄江(今浏河)的交汇处,不仅通过娄江与长江入海口相通,而且通过大运河与南北重要的经济都会都发生了直接的联系。这对苏州经济的发展起了巨大的推动作用,从而为唐朝苏州工商业的快速发展奠定基础。隋代苏州的人口为 18000 户,唐开元年间增至 68093 户,至宪宗元和年间更增至 100808 户,成为江南大都会。苏州因运河的开通,逐渐成为赋税的主要来源地之一。欧阳修《新唐书》称,"唐都长安,而关中号称沃野,然其土地狭,所出不足以给京师,备水旱,故常转漕东南之粟"③。苏州成为唐王朝的重要财赋之地,安史之乱后,更是成为江南地区唯一的雄州。白居易称:"况当今国用多出江南,江南诸州,苏最为大,兵数不少,税额至多。"④

位于大运河南端的杭州,其发展同大运河更是息息相关。杭州位于钱塘江畔,地理位置十分重要,"川泽沃衍,有海陆之饶,珍异所聚,故商贾并凑"⑤。秦朝在灵隐山下置钱塘县,但规模很小。隋灭陈后,于 589 年废钱塘郡,设置杭州。两年后,杨素又调集民工在柳浦西依凤凰山筑州城。它是因政治需要而修筑的城市,故城市经济很不发达。江南河开通后,杭州成为大运河的南端,具有"水居江海之会,陆介两浙之间"的水陆交通枢纽地位,从一个滨海小邑迅速发展成为经济都会。唐贞观年间杭州居民有 30571 户,153729 口,到开元中增加到 86258 户。中唐以后,杭州成为吴越咽喉,"势雄江海……骈樯二十里,开肆三万室"⑥。唐代大诗人白居易撰《卢元辅除杭州刺史制》,说"江南列郡,余杭为大"。五代十国时期,杭州成为地方政权的都城,城市建成区进一步扩大,人口大量增加,经济繁荣,"富庶盛于东南"。

大运河的开通,进一步推动了南方城市的兴起和经济的发展,如位于淮河水系支流的楚州即因大运河开通而有很大发展。楚州位于淮水边,江河未通以前,原为一不甚重要之城市。自江河道通,遂一变而为由淮入汴达京师之门户,西来海舶亦多以此为寄舶之要地。大运河开通后,楚州位于运河与淮河交汇口,扼淮河口,不仅成为南北商旅必经之地,而且成为对外交往的重要港口,有新罗船往来沿海及新

---

① 转引自阿克当阿修、姚文田等纂《重修扬州府志》卷七十一,广陵书社,2014 年,第 2399 页。
② 李昉等编:《太平广记》卷二百九十《吕用之》,中华书局,1961 年,第 2304 页。
③ 欧阳修、宋祁撰:《新唐书》卷五十三《食货志》,中华书局,1975 年,第 1365 页。
④ 白居易:《苏州刺史谢上表》,董诰等编:《全唐文》卷六百六十六,中华书局,1983 年,第 6774 页。
⑤ 魏徵、令狐德棻撰:《隋书》卷三十一《地理志》,中华书局,1973 年,第 887 页。
⑥ 李华:《杭州刺史厅壁记》,董诰等编:《全唐文》卷三百一十六,中华书局,1983 年,第 3206 页。

罗、日本，城中有新罗坊，为新罗人聚居之所，城郊还有草市。淮河南岸的淮阴，及淮河与汴河交汇口的泗州，皆是南北运道的枢纽，因而随着大运河漕运的发展，也成为十分重要的二商业都会。淮阴虽然只是一个县城，但是市场繁荣，刘禹锡于《淮阴行》诗中称"簇簇淮阴市"。不仅市场繁荣，而且夜市兴盛，十分喧闹。泗州原治濒临泗水的宿豫，隋炀帝曾在泗州城外山上建都梁行宫。开元时移治临淮，西枕汴河，南临淮水，商贩四冲，舟仂柁交，成为一个新兴的运河城市。拥有浍河、沱河、濉河、奎河、方河、新汴河等诸多淮河水系的埇桥镇亦因汴河和大运河相通而得到较大发展，唐以后为舳舻之会，运漕所历，商旅往来如过江之鲫。唐宪宗元和四年（809），成为宿州治所。位于汴河中游的宋州，历史悠久，唐时因汴河而更加繁荣，"邑中九万家，高栋照通衢，舟车半天下"①，为一交通枢纽型城市。

江南的润州，地处运河入长江的口岸，是江浙漕粮与物资北运的重要转运站。自唐开元二十五年（737）润州刺史齐澣开凿伊娄河，改善漕船过江航道状况之后，润州与运河有关的手工业和商业，如造船、冶铁、麻绳、木材、桐油、纺织等业得以迅速发展，广泛分布于城西北的运河沿线。随着交通运输的发达和沿江、沿海贸易的发展，润州成为运河与长江沿岸的重要商业港口。常州在大运河通航之后，成为三吴、百越的交通要地，水路交通发达，成为江南经济发达的重要城市。光绪《武进阳湖志》说，晋陵武进在唐称望县，地大人众，政繁务殷，唐开元时，有96475户，是个经济发达、人口繁盛的城市。

随着大运河的开通，江南若干城市也受益于南北经济沟通所带来的发展机遇。江南的宣城、毗陵、吴郡、会稽、余杭、东阳等城市，在唐代皆因经济流通，川泽沃衍，有海陆之饶，珍异所聚，故商贾并凑。大运河漕运发展也带动了南方造船业的发展，如隋炀帝游江都时所造的龙舟、翔螭舟、浮景、漾彩、朱鸟、苍螭、白虎等船，船身高大，制作精巧，雕刻奇丽。

大运河的开通不仅对于运河沿岸和南方城市的发展起了重要的推动作用，也对北方城市产生了很大影响。大运河沟通了南北经济，从而对北方城市经济的繁荣也起了直接的推动作用，受影响最大的为东都洛阳。由于大运河的开通，洛阳成为南北交通枢纽和全国性商业大城市，城内建有三个大型市场：丰都市、通远市和大同市。徐松《增订唐两京城坊考》云，丰都市"其内一百二十行，三千余肆，四壁有四百余店，货贿山积"。②

原在十六国北朝时期遭到严重破坏、经济萎缩的汴州，也因大运河的开通而在经济上得到恢复和发展。汴州紧临大运河从黄河到淮河的汴河河段，又靠近东都洛阳，自是天下利于转输，漕运商旅往来不绝。隋朝初年，汴州的商品经济有较大发展，但仍受到隋朝统治者的抑制。开皇十五年（595）春，隋文帝东巡封禅泰山，"及上祠太山还，次汴州，恶其殷盛，多有奸侠，乃命熙为汴州刺史。下车禁游食，

---

① 杜甫：《遣怀》，彭定求等：《全唐诗》卷二百二十二，中华书局，1960年，第2359页。
② 徐松撰，李建超增订：《增订唐两京城坊考（修订版）》卷五，三秦出版社，2006年，第160页。

抑工商，民有向街开门者杜之，船客停于郭外星居者勒为聚落，侨人逐令归本，其有滞狱，并决遣之，令行禁止，称为良政"①。然而，随着大运河的开通，用行政手段来抑制经济发展的方法不能奏效，汴州很快发展成为商贾辐辏、百货汇集的水陆经济都会。"汴水通淮利最多，生人为害亦相和。东南四十三州地，取尽脂膏是此河。"② 唐开元年间，"河南，汴为雄郡，自江、淮达于河、洛，舟车辐辏，人庶浩繁"③。时人称其"当天下之要，总舟车之繁，控河朔之咽喉，通淮湖之运漕"④。从相关史料记载来看，汴州在唐中期经济已经相当发达，在"江、淮达于河、洛"之间，号称"雄郡"。时人多用"水陆辐凑""舟车辐辏"等词来形容其交通的便利与经济的发达。正是在大运河成为南北经济大动脉的条件下，汴州才能够在较短的时间内发展为北方的区域经济中心及战略要地。"今之天下之镇，陈留为大，屯兵十万，连地四州，左淮右河，抱负齐楚。"⑤ 正如王建《汴路即事》诗曰："天涯同此路，人语各殊方。草市迎江货，津桥税海商。"五代时，汴州成为水陆大都会，故而后梁、后晋、后汉、后周等相继在此建都立国，城市规模进一步扩大，特别是后周于显德二年（955）扩建罗城，从而使城市面貌发生根本改变，为北宋建都于此奠定了基础。

第二节　工商业繁荣与城市发展

　　隋唐五代是中国封建社会的鼎盛时期，城市经济繁荣昌盛，城市社会高度文明。城市经济的发展以农业生产的发展和交通条件的改善为基础的。当时农业的发展表现在以下几方面：一是农田水利事业大发展。唐王朝相当重视农田水利灌溉，充分发挥政府的公共事务管理职能，在唐前期的130多年中，全国共修建大中型水利工程160多项，分布于全国广大地区。二是生产工具有较大进步。古代农业生产力的发展虽然比较缓慢，但隋唐和魏晋南北朝相比，农业生产工具、生产技术还是取得不少进步。铁制的锸、铲、锄、镰等挖土、中耕和收割工具已经普及到边疆地区。⑥ 耕地的主要工具犁的结构相当完备，灌溉工具除原有的桔槔、辘轳、翻车已普遍推广外，又发明了连筒、筒车和水轮等新的灌溉工具，从而提高了耕地和灌溉效率。三是耕地面积扩大，剩余粮食和其他作物较丰。唐初荒地颇多，"今自伊、洛以东，暨乎海岱，灌莽巨泽，苍茫千里，人烟断绝，鸡犬不闻"⑦。但到开元、

---

① 魏徵、令狐德棻撰：《隋书》卷五十六《令狐熙传》，中华书局，1973年，第1386页。
② 李方敬：《汴河直进船》，彭定求等：《全唐诗》卷五百零八，中华书局，1960年，第5776页。
③ 刘昫等撰：《旧唐书》卷一百九十中《齐澣传》，中华书局，1975年，第5037页。
④ 刘宽夫：《汴州纠曹厅壁记》，董诰等编：《全唐文》卷七百四十，中华书局，1983年，第7649页。
⑤ 韩愈著，刘真伦、岳珍校注：《韩愈文集汇校笺注》卷三十三，中华书局，2010年，第3127页。
⑥ 郑学檬、蒋兆成、张文琦：《简明中国经济通史》，黑龙江人民出版社，1984年，第156页。
⑦ 刘昫等撰：《旧唐书》卷七十一《魏徵传》，中华书局，1975年，第2560页。

天宝年间,"耕者益力,四海之内,高山绝壑,耒耜亦满"①。由于水利的发展,劳动工具的进步,耕地面积的扩大,剩余粮食较丰裕,官仓和地主私廪里堆满了粮食。据载,天宝年间官仓的存粮达 9600 万石。由于农业生产的发展,粮食和其他农产品十分充足且价廉,开元年间,东都斗米十五钱。农业的发展为城市手工业和商业的繁荣提供了物质基础,故而唐代中期,城市工商业出现了前所未有的繁荣。

一、工商业的兴盛与坊市发展

隋唐五代时期,城市手工业以官营手工业为主体,各大城市中都有官府经营的手工业场所。据记载,隋朝在中央设立有太府寺,统辖左藏、左尚方、内尚方、右尚方、司染、右藏、黄藏、掌冶、甄官等管理经济的官署,而这些官署都分别管理有相应的手工业作坊。炀帝时,又从太府寺分出少府监,主管手工业各机构,都水监改为使者,统舟楫、河渠二署。在地方州(郡)有金曹,主持矿冶。唐朝建立后,在中央设有工部、少府监(下辖中尚、左尚、右尚、染织、掌冶等署)、将作监(下辖左校、右校、中校、甄官等署)以及军器监(下辖甲坊、弩坊,时有废置)。以上这些主管手工业的中央机构下设有若干手工业场所,专门制造皇室及官府所需的物品,如绫锦坊、织锦坊、毡坊、酒坊、金银作坊院、铸钱坊、良酝署、掌醢署等。官府手工业机构经营的范围非常广泛,几乎无所不包,大到冶炼造船,小到酒、醋、豉等的酿造。唐中央的工部、少府监、将作大匠都掌管手工业,其中工部掌百工、屯田、山泽之政令,少府监掌百工伎巧之政令,总辖中尚、左尚、右尚、染织、掌冶五署;将作大匠掌土木工匠之政令。地方州县也掌握盐、铁、铜、造船、纺织等官营手工业。此外,又特于内庭另设作坊,如"内八作""掖庭局"等。唐玄宗时还专为杨贵妃设置供贵妃院,仅织锦刺绣之工就有 700 人,其他工种,如雕刻熔造之工又数百人。唐朝的地方政府也在所辖范围内设立作院、造院、官锦坊、织锦坊、铸钱坊、诸冶监等,所生产的产品除小部分上贡外,大部分留归本地自用。五代十国时期,各国官营手工业机构较前增加,其制度多依唐制。

隋唐五代时期官营手工业由于组织严密,生产关系有所发展,生产力有了较大的提高。隋代官营手工丝织业生产规模很大,隋炀帝游江都,水手都"衣锦行縢",牵船的纤绳都是用青丝编成,加上嫔妃、官吏服饰,不知耗费多少丝织品,这些服饰皆由官营手工业作坊生产,足见隋代官营手工丝织业产量之大。唐代官营手工业作坊主要设置在大中城市里,主要有以下几个特点。

第一,规模宏大,工匠众多。唐朝中央政府的作坊一般规模很大,这从其工匠人数上可以看出,如少府监匠 19850 人,将作监匠 15000 人。军器监人数更多,由于每一种军需品的需求量都非常之大,小型的手工业作坊是不可能生产的。唐代地方政府的手工业作坊规模也都很大,特别是冶炼铸造业、造船业,都不可能是小规

---

① 元结:《问进士》,董诰等编:《全唐文》卷三百八十,中华书局,1983 年,第 3860 页。

模的生产。官府所造之船,无论是军用还是漕用,都是大船,如湘州七郡官府所造之船,均是万斛以上的大船。就丝织业而言,武则天时,京师就有"绫锦坊巧儿三百六十五人,内作使绫匠八十三人,掖庭绫匠百五十人,内作巧儿四十二人,配京都诸司诸使杂匠百二十五人"①。这里所谓"巧儿""绫匠"等,均为身怀绝技的能工巧匠,由此可见其规模庞大。

第二,产品种类繁多,内部分工细密。官办手工业经营范围几乎包括当时主要的手工业门类,各种专业作坊所造产品式样非常之多,如仅给皇帝大臣制造的冠冕帽就达 33 种。各手工业部门的内部分工也较细密,如少府监织染署的分工如下:织衽之作有十(布、绢、絁、纱、绫、罗、锦、绮、绸、褐),组绶之作有五(组、绶、绦、绳、缨),细线之作有四(绸、线、弦、网),练染之作有六(青、绛、黄、白、皂、紫)。各种不同的产品都是由各自独立的专业作坊生产,每一种产品的生产又分若干程序进行,工匠不是从头到尾完成每一个程序,而是各自在不同的程序和环节上从事分工化、专业化的局部操作。以绫、锦来说,花色品种达数十。从贡品可以看出,绫的品种有蔡州的四窠绫、云花绫、龟甲绫、双距绫、溪鹜绫,徐、青二州的双丝绫、仙纹绫,定州的细绫、瑞绫、两窠绫、独窠绫、二包绫、独线绫。这些贡品都由织绫贡户生产。唐后期地方织造生产的绫数量很大,敬宗曾诏浙西织造生产幅盘条缭绫一千匹。

第三,管理制度严密。由于官营手工业门类多、规模大、人数众、分工细,没有严密的管理制度是不行的。唐朝在继承以前官工制度的基础上建立了官工制度,成立了管理机构,对各主管机关的权限、业务、生产范围、材料来源、产品分配等都有严格的规定,对生产过程的每一个环节,包括工匠的工作时间、技术和传授、学习等都有明确规定。

除官营手工业外,唐代城市的民营手工业也较前有所发展:一方面,许多城市出现了规模较大的私营织锦坊、冶成坊、纸坊、漆窑、染坊、造船厂等手工业作坊,从事手工业的民间工匠人数增多,并成为城市居民的主要成员之一。另一方面,私营手工业在工艺技术上有很大进步,如成都等城市人多工巧,绫锦雕镂技术高超,丝绸纺织技术在全国居于领先地位。河南多个城市的纺织业也有很大发展,机巧成俗。江西豫章等城市的丝织业也有很大进步,"一年蚕四五熟,勤于纺绩,亦有夜浣纱而旦成布者,俗呼为鸡鸣布"②。定州出现规模较大的织锦坊,有绫机五百张,工匠千人以上。

唐代城市私营手工业分为家庭手工业和作坊手工业两种。城市家庭手工业和农村家庭手工业有着质的区别,后者是家庭副业,作为小农经济的补充,生产目的主要是自给自足;而前者却是将其作为商品而生产。城市家庭手工业在民营手工业中占主体。城市民营手工业作坊相对来说数量较少,但不乏规模较大的作坊。城市家

---

① 欧阳修、宋祁撰:《新唐书》卷四十八《百官志》,中华书局,1975 年,第 1269 页。
② 魏徵、令狐德棻撰:《隋书》卷三十一《地理志》,中华书局,1973 年,第 886 页。

庭手工业以家庭成员为主，其家庭既是生产场所，又是产品销售单位，往往后宅生产，前屋销售，自产自销。这些家庭手工业的生产技术都是世代相传，严守技术诀窍等秘密，决不外泄，否则就会失掉优势。不少的家庭手工业者拥有秘方绝技，能制造出精美绝伦的产品，但是往往因战争动乱等导致这些技艺失传。

随着手工业的发展，城市中出现了手工业行会等组织。在唐代的文献中已有关于行会的大量记载，如绢行、大绢行、小绢行、采锦采帛行、小采、新绢行、布行、染行、袄头行、生铁行、炭行、油行、磨行等。房山云居寺《大般若经》石经题记载：天宝至元和时，幽州范阳郡有米行、屠行、肉行、油行、五熟行、炭行、磨行、绢行、布行、绵行、宝行、生铁行、杂行，涿州有米行、肉行、果子行、椒笋行、靴行、染行、磨行、新货行、杂货行，易州有丝绢行，归义县有果行，已包括衣、食、杂等许多行业。[1] 这此行会有的是手工业行会，有的是商业行会，或两者兼而有之。唐代出现的行会与西欧中世纪城市中的行会有本质的区别，后者是工商业者自己的组织，保护工商业者的利益，而前者却是君主专制政权对各行各业的城市居民进行"科索""回买""差使"的工具，是官府功能的延伸。行有行首或行头，主持一行的事务，在行内负责贯彻有关市场的规定，向政府交纳税收，办理与官府交涉事项等。封建政府利用行会组织和行头，加强对各行的控制。[2]

从总体上考察，隋唐五代时期城市手工业十分兴盛，尤其是纺织、锻冶、制茶、造船、制盐、酿酒、造纸、制伞、编织，及木器、瓷器、漆器、乐器制造等手工业相当发达。其生产部门种类和作坊数量远远超过了历史上最兴盛的汉代，主要部门有绢锦、织绫、织罗、刺绣、纺纱、印染、制毡、制衣、制帽、制鞋、造纸、制毛、制墨、制砚、雕版印刷、漆器、采玉、玉作、石作、采铁、采煤、冶炼、铸造、制削、制针、铸钱、采金、采银、金银制造、烧瓷、烧陶、造车、造船、木作、兵器、乐器、制盐、酿酒、制糖等60多个门类。这些手工业在前代的基础上有所发展并产生了一些重大的发明。

丝织业是唐代的主要手工业之一，十分发达。著名的纺织中心主要分布在四川、河北、江南一带，益州、定州、宋州、亳州、青州、润州、杭州、苏州、越州、湘州、睦州等皆是著名丝织业中心。丝织品的种类繁多，有绫、罗、绸、缎、锦、绮、纱、縠、绢、绝、絁、縑、帛等，每一种丝织物又有十几种或几十种纹样，仅各地贡罗就有合罗、孔雀罗、谷子罗、春罗、单丝罗、衫罗、宝花罗、花纹、松罗等十几种，绫的种类则有好几十种，数不胜数。各种丝织物花样繁多，色泽鲜美，章彩奇丽。当时还生产出特种的金银丝织物，《旧唐书》载："安乐初出降武延秀，蜀川献单丝碧罗笼裙，缕金为花鸟，细如丝发，鸟子大如黍米，眼鼻嘴甲俱成，明目者方见之。"[3] 其他许多城市的丝织品质量也佳，各具特色，各有千秋。

---

[1] 邹逸麟主编：《黄淮海平原历史地理》，安徽教育出版社，1997年，第332页。
[2] 傅崇兰：《中国运河城市发展史》，四川人民出版社，1985年，第23页。
[3] 刘昫等撰：《旧唐书》卷三十七《五行志》，中华书局，1975年，第1377页。

《唐六典》称宋州、亳州的纥为天下一等。开元年间，天下唯北海绢最佳。唐代丝织品的产量很大，开元年间，全国有 91 个州县给朝廷贡献丝织品，其中定州每年进贡的各式绫即达 1500 多斤。前蜀灭亡时，成都库存的锦、绫、罗 50 万匹。唐后期汴州库存的绢达百万匹。韩弘一次性献给唐中宗的绢达 25 万匹、丝 3 万匹。

其时，毛织品的技艺十分精巧，唐中宗女儿安乐公主的一件毛裙，用百鸟羽毛织成，在不同的角度和光线下观看颜色都不同，"正看为一色，旁看为一色，日中为一色，影中为一色，百鸟之状，并见裙中"①。这表明唐代工匠在织物组织、成纱捻度、色调配置上都达到极高水平。纺织品的印染技术也有很大提高，广泛采用绞缬、夹缬、蜡缬等各种先进方法，传统的印版花法也向新型版的多彩套色和色地印花发展，印花工艺取得很高成就。五代南唐的金陵有号为"天水碧"的染色新品种，说明南唐丝织业的印染工艺亦有相当水平。

造纸业和印刷业在唐代有飞跃式发展。四大发明之一的雕版印刷术产生。唐朝的造纸业因文化兴盛，对纸的需求量大增而出现较大发展。造纸业遍及全国各地的城市，并形成若干造纸中心，著名的有常州、杭州、越州、益州、均州、蒲州、扬州、广州等城市，在一些边远的城市如临州（今甘肃临县）、罗州（今广东廉江县）也能生产优质纸，甚至连敦煌、西域也曾出现造纸业。唐代，造纸原料扩大，造纸技术进步，纸的质量大大提高，纸的种类也增多。当时名贵纸有越之剡藤、苔笺，蜀之麻面、屑末、滑石、金花、长麻、鱼子、十色笺等。唐代的文化繁荣和造纸业进步，推动了印刷业革新。唐初雕版印刷术出现，推动了印刷行业的飞跃发展，益州、洪州、扬州等城市成为全国的印书中心，从而使文化传播和保存有了新的方法。五代十国时期，雕版印刷术有了很大发展，中原政权大力提倡刻印书籍。后唐明宗时，宰相冯道看到民间流行的图书大部分是日历、通俗读物和佛经读本，很少有儒家经籍，于是于后唐长兴三年（932）请依石经文字刻九经印版，开始刊印儒家经籍，"敕令国子监集博士儒徒，将西京石经本，各以所业本经，广为抄写仔细看读，然后雇召能雕字匠人，各部随秩刻印板，广颁天下。如诸色人要写经书，并请依所印刻本，不得更使杂本交错"②。中原政权刻印书籍的地点相对集中，主要在汴州和洛州。两州印刷业规模都很大，后唐和后汉的刻印经籍大都在这两州进行。其他还有北方的青州，南方的南唐、吴越、蜀，甚至连偏僻的河西地区都有一定的雕版印刷活动。

唐代瓷器制造业也有了新的发展，烧造地区扩大，技术提高，种类增多。最著名的有北方邢州的白瓷，号称银类雪；南方越州的青瓷，号称玉类冰。前者胎质细腻坚硬，釉色洁白莹润，造型精致规整，击之，其音妙于方响。后者胎薄质细，釉色光洁莹润，有如冰玉。唐代诗人陆龟蒙写诗《秘色越器》赞称："九秋风露越窑开，夺得千峰翠色来。"四川大邑的白瓷、江西昌南镇（今景德镇）的青瓷也是著

---

① 刘昫等撰：《旧唐书》卷三十七《五行志》，中华书局，1975 年，第 1377 页。
② 薛居正等撰：《旧五代史》卷四十三《唐明宗记》，中华书局，1976 年，第 588 页。

声海内的名瓷。除青、白瓷外，唐代的黄釉、黑釉、花釉也十分有名。唐以前的彩陶多为单色陶，到唐代，唐三彩（以黄、绿、白三色为主）等多色陶问世，尤其唐三彩以绚丽斑斓的色彩、生动传神的造型、巧夺天工的技艺、丰富繁多的品种数量，把陶瓷业推向一个新的发展高度。五代时期，北方的制瓷业依然延续着唐代的繁荣，但也有些变化。在北方非常著名的瓷窑是耀州窑，耀州窑的中心窑场位于今陕西省铜川市南的黄堡镇附近，在五代十国时期位于耀州地区。耀州窑主要烧造青瓷，同时也烧少量的白、黄、黑、花釉瓷器。耀州窑不仅有民窑，而且开始出现官窑，近年来考古发掘出一些五代十国时期的耀州窑青瓷，其上出现了一些"官"字款。北方另一烧造青瓷的名窑是柴窑。柴窑是奉周世宗柴荣的旨意在郑州建造的，主要生产御用瓷器。柴窑青瓷器物独具特色，"青如天，明如镜，薄如纸，声如磬"①，世称"雨过天青"器。吴越的越窑所出产的青瓷则是这一时期南方瓷器的代表，越窑中心窑位于吴越的越州，故称越窑。越窑青瓷中的精品称秘色瓷。秘色瓷是越窑专为五代吴越国王钱镠烧制的贡瓷，其釉药配方、制作工艺极为保密，故被后世人称为"秘色"。赵令畤在《侯鲭录》中说："今之秘色瓷器，世言钱氏有国，越州烧进，为供奉之物，臣庶不得用之，故云秘色。"② 秘色瓷初以黄色为主，滋润光泽，呈半透明状；后则以青绿为主。

吴、南唐的统治区域最为有名的是江西景德镇窑。景德镇瓷窑属于饶州，始建于唐武德年间，五代十国时期有较大发展，有湖田、杨梅亭、白虎湾、黄泥头等。③ 五代时期，景德镇的瓷器有青瓷和白瓷两类，青瓷釉色偏灰，白瓷釉色纯正。景德镇的青瓷与越窑的青瓷胎釉相似，部分青瓷可以与其相媲美。而景德镇的白瓷制作工艺已达相当高水平，瓷胎至密，透光度极好，是为上品；其品种有碗、盘、碟、执壶等，碗口有唇口、葵口、花口、撇口等式和弧壁、斜壁、折腰等类。④

其他手工业如冶炼铸造、造船、漆器、金银制品、铜镜铸造等都有很大发展。隋至五代，私人锻冶业相当发达，锻打金银器件在城市、县镇都很盛行。如长安、洛阳的手工业者中有不少是从事锻打金银器的，成都、扬州也有这一行业，还有的地主官僚也经营金银器业，更多的则是个体手工业经营者，如安嘉县王珍。私人矿冶也是很多的，唐廷规定，铜铁产地官不采者听私采分，私冶产品官为市取，如愿折充课役亦可。可见私铸铜、铁、铅钱者，从来就未曾禁绝。

舟船制造方面也有很大发展，唐廷虽未在中央设都水监直接负责造船，但在地方城市却开办有大型船厂，大型船只多在地方城市船厂建造。太宗贞观十八年（644）七月，为征伐高丽，"敕将作大监阎立德等诣洪、饶、江三州，造船四百艘

---

① 俞国林：《吕留良诗笺释》卷二，中华书局，2015年，第335页。
② 赵令时撰，孔凡礼点校：《侯鲭录》，中华书局，2002年，第149页。
③ 罗勇、杜文玉：《五代时期手工业发展水平初探》，《赣南师范学院学报》1989年第1期。
④ 霍小敏：《五代十国手工业研究》，厦门大学硕士学位论文，2007年，第26页。

以载军粮"①。贞观二十一年（647）八月，"敕宋州刺史王波利等发江南十二州工人造大船数百艘，欲以征高丽"②；贞观二十二年（648）八月，"敕越州都督府及婺、洪等州造海船及双舫千一百艘"③。高宗朝继征高丽，命地方三十六州府一齐制造军船。代宗朝，盐铁转运使刘晏于扬州设立十个造船场，大造舟船，用于漕运物资。德宗朝，镇海节度使造楼船多至二千艘，称雄一方。④ 五代十国时期，南方城市的造船业远比北方城市发达，这与南方多河流有直接的关系。南方的鄂州、金陵、扬州、潭州、江陵、益州、杭州、福州、泉州、广州，都有官营的造船工场。高季昌在江陵增筑城郭，造战舰五百艘。南唐后主时期，与宋军交战，开宝七年（974），"洪州节度使朱令赟帅胜兵十五万赴难，旌旗战舰甚盛，编木为筏，长百余丈，大舰容千人，令赟所乘舰尤大，拥甲士建大将旗鼓，将断采石浮桥"⑤。可看出洪州具有一定规模的造船能力。除官营造船业之外，私营造船业在江南各城市也有一定规模。唐时商人拥有的船舶，无论内河漕运或海运，载重量均很大，如俞大娘的航船，操驾之工数百；广州商船不用铁钉，用桄榔须系缚，橄榄糖泥做填充剂。这些商船多是私营造船作坊的产品。

其时，一些名特产品畅销全国，形成品牌，如襄阳漆器，扬州的铜镜，杭州、益州的纸张，洪州、越州等的瓷器，苏州、宜城等的酿酒，江南的雨伞、茶叶，湖南的竹编，都是唐及五代的重要产品。

皮日休《诮虚器》诗描述了襄阳漆器技艺在唐代的情况：

> 襄阳作髹器，中有库露真。持以遗北虏，绐云生有神。每岁走其使，所费如云屯。吾闻古圣王，修德来远人。未闻作巧诈，用欺禽兽君。吾道尚如此，戎心安足云。如何汉宣帝，却得呼韩臣。

由于襄州漆器在民间流传甚广，"襄样"甚至成了当时的俗语。

唐代铸镜以扬州为最，其中以百炼镜的铸造最具特色。白居易曾有专诗《百炼镜》描述相关情形："百炼镜，镕范非常规，日辰处所灵且祇。江心波上舟中铸，五月五日日午时。琼粉金膏磨莹已，化为一片秋潭水。镜成将献蓬莱宫，扬州长吏手自封。人间臣妾不合照，背有九五飞天龙。人人呼为天子镜，我有一言闻太宗。太宗常以人为镜，鉴古鉴今不鉴容。四海安危居掌内，百王治乱悬心中。乃知天子别有镜，不是扬州百炼铜。"在此诗的描述中，铸镜的时间选在"五月五日日午时"，而地点则在"江心波上舟中"，铸镜的材料是"琼粉金膏"，此镜铸成后的归

---

① 司马光编著，胡三省音注：《资治通鉴》卷一百九十七《唐太宗纪》，中华书局，1956年，第6209页。
② 司马光编著，胡三省音注：《资治通鉴》卷一百九十八《唐太宗纪》，中华书局，1956年，第6249页。
③ 司马光编著，胡三省音注：《资治通鉴》卷一百九十九《唐太宗纪》，中华书局，1956年，第6261页。
④ 刘玉峰：《试论唐代官府手工业的发展形态》，《首都师范大学学报》2001年第5期。
⑤ 陆游：《南唐书·本纪卷第三》卷三，《四部丛刊续编》景明钞本。

属是"将献蓬莱宫",归"天子"所有。所有这一切都具有浓厚的神秘色彩,积淀了丰富的民俗文化。唐天宝二年(743),陕郡太守、水陆转运使韦坚引浐水至望春楼下,积成广运潭。玄宗登望春楼观看新潭,韦坚聚江、淮漕船数百艘,上写各郡名,并陈列各郡货物,依次衔尾前进。广陵郡船上堆积陈列着锦、镜、铜器、海味,《得宝歌》曰:"潭里船车闹,扬州铜器多。"丹阳郡船上陈列着京口绫衫缎;晋陵郡船载折造官端绫绣;会稽郡船载铜、罗、吴绫、绛纱;南海郡船载玳瑁、珍珠、象牙、沉香;豫章郡船载瓷器、酒器、茶釜、茶铛、茶碗;宣城郡船载空青石、纸、笔、黄连;始安郡船载蕉葛、蚺蛇胆、翡翠;吴郡船载三破糯米、方丈绫……这只是一次聚集在广运潭的南方手工业产品和名特产品的大展览,在一定程度上反映了当时南方各地城市手工业的发展盛况。

唐代城市商业出现空前的繁荣,而且发生了若干变化,对城市的发展产生了重要影响。

第一,坊市制逐渐解体,部分城市出现开放式街区。

唐前期实行严格的坊市制,几乎所有重要城市都设有坊和市,坊和市的周围都建有围墙,与外部隔离。所有的商品交易活动只能在市内进行,市的交易有固定时间,中午打鼓300下表明交易开始,日落击钲300下意味交易停止。随着商品经济的发展,原来的市场已不能适应需求,于是许多城市的市场突破了政府划定的空间和时间限制。如唐中叶以后,长安的坊与坊之间出现了不少小商贩,他们不分时间、地点进行交易,在东、西市附近的坊与坊之间开了商店,如饼铺、馄饨店、茶肆、酒肆等,旅舍、旅邸、僦舍也在东、西市附近的各坊大量出现。据载,长安东市西北的崇仁坊及西市东北的延寿坊已成为新的商业区,繁华程度甚至超过东、西两市。9世纪后期,长安等城市开始出现夜市,崇仁坊等处昼夜喧呼,灯火不绝,打破了唐王朝关于夜间不能进行商业活动的禁令。洛阳的商业也非常繁荣,三个市区中一些商店的营业面积不够,店主便在正铺外加建偏铺。此外,在规模宏大的三大市场之外,又于南北大运河的交汇处两岸形成新的市场,这里"皆天下之舟船所集,常万余艘,填满河路,商旅贸易,车马填塞,若西京之崇仁坊"①。一些商人还把商业活动逐渐推移到市外的居住区,从而形成新的商业区,如诗人储光羲《洛阳道五首献吕四郎中》称:"少年不得志,走马游新市。"洛阳王戎墓一带即开设有不少商店、酒肆、旅店的新市区。许多里坊也出现越来越多的店铺,商品或服务主要与城市居民衣、食、住、行相关,使居民在住宅附近就能买到所需物品或服务,因而生意兴隆。此外,夜市也开始出现,以方便居民为主的饮食店、酒肆等也遍布全城。扬州是唐中叶最繁华的商业城市,商品经济的发展也从空间和时间上突破唐朝的坊市制度。唐代诗人张祜称扬州"十里长街市井连",商业店肆遍布城内,许多商人的住宅和肆店的地盘已开始扩张到大街上。扬州的夜市尤其繁盛,王建《夜看扬州市》:"夜市千灯照碧云,高楼红袖客纷纷。如今不似时平日,犹自笙歌彻晓

---

① 徐松撰,张穆校补,方严点校:《唐两京城坊考》卷五,中华书局,1985年,第180页。

闻。"总之，随着商品交易的发展，唐王朝沿袭前代的坊市制已经行不通了，越来越多的城市突破了坊市制限制。这种现象是城市商业发展和繁荣的标志，对城市规划、城市建设、城市面貌产生了巨大的影响。用围墙环绕起来的封闭式里坊制渐渐遭到破坏，天宝之后，三品以下的人家也可以临街开门。这种变化反映了中国城市发展的新动向。

第二，商业内部的行业增多，新行业出现，上市商品丰富，琳琅满目，商品结构发生变化。

唐末五代时期，城市商业有很大发展，市场上的行业店肆较前增多。如长安"街市内货财二百二十行"。不少城市的手工业和商业内部出现细分，如同样买卖绢的商铺分为大绢行、小绢行、新绢行，进行锦帛布买卖的商铺也分为采帛行、采绵采帛行、丝帛行、帛练行、小采行、布行、染行，从事谷米买卖的则分为大米行、粳米行、白米行、五熟行等，基本上每一种商品买卖都形成了专卖行，如铁有铁行，炭有炭行，油有油行，磨有磨行，肉有肉行，甚至新货和旧货都分别有新货行、旧货行和杂货行，此外还有果子行、椒笋行、靴行、米面行、谷麦行、档釜行、凡器行，等等。

第三，新行业出现，特别是金融业有较大发展。

唐末五代，部分城市除了一般的经营贩货业务的行、肆、店大量增加外，又出现了为商业服务的新行业，如邸店、柜坊、飞钱业、车坊、质库、寄附铺等。邸店初为货栈，后发展为贩运商与零售商之间的批发商；有的邸店还经营银钱业务，成为最早的钱庄。柜坊为代客保管金银钱物的商铺。车坊则是寄存车马和出租车马的服务性店铺。质举即典当业。飞钱业的出现也是商业繁荣的结果，飞钱又称"便当"，类似现代的汇票，可使商人远足而不必携带大量现金。这些新行业的出现进一步推动了商业的发展。唐代的农业、手工业都高度发展，为市场提供了丰富多样的货源。由于唐代的水陆交通已大规模开发，交通工具也有较大进步，从而使远距离运输变成可能，成本也相应降低。长途贩运从以奢侈品贩运为主变为以大量贩运日常生活必需品为主，从而使市场上的商品琳琅满目，品种多样，商品的结构也发生变化。不少城市是南货北货应有尽有。

第四，富商大贾和外国商人增多。

富商大贾增多，是商业繁盛的一种表现。唐代的大城市产生了不少富商大贾。如长安的富商大贾甚多，以邹凤炽、王元宝、杨崇义、郭万宝、窦乂、王酒湖等人最著名。邹凤炽"其家巨富，金宝不可胜计，常与朝贵游，邸店园宅，遍满海内，四方物尽为所收"[①]。王元宝，"都中巨豪也。常以金银叠为屋壁，上以红泥泥之。又于宅中置一礼贤堂，以沉香为轩槛，以碱䃯甃地面，以锦文石为柱础，又以铜线穿钱，甃于后园花径中，贵其泥雨不滑也。四方宾客所至如归。时人呼为王家富

---

① 李昉等编：《太平广记》卷四百九十五，中华书局，1961年，第4062页。

窟"①。自唐中期起，一些富商可通过捐纳进入仕途，正如唐中宗时辛替否《陈时政疏》说："遂使富商豪贾，尽居缨冕之流。"唐代城市商业的繁荣还表现为有大量少数民族商人和外国商人活跃在市场上。长安是亚洲的贸易中心，中亚、西亚各国和日本、朝鲜等国商人云集此城，他们不仅进行长途贩运，而且有相当部分外商在长安开设邸店或酒肆等，成为坐商。洛阳的外商也不少，不仅有中亚、西亚诸国商人，还有不少南亚以及日本、朝鲜等国的商人。洛阳的外商还模仿中国商人成立行社。扬州也是著名的国际性城市，经常有数千外商在此进行商业交易。东南及南方的港口城市，如广州、泉州、福州等，也是外商云集。

大量外商来到中国进行贸易，促进了中外经济文化交流，成为唐代城市繁盛的一部分，对中国城市的风俗、习惯、文化、服饰等都有一定影响。随着商业发展，城市出现了商业行会组织，这种商业行会同手工业行会一样，是政府控制商业的工具。同时，唐政府还制定了较为完备的市场管理制度，颁行了较完整的商法。这样一方面对整顿市场秩序，发展正当商业，保持物价稳定起了一定作用，但另一方面，一些管理办法又限制了商业发展。

总之，唐代手工业和商业等城市经济的兴盛对城市发展产生了极大影响，改变了城市的面貌和布局结构。隋唐统一以后，经济重心的南移，生产的发展，人口的增加，水陆交通的发达，商业的兴盛，促进了城市的复苏和繁荣。全国城市经济的发展同秦汉时期一样，表现出政治中心与经济中心的合二为一。汉代长安不仅是当时全国的政治中心，还是经济中心和文化中心。隋唐时期的都城也是如此，区域内政治中心城市也往往是经济中心城市，如扬州、苏州、杭州、成都等，不仅是地区的政治中心，也是地区的经济、文化中心。

隋唐时期，由于全国的统一，陆路和水路交通的状况改变，南北和东西城市之间的联系加强，尤其是大运河的开通和长江航运的开发，不仅解决了南北物资运输困难问题，而且使城市之间的联系加强，从而促进了各地城市的发展。

二、"行会"的肇兴与工商业管理

（一）行会的肇兴与在唐代的发展

行会作为中国古代同业商人组织的商业行业组织，在商品经济的缓慢发展过程中发挥着重要作用。至今学术界对中国行会形成的确切年代尚无定论，有认为周末至汉代已有行会存在迹象，外国学者将其上限推得更远。②"解放前，不少学者认为我国行会的产生可以追溯到春秋战国时代，或者认为周代末年起到汉代，中国已有手工业和商业行会。但这种观点已为大多数学者所否定。解放后，史学界有些同

---

① 王仁裕、姚汝能撰，曾贻芬点校：《开元天宝遗事 安禄山事迹》，中华书局，2006年，第37页。
② 朱英：《中国行会史研究的几个问题》，《江西社会科学》2005年第10期。

志认为我国行会产生于隋代;有些同志认为产生于唐代前期,也有认为产生于唐代中期或中后期的,意见不尽一致。"① 依据目前研究,多数学者认为行会最早出现于唐宋时期,之前只是略见雏形而已。古代关于行会的称呼在不同时期也不尽相同,唐宋称"行",宋元至明初称"团行",明中叶以后称"会馆""公所"和"公会",亦有称作"帮""会""堂""庙"和"殿"者。

中国古代"行"的意涵非常广泛,其发展经历了缓慢孕育和快速扩展两个阶段。春秋战国时期已有行的记载,如《周礼》有划分市场使之成行成列的记载,但此时期的行主要指城市中同类商品集中进行贸易活动的地方,而非同业组织,与唐代的行有着本质的区别。隋代史籍亦可见行的记载,其仍然只是同类工商业店肆集中之处,并未反映行会组织性质。唐代,有关行的记载越来越多,而此时的行已经不仅是空间的概念,而且也有工商业分工的含义。如《西京记》:"东京丰都市,东西南北,居二坊之地,四面各开三门,邸凡三百一十二区,资货一百行。……大业六年,诸夷来朝,请入市交易。炀帝许之。于是修饰诸行,葺理邸店,皆使荑宇齐正,卑高如一,环货充积,人物华盛。时诸行铺竞崇侈丽,至卖菜者亦以龙须席藉之。夷人有就店饮啖,皆令不取直。胡夷惊视,浸以为常。"② 隋代行的规模更见多处史籍,如《大业杂记》云"丰都市,周八里,通门十二,其内一百二十行,三千余肆"③;《唐两京城坊考》载"丰都市,东西南北居二坊之地,其内一百二十行,三千余肆。四壁有四百余店,货贿山积"④。大同市"本曰植业坊,隋大业六年徙大同市于此,凡周四里,市开四门,邸一百四十一区,资货六十六行"⑤。上述记载中的行,有学者认为并非以工商业者自身管理为特色的行会组织,所言之行,应该是指行业之行,而非行会之行,即指市内营业的工商业种类。⑥

唐代工商业的发展推动了内部分工的细化,行业数量增多,更多史籍对此有所描述。宋敏求《长安志》卷八东市条记载市内货财二百二十行。长安之西市条虽未有明确记载及数量统计,但有研究者推定市内店肆亦如东市之制。唐代工商业比隋代更加繁荣,行业分工更为细化,隋代长安东市共有一百二十行,三千余商肆。至唐代,长安东市增至二百二十行,不仅行的规模扩展明显,而且商肆远超隋代,仅一次失火就烧毁四千余家。

唐代的行随着城市工商业发展有了新的变化,性质由普通的商业聚集地转变为具有规范性质的行业共同体,发展为一种社会组织,中国古代的行会由此而定下雏形。长安东市市内货财二百二十行,四面立邸;西市市内店肆如东市之制。洛阳丰

---

① 朱淑瑶:《略论唐代行会的形成——兼谈唐代行会与欧州中世纪行会的区别》,《广西师范学院学报》1982年第2期。
② 王褒等撰,陈晓捷辑注:《关中佚志辑注·西京记》,三秦出版社,2006年,第81页。
③ 杜宝撰,辛德勇辑校:《大业杂记》,转引自辛德勇《隋唐两京丛考》,三秦出版社,2006年,第157页。
④ 徐松撰,张穆校补,方严点校:《唐两京城坊考》卷五,中华书局,1985年,第160页。
⑤ 徐松撰,张穆校补,方严点校:《唐两京城坊考》卷五,中华书局,1985年,第169页。
⑥ 傅筑夫:《中国经济史论丛》下册,生活·读书·新知三联书店,1980年,第473页。

都市一百二十行，三千余肆。杭州"万商所聚，百货所殖"[①]。天宝至贞元年间的北方行会，如范阳郡有染行、大米行、采帛行、布行、生铁行、绢行和炭行等，幽州有油行和磨行等，涿州有肉行、新货行、靴行、椒笋行、果子行、杂货行和磨行等，还有未提及所属州郡的屠行和什行等。此外还有丝行、钉行、茶行、金银行等散见于唐人笔记小说，性质与上述各例相同，这里不再征引。

　　唐代，中国各地的农业生产水平都有大幅度提高，由此促进了手工业和商业在城市的勃兴，城市人口膨胀，工商业大都会在各地相继出现。因从事工商业的人口增多，内部分工细化，为了加强对同行业和相关人员的管理，建立行业组织变得十分必要，从而推动了行这一社会组织的形成和发展。行具有官方背景和接受政府严格管控的封建性、保守性，兼具调控城市工商业的重要职能，通过制定行规、组织劳动力、传授技术，保护工商业者，维护同行利益，发挥行业群体优势，提高同行社会地位，协调官方、商人、商品与市场的关系，保证同业人员获得合法身份、利益，及规范同行内部经营手段、价格、区域、分工，促进商业交换的扩大和行业进一步的发展。有研究者认为：唐代前期，行已经遍布于全国各地城市和州县治所。各行有自己的行首，负责"检校"一行事务；有共同进行的宗教活动，和为进行宗教活动而建立的"行社"。所以唐代前期的行，已不单纯是同行业工商业者集中进行贸易的地方了。它有自己的组织领导，有一定的组织活动。可见，作为同行业人员的联合组织——行会，实际上已经初步产生。但此时，它只具雏形，在维护同行人利益方面，作用并不明显。唐代后期，行进一步发展，行会的职能明显化。各行不仅有共同的宗教活动，还产生了一些共同议定的行规，如对入行人员的技术有一定要求，非本地人不能随便入行。[②]

　　行会在唐代的形成有多种因素，首先与商品经济的发展有着直接的关系。唐五代时期是中国古代商品经济发展的一个重要高峰期。行会的肇兴、基本形成与当时商品经济发展有着紧密联系。唐代，经商成为财富积累的重要途径，贩运各种生产生活必需品的行商遍及全国，姚合《庄居野行》诗曰："客行野田间，比屋皆闭户。借问屋中人，尽去作商贾。"但是手工业者和商人在商品生产和销售的过程中，不时遭到官府留难，经常受到贪官污吏敲诈勒索，以及同行的无序竞争。为应对这一状况，行业内互相联合的需求被激发。为了保护工商业者自身的利益和同行的利益，避免无谓的竞争，因此基于个人商业形式的某种临时联合或者组织开始在城市中出现。估客即行商，经商途中往往会遇到潜在风险，单个商人出行的艰险比之于结队而行要多出不少，结伴而行能够规避商业贩运活动的难度。个人经营者为了出行安全，亦为抗拒官府吏胥的"钩距"，多是出门求伙伴，在旅途中结成团体，以达到互相照应的目的。这种商人们在旅途中临时结合起来的商队，久而久之逐渐发展为一种固定的组织。

---

① 李华：《杭州刺史厅壁记》，董诰等编：《全唐文》卷三百一十六，中华书局，1983年，第3206页。
② 朱淑瑶：《略论唐代行会的形成》，《广西师范大学学报》1982年第2期。

此外，随着工商业的大发展，官府也需要加强对工商业的管理，但是官府的人手不够，经费也不足，很难对日益发展的各行各业进行直接管理，需要通过代理人进行管理，故而对发展行会组织给予便利。首先是官府派员直接掌管市行的设置和划分，即"掌分行检察"；其次通过分行将各行的同业者集中在一起，选出行首，通过行首对从业者进行管理，从而达到官府对工商业者进行间接管理之目的。因此唐代行会具有如下一些特性：一是受官府的严密控制，是独立的社会组织，主要表现为行会的建立和行首的选举都受到官府的直接或间接的掌控。二是官府直接对手工业行会的产品质量和出售价格进行管控，并制定相关规定，对为官府生产的物品的质量更是要求严格。另外，对产品出售价格也有严格的规定，如有违反同样要受法律处分。三是行会要协助官府平抑市场物价。《旧唐书》卷四十九《食货》下建中元年（780）七月记载：长安米价上涨时，官家量出米麦，要求两市米行按市价代为出卖，以稳定市场。此外，在政府军事力量薄弱的城市，行会还要协助政府组织城防和治安管理。如敦煌的行会受政府科派，有护城"上直"（值班）任务，且值班行人需自备武器用具，按时到达集合地点，迟到或不到者都要受处罚。①

显然，唐代的行与之后的行会有着显著的差别，更是不同于近代欧洲城市的行会组织。从历史发展的视野来看，行会的出现具有进步意义，是商品经济发展的产物，对经济的发展也起到了一定促进作用。唐代商品经济发展带来城市规模的扩大，城市人口的增长，经济贸易的繁盛，同时也使城市工商业竞争日趋激烈，规模较小、实力较弱的商品生产者和商人，期望能有组织保护自身利益，他们主动加入行会，促使行会进一步发展。

行会的出现还有其内在的原因，伴随生产力发展，行业分工愈发细致，城市手工业对产品的生产过程、质量标准和价格体系等都有特殊要求，相应商业活动亦有特殊方式和规律，单纯以官方的行政手段来管理生产和市场，难以实现高效、公平，唯有控制手工业生产和商业活动的内部过程，方能活跃城市经济，使商品经济可持续发展。在此背景下，城市手工业者和商人的行业组织的出现，既有维护工商业者自身利益的一面，也有适应君主专制中央集权统治需要的一面，符合官府加强工商业管理的目的；另外，城市居民也可因工商业的有序发展而从中获得好处。

（二）行会与工商业管理的加强

唐代，行在城市中普遍出现，其功能也在不断加强与变化。但在君主专制中央集权的政治条件下，行会虽然可以在城市工商业管理中发挥重要作用，但不可能发展出一个坚实的利益共同体来与政府对抗，行会从一产生就注定只能通过与政府合作，接受政府让渡的部分权利才能生存和发展，才能发挥协调和管理功能。

唐代，行的发展经历了一个由产生到初步成形，从某一行业到众多行业，从单一功能向多功能转换的过程。唐中期，行已广布于都城和各地州县治所城市，这些

---

① 朱淑瑶：《略论唐代行会的形成》，《广西师范大学学报》1982年第2期。

行业组织多为同行组织，故而以生产或营销的商品来命名，如肉行、铁行、麸行、绢行、大衣行、秤行、药行等。唐代每一行市均设有负责人，称为行头或行首，他们负责检校各行的具体事务。官府称行首为行人或肆长。行首作为同业商人组织的负责人，总管本行事务。① 行头有统一本行商品价格和监督管理本行工商者的权力，又有对官府提供本行物资、代官府出卖有关物资的信息以及代官府勘验有关物质、估定价格的责任。唐朝于长安东、西两市设立市署，通过各行的行首来掌管市内交易，如度量衡使用的管理、各种商品价格的制定、市场物价的统一、奴婢及牛马买卖的公验以及立券等事宜，都由各行行头来具体执行和管理。② 这时的行会，已非唐以前同行业工商业者集中贸易空间的代名词，而是有专门的组织、内部结构和一定组织活动社会组织的。③

唐代中期，行在行业及市场管理中发挥了重要的作用。唐德宗建中元年（780），政府规定东、西两市设置的常平仓，在灾荒时必须将官有米麦各十万石交给行人，按低价出卖，以平籴物价，救助灾民。唐德宗贞元九年（793）进一步规定："陌内欠钱，法当禁断，虑因捉搦，或亦生奸，使人易从，切不于扰。自今以后，有因交关用欠陌钱者，宜但令本行头及居停主人、牙人等检察送官。如有容隐，兼许卖物领钱人纠告，其行头、居停主人、牙人，重加科罪。"④ 行头等有校检陌内欠钱的义务，不得容隐，否则他人举报后，行头、居停主人、牙人要罪加一等。说明唐代中期所有会行行头都已发挥管理本行的作用。

唐代后期，行的职能进一步发生变化，各行不仅有着共同的经济活动，还产生了共同协定的行规。各行的行规各有不同，一般会根据本行的特点做出特殊规定，如某些手工业行会对入行人员的技术有所要求，甚至有的行会还规定外地人不能随便入行。为了维护行会内部团结和行会权威，确保行会组织的发展，部分行会还开始制定行会的习惯法，内容涉及行会内部管理，如行头、行首、行老的产生和职责，以及入会的资格条件等，虽然在当时并不普遍，但已经存在于某些行会。⑤《卢氏杂说》云，李某"世织绫锦，前属东都官织锦坊，近以薄技投本行，皆云：以今花样与前不同，不谓伎俩，现以文彩求售者不重于世。如此，且东归去"⑥。到了唐代，手工业内部已有较为细密的分工，随着生产技术的进步，织锦技术迅速发生变化。虽然李枭技术熟练，但因为其所希望进入的行对技术的要求与前不同，竟被断然拒绝，只得"东归去"，反映了各行皆有自己的技术标准。李某出身世织绫锦之家，虽然有技术渊源和基本功底，却因为是外地人，存在学成之后会将行业

---

① 杨宽：《中国古代都城制度史研究》，上海古籍出版社，1993年，第248页。
② 杨宽：《中国古代都城制度史》，上海人民出版社，2006年，第264页。
③ 朱淑瑶：《略论唐代行会的形成——兼谈唐代行会与欧洲中世纪行会的区别》，《广西师范学院学报》1983年第2期。
④ 刘昫等撰：《旧唐书》，中华书局，1975年，第2012页。
⑤ 高其才：《中国习惯法论》（修订版），中国法制出版社，2008年，第85页。
⑥ 织锦人：《吟》，彭定求等：《全唐诗》卷七百八十四，中华书局，1960年，第8853页。

技术传递出去的可能性,故该行不愿接收,显示行对技术具有某种程度的垄断,为了维护本行从业者的利益,对入行者的身份加以严格限制。

唐代有些手工行业还明确规定了学徒学艺的期限:"钿镂之工,教以四年;车路乐器之工,三年;平漫刀稍之工,二年;矢镞竹漆屈柳之工,半焉;冠冕弁帻之工,九月。教作者传家技。"① 随着行会的发展,同行还有共同的语言,即所谓"行话"。这是唐代工商业发展及其内部管理不断建立健全的体现。同行者建立共同的话语体系,一般是为了防止行内秘密泄漏。如长安大衣行记言反说,不可解识,其内部有着外人无法参透的话语体系,有其区别于其他行的带有保密性质的行话。

行在唐代城市中所充当的角色较为复杂,尤其与政府的关系颇为微妙,既有协助政府对某一行业加以管理的功能,也在某些时候为维护工商业者的利益而扮演抵御政府权力向工商业扩展的角色。有研究者认为,唐代初期,行会具有官营性,主要职能为应付官差,行会组织自治功能十分有限。这一现象,被认为是君主专制中央集权重农抑商政策实施的结果。② 相关史料也记载了唐政府与行之间的关系。《唐会要》卷八十六《市》载:"景龙元年十一月敕,……两京市诸行,自有正铺者,不得于偏铺前更造偏铺,各听用寻常一样偏厢。诸行以滥物交易者,没官。"③《旧唐书》载:"建中元年七月,敕:夫常平者,当使谷价如一,大丰不为之减,大俭不为之加,虽遇灾荒,人无菜色。自今以后,忽米价贵时,宜量出官米十万石,麦十万石,每日量付两市行人下价粜货。"④ 亦有学者指出,至中晚唐,经营同类商品的店主开始较为紧密地集结,形成行会组织,以便垄断物价,共同对付外来势力并代表成员应付官府。⑤ 通过上述关于唐代行会的零星史料,并结合部分学者观点,可以发现,唐代行会一方面具有维护行会成员利益,对付外来势力侵扰的功能;另一方面,各行行首都必须对官府负责,按照朝廷颁行的相关法令,协助政府征缴商业赋税等,行会在一定程度上是政府行政职能的延伸,并不具备独立地位。政府利用行会直接掌握市行设置和划分,加强对城市手工业者和商人的管控。政府依据不同职业,集中同类店肆,建标立候,陈肆辨物。行的设置有利于加强中央集权对城市经济的管控,因而唐中期以后,不仅长安、洛阳设立有各种行会,而且各地方府州县城均普遍设有行会。行会的一切皆在政府的管控之下,政府相关官员"掌分行检察",直接掌握行的设置,从行的划分、行首人选,到行会执行政府命令等每一环节,都由相关官员检察。大历四年(769)敕:"其百姓有邸店、行铺及炉冶,应准式合加本户二等税者,依此税数堪责征纳。"⑥ 此类政令皆由官方下达给各行行头,再由他们向本行人员传达执行。行头代表本行对政府负责。当然,在一

---

① 欧阳修、宋祁撰:《新唐书》卷四十八《百官志》,中华书局,1975年,第1269页。
② 徐平利:《中国的行会制度及其未能孕育职业教育的原因》,《职教论坛》,2010年第19期。
③ 王溥撰:《唐会要》卷八十六《市》,中华书局,1955年,第1581页。
④ 刘昫等撰:《旧唐书》卷四十九《食货志》,中华书局,1975年,第2124—215页。
⑤ 李建毛:《中晚唐商贾势力膨胀新探》,《湘潭师范学院学报》1988年第4期。
⑥ 刘昫等撰:《旧唐书》卷四十八《食货志》,中华书局,1975年,第2092页。

定程度上，行会也沦为官员胥吏苛索工商业者的工具。

为了加强对行会的管理，唐朝还通过立法等手段将工商业行会纳入法律管辖之下。《唐六典》载："凡建标立候，陈肆辨物，以二物平市，以三贾均市。凡与官交易及悬平赃物，并用中贾。其造弓矢、长刀，官为立样，仍题工人姓名，然后听鬻之；诸器物亦如之。"① 显然，隋唐时期同业组织从产生起就受到专制政权控制与利用，以致发展为官府对城市工商业者"科索""回买""差使"的工具。

尽管唐王朝的主观意图是通过行会来加强对工商业者的统治，客观上却为行会的兴起与发展创造了组织条件。行会建立以后，一方面，为了应官差、服徭役、接受官府订货、呈送花样、缴纳成品等，把分散的同行业者集中起来，由行头出面代表本行业与官府打交道，减少了工商业者的负担；另一方面，共同的利益使各行内部成员的关系密切起来，逐渐产生了一些共同的利害关系和约定俗成的惯例，并使他们有可能利用行会这一利益共同体来保护自己，如反对政府部分官员过分征敛和对付外来竞争者等，从而使行会逐渐发展出保护同行业者利益的功能。唐后期，城市工商业者利用日益组织化的行会，在争取和保护自身利益、防止外来势力渗透和官吏盘剥等方面起到一定的作用。官府要取缔行会或过分剥夺行会内同行者的利益时，行会亦可开展有限的反抗斗争。"官市纳帙，行人将滥物供，所由拣退，云：被颔颃，不伏却领。"② 该资料表明，官府通过官市向行人征纳物资，对所供物品皆有严格规定，符合要求者由政府低价购买，不合要求者退回，但行人却拒绝领回被退回的物资。由此表明行会与官府之间也有矛盾和斗争，但多数情况下，行会会对官府做出妥协。

综上所述，唐代中后期，随着各地城市行会组织的相继建立，行会在城市经济发展中的地位和作用也日益突出。唐代行会的建立都有其官方背景，受到各级官府的严密管控，执行官府的各项规定，为官府提供所需物品，按照官府要求对手工业者、商人进行管理，对商品生产和商品交换的质量、价格、货币进行监督，制定产品质量和格式的相关标准和要求，协助官府平抑物价等，可以说行会组织是官府职能的延伸，甚至也可以认为是官府加强对工商业者管控的工具。但是，行会所具有的双重性，仍然存在进步性和积极意义，它并不仅仅是官府的工具，还兼具调控城市工商业的重要职能，是工商业者的利益共同体。虽然其这一职能是辅助性的或者可以看作执行政府命令职能的衍生物，但是随着行会的发展，行会内部经济、民俗、宗教等活动的开展，以及若干行规的制定及遵循，行会加强了对工商业的管理，一定程度上满足了分散的个体手工业者和商人对建立一个能保护自身利益的组织的愿望。行会的建立和发展，在一定范围内也对于组织劳动力、传授生产技术、保护工商业者、维护同行利益、发挥行业群体优势、提高同行社会地位起到了一定

---

① 李林甫等：《唐六典》卷二十《太府寺》，中华书局，1992年，第543页。
② 阙名：《官市纳帙行人将滥物供所由拣退三被颔颃不伏却领》，董诰等编：《全唐文》卷九百八十一，中华书局，1983年，第10159页。

作用，对于处理工商业之间、商品和市场之间的关系也发挥了重要作用，使众多同业手工业者、商人按一定形态、程序和章法组织起来，以保证同业人员获得合法经营身份、利益，以及在同业之中保证经营手段的合法性、价格的公平性，并在区域划分和内部分工等方面起到了一定积极作用，在相当程度上促进了商品生产和交换规模的扩大，推动了商品经济的增长。

第三节　草市的发展与转型

隋唐五代时期，城市发展出现了一个新的特点，即草市有所发展。草市作为一种新兴经济空间，兴起于南北朝时期，发展于隋唐五代时期，经历了从自发性的社会经济空间向有组织的社会经济空间的转化，其经济地位和作用逐渐提高，并从非法的官方禁止的市场向合法的官方认可的市场转变，从而为其向市镇转变创造了条件。草市不同于分散的农村聚落，草市兴起之初，是介于城市与乡村之间的一种经济空间，但随着社会经济的发展，草市从单纯的经济空间发展为具有相当聚集功能的集经济、社会、文化和管理等多种要素于一体的复合型空间，即市镇。草市的兴起是社会经济发展的产物，是城乡经济关系互动的必然结果，草市在城乡互动与乡村市镇化进程中充当了重要的角色，唐末五代时期部分草市实现了向市镇或县城的转型，故而隋唐五代草市的发展既丰富了中国城市类型，也为宋以后市镇发展奠定了基础。

一、草市的兴起与发展

日本学者加藤繁认为草市是县治以下的小都会或者村落的商业地区。[①] 这一定义虽然并不一定准确，但是对于开启草市研究起了重要的推动作用。草市具体起源于何时，历史资料记录不详。较早关于草市记载的历史文献有多种，如郦道元《水经注·肥水注》称："肥水又西分为二水，右即肥之故渎，遏为船官湖……肥水左渎又西迳石门桥北，亦曰草市门；外有石梁渡北洲，洲上有西昌寺……肥水又左纳芍陂渎，渎水自黎浆分水，引渎寿春城北，迳芍陂门右，北入城。"[②] 据上文可以推断，既然门以草市命名，近旁当有草市，故可称之为寿春草市。另外，《太平寰宇》也记载："古建康县，初置在宣阳门内。晋咸和三年，苏峻作乱，烧尽，遂移入苑城……时有七部尉，……东尉，在吴大帝陵口，今蒋山西门；南尉，在草市北湘宫寺前；北尉，在朝沟村；左尉，在青溪孤首桥；右尉，在纱市。"[③] 景定《建

---

① ［日］加藤繁撰，吴杰译：《中国经济史考证》第 1 卷，商务印书馆，1959 年，第 307 页。
② 郦道元著，陈桥驿校证：《水经注校证》卷三十二《肥水》，中华书局，2007 年，第 750 页。
③ 乐史撰，王文楚等点校：《太平寰宇记》，中华书局，2007 年，第 1788 页。

康志》也提及草市："《宫苑记》：南尉在草市北，湘宫寺前。其地在今上元县治东北。"①《南齐书》在叙述废帝东昏侯永元三年张欣泰之乱时也涉及草市：南齐萧宝夤欲入台城（宫城），被拒不纳，又逃走，投草市尉；"日已欲暗，城门闭，城上人射之，众弃宝夤逃走。宝夤逃亡三日，戎服诣草市尉……"② 可见南朝建康南郊有草市且规模较大，此时政府设有草市尉一职专门管理该草市。因此，不少研究者认为至少在东晋时期南方已有草市出现。在各种史籍上出现的草市名称有多种，如草市、行市、小市、山市、水市、鱼市、橘市、墟市、亥市等。这些不同名称、不同地区的草市各有其特点，在地理特性、交易时间、商品特点等方面有很大差异性，但是它们有一个共同之处，就是都是非官方设立的自发形成的经济活动空间，所有的草市都设置在州县城之外，一般多在城郊结合部，在很长的时期内未得到官方的认可，因而这些大大小小的非官方市场，无论形态和交易的内容如何，被研究者一概称为草市。

关于草市的起源，有多种不同的解释。如沈祖春在《草市概说》一文中指出："草"者何？《说文解字》释为"百草也"，由百草引申为草生长的地方、野地。如杜甫《送从弟亚赴河西判官》："令弟草中来，苍然请论事。""草市"之"草"，有人释为"草创"，非也，当是"野外、野地"之意，因此草市即野外、野地之市，是相对于城中之市而言的。③ 范文澜、蔡美彪等编著的《中国通史》认为："离州县城较远，在交通便利的地点，因商业上需要自然形成的市称为草市。"④ 赵冈《中国城市发展史论集》认为"草市"一词的含义可能有二：一是与墟市类似，不是常设市场，极少有固定的商业建筑，大都是临时性的草棚等简陋场所；另一解释是政府市场管理严格，规定非州县之所不得设市，但正式的州县之市不能满足农民需要，于是出现许多定期集市，即为草市，以别于州县之市。草者，非正式，非常设，草创未完之义，以免触犯政府设市之法令。⑤ 汪世俊《对唐宋草市变迁的历史思考》一文认为"草市"一词最早出现在东晋，草市主要是相对于正规官方交易市场而言，即是与州县城市之外与官市平行发展的非正式交易场所。草市兴起主要是由于城市商品经济的发展，导致官方规定之交易场所界线被打破，是紧靠城市发展起来的新交易场所，以乡村间定期集市交易为核心逐渐发展，形成商业居民点的商品交易场所两类。⑥ 吴慧《中国古代商业》一书认为："南北朝时在城外交通要道，交易频繁之处，形成了固定的市场，称为'草市'。这种草市自发产生，非由官设。"⑦ 该书作者认为草市可能起初只是农民出售草料，购买日用品的场所，日久

---

① 周应合纂：《景定建康志》卷一百六十二《疆域志》，南京出版社，2009年。
② 萧子显撰，中华书局编辑部校点：《南齐书》卷五十《鄱阳王宝夤传》，中华书局，1972年，第865页。
③ 沈祖春：《草市概说》，《重庆师专学报》2000年第2期，第97页。
④ 范文澜、蔡美彪等编：《中国通史》第3编，人民出版社，2008年，第516页。
⑤ 赵冈：《中国城市发展史论集》，新星出版社，2006年，第171页。
⑥ 汪世俊：《对唐宋草市变迁的历史思考》，《经济学情报》2000年第2期。
⑦ 吴慧：《中国古代商业》，商务印书馆，1998年，第57页。

即蔚然成市。草市起初的屋舍铺面多以草盖成，故称草市，房舍改为砖木结构是后来之事。傅宗文《宋代草市镇研究》论述草市起源时所引用资料与加藤繁所引用的基本一致，他在认可加藤繁观点的同时，又对资料加以丰富，并明确指出南朝时期的建康城郊即已存有草市，其大致方位应当在都城外东南方。近年来，日本学者日野开三郎对草市的研究更深了一步，肯定草市是相对于官方正规市场之外的民间交易市场，多从作为乡村交易场所的定期集市发展而来；他还进一步提出草市在其发展过程中形成了两种类型，一是小市集，二是具有相当规模的"商业城市"，故草市可分为定期交易的乡村集市和初具规模的市镇两类。① 有中国学者在此基础上将第一类草市概括为"当集则满，不当集则虚"的不定期集市，而第二类草市则是固定的经济空间并经常进行商业活动的市镇。②

由此可见，草市作为一种相对于州县城市之中官方所建立的正规市场之外的市场，是一种自发形成的民间交易经济活动空间，主要设置在城乡结合部，并具有一定规模，兴起于南北朝时期，但此时并不普遍，由于资料的限制，今人无法对其经济形态和空间形态有一个全面的了解。

草市形成的原因是多方面的，无疑与农村商品经济的发展和城乡供需关系的变化有关。南北朝时期，北民南迁使南方经济得到较大发展，农业剩余产品增多，而以建康等为为主的政治中心城市的人口大增，需求也扩大。而原来城市中的官方市场规模太小，满足不了城市居民的需要；另外，南方城市数量相对较少，分布较稀疏，使部分远离城市的农村居民不愿意进入城市到市场中进行产品交易。他们认为到城市中的市场进行交易，规矩太多，管理过严，还要上交商税，这样会耗费更多的时间，增加交易成本，收入会大大减少，故而自发地在城乡结合部的交通节点进行自主交易。与此同时，部分城市居民也愿意选择城市外的市场进行交易，可以用更便宜的价格买到所需要的物品；而城市工商业者为了降低生产成本和生活成本，也愿意多花费时间到城外市场购买或销售物品。另外，这种自发形成的市场也因南北朝时期中央集权的弱化而获得发展机遇。

隋唐时期，由于国家统一，社会相对安宁，城乡经济的快速发展推动了城乡之间商品交换的扩大，故而在一些城市郊区的交通要道的节点兴起了数量越来越多的草市。这些市场的存在逐渐得到官方一定程度上的默许，参与交易的人数不断增多，商品交易的品种和数量也不断扩大。草市繁盛情形通过唐诗即可见一斑，如"草市迎江货，津桥税海商"③；"草市多樵客，渔家足水禽"④；"村边草市桥，月下

---

① ［日］日野开三郎：《唐代邸店研究续编》，福冈印刷株式会社，1970年，第96页。
② 牟发松：《唐代草市略论——以长江中游地区为重点》，《中国经济史研究》1989年第4期。
③ 王建：《汴路即事》，彭定求等：《全唐诗》卷二百九十九，中华书局，1960年，第3391页。
④ 李嘉祐：《登楚州城望驿路十余里山村竹林相次交映》，彭定求等：《全唐诗》卷二百六，中华书局，1960年，第2156页。

罟师网"①;"几处天边见新月,经过草市忆西施"②;"夜船归草市,春步上茶山"③。这些诗句从不同的视角对草市商业繁盛和草市分布形态做了生动描写。唐代大诗人杜牧对草市的描写更加形象,其《入茶山下题水口草市绝句》曰:"倚溪侵岭多高树,夸酒书旗有小楼。惊起鸳鸯岂无恨,一双飞去却回头。"④ 这首诗描写的是湖州长兴县出产紫笋茶的水口镇城外的草市,全诗没有直接描述草市的繁盛,却通过文学的比兴手法,将草市的景象一一展现。在诗人的笔下,水口镇城外的草市市场规模已然不小,市场内酒楼林立,酒旗招展,车水马龙,人山人海,集市上人群熙熙攘攘,惊起了溪里的鸳鸯。这个水口草市不但风景秀丽,而且盛产名茶与美酒,商家注重商品的广告宣传,张幌招客,一番繁荣兴旺景象。杜牧另一作品《上李太尉论江贼书》更是直接地对江淮一带的草市有所记述,如"逢遇草市,泊舟津口";"凡江淮草市,尽近水际,富室大户,多居其间";"江南、江北,凡名草市,劫杀皆遍"。⑤ 杜牧的书信一方面反映了江淮地区草市的兴旺发达,其已聚集了不少富商大户,形成了颇具规模的聚落;另一方面也反映了这些草市聚落缺少行政管理和政府的保护,故而治安状况令人担忧,不少富商大户经常遭受劫掠,没有安全保障。不过,治安状况虽令人担忧,但由于草市商机颇多,能给富商大户带来可观的商业利润收入,以致他们仍然甘冒风险前来草市经营或定居。由此可见,在杜牧所生活的时代,草市已经有了较大发展,不仅有相当数量的座商,而且还有相当数量的居民,富商大户的住宅也不会是草盖的房屋,而一定是砖木结构的高宅大院,故而江淮的草市已经具备市镇的基础。

　　隋唐五代时期,草市得到较大发展的另一个表现,则是商品交易种类日趋丰富。早期草市交易的商品一般是以日常生活用品为主,但到唐代则出现新的发展,商品除了当地和附近农户自产的农副土特产外,一些原来只在城市市场才出现的珍玩宝器等奢侈品亦充斥其间,而且出现了娱乐业。草市的经营也突破了时间限制,夜市兴起。如唐代大诗人白居易在诗中写道:

水市通阛阓,烟村混舳舻。
吏征鱼户税,人纳火田租。
亥日饶虾蟹,寅年足虎貙。
成人男作卟,事鬼女为巫。
楼暗攒娼妇,堤喧簇贩夫。
夜船论铺赁,春酒断瓶酤。⑥

---

① 顾况:《青弋江》,彭定求等:《全唐诗》卷二百六十七,中华书局,1960年,第2959页。
② 徐凝:《语儿见新月》,彭定求等:《全唐诗》卷四百七十四,中华书局,1960年,第5386页。
③ 郑谷:《峡中寓止二首》,彭定求等:《全唐诗》卷六百七十四,中华书局,1960年,第7712页。
④ 杜牧:《入茶山下题水口草市绝句》,彭定求等:《全唐诗》卷五百二十二,中华书局,1960年,第5970页。
⑤ 杜牧:《上李太尉论江贼书》,杜牧撰、何锡光校注:《樊川文集校注》,巴蜀书社,2007年,786页。
⑥ 节选自白居易《东南行一百韵寄通州元九侍御澧州李十一舍人果州崔二十二使君开州韦大员外庚三十二补阙杜十四拾遗李二十助教员外寞七校书》,《白居易集》卷十六,中华书局,1979年。

在诗人笔下，临江草市各色人等聚集，不仅白昼人头攒动，商品交易兴盛，而且夜间还延续发展，并增加了新的内容。此时的草市已经不同于"日中为市"的临时集市，而是建筑林立，坐商云集，产品琳琅满目，不仅日常生活用品的水果、禽类、虾蟹一应俱全，而且各种其他商品也十分丰富，夜间经济和夜生活也十分丰富。白居易的诗还透露出这样的信息，即该草市不仅具有经济功能，而且还具有文化娱乐功能；草市的主角不仅有普通的百姓，如渔户、贩夫等，而且还有社会中上层人士；这些在暗楼里等待歌伎们的客人；另外，官府还加强了对这些集市的管理，开始征收交易税。陈谿《彭州新置唐昌县建德草市歇马亭镇并天王院等记》一文也对唐昌县设置建德草市的原因和草市的发展有所描述：唐昌县东西绵远，昔日邮亭等公共设施废弃已久，缺乏便利的饮食服务和合适交易场所，县城的市场不能满足当时百姓交换的需求，于是当地人士在建德置草市，自此"四来者旋踵，中望者举目而知归"，"老少倏忽而至"，"百货咸集，旗亭旅社，翼张鳞次"，"商旅携货而至者数万，珍纡之玩悉有，受用之用毕陈"。[①] 由此可见，德草市受到了民众的欢迎，故而得到发展。

　　隋唐五代时期，草市的数量和种类与南北朝相比均有较大幅度的增加，空间分布更加广泛。唐代草市不仅分布在城市近郊，而且也在一些津梁渡口等交通节点以及流动人口集中之地形成，如"赤壁草市，于县西八十里"[②]，"德州安德县，渡黄河南，与齐州临邑县邻接，有灌家口草市一所"[③]。唐代，巴蜀地区的经济较为发达，故而草市兴起较多，种类也较多，其中以茶市较为有名。茶市是以茶叶买卖为主的市场。巴蜀地区是中国茶文化的发源地之一，盛产各种茶叶，茶树种植通常都在丘陵山区，远离城市，茶叶交易也基本上在茶山进行，故而茶山附近逐渐形成以茶叶交易为主的草市。郑谷《峡中寓止二首》"夜船归草市，春步上茶山"即是对此类以茶叶交易为主的草市的描绘。巴蜀著名的茶市有青城山草市、遂斯安草市、堋口市、味江市等，其中雅州遂斯安草市岁出茶千万斤，可见部分茶市已具相当的规模。巴蜀地区的草市除了茶市外，还有有小市、酒市、江市、柳市、药市、蚕市、茶市等。杜甫《题忠州龙兴寺所居院壁》云"小市常征米，孤城早闭门"，可见此类小市以买卖日常生活用品为主，充分体现了商品经济的活跃和市场的繁荣。酒市则是巴蜀地区酒品交易的主要场所，标志着唐代酒品交易专门市场的形成，郑谷《蜀中三首》、齐己《送人入蜀》、杜甫《琴台》分别对其有所描述。四川还盛产井盐，在盐业发达的剑南东川，同样因为盐的交易而形成了以盐业为主的盐市，如梓州盐亭县的古东关之地，在唐代盐业兴起后，形成了以盐业为主的雍江草市。除上述以特殊产品交易命名的草市之外，巴蜀地区还形成了以草市所在位置命名的特殊市场，江市、柳市即为代表。王维《晓行巴峡》"水国舟中市，山桥树杪行"，杜

---

① 陈谿：《彭州新置唐昌县建德草市歇马亭镇并天王院等记》，董诰等编：《全唐文》卷八百零四，中华书局，1983年，第8458页。
② 李吉甫：《元和郡县志》卷二十七《汉阳县》，文渊阁四库全书本。
③ 王溥撰：《唐会要》卷七十一《河北道》，中华书局，1960年，第1264页。

甫《放船》"江市戎戎暗，山云淰淰寒"，均是对江市的描述。江市的出现对沿江商业贸易的发展起到了不可替代的作用，成为巴蜀地区一道特有的景观。唐代益州等地的江河城镇周边还出现了柳市。刘兼的《蜀都春晚感怀》曾有诗句"谁家玉笛吹残照，柳市金丝拂旧堤"，显示了当时人们置闹市于风光旖旎的岸堤之上，可谓别有一番风味。巴蜀的蚕市在唐时已有，至五代规模扩大，除蚕种蚕丝外，桑树苗也成为蚕市交易的重要商品，一度引起前蜀帝王重视，开始对桑苗买卖征税，收入将相当可观。据《五国故事·前蜀王氏》载："蜀中每春三月为蚕市，至时贸易毕集，阛阓填委，蜀人称其繁盛。而（王）建尝登楼望之，见其货桑栽者不一，乃顾左右曰：'桑税甚多，傥税之，必获厚利。'"① 可见，这一时期以特殊商品为交易对象的专业化草市已较为普遍。如白居易《放鱼》描述了浔阳江头的菜市：

    晓日提竹篮，家僮买春蔬。
    青青芹蕨下，叠卧双白鱼。

虚中《泊洞庭》一诗描绘了洞庭湖畔的鱼市：

    槐柳未知秋，依依馆驿头。
    客心俱念远，时雨自相留。
    浪没货鱼市，帆高卖酒楼。
    夜来思辗转，故里在南州。

  伴随这些专门化草市的繁荣，越来越多的草市的经营范围突破了单一产品的限制，交易范围不断扩张，并非仅局限于其名称，专业化草市名称只是对此种草市由来的一种注释。

  唐代，城乡之间的交易更加频繁，出现了定时的集市，岭南人称为"虚"，蜀人称为"核"，江淮人称为"亥"，北方人称为"集"，都是隔日一集会，或三、五日一集会。这些定时集市多是一种初级的农贸市场，来赶集或趁虚的人，大多是附近一带的农民，买卖的物品主要是农林牧副渔业的生产剩余产品。这种定时集市不仅与城市市场不同，与常设店铺的草市也有明显的区别。虽然也有集市的固定地点，实际上只有临时一聚，保持着日中为市的原始状态。② 钱易《南部新书》就指出端州以南，三日市，谓之趁虚，白居易诗句"亥日饶是蟹，寅斗足虎豸"指的也是这种乡村集市。这些集市能否发展成为草市，还取决于其交通地理区位和其他经济要素。

  隋唐时期，草市发展的重要特点之一就是南方草市发展迅速，北方草市发展滞后。这一状况从当时描述草市的诗句即可得到初步印证。无论是钱起的《送武进韦明府》所表述的江南楚越之渔市，杜牧的"凡江淮草市，尽近水际，富商大户，多居其间"，抑或杜牧《入茶山下题水口草市绝句》所描绘的湖州茶市，白居易《东

---

① 张祥龄：《前蜀杂事诗》，张祥龄著、宋佳梅编：《张祥龄集》，巴蜀书社，2018年，第6页。
② 丁文：《中国通史》第3卷，天津古籍出版社，2000年。

南行一百韵》所载东南水市，均以南方草市为描写对象。除了诗文以外，还有不少史籍也对南方草市的发展有所记载，据相关研究者考察，仅西蜀地区颇具规模的草市就有蜀州青城县之青城山草市，彭州唐昌县之建德草市，雅州严道县之遂斯安草市，阆州之茂贤草市，彭州九陇县堋口草市，蜀州青城县味江草市，梓州盐亭县雍江草市等。①草市在数量增加的同时，规模亦在不断扩大。荆州城南的江埠渡口业已发展成为一个十分重要的市镇——沙市。沙市其后发展成为城镇，在北宋熙宁十年（1077），商税已超江陵府城而跃居本府第一，由此可见其商业规模与繁荣程度。与南方草市较为兴盛相比，北方草市数量甚少，因此北方草市较少出现在唐代诗人的笔下。草市在中唐之后才星散地出现于北方，数量仍很有限，与南方草市的蓬勃兴盛形成较大反差。

五代十国时期，北方开始涌现数量较多的草市，特别是个别政治中心城市周围开始出现多个草市，如先后为四朝之都的开封就是如此。北周时期，开封由县治升为州治，后梁、后晋、后汉、后周先后定都于开封，故而城市人口迅速增加，手工业和商业蓬勃发展，城市内部原有的市场已经不能满足发展的需要，商品经济交易空间出现外溢，城市四周相继出现多个草市。后周时修筑开封罗城，始将部分郊外草市纳入城内，而为了满足城乡经济的互动的需要，政府另划定区域在城外七里以远设立多个草市。后周世宗《京城别筑罗城诏》对此有所记载：

> 东京华夷臻凑，水陆会通，时向隆平，日增繁盛。而都城因旧……或多窄隘……将便公私，须广都邑。宣令所司于京城四面别筑罗城，先立标帜……今后凡有营葬及兴置宅灶并草市，并须去标帜七里外。②

北方除中心城市周围草市增加外，部分州县城市郊外也出现数量不等的草市。司马光《资治通鉴》卷二百八十一载，后晋天福二年，魏州天雄军节度使范延光叛乱，遣兵渡黄河，焚草市，这里所焚草市即滑州城外之草市。《王文正公笔录》亦载有宋州郊区草市情况："宋州南抵汴渠五里，有东西二桥，舟车交会、居民繁伙。倡优杂户，厥类亦众……"③另，后周太祖《营田课利敕》云："诸州镇郭，下及草市，现管属省店宅、水硙，委本处常切管句。其征纳课利，不得亏失。"④政府统一诏令限定草市内之店宅、水硙事项，彰显当局对草市之重视，亦从侧面反映出当时草市数量增加和规模扩大的现象。唐末五代时期，草市的普遍设立充分表明了商品经济的发展已开始冲破非州县之所不得置市的限制，草市的拓展对于五代十国以后商品经济的发展可谓意义深远。

---

① 张学君、张莉红：《长江上游市镇的历史考察》，《社会科学研究》2006年第5期。
② 周世宗：《京城别筑罗城诏》，董诰等编：《全唐文》卷一百二十五，中华书局，1983年，第1254—1255页。
③ 王曾撰，张其凡点校：《王文正公笔录》，中华书局，2017年，第20页。
④ 陈尚君辑校：《全唐文补编》卷一百零四，中华书局，2005年，第1300页。

二、草市向市镇的转型

唐末五代时期，随着社会经济发展，商品交换频繁，城市结构发生重大变化，城市内部泾渭分明的坊市界线逐渐被突破，商业活动范围由市延伸至坊，坊内店铺不断增加，营业不再受时间限制，夜市出现并迅速扩张。城市内部坊市店铺林立，城市的经济功能增强，一些城市发展为区域商业中心。与之相适应的是，城乡之间的草市亦迅速发展。城郊及交通要道的草市开始发生历史性转向，逐步向市镇转型。关于草市的发展趋势问题，学界曾有一定的研究，有研究者认为："草市的发展前途是升为'镇'，草市只是市集，镇则有常设的店铺。草市由商业交换而起，升为镇便形成了新兴商业都市，例如，宋代开封府延津县有草市镇。草市还有一个发展前途，直接升为县，这在唐末已经出现。如前面所举的四川盐亭县的雍江草市，在唐末因盐业发展，就成为东关县了。这种县，当然主要是一个商业城市。"① 也有研究者认为：五代时期草市的发展趋势之一就是南方草市大批镇市化。不少南方草市经过唐代的发展，规模已经较大，交易量猛增，固定居住人口也大幅增加，故而政府开始对这些草市加强管理，征收商业税，有的草市的收入较为可观。五代十国时期，南方多个地方政权始在草市设置镇等机构进行管控，有些草市甚至升格为县治所。如后蜀皇帝孟知祥即在雍江草市设置招葺院（略低于县的行政机构），为其在宋代升格为县奠定了基础。湖州水口草市经过唐五代之发展，后来也发展成为一个著名市镇。《太平广记》卷三十七载，四川彭州九陇县水坝头堋口草市以茶叶交易闻名，经过五代的发展，到宋代发展成为堋口镇。江陵附近的白洑南草市、鄂州唐年县的锡山草市，经过唐末五代的发展则升格为潜江县和通城县。②

隋唐五代时期，以都城为代表的行政中心城市与草市形成了互动关系。此一时期，部分重要的行政中心城市出现了外扩的趋势，从而为草市转变为市镇提供了政治条件；同时草市的发展也在一定程度上推动了城市的对外扩张，如唐代汴州就是一个重要的例证。唐代，汴州因运河的修筑而发展成为北方的一个重要水陆交通枢纽，大量的南北商品在此地区集散，于是派生出若干不同类型的草市，这在唐诗中也有反映，如王建《汴路即事》"草市迎江货，津桥税海商"，《寄汴州令狐相公》"水门向晚茶商闹，桥市通宵酒客行"。从这些唐人诗句中可以看到，唐代沿汴河两岸已经出现了不少草市，特别是津渡桥口发展成为热闹异常的商业节点，使汴州城的经济空间从城垣向外扩展。后周建立后，那些沿汴河而自发形成的草市已经成为人口密集的城市建成区，因而修筑罗城时，这些草市都被纳入新建城区之内，从城市外部的经济空间转变为城市内部的经济空间，随之而在城郊再出现新的草市。由此可见，唐末五代时期，城市与草市之间已经形成了较为密切的互动关系，草市作

---

① 郭天沅：《上古至宋中国古代城市考略》，《学术月刊》1981年第6期。
② 牟发松：《唐代草市略论——以长江中游地区为重点》，《中国经济史研究》1989年第4期。

为介于城市与乡村之间的一种新型经济空间形式,在一定程度上成为城市经济空间的延伸和发展。

隋唐五代时期,草市之所以能够得以生存并发展,逐步得到官府的认可,并非是一种历史的偶然现象,而是社会经济发展的必然结果。草市的出现虽然具有自发性,是一种形成于民间的商品交换场所,与县以上治所设立的官市相对立,起初并未得到官方认可,甚至被视为非法交易场地遭到禁止,但是一经出现就充满了活力,其成长就不可遏止,官府虽多次发布禁令,草市的交易却依然自由发展。唐景龙元年(707),唐王朝就曾颁布敕令,规定诸非州县之所,不得置市。该诏令的颁布说明唐王朝对州县城官市之外的商品交易场所不予认可,故草市实为非法之市。但禁令归禁令,草市发展依旧——唐朝的禁令并非没有权威性,但该禁令违背了社会经济发展的潮流。位于城郊结合部和交通要道节点的草市之所以具有顽强的生命力,就在于它能满足城乡民众交易商品的需求,并有利于社会经济的发展,甚至在一定程度上也对唐王朝统治有利,使基层社会经济的流动处于有序状态,官府也可以通过草市加强对地方社会的控制,草市甚至也可能成为部分基层官吏的灰色收入来源之一,故而基层官吏对此多采取放任自流的态度,任其自生自灭,而当草市发展到一定程度后,就转而为其所用。

唐中后期,随着社会经济不断发展与人口的日益增多,城市内部的市场已无法满足社会发展的客观需要,城市经济功能向外延伸,经济空间向外扩展已经成为一种必然趋势,草市出现就是日趋狭小的城市市场外溢的新形态,草市从非法向合法转变已成为必然。唐五代时期,草市出现了新的转型,被纳入城市体系。

草市的兴起和发展表明了商品经济的发展趋势是无法阻挡的,哪怕是拥有至高无上权力的皇帝也不可能阻止其步伐。但是,在君主专制中央集权制度下,统治者决不会允许工商业经济和工商业者长期游离于专制体制之外,草市一旦发展到一定的规模和发展水平,就必须受制于其管控。因此唐末五代时期的统治者在利用政治权力阻止草市发展未果的情况下,转而采取将草市官市化的新策略,开始想方设法将它们纳入一体化控制与管理之下,而将草市纳入城镇体系就是一个重要的方式。一些地方官员开始在草市设镇,派出兵丁,加强治安防控,并对商品交易征收交易税。如彭州唐昌县建德草市形成后,"人既繁会,俗已丰饶,又置一镇,抽武士三十人而御之,亦立廨署,早暮巡警,盗将窜迹,人遂高眠"[1]。洪州分宁县亦为一例,洪州分宁县"本当州之亥市也。……聚江、鄂、洪、潭四州之人,去武宁二百余里,豪富物产充之,唐贞元十六年置县……"[2] 另外,部分草市因地理位置重要,经济发达,人口众多,故而已经不是一个单纯的市场,而具备起城市的多种功能。在此情况下,将其纳入城市体系,升格为县治,则是新的举措。《唐会要》载:

---

[1] 陈谿:《彭州新置唐昌县建德草市歇马亭镇并天王院等记》,董诰等编:《全唐文》卷八百零四,中华书局,1983年,第8458页。

[2] 乐史撰,王文楚等点校:《太平寰宇记》卷一百零六《分宁县》,中华书局,2007年,第2110页。

"当道管德州安德县,渡黄河,南与齐州临邑县邻接,有灌家口草市一所……伏请于此置县为上县,请以归化为名"①;"大历七年正月,以张桥行市为县。"② 盛均《桃林场记》也记载,武、宣之际,"凌晨而舟车竞来,度日而笙歌不散……尝闻期月之内变为大县乎?是斯场人士之所愿也"③。草市规模的扩大,功能的增强,居住人口的增加,富商大贾以及盗贼流寇、文人骚客渐趋聚集,使部分草市呈现出繁盛的局面,"草市迎江货,津桥税海商","富家大室,多居其间",从而为草市向市镇转型创造了条件,其中有部分规模较大的草市发展快速,甚至升格为县级城市。

由此可见,唐末五代时期官府对草市策略的变化已非个别现象。当草市从非法向合法发展后,其功能也随之而变化,并为向市镇过渡提供了先期条件。据相关研究表明,唐末五代至宋初,类似这样由草市转变为市镇者多达24个。④

值得注意的是,唐末五代时期,官府对草市治理策略的改变,与草市自身的功能及影响密不可分。草市的发展表明草市已经成为城市功能外溢的载体,成为城乡经济交流联系的窗口,成为生产、技术、商品的交流交汇之地,人、物和信息在城市、草市与农村之间流动,人物荟萃,工商云集。草市不仅具备商品交易功能,而且也开始叠加生产功能、娱乐功能、文化功能。随着官府加强对草市的税收和治安管理,草市也开始叠加以管理功能和行政功能,从而推动了草市的官市化和市镇化转型。

草市与商品经济之间的互助关系,是草市发展为市镇的重要内在推动力。隋唐五代时期,伴随南北方农业、手工业的恢复和发展,社会经济较之南北朝时期有了更加明显的进步,小农业与家庭手工业结合的自然经济发展到一个高峰,大量剩余产品出现,推动了商品经济迅猛发展,商品交换之强烈需求呼唤新的市场类型出现,并推动了草市的兴盛。介于城乡之间的草市因不受封闭式市场管理体制的束缚,比城墙之内的市场具有更大的自由度和经济活力。商品经济和工商业在这里有着更为广阔的发展空间,因而草市的出现既是商品经济的产物,也对商品经济的发展起着重要的推动作用。此外,草市非官方商品交易市场的身份,使官方势力的介入并不顺利。交易者在草市进行商品交换可以减轻赋税的负担和摆脱严格的行规限制,这一特点可以为富商大贾带来丰厚利益,故对工商业者也产生了巨大吸引力。他们纷纷参与草市的交易,甚至定居于此,并充分利用草市和城市的两种资源和两个市场,促进城乡经济的发展,由此也推动了草市的转型升级。

显然,隋唐五代时期商品经济的发展是推动草市产生和兴盛的重要力量,而草市的发展亦对隋唐五代时期商品经济的繁盛起了推动作用,并在一定程度上促进了隋唐五代城市的发展,这成为隋唐五代时期城市发展的一个新特点。

---

① 郑权:《请置归化县奏》,董诰等编:《全唐文》卷一千,中华书局,1983年,第10601页。
② 王溥撰:《唐会要》卷七十一《州县改置下》,中华书局,1960年,第1263页。
③ 盛均:《桃林场记》,董诰等编:《全唐文》卷七百六十三,中华书局,1983年,第7934页。
④ 郑学檬:《唐五代太湖地区经济试探》,《学术月刊》1983年第2期。

第四章　城市社会结构变迁

　　城市是人类文明的结晶和现代生活方式的发源地。同时城市也是一个动态变化的有机体，其存在本身就是社会变迁的过程，抑或说，城市从产生的那天起，就没有停止过运动和变迁。隋唐时期，由于国家的统一，经济的高度繁荣，社会流动加速，特别是长安、洛阳这样的大城市，城市社会结构发生了深刻的变化，大量外来人口不断涌入，这一切都使得城市社会呈现出越来越多的异质性，原有的具有地域特征的单位共同体逐渐支离破碎，相应地，城市生活也发生了深刻的变化。

第一节　人口变迁与城市发展

　　隋唐五代时期，社会经济变化、王朝人口政策、人口迁徙等诸多因素，成为影响城市人口增减的因素。王朝更迭之际，人口虽有减少，但随着新王朝的建立，全国总人口、都城及地方城市的人口一般都呈增长态势。新政权的建立，特别是都城的营建，促使大量外来人口向政治中心城市聚集，城市人口密度增大，活动性增强，人口结构和空间布局发生明显变化。

一、隋唐主要城市人口的发展变化

　　魏晋南北朝政局更迭以及之后的"五胡乱华"，导致北方人口大量南迁，从而使南方人口增加，南北人口分布发生一定程度的改变。隋朝建立后，由于国家的统一，经济的恢复与发展，全国人口逐渐有所增加。隋大业年间，全国著籍户数达8907546户，口数为46019956人。若按《隋书·地理志》各州郡数相加则更多一些，达907余万户。① 到了唐初，由于战乱等因素的影响，著籍户数大为减损。据《通典》，唐高宗武德年间天下著籍户数仅200余万户，唐太宗贞观中的人口有增加，但也只有著籍户300万户。② 另据《旧唐书·地理志》所举，贞观十三年（公元639年）全国十道的户口数总计有3041871户，12351681口，与隋大业户口相

---

① 冻国栋：《中国人口史》卷二《隋唐五代时期》，复旦大学出版社，2002年，第135页。
② 杜佑撰，王文锦等点校：《通典》卷七《食货七》，中华书局，1988年，第142—153页。

比大为下降。永徽三年（652），全国著籍户为380万户，与隋朝鼎盛之时相较，尚未及其半。人口锐减，导致全国赋税减少。有唐一代，鼓励人口增殖始终是政府的一项重要政策，至中宗神龙三年（707）终见成效，全国户数增为600万户；开元天宝之际，人口增至唐代顶峰，达到千万户。安史之乱后，全国人口又出现减少趋势，尤其在藩镇割据和豪强庇护之下，纳税的户数更是连年减少。至乾元三年，税户减至1933174户。五代十国后期，各政权所领著籍户数合计约464万余户，与唐代开成、会昌年间中央政权直接掌握的户数基本相当。

隋唐五代时期，与全国人口变动相适应，城市人口亦随之变化。囿于史料，当时全国总的城市人口难以有准确的统计和测算，仅能根据现有研究，对重要城市人口数量加以推测。

从隋唐时期城市人口总数来看，有研究者认为唐中期人口数量达到了中国农业时代从先秦至唐期间的一个高峰。赵冈认为，天宝年间全国总人口5290万人，城市人口比重达到20.8%，即达到1100万人左右，代表着这一时期城市发展已经居于一个很高的水平。① 何一民估计：唐朝城市人口达800万人左右，占全国人口总数的10%以上，远远高于世界人口城市化的平均水平。相比之下，直到19世纪以前，世界人口城市化率仅3%，中国城市处于超前发展状态，说明中国古代经济和文化在世界上处于领先地位。② 学界对于这一问题的估算表明，隋唐时期城市人口数字不断增加是不争的事实。

隋唐时期，西京长安和东都洛阳一旦城市建立后，其人口就迅速增加，充分体现了政治中心城市优先发展的一般规律。帝都长安是唐代中前期城市人口最多的城市，也是当时全球最大的都会，汇集着从全国各地以及域外多个地区来这里经商或学习先进制度、技术和文化的各色人等，长安成为全球首屈一指的大都会。据《旧唐书》记载，天宝元年（742），京兆府所属23县共领362921户，1967188口。有研究者认为：排除府属农村人口，长安城市人口超过百万毋庸置疑。③ 据杨宽估算，唐长安各坊一般有一二千户，多则5000户以上，如以平均2000户计，每户平均5口，108坊共计108万人，而宫城和皇城内的皇族、宫人、工匠、军人等尚未计算在内。④ 长安人口的繁盛现象在唐诗中多有表现，韩愈《出门》诗云"长安百万家"，《论今年权停选举状》也称"今京师之人不啻百万"。贾岛《望山》诗也称"长安百万家"。由此可见，在唐人眼中，长安的确是人口众多的特大城市。隋朝新建东都洛阳人口的增长也与其政治地位提高有关。大运河开凿后，洛阳成为南北经济大动脉的中心点，也是长安与东部和南方联系的要冲，故而政治地位也随之提高，隋炀帝经常在洛阳处理朝政。武则天当政时也多滞留洛阳处理国家事务，洛阳成为武周政权的实际权力中枢，因此城市得到较大发展，人口也得到快速积聚。

---

① 赵冈：《中国城市发展史论集》，新星出版社，2006年，第63页。
② 何一民：《中国城市史》，武汉大学出版社，2012年，第258页。
③ 冻国栋：《中国人口史》第2卷《隋唐五代时期》，复旦大学出版社，2002年。
④ 杨宽：《中国古代都城制度史研究》下编，上海古籍出版社，1993年。

《唐会要》卷八十四《移户》载,唐武后天授二年(691),徙数十万户关内移民(其中包括相当数量的工商人户)于洛阳及其附近地区安置,可见在权力的作用下,洛阳人口有快速度增长。洛阳城市人口在最高峰时达 140 万人之多,超过长安人口规模,其城市人口数量为世界第一。

唐代,随着城市人口数量的增加,人口的结构也发生一定变化。宋敏求《长安志》载,京兆府所领长安、万年两县著籍人口 8 万户左右,此外还有数量甚多的皇族、宫人、军队、工匠等人口未在统计范围内。除自然增长因素以外,大量流动人口是人口数量增加而又难以统计的主要原因,亦为人口结构发生变化的主要因由。有学者估计,唐代长安相对固定的户籍人口在四五十万左右,由于长安城市的开放性,流动人口数字不会低于在籍人口。流动人口大多从事商业、娱乐业、手工业、运输业、服务业等。徐松《唐两京城坊考》所载"浮寄流寓,不可胜计",正是对京师流动人口的写照。除了工商业者外,还有大量文人寄寓长安,寻求发展机遇,如著名大诗人李白、杜甫都曾在长安漂泊,特别是杜甫在长安一漂就是十年,其"长安梦"始终未能实现。

除长安以外,其他大中城市的外来流动人口比例也很大,东都洛阳是继长安之后的另一个大都会。而到晚唐五代时期,汴梁开封兴起,与此同时,经济重心和政治中心向东南迁移,开封的外来流动人口也明显增多。后周世宗柴荣《京城别筑罗城诏》对此有生动描述:"度地居民,固有前则,东京华夷臻凑,水陆会通,时向隆平,日增繁盛,而都城因旧,制度未恢,诸卫军营,或多狭窄,百司公署,无处兴修,加以坊市之中,邸店有限,工商外至,亿兆无穷。"①

由于城市经济的发展和人口的增加,城区内人口分布也发生了一定变化。以长安为例,就人口密度和数量分布而言,北部坊区远超南部坊区,西部长安县所辖坊区则超过东部万年县所辖坊区。东、西两市及周围地区又是全城人口密度最大的地区。就人口分布而言,东部万年县多为贵族和高官居所,进京的举子、选人多愿意选择租赁靠近尚书省的房屋,一般百姓、商人等更愿意居住在长安县的北部和中部,故而长安县的人口密度和增长速度超过东部万年县,且人口以中下层居民为主。《唐两京城坊考》云:"万年县户口减于长安,又公卿以下居止多在朱雀街东,第宅所占勋贵,由是商贾所凑,多归西市。"② 人口密度大、商贾多、流动人口多是西部长安县的特点。东、西部坊区人口分布和发展趋势不平衡,正是人口结构差异造成的。

唐代的疆域较前有所扩大,经济发展极不平衡,因而区域人口分布较前也发生很大变化。东汉以前,北方人口占全国大多数。东汉末年至隋朝建立,北方经历了巨大的政治变动和战争破坏,人口总量大幅减少。隋朝建立后,人口逐渐增长,但

---

① 柴荣:《京城别筑罗城诏》,董诰等编:《全唐文》卷一百二十五,中华书局,1983 年,第 1254~1255 页。
② 徐松撰,张穆校补,方严点校:《唐两京城坊考》卷三,中华书局,1985 年,第 75 页。

隋唐之际的战乱又导致人口锐减。唐贞观年间，社会相对稳定，经济有较大发展，人口又直线上升，户口快速增长。天宝年间，全国人口达到隋唐时期的顶峰。但安史之乱后，人口数量又出现急剧下降。《通典》卷七《食货七·历代盛衰户口》载："自天宝十四年至乾元三年，损户总五百九十八万二千五百八十四，不课户损二百三十九万一千九百九，课户损三百五十九万六百七十五；损口总三千五百九十二万八千七百二十三，不课口损三千七十一万三百一，课口损五百二十一万八千四百三十二。"①但有研究者认为这个统计是不太准确的，如果以天宝十四年（755）的8914709户减去乾元三年（760）的1933174户，其损户是6981535户，而不是5982584户，其损户数少计近百万。关于人口大幅度减少的原因，岑仲勉认为："乾元为急剧转变之枢纽；此一年户数比天宝十四载约损七百万，口数约损三千六百万，森谷以为由于战争死亡及隐匿过甚，固然是两个要因。然尚有彼未注意者一，即此数只包含一百六十九州，概言之，只得天宝末州郡之半数，如以二倍之，应约户四百万，口三千四百万；但安、史所盘踞或残破之地方，人口率多属较密，是又不能遽用比例推算者。"②

从南北朝至唐中期，由于北方多战乱，南方相对安定，故而北方人口大量南迁，由此带动了南方开发和经济发展，南方人口也随之而增加，到唐中期天宝年间，区域人口分布发生了较大变化。参见表4-1。

表4-1 唐开元、天宝年间人口地理配置状况表③

地区	户数（户）	人口数（口）
关内道	819195	4664766
河南道	1863561	11278195
河东道	630511	3723217
河北道	1487503	10230972
山南道	598626	25154549
陇右道	121413	536361
淮南道	380583	2275380
江南道	1726137	10499725
剑南道	927124	4100826
岭南道	388989	1161149
合计	8943642	50986040

---

① 杜佑撰，王文锦等点校：《通典》卷七，中华书局，1988年，第53页。
② 岑仲勉：《隋唐史》下册，中华书局，1982年，第377页。
③ 王洪军《唐代人口数量及其地理分布》，《东方论坛》1999年第3期。

从上表可知，唐玄宗开元、天宝年间，唐朝各道人口分布极不均衡，人口上千万的道分别有山南道、河北道、河南道、江南道，其中山南道人口最多，达 2515 万余人，河南道其次，江南道第三，河北道第四。陇右道人口最少，仅 536361 人，为山南道人口的 2.1%。位于南方的江南道人口达 10499725 人，是人口非常密集的地区；西南的剑南道人口也达到 4100826 人，以扬州为治所的淮南道人口也达 2275380 人，南方人口的快速增长促进了南方城市的发展。

唐代前中期，政局相对稳定，城乡经济有较大发展，人口总量增加较快，城市人口也有明显增加。魏晋南北朝开始，北方人口持续向南方流动，移民潮成为推动南方城市迅速崛起的重要动因，南方部分城市人口因此增加，位于长江上游的成都和长江下游的扬州成为中晚唐时期中国最重要的工商业大都会。北方地区，由于长安、洛阳不断遭到战争的破坏，汴州的城市地位日益提高，人口增加迅速，城市发展较快，为五代时期成为全国性都会奠定了基础。

汴州的兴起与大运河的建设有着直接的关系。汴州紧临汴河，扼南北大运河的咽喉，且靠近京畿地区，地理位置十分重要。唐中后期，汴州因天下利于转输之利，经济发展迅速，成为商贾云集的繁荣城市，据《开封市志》（中州古籍出版社，1996 年），当时人口约在 20 万人左右。《隋书》载："及上祠太山还，次汴州，恶其殷盛，多有奸侠，于是以熙为汴州刺史。下车禁游食，抑工商，民有向街开门者杜之，船客停于郭外星居者勒为聚落，侨人遂令归本。"① 这表明汴州工商人户颇多。

伴随漕运兴盛，汴州地位于唐代已颇为重要，成为水陆都会，交通发达。《旧唐书》载："河南，汴为雄郡，自江、淮达于河、洛，舟车辐辏。"② 天祐四年（907），朱温灭唐称帝，建立后梁，定都开封。此后后晋、后汉、后周以及北宋都先后定都于此。唐朝末年至五代时期，诸镇混战，河南各地多遭秦宗权焚掠，连年战争，导致城乡经济凋敝。

951 年，郭威灭后汉建后周，于立国之初推行了一系列改革，如减轻徭役、整饬军纪和治理官员腐败，从而使后周出现新的气象。周世宗柴荣继位后继续整饬军纪，整顿吏风，均定田赋，按实际占有田亩征税，减轻农民负担，奖励农耕，兴修水利，恢复漕运，鼓励手工业和商业，限制佛教等，从而使后周社会相对稳定，开封城市经济、文化也得到较大发展，城市人口大增。

后周都城由于长期缺乏修建，道路狭窄，基础设施陈旧，官、商、百姓违规修建之事十分普遍，使城市建成区变得十分拥挤，已经不能容纳更多的人口。周世宗继位后，决定修建汴京，于后周显德二年（955）四月颁布了建筑外城的诏书，曰：

> 惟王建国，实曰京师，度地居民，固有前则，东京华夷辐辏，水陆会通，时向隆平，日增繁盛，而都城因旧，制度未恢，诸卫军营，或多窄隘，百司公

---

① 魏徵、令狐德棻撰：《隋书》卷五十六《令狐熙传》，中华书局，1973 年，第 1386 页。
② 刘昫等撰：《旧唐书》卷一百九十《齐澣传》，中华书局，1975 年，第 5037 页。

署，无处兴修，加以坊市之中，邸店有限，工商外至，亿兆无穷，僦赁之资，添增不定，贫阙之户，供办实艰。而又屋宇交连，街衢湫隘，入夏有暑湿之苦，居常多烟火之忧。将便公私，须广都邑。宜令所司于京城四面别筑罗城，先立标帜。候将来冬末春初，农务闲时，即量差近甸人夫，渐次修筑，春作才动，便令放散，或土功未毕，即逦迤次年修筑，所冀宽容办集，今后凡有营葬，及兴置宅灶并草市，并须去标帜七里外，其标帜内，候官中擘画定街巷军营仓场诸司公廨院务了，百姓即任营造。①

周世宗在诏书中既阐明了重建都城的理由，认为此举于朝廷和民间各有助益，同时还对如何修建、何时修建做了规划，并许诺在官府的公共设施建成后，其余空地任百姓营造。世宗重建汴京之举得到了官民拥护，朝野同心。同年，世宗调发民夫十万到汴京修筑罗城。新城修建好之后，世宗为了美化都城，满足民众日常生活的需要，许京城街道因地制宜种树掘井。他在另一份诏书中称：

> 辇毂之下，谓之浩穰。万国骏奔，四方繁会。此地比为藩翰，近建都城。人物喧阗，闾巷隘狭。雨雪则有泥泞之患，风旱则有火烛之忧。每遇炎蒸，易生疫疾。近者开广都邑，展引街坊，虽然暂劳，久成大利。朕昨自淮上，回及京师，周览康衢，更思通济。千门万户，庶谐安逸之心。盛暑隆冬，倍减寒温之苦。其京城内街道阔五十步者，许两边人户各于五步内取便，种树掘井，修盖凉棚。其三十步以下至二十五步者，各与三步，其次有差。②

汴京经此次大规模的营建，发生了根本的变化，发展为北方重要的大都会，人口近60万，从而为北宋汴京的发展奠定了基础。

唐代中后期，随着南方商品经济的发展与北方移民的到来，长江流域的扬州、益州获得很大发展，成为举国闻名的大都会。扬州在南朝就已经是繁华之地，南朝梁人殷芸的《殷芸小说·吴蜀人》有语："腰缠十万贯，骑鹤上扬州。"由此可见当时扬州已经成为很多人心目中的繁华之地。隋朝大运河开通后，扬州更发展成为漕运和盐运的重镇和南北水陆交通枢纽，也成为联结南北和长江中下游的重要城市，在全国的地位日益上升。唐初，置扬州大都督府，下辖扬、和、滁、楚、舒、庐、寿七州。贞观元年，扬州成为淮南道治所，下辖十四州。扬州"控荆衡以沿泛，通夷越之货贿。四会五达，此为咽颐"③，成为贯通南北的水利交通中心。唐中期以后，扬州富商大贾云集，富甲天下。城市人口也十分密集，以致商人、物质"侨寄

---

① 柴荣：《京城别筑罗城诏》，董诰等编：《全唐文》卷一百二十五，中华书局，1983年，第1254—1255页。
② 柴荣：《许京城街道取便种树掘井诏》，董诰等编：《全唐文》卷一百二十五，中华书局，1983年，第1257页。
③ 权德舆：《大唐银青光禄大夫检校司徒同中书门下平章事太清宫及度支诸道盐铁转运等使崇文馆大学士上柱国岐国公杜公淮南遗爱碑铭并序》，董诰等编：《全唐文》卷四百九十六，中华书局，1983年，第5055页。

衣冠及工商等多侵衢造宅，行旅拥弊"。扬州成为长江下游对外贸易中心、唐朝财富仰仗之重镇，亦为中外商人如织的国际商埠，城市十分繁盛，纷华靡丽，珠翠填咽，人烟浩繁，对南北各地之人产生了巨大的吸引力，人们趋之若鹜，心想神往，人口不断增多。天宝年间扬州人口达7.7万户，是唐初人口的3倍多，同时城市建成区规模也有所扩大。日本僧人圆仁曾于《入唐求法巡礼行记》中记载："扬府南北十一里，东西七里，周四十里。"沈括《梦溪笔谈》也称："扬州在唐时最为富盛，旧城南北十五里一百一十步，东西七里三十步。"① 安史之乱后，北方再次遭到破坏，经济重心南移，扬州成为东南经济中心。《资治通鉴》记载："扬州富庶甲天下，时人称扬一、益二。"② 其经济实力和繁盛程度，已有超过长安、洛阳之势。

三国南北朝至隋唐时期，北方移民大规模进入天府之国蜀地，促进了成都的发展，也使成都城市人口的增长达到一个新高峰。刘裕代晋以后，成都历经宋、齐、梁，由北周入隋，皆未发生重大战争，人口未尝下降，而是继续保持南朝以来长期的增长势头。据《隋书·地理志》，隋大业年间，蜀郡人口已有105586余户。唐时，成都已经完全恢复并超过两汉时的繁盛程度。成都人口之多，从当时行政建制与城市空间结构变化亦可见一斑。

据龚煦春《四川郡县志》，在行政建制上，成都由于户口滋多而屡有析置。"贞观十七年，分成都县置蜀县，在州郭下，与成都分理。乾元元年二月，改为华阳。"③ 武则天时期，将成都县和华阳县再次拆分，成都府城分治两县，说明成都因户口繁衍，规模太大，需要设置更多机构加强管理。而在当时，仅长安等少数城市一城设两县分治，可见成都在唐前中期已是全国居前的大城市了。上元元年（760），大诗人杜甫自陕避乱成都，次年他在《水槛遣心》中写道："城中十万户，此地两三家。"《杜诗详注》说："成都户十六万九百五十，此云'城中十万户'，虽未必及其数，亦夸其盛耳。"④ 杜甫说成都城垣内聚集十万户，虽然未必确切，亦必有相当根据。李吉甫《元和郡县图志》即称天宝元年，成都府有160950户，928199口。马端临《文献通考》云："唐人户口至盛之时率以十户为五十八口有奇。"⑤ 按照每户5.8人计算，上元年间，成都、华阳两县人口达580000人，占当时成都府16县总人口的70%。另外，成都城市空间结构在唐代也发生了很大变化，市民的经济、文化活动早就突破了秦汉时修筑的大城、少城的空间限制，开始向东、向南发展，东部大慈寺一带成为人口集中、商业繁盛的新区域。

安史之乱后，北方流民蜂拥南下，巴蜀地区成为逃难官民首选之地。天宝十六年（756）六月，叛军攻陷潼关，唐玄宗率后宫仓皇逃往蜀中，引发关中之民向蜀地迁移的浪潮，扶老携幼南行者，数十百倍于皇室和显贵。诗人杜甫及家人就是此

---

① 秦浩：《隋唐考古》，南京大学出版社，1992年，第67页。
② 司马光编著，胡三省音注：《资治通鉴》卷二百五十，中华书局，1956年，第8430页。
③ 刘昫等撰：《旧唐书》卷四十一《地理志》，中华书局，1975年，第1665页。
④ 仇兆鳌注：《杜诗详注》，中华书局，1979年，第812页。
⑤ 马端临：《文献通考》卷十一《户口考》，《四库全书》影印本。

一时期来到成都避难的。安史之乱平息后，皇室及王公贵族大多返回长安，但大多数平民百姓则落籍成都及附近城乡。广明元年（880），黄巢攻入关中，唐僖宗又逃至成都，文武百官、王公贵族和平民百姓也接踵而来。唐僖宗在成都留住四年，直至光启元年（885）返回长安。中唐到北宋初，成都地区虽偶有战乱，但并未遭受如安史之乱、黄巢起义等大规模战争的洗劫。相反，大量人口的到来，不仅带来了财富，也带来了各地的文化、技术，不仅使成都人口猛增，也改变了成都的人口结构，促进了成都经济、文化的大发展。中唐以后，成都成为可与江南相比的富庶之地。时至晚唐，许多人为躲避战乱而纷纷入蜀。《资治通鉴》载："时唐衣冠之族多避乱在蜀。"①

成都经过唐前中期的发展，城市人口持续增加，原来的城区早已容纳不下，故而在城郭之外，沿郫江、流江两岸自发形成了商业和居住相混合的新街区。晚唐时期，南诏军队进入成都平原，成都城墙外的新街区首先遭到破坏和抢劫，大量工商业者涌入城内。南诏军队退兵后，成都商民要求扩展城垣、保护百姓的呼声日益高涨。876年，时任成都尹、剑南西川节度使高骈遂上书朝廷，奏请扩建罗城："臣今欲与民防患，为国远图，广筑罗城，以示雄闳，将谋永逸，岂惮暂劳。"② 高骈的奏请很快得到唐僖宗允准，高骈于878年开始对成都城进行大规模的扩建，开启了"二江抱城"的"罗城时代"。

高骈修筑的成都罗城，又名太玄城，即在原秦城外新修筑城墙，将秦城包围在内，形成套城格局，故罗城又称"大城"。高骈修筑罗城共动员了10万夫役，经费也相当充足，仅用了96天就修筑完工，一座坚城石郭就此巍然耸立在广袤的成都平原之上，实为成都筑城史上的一个奇迹。新扩建的成都城较秦汉旧城主要有两个重要的变化。一是罗城规模宏大，周长共25里，是秦成都城周长（12里）的两倍。城墙高约2丈6尺，宽广的城垣上建有5608间楼橹廊庑，鳞次栉比，蔚为可观，城墙质量远胜秦隋之城。二是成都城市水系发生很大变化，从二江双流变为二江抱城的新格局。高骈扩筑罗城的同时，还重新规划改迁了成都的河道水系，将郫江改道，由城西绕新筑罗城城北流向城东和城南，在成都城垣东南处与流江汇合，形成了完整的护城河水系，并增强了军事防御能力。

城市建成区规模的扩大，与城市人口规模的扩大相适应，成都成为全国大城市之一。《元和郡县图志》载，唐开元年间，在全国219个府州中，仅有京兆府、成都府、河南府、太原府、魏州、越州四府二州的人口户数在10万户以上，其中成都府的人口户数为137046户，在当时位列全国第二，仅次于京兆府的362990户。足见唐代成都城市建设的成就与人口规模之大，无愧于"天府之国""扬一益二"的美誉。

隋唐五代时期，除了长安、洛阳、汴州、扬州、成都等城市人口有较大幅度的

---

① 司马光编著，胡三省音注：《资治通鉴》卷二百六十六，中华书局，1956年，第8685页。
② 高骈：《请筑罗城表》，董诰等编：《全唐文》卷八百二，中华书局，1983年，第8428页。

增加外,杭州、苏州等区域性中心城市的人口增加也十分明显。

杭州位处江南运河和钱塘江、浙东运河的交汇处,崛起于隋代,重新筑城,规模宏大,周回三十六里,当舟车辐辏之会,是江湖冲要之津。唐代时"咽喉吴越,势雄江海、国家阜成兆人,户口日益……水牵卉服,陆控山夷,骈樯二十里,开肆三万室"①。工商业繁盛,有商店三万家。唐宪宗时,杜牧称城内外有"户十万,税钱五十万"②。至五代,杭州"邑屋之繁会,江山之雕丽,实江南之胜概也"③,"轻清秀丽,东南为甲,富兼华夷,余杭又为甲,百事繁庶,地上天宫也"④,是江南最大的城市。

唐中叶以后,苏州发展很快。白居易称:"况当今国用多出江南,江南诸州,苏最为大。"⑤又作《登阊门闲望》诗曰:"处处楼前飘管吹,家家门外泊舟航。"苏州市内各类商人云集,韦应物《登重玄寺阁》诗云:"合沓臻水陆,骈阗会四方。俗繁节又喧,雨顺物也康。"苏州城周长达42里,人口20万~30万。常州居三吴襟带之地,百越舟车之会的交通要冲,地广人众,政繁务殷。湖州为江表大郡,"舟车所会,物土所产,雄于楚越,虽临淄之富不若也"⑥。其他如吉州、饶州、荆州、襄阳、长沙、南郡、鄂州、明州、泉明、升州、江州、京口、宣城、毗陵、东阳等均为四方凑会的南方工商业城市,城市人口均有一定程度的发展。

二、隋唐人口流动与城市人口的增长

唐前中期,全国人口和城市人口增长较快,其原因是多方面的,学界对此多有研究,除大家所认同的国家统一、较少有大规模战争外,政治较清明、社会相对稳定、经济有较大发展也是促进全国总人口大幅度增长的重要原因。随着人口总量的增长、城市经济的发展,城市人口也随之而增长。除此以外,隋唐城市人口增长还与人口流动有着密切的关系。有学者在研究南北朝至隋唐时期士族向城市迁徙时认为,隋唐时期出现了士族精英阶层向政治、经济和文化中心城市移居的趋势,由此推动了城市的发展和人口的增加。⑦唐朝建立并巩固之后,各地士族逐渐改变观望态度,纷纷出仕,从乡间向城市移居。整个唐代,士族迁入城市之活动从未间断,虽因安史之乱一度中止,但旋又回归大势。据《旧唐书》记载,博陵崔氏各房因任官而先后迁居。崔行功一支乃崔氏大房,其族先已自博陵迁居恒州井陉,后再迁至鹿泉。族侄崔玄玮,家居长安崇义里。又崔沔,周陇州刺史士约玄孙,自博陵徙关

---

① 李华:《杭州刺史厅壁记》,董诰等编:《全唐文》卷三百一十六,中华书局,1983年,第3206页。
② 杜牧:《上宰相求杭州启》,董诰等编:《全唐文》卷七百五十三,中华书局,1983年,第7806页。
③ 薛居正等撰:《旧五代史》,中华书局,1976年,第1771页。
④ 陶穀:《清异录》卷一,民国景明宝颜堂秘笈本。
⑤ 白居易:《苏州刺史谢上表》,董诰等编:《全唐文》卷六百六十六,中华书局,1983年,第6774页。
⑥ 顾况:《湖州刺史厅壁记》,董诰等编:《全唐文》卷五百二十九,中华书局,1983年,第5372页。
⑦ 韩昇:《南北朝隋唐士族向城市的迁徙与社会变迁》,《历史研究》2003年第4期。

中，世为著姓，后迁至东都，可知其家族已在洛阳定居。陆元方，苏州吴县人，举明经，又应科举，累转监察御史，长寿二年再迁鸾台侍郎、同凤阁鸾台平章事。其子陆象先应制举，景云年间，官至同中书门下平章事。又据《唐两京城坊考》可知，陆家最晚在陆象先时已定居长安。士族向城市迁徙的事例很多，无法赘举。士族移居城市多为家族式迁徙，一般而言，都非孤身单人前往城市，往往是举家或举族前往，从而显示了从乡村向城市定居已经成为人口流动的一种趋势。

另外，国家力量在人口流动中也起了十分重要的作用。如隋炀帝出于统治的需要，耗费巨资与人力兴建东都洛阳。新建的洛阳城规模巨大，建有132坊，另建有丰城市、大同市、通远市三大商业区，每一商业区都是规模庞大。又因东京人少，萧条，乃徙洛州郭内居民及诸州富商大贾凡数万户，另又下旨徙天下富商大贾数万家于东京，迁河北工艺户三千余户及江南豪富六千余户充实新京。此外，长安的皇亲国戚、达官贵人以及家属、奴仆也陆续迁至洛阳，为城市各阶层服务的小商小贩等各类"服务人员"也纷至沓来，故而洛阳在短时间内成为数十万人口的大城市。唐朝建立后，朝廷也曾有几次自上而下的移民行动。如《旧唐书》载，载初二年七月，曾徙关内雍、同等七州，户数十万以资洛阳。

战争俘虏和流放人口也是促进地方城市人口增加的重要原因之一。大业五年（609），隋军大破吐谷浑，其可汗伏允属下来降者十多万人。同年六月，隋设置鄯善、西海、且末、河源四郡，郡下设县，迁徙天下罪人"配为戍卒"，充实新郡。炀帝即位之初，镇压汉王杨谅。杨谅时为并州总管，统辖今山西、河北、山东境内五十二州。其家属、部属五十万人被流放。大业九年（613），杨玄反叛失败，受牵连而被流放者达数十万人。隋代律条甚严，流放者甚多。开皇十三年（593），孙万寿因衣冠不整配防岭南。唐代流放人口亦不在少数，有学者认为，整个唐朝流放人口多达几百万人，流放地点主要是岭南，此外则是今之云南、贵州、四川、湖南、福建等地，具体地点主要是崖州、潮州、古州、钦州、贺州、琼州、雷州、连州、桂州、象州、柳州、端州、振州、黔州、渝州等，另有姚州、夜郎、台州、汀州等。① 大量人员被流放到偏远州县，流入地的城市人口自然有所增加。

战乱促使人口迁徙，影响城市人口增减。有学者在研究唐代西北少数民族移动趋向时指出，流动性是唐代西北少数民族人口主要特点之一，其主要趋向是唐朝直接控制地区的城乡。唐太宗时，唐朝不遗余力地对边地流徙人口及少数民族贵族进行招抚。贞观三年（629），流徙塞外之人来归，其后突厥也相继内附，朝廷"开四夷为州县者，男女一百二十余万口"②。贞观四年（630），李靖俘虏东突厥男女二十余万人，将其全部迁至内地。其后，突厥首领苏尼失率众降唐，漠南之地遂空。唐朝将降附的突厥上层迁到长安及附近，加以分封，入居长安的突厥人近万家。贞观五年（631），唐王朝以金帛从突厥赎回被俘掠的汉人八万余口，还为平民。贞观

---

① 李兴盛：《中国流人史》上，黑龙江人民出版社，2012年，第228页。
② 刘昫等撰：《旧唐书》卷二《太宗本纪》，中华书局，1975年，第37页。

六年（632），党项羌前后内附者达三十万口，铁勒族六千多户降唐，后被迁于甘、凉诸州。唐朝采取的一系列政策促进了西北边地人口的流动，从而推动了西北边地城市的发展。

唐武宗时期，回鹘三万众，相次降于幽州。西突厥阿史那弥射于贞观十三年（639）率部归唐。贞观二十二年（648）阿史那贺鲁率部内属。内属突厥人口还夹杂着西域诸国人口。唐玄宗开元年间，东突厥内乱，毗伽可汗女、登利可汗女以及阿布思颉利发等率部降唐。亦有战败之后归附于唐者。开元十年（722），六州胡反叛，朝廷将俘获的五万俘虏迁往河南道许、汝等州。开元二十年（732），奚酋长李诗、琐高率部落五千余帐入居幽州。唐灭东突厥后，降者几至十万，迁居长安者将近万家。突厥阿史那社尔率十万众降唐。元和三年（808），沙陀全众三万投奔唐朝。西突厥十姓部落自垂拱以后，及随斛瑟罗才六七万人，徙居内地。天宝初，突厥西叶护阿布思等人率余众千余帐相继归唐。贞观六年（632），白兰羌数十万众内属。永徽时，特浪生羌卜楼大首领率众内属；西北党项羌凡二十万户，天授中内附。上元元年（760），党项羌部落十万众降唐。

从上可见，唐代前中期，西北少数民族多归附于唐朝，大量人口向西北唐朝统治的农耕地区聚集，促进了这些地区经济的发展和城市的兴盛。

晚唐五代时期，国内多遭战乱，人口流动加剧，人口流动迁出地的城市自然有所衰落，而人口迁入地城市则因享受人口红利而得到发展。晚唐五代时期，北方人口继续向南方流动，有学者指出，唐代后期北人南迁，移居目的地最多者为苏州。① 唐顾况称："天宝末，安禄山反，天子去蜀，多士奔吴为人海。"② 五代时期也有南方人口向北方流动的情况，如同光三年（925），后唐灭前蜀，迁蜀主王衍与王室、宗族、侍从，及王锴、张格、许寂、李昊等朝臣，并将佐家族数千人东迁洛阳。后梁、后晋、后汉、后周四朝在开封建都，因而各政权均以开封为移民中心，所移来之民一是从所辖境内迁入，二是从敌对藩镇掳掠而来，据薛居正等《旧五代史》，仅后晋天福八年（943）正月便有禁军一万人并家口迁入开封；后周广顺二年（952），又选诸道工匠赴京城各官营作坊，以备役使，其中一些人就此定居下来。凡此记载，不胜枚举，皆为城市人口流动之例证。

人是社会的主体，也是城市的主体，梁中堂认为：人是社会物质生活条件的必要因素，没有一定限度的人口，就不可能有任何社会物质生活。③ 刘铮也提出：社会生产总是具有一定生产经验和劳动技能的劳动者使用生产资料创造物质财富的过程，作为社会生产力要素的劳动力又以一定的人口及发展为前提。④ 城市人口作为城市社会生活的主体，通过反作用于社会生产力而促进或延缓城市发展。隋唐五代

---

① 陈勇：《唐后期的人口南迁与长江下游的经济发展》，《华东师范大学学报》1996年第5期。
② 顾况：《送宣歙李衙推八郎使东都序》，董诰等编：《全唐文》卷五百二十九，中华书局，1983年，第5370页。
③ 梁中堂：《人口学》，山西人民出版社，1983年，第179页。
④ 刘铮：《人口学词典》，人民出版社，1986年，第28页。

时期人口变迁对城市发展产生了深刻的影响,这一历史时期的人口流动,均对迁入地的城市产生了重要影响,促进了其经济、政治、文化的发展。

有学者研究发现,隋唐时期,随着北方人口南下和南方人口自然增长,南方地区部分郡县数量大增,如隋朝初年建安一郡仅领 5 县,然至唐代中后期已发展成领有福、建、泉、汀、漳 5 州 25 县;隋朝成都府只领 13 县,到唐代则领有益、蜀、彭、汉、简 5 州 38 县。这些都是人口净流入的地区,人口的快速增长在一定程度上促进了这些地区行政建置城市数量的增加。据相关研究表明,中唐时期全国地方行政建置城市比东汉时增加了约 500 个,新增城市主要集中在长江流域和珠江流域,特别是在长江流域的剑南道。① 州县建置数量增加,充分表明社会人口增加对城市发展起到了十分重要的作用,这些新增地方行政地区都是人口增加较多的地区。人口增加,为城市发展提供一定数量的劳动力和较大的消费市场,促进了城市手工业、商业及其他行业的兴盛和繁荣;新增城市居民则为城市注入了新的活力,进一步促进了城市社会流动。隋唐时期,数量较多的士族、战败者和少数民族移居城市,对于城市文化、社会风尚的改变也起了一定的促进作用。

第二节　城市社会等级与社会结构变迁

隋唐时期,城市社会等级非常明显,城市的封闭性对社会结构产生了直接影响,社会流动受到极大限制。中唐以后,随着商品经济的发展和社会的变迁,城市与乡村彼此隔绝的状态被打破,城市内部等级、阶层之间的流动也在加快。从昔日封闭的等级结构向以财富拥有度为标准的社会分层结构转变,商人的社会地位得到提高。行代替市成为新兴的社会组织。市民意识开始觉醒,市民阶层由此萌发。

一、城市社会分层与官僚等级的构成

中国自先秦起就极其注重以人口职业结构来区分社会阶层,形成了以士农工商为基础的"四民社会"格局,并逐渐将"四民社会"加以固化。管仲建议齐王:"四民者,勿使杂处,杂处则其言哤,其事易……昔圣王之处士也,使就闲燕;处工就官府;处商就市井;处农就田野。""士之子恒为士,工之子恒为工,商之子恒为商,农之子恒为农。"② 为了加强中央集权统治,汉代更是强化重农抑商政策,在城市中推行"四民分业"。唐朝建立之后,仍然延续了传统的重农抑商政策,同样在城市中强化"四民分业"。唐高祖于武德年间下诏:"凡天下人户,量其资产,定为九等。每三年,县司注定,州司覆之。百户为里,五里为乡。四家为邻,五家

---

① 薛凤旋:《中国城市及其文明的演变》,香港三联书店有限公司,2009 年,第 157 页。
② 孙诒让著:《周礼注疏校记》卷三十一,《十三经注疏校记》,中华书局,2009 年,第 228 页。

为保。在邑居者为坊，在田野者为村。村坊邻里，递相督察。士农工商，四人各业。食禄之家，不得与下人争利。工商杂类，不得预于士伍。"①《旧唐书》也有相似记载："辨天下之四人，使各专其业。凡习学文武者为士，肆力耕桑者为农，巧作器用者为工，屠沽兴贩者为商。工商之家，不得预于士。食禄之人，不得夺下人之利。"② 唐朝选用职官也有明确的出身要求，从一个侧面反映了此时期社会职业和阶层的固化，而社会职业和阶层的固化则反映了城市人口等级的差异。

唐代中后期，城市人口的构成发生了较大变化，冻国栋认为：唐代城市人口构成已经超越了传统的"四民"概念，城市人口有"文武百官、外戚、公主、宦官之类和士人举子、工商业者和僧尼道士等寺观人户以及一些城居地主、艺人或优伶等，以'四民'阶层的传统概念已很难概括"③。统治阶层人数虽然不多，但却占主导地位。《旧唐书》载："九庙之子孙，继统为宗，余曰族。"④ 五服以内为尊属、近属，五服以外为疏属、远属。宗室隶籍宗正寺，享有特权。此例亦有例外，隋唐时期皇帝常赐功臣国姓，编入属籍。五代更有假子制度，这些被赐国姓的家族由此成为名义上的宗室成员。⑤ 唐代敕文多见"文武官""公主""戚属""中使"等称谓，可见京城常驻人员包括官僚贵族以及宦官阶层。京城是整个王朝的政治中枢，自然成为各类文武职官及皇朝贵胄聚集之所。《长安志》《河南志》及《唐两京城坊考》都提及许多高级官员居住于两京诸坊的宅邸内，可以推断京城内王公百官人数甚为可观。但是，在一般城市中，官员和胥吏的人数在城市人口中所占比例远不能与京城相比，但由于缺乏资料，难以准确推算。

隋唐五代时期，由于科举制的实行，寒门士子可以通过努力从社会的中下层上升到社会的中上层，这一重大政策的实施，对城市人口结构产生了很大影响，也对传统的、固化的社会结构产生了很大冲击。南北朝后期以来，门阀世家大族逐渐式微，其垄断官职的局面被打破，为中下阶层知识分子的进阶和社会流动开辟了一条通道，并在统治阶级内部逐渐形成一套金字塔式的官僚系统。这一系统的建立为中国帝制时期政治稳定奠定了坚实基础，也为寒门士子进入官僚系统创造了条件。在隋以前，金字塔结构顶端由中央官僚组成的特权社会主要是由皇亲贵戚和门阀世族构成，他们几乎操控了南北朝各国的政权。但科举制推行以后，这种垄断被打破了，门阀世族虽然仍居于高位，但并不是所有的官职都由他们垄断和世袭，越来越多的寒门士子都可以通过科举入仕，甚至进入金字塔式官僚系统的顶端。

唐初武德年间，对中央官僚系统官职名称以及品级进行了确认与规范：

> 以太尉、司徒、司空为三公，次尚书、门下、中书、秘书、殿中、内侍为六省，次御史台，次太常至太府为九寺，次将作监，次国子学，次天策上将

---

① 刘昫等撰：《旧唐书》卷四十八《食货志上》，中华书局，1975年，第2089页。
② 刘昫等撰：《旧唐书》卷四十三《职官二·户部》，中华书局，1975年，第1825页。
③ 冻国栋：《中国中古经济与社会史论稿》，湖北教育出版社，2005年，第475页。
④ 刘昫等撰：《旧唐书》卷四十四《职官三》，中华书局，1975年，第1880页。
⑤ 龚书铎：《中国社会通史·隋唐五代卷》，山西教育出版社，1996年，第223页。

府，次左、右卫至左、右领军为十四卫。东宫置三师、三少、詹事及两坊、三寺、十率府。①

官分九品，职事官五品以上为高级官僚，以职事官三品为界，分贵与通贵两种。绝大部分官员都不再由世家大族世袭，军功、科举等都可以成为晋级阶梯。中下级官员主要为六品至九品流内官，他们与最底层的广大吏职（流外官、杂任）一样，虽然位卑，但人数众多，同样享有"端居役物，坐食百姓"的权利。这些官员也不是世袭，为社会流动创造了条件。

唐开元年间，全国有官员18000人左右，而吏职多达35万左右，吏职位卑而有实权，皆有薪酬领取。这个群体相对于普通民众而言也是统治者，也是所谓的官员，虽然他们在官吏系统中身份低微，升迁机会很小，难有出头之日，但正是这个人数庞杂的吏职群体，维系着隋唐时期政府机构的正常运行。吏职人员日常主要负责抄录文案、经营捉钱、催征科差、保管甲械、管理市肆等各项工作，与普通民众接触机会较多，因而在百姓眼中就是官府的代表。例如杜甫《石壕吏》描述的催促老妇"急应河阳役"的小吏，以及柳宗元《捕蛇者说》提及的直接收购蛇之吏人，都是吏职人员。这些吏职人员是连接国家与社会、官方与民间、高级官吏与普通百姓的桥梁，也是普通百姓眼中官府的化身，故而吏职人员人数在城市人口中比例虽然不大，但却是重要的群体。

二、"四民"的变化与城市工商阶层的兴起变化

隋唐城市居民以传统的士、农、工、商"四民"为主体。

士人是四民之首，为古代文人知识分子的统称。他们是国家政治的参与者，又是中国传统文化的创造者、传承者。

早在西周、春秋时期，士就已经作为一个相对独立的社会群体出现，《左传》《国语》等文献记载着天子、诸侯、卿、大夫、士、庶人这一等级序列，士是作为统治阶级的下层，居于大夫与庶民之间。士与其他群体相比，其特点是拥有知识，可以传播文化，在政治上尊王，在学术上循道，周旋于道与王之间；士在经济上有一定的独立性，拥有一定数量的食田，故而有时间学习礼、乐、射、御、书、数等传统文化；士的社会职业具有多样化特征，多依附于卿大夫成为其邑宰、家臣，也有部分士在天子、诸侯的宫廷和行政机构中担任职事官。《诗·周颂·清庙》云："济济多士，秉文之德。"孔颖达疏云："济济之众士，谓朝廷之臣也。"战国时期，随着宗法制解体，士不再依附于卿大夫，获得了较大的人身自由。士作为一个新的阶层开始重新崛起，成为城市居民的重要组成部分，参与到政治、文化、教育等多项社会活动中，并出现了士与官相结合的新群体，即士大夫群体。

---

① 司马光编著，胡三省音注：《资治通鉴》卷一百九十，中华书局，1956年，第5978页。

士也有上士、中士和下士之分，其内部构成日益复杂化，其社会职业也趋于多样化。隋唐时期，由于科举制的创立，士人进入仕途的大门得以敞开，"朝为田舍郎，暮登天子堂"，越来越多的读书人努力学习，通过读书和科举改变命运。科举制使广大寒门子弟可以通过科举考试进入官僚队伍之中，大批读书人奔向科举之途。唐王朝则招天下之人聚于京师，乌聚云合。诸多士子从全国各地向京城聚集，造成京城人口膨胀。"里闾无豪族，井邑无衣冠，人不土著，萃处京畿。"① 隋唐时期的读书人较前增多，相应地，教育也得到较大发展，士人群体在城市中的数量较前大增。中国传统文化使士人形成了"达则兼济天下"的理想，修身、齐家、治国、平天下是士人群体追求的目标，而科举制则为他们实现理想开启了一扇大门，使他们看到进入仕途的希望，因而只要有一分希望就要做出百分之百的努力。天宝六年（747），大诗人杜甫怀揣着兼济天下的梦想到达帝都长安，试图通过科举敲开理想之门，但未能如愿，不得已，只好以诗歌奔走于达官权贵门下，一住就是十年，且并无固定居所，最终也未实现梦想。在唐代，类似杜甫一样在科举之途上追梦的士人可以说不计其数，他们成为城市居民的重要组成部分。

　　农民也是四民之伍，主要居住在乡村，但是从先秦以来，城市中都一直居住着一定数量的农民，这是因为城市人口对菜蔬瓜果和家禽等肉类品的需要，决定了城市中需要保留一定数量从事果蔬种植和家禽等养殖的农民。由于城市中可供农人种植的土地十分有限，因而城市中的农民人数相对较少，其中一些农民还兼具其他身份。

　　"工"与"商"是隋唐五代时期城市居民的主要构成部分，也是推动城市发展的主要力量。

　　中国的手工业历来较为发达，在秦汉时期即已经达到一个相当发达的水平。唐代城市手工业产品种类繁多，生产规模较大。按照经营管理不同，可区分为官营手工业和民营手工业。官营手工业有中央政府直接经营手工业和地方政府经营管理手工业之别。中央直接管理手工业的机构有工部所属的少府监、将作监、军器监等。少府监管理日用品制造业，下辖中尚、左尚、右尚、织染、掌冶五署。"庀其工徒，谨其缮作……凡天子之服御，百官之仪制，展采备物，率其属以供焉。"② 将作监掌供邦国修建土木、器皿珍玩、纱罗缎匹等制作之事，管理料物支供，即负有监管全国建筑以及公共工程之责。军器监掌缮造甲弩之属，其下辖甲坊、弩坊二署，是负责军用品制造的机构。官营手工业规模很大，分工很细，品种繁多，从业人数庞大，遍布全国大小城市。民营手工业也有很大发展，一些富豪、官员也参与手工业生产，经营一些大型手工业作坊。此外，城市个体手工业者的数量也十分庞大，他们也是城市居民的组成部分。

　　与手工业发展相联系的是商业贸易的发展。唐前期，唐王朝实行经济开放政

---

① 杜佑撰，王文锦等点校：《通典》卷十七，中华书局，1995年，第471页。
② 李林甫等撰，陈仲夫点校：《唐六典》卷二十二《少府监》，中华书局，1992年，第571～572页。

策，重商轻税，私营商业资本和商人势力出现较大发展，促进了商人群体的壮大。安史之乱后，唐王朝由盛转衰，国家对商业的控制加强，在盐、铁专卖的基础上进一步扩大专卖范围，将茶叶也纳入专卖范围。唐后期苛捐杂税繁多，阻碍了商业发展。由于商业贸易的发展，唐代达官贵族也多参与经商，不少富商大贾都有背景或靠山，他们之中一些人本就集官僚、地主、豪商等多重属性于一身，有时还对国家政治生活产生一定影响。但城市中小商人则仍受压抑，是唐后期掠夺商民之聚敛政策的受害者。有唐一代总体上实行有益于商业发展的宽松政策，但不同时段松紧程度有所不同，导致商人阶层地位有所起伏。

高祖武德七年，"谓士农工商，四人各业"[1]。玄宗开元七年（719），进一步"辨天下之四人，使各专其业"[2]。隋唐时期，各城市都实行较为严格的市坊制，坊和市四面都有围墙，各面设门，依时开闭。市的设置由官府批准，唐初规定"诸非州县之所不得置市"，县以下以及不满三千户的县只有定期市集。市有市官，"掌市内交易，禁察非为"[3]。举凡商品规格、质量、价格、度量衡管理，市场秩序维持，非法活动取缔，皆有明文规定，比之汉代更为严密、完备。如规定按精次粗三等分等定价，且每旬估价一次，而不是像过去一月或一季核定一次价格。度量衡不合规定或核校不平、把关不严，要受杖刑；私造度量衡并在市场上使用的亦受笞刑。由上可见，商人阶层经营过程中所受的政府管控比较严苛。

商人在四民之中，排序在最后。政府严格规定"工商杂类，不得预于士伍"[4]，即工商业者不得充任官吏。《旧唐书·职官志》即称："凡官人身及同居大功已上亲自执工商，家专其业，及风疾、使酒，皆不得入仕。"[5] 唐中期除对工商阶层实行严格的限制外，亦对工商业课以重税，抑制工商业过度发展，即所谓"且什一而税，前王令典，农商异宜，旧制犹阙，今欲审其户等，拯贫乏之人，赋彼商贾，抑浮惰之业"[6]。代宗大历四年（769）饬令"其百姓有邸店、行铺及炉冶，应准式合加本户二等……"[7] 商人不仅与士人、农民和手工业者在职业和社会地位方面有区别，而且与其他阶层在衣、食、住、行等日常生活等方面也多有差异，特别是对其与官员和士人阶层有严格区别。从汉以来，统治者都在服饰穿着等方面对官员、贵族、士人和商人加以区别，以此来彰显官员、贵族、士人的高贵身份，贬抑商人阶层及其他阶层，故而衣服穿戴等成为身份等级的象征。唐高祖武德年间，唐王朝进一步明确要求："贵贱异等，杂用五色。五品以上，通着紫袍；六品以下，兼用绯绿。胥吏以青，庶人以白。"[8] 唐高宗诏雍州长史李义玄："其紫服赤衣，间阎公然

---

① 刘昫等撰：《旧唐书》卷四十八《食货志》，中华书局，1975年，第2089页。
② 李林甫等撰，陈仲夫点校：《唐六典》卷三《户部郎中员外郎》，中华书局，1992年，第74页。
③ 王溥撰：《唐会要》卷八十六《市》，中华书局，1960年，第1583页。
④ 刘昫等撰：《旧唐书》卷四十八《食货志》，中华书局，1975年，第2089页。
⑤ 刘昫等撰：《旧唐书》卷四十三《职官志》，中华书局，1975年，第1820页。
⑥ 李璟：《均平户籍敕》，董诰等编：《全唐文》卷三十六，中华书局，1983年，第395页。
⑦ 刘昫等撰：《旧唐书》卷四十八《食货志》，中华书局，1975年，第2592页。
⑧ 刘昫等撰：《旧唐书》卷四十五《舆服志》，中华书局，1975年，第1952页。

服用；兼商贾富人，厚葬越礼。卿可严加捉搦，勿使更然。"①强化对不同身份之人的衣着规范，以彰显身份的区别，并有固化身份差异的意义。但是商品经济发展势必导致原有的服制规范受到冲击，唐中期以后，商人阶层，尤其大商人势力迅速扩大，使得"富商大贾，衣服过制，丧葬奢侈，损废生业"②。唐懿宗时，有富商巨贾享受着侯服玉食的超规制待遇，引起很多达官贵族的不满。其后，朝廷虽然诏令规定庶人、商旅只着白衣，然而这些规定似乎也仅限于官府文件而已，在实际生活中很难落实。与服制的严苛规定类似，唐前期朝廷对于商人的交通工具亦有明确的规定和严格的监管，唐高宗时禁工商业者乘马，唐代后期规定"胥吏及商贾妻，并不得乘奚车及檐子"③。但这样的规定随着商人势力的增大以及中央权威的减弱而逐渐形同虚设。唐文宗太和六年（832）敕："商人乘马，前代所禁，近日得以恣其乘骑，雕鞍银镫，装饰焕烂，从以童骑，最为僭越。"④此外，朝廷对于商人的种种规定和限制也随着商人群体整体经济实力的增强而屡受挑战。

如上所述，唐代是商品经济大发展的一个重要时期，随着商品经济的发展，商人阶层的势力也不断壮大，影响力日益增大，不少商人与官员结合，恣意妄为，不断突破对商人的种种限制。从某种意义上讲，商人争取自己的权益有其合理性，这也是中古时期经济社会发展的必然结果，反映了社会的进步。有研究者认为，隋唐时期商人阶层社会地位发生了重要变化，推动这些变化出现的原因是多方面的，一是商品经济的发展使商人群体扩大，经济实力增强，在政治上争取话语权，在生活上想尽量满足自己的物欲；二是中央集权式微，统治者需要商人群体在财政上做出更多贡献，特别是在安史之乱后，朝廷需要大量财力来维持统治，但在地方割据势力不断壮大的背景下，为了缓解财政危机，不得不提高商人的地位，扩大财路，增加税源，故而对发展和繁荣工商业予以种种政策保护，从而达到加强中央集权的目的；三是安史之乱也给予不断衰落的门阀士族以沉重打击，客观上促使商人群体摆脱原有阶层桎梏，逐渐发展壮大；四是均田制的废弛在一定程度上解放了农村生产力，农民与土地的依附关系有所放松，刺激了商人对土地的投资，从而使商人身份有所改变，社会地位也随之而提高。因而唐中后期商人地位的提升既是特定历史条件的产物，又是生产力不断发展的必然结果。⑤

隋唐时期，商人地位提高的重要表现就是商人数量的增加，在地方社会生活中的影响力加大。特别是富商大贾在大城市中数量大增，活动能力极强。元稹《估客乐》诗云："经游天下遍，却到长安城。城中东西市，闻客次第迎。迎客兼说客，多财为势倾。客心本明黠，闻语心已惊。先问十常侍，次求百公卿。侯家与主第，点缀无不精。归来始安坐，富与王者勍。"该诗反映了富商大贾的经营活动，以及

---

① 刘昫等撰：《旧唐书》卷五《高宗本纪》，中华书局，1975年，第107页。
② 武则天：《改元载初敕文》，董诰等编：《全唐文》卷九十九，中华书局，1983年，第997页。
③ 王溥撰：《唐会要》卷三十一《舆服上》，中华书局，1960年，第574页。
④ 王溥撰：《唐会要》卷三十一《舆服上》，中华书局，1960年，第575页。
⑤ 张剑光、邹国慰：《唐代商人社会地位的变化及其意义》，《上海师范大学学报》1989年第2期。

商人与王公官员之间的密切关系。自唐中后期起，长安城内大商贾的经营的范围遍及粮食、纺织品、水产品、木材、生活用具、茶叶等，凡能获利者均在经营之列。尽管政府利用市坊制将市场交易限定在一定城市空间范围，但随着商人势力的扩大，市场外的交易也开始出现，长安坊内开始出现私下的商业活动。随着商品经济发展和商品贸易扩大，唐代后期和五代时期，商业活动如涨潮一般突破限制，不再局限于两市之内，临近两市的各坊门和城门附近出现手工业者和商人的店铺及摊位，夜市日益活跃；各地中小城市及市镇，城郊附近或水陆交通要冲之地还出现有定期交易的草市、墟市等。

唐代中后期，商人的社会地位出现了一定程度的改变，时人对商人的看法也发生了一定的变化。唐代诗人姚合发现时人正在逐渐改变抑末的观念，在《庄居野行》诗中写道："客行野田间，比屋皆闭户。借问屋中人，尽去作商贾。官家不税商，税农服作苦。"唐代杰出的文学家、思想家韩愈也认为应该改变对工商阶层的看法，强调"市肆贱类营衣食，尚有一事长处"[①]，主张有一技之长者皆应得到重视。

职业结构变化是隋唐时期城市人口变化的一个重要特点。由于城市的发展，城市居民构成发生了很大变化，原有的"四民"已经很难概括这时城市居民的构成特征，一个新的名称——"市民"出现了。隋唐以前，各种典籍几乎没有"市民"一类称呼和指代的记录，但自唐代中期开始，一些史书已出现这样的称谓。《旧唐书》记录："天子以禁军屯苑内。京城壮丁，并令团结。城二门塞其一……重兵捉城门，市民由窦穴而遁去，人情危迫。"[②] 这里"市民"涵盖了"市"和"坊"内的一般居民和以从事工商业为生的城市居民。当然，唐代的市民与近代市民有很大区别，也不同于西方中世纪出现的市民，具有一定的时代特征。费正清认为唐代中后期萌发了一种城市化现象，费正清认为中国文化的城市化主要不是体现在人口的增长上，而是体现在城市与市民对社会所起的主导作用上；所有的官员和富商住进了城市，因此城市中就聚集了社会的领导阶层，从而高雅文化自然因此大大城市化，其口味与心态都具有了市民化的特征。[③] 唐代的市民实际上涵盖了多个群体，他们居住在城市之中，与农民有着明显的区别，也不同于城市中的统治阶级。唐代，由于城市规模的扩大，城市人口的增加，城市居民在一些群体活动中逐步形成和强化为一个具有相当影响力的阶层。特别是中唐以后，由于均田制的解体和城市商品经济的繁荣，以手工业者和商人为代表的城市人口大幅增长，他们已经不再满足于原有的生产经营方式，开始突破政府的相关规定自由发展。如长安东市北崇仁坊"一街辐辏，遂倾两市，昼夜喧呼，灯火不绝，京中诸坊莫之与比"[④]。苏州等城市也出现了刘禹锡《彩菱行》中"家家竹楼临广陌，下有连樯多估客"的繁荣景象。唐代

---

① 段成式撰，许逸民校笺：《酉阳杂俎校笺》卷十九《草篇》，中华书局，2015年，第1384页。
② 刘昫等撰：《旧唐书》卷一百二十《郭子仪传》，中华书局，1975年，第3462页。
③ 费正清：《中国传统与变迁》，世界知识出版社，2002年。
④ 徐松撰，张穆校补，方严点校：《唐两京城坊考》，中华书局，1985年，第53页。

扬州是漕运和盐运的枢纽，也是工商业繁华之地，故而很早就突破了宵禁，每天都是"夜市千灯照碧云，高楼红袖客纷纷"①。这种现象表明，城市中的居民不再满足于"日出而作，日落而息"的生活方式，而是努力使自己的生活高雅化和城市化。

唐代中后期，商品经济发展与城乡结构变化促使数量日益增多的农村人口和工商从业人口向大中城市集中，以获得更多生存与发展空间。大中城市人口结构开始突破官方户籍管理，流动人口大规模进入城市，官方不得不承认长安城"浮寄流寓，不可胜计"。其中，部分被迫离乡背井的服役工匠和执役人员来到帝都或部分大中型城市之中后，对城市生活产生了向往，故而不少人选择役满后滞留城市，寻找发展机遇。他们多集中居住在外郭城区的坊市或城郊，从而使城市人口增加，城市规模扩大。城市人口增长，为市民从自由群体向自为群体转变提供了阶层基础。

唐代，城市市民是包含传统"四民"在内的一个新群体，他们在职业和阶层上虽然有所区别，但在思想观念上却有一些共通之处。唐代，门阀士族渐趋衰落，阶层结构划分标准出现变化，由身份等级制向以财富为标准转化，阶层流动性增强。《太平广记》载："江陵有郭七郎者，其家资产甚殷，乃楚城富民之首，江淮河朔间，悉有贾客仗其货买易往来者。"②唐代著名富商邹凤炽富可敌国，"邸店园宅，遍满海内"。邹凤炽"尝谒见高宗，请市终南山中树，估绢一匹，自云：'山树虽尽，臣绢未竭'"③。其嫁女相当有排场，史载"尝因嫁女，邀诸朝士往临礼席，宾客数千，夜拟供帐，备极华丽。及女郎将出，侍婢围绕，绮罗珠翠，垂钗曳履，尤艳丽者，至数百人。众皆愕然，不知孰是新妇矣"④。《全唐文》中佚名《乙立军功合授官或告亲执商贾业》一文载："樊哙擢于屠沽，弘羊起于贾坚，以今况古，其谁不然。今之游词，一何狂简。有功之赏，理请必行，无稽之言，事宜勿用。"⑤判词要求向立有军功却为商贾者授官，同时称反对者的异议为"无稽之言"。这时人对从事工商业者的旧有看法已经得到改变。

唐代中后期，工商业者的数量随着城市经济的发展而大幅增加，他们为了共同利益必然要联合行动，并通过相关的组织或代表来表达本群体的利益、观点，发出属于自己的声音，由此出现早期市民意识的觉醒。

唐前期，唐王朝以均田制的推行为基础，实行了新的赋役制度——租庸调制，规定凡是均田人户，不论其家授田多少，均按丁交纳定额的赋税、服一定的徭役。这在当时起到了一定的积极作用，促进了生产的发展。但是唐中期以后，均田制被破坏，租庸调法则随之出现严重的弊端，少地或无地的农民因无力负担较高的赋税

---

① 王建：《看扬州夜市》，彭定求等：《全唐诗》卷三百零一，中华书局，1960年，第3430页。
② 李昉等编：《太平广记》卷四百九十九《郭使君》，中华书局，1961年，第4097页。
③ 李昉等编：《太平广记》卷四百九十五《邹凤炽》，中华书局，1961年，第4062页。
④ 李昉等编：《太平广记》卷四百九十五《邹凤炽》，中华书局，1961年，第4062页。
⑤ 阙名：《乙立军功合授官或告亲执商贾业》，董诰等编：《全唐文》卷九百七十八，中华书局，1983年，第10131页。

而被迫逃亡，以人丁为赋役依据的租庸调制日渐废弛。唐德宗年间，改行以户籍和土地为收税标准的户税、地税两税法，以征收银钱为主。这在客观上确认了按照贫富区分贵贱的事实，"有田则有租，有身则有庸，有户则有调"①的状况得以彻底改变。在此背景之下，长期受限制和歧视的工商业者因财富的增加而地位上升，部分上层工商业者逐渐摆脱身份桎梏，在社会活动中扮演着越来越重要的角色。另外，商品经济的发展也使部分官员和士族产生经商的欲望并亲身参与经济活动，促进了工商业者地位的上升，推动了市民阶层不断从分散走向联合。

德宗建中三年（782）四月，节度使朱滔反叛。为荡平变乱，中央政府连年用兵，导致国库空虚。为弥补国库不足，政府将财源目标瞄准富商，宰相卢杞"以为泉货所聚，在于富商"，命韦都宾等谋行括率，希望通过向商人借钱以充军费，承诺平叛歇兵后予以偿还。统治者低估了连年用兵激起的市民的反抗情绪，日益高涨的反战情绪进一步激化官民矛盾，市民不断要求停止括率，开始通过罢市与请愿等行动来争取自己的利益，其声势不断高涨，"长安为之罢市，百姓相率千万众邀宰相于道诉之"②。面对市民的抗议，唐德宗也不得不有所让步。

这类罢市抗议活动在唐代并不是偶发的个案，有唐一代，部分城市市民为捍卫切身利益，不仅通过罢市来表达自身诉求，有时还会采取当局极不愿意看的过激方式，如"拦邀诉求""聚众喧嚣""街议汹汹""街中传呼""匿名榜贴""率钱雇百戏""街衢诟骂""投掷瓦砾"等。③唐后期，长安多次发生市民拦截高官，甚至殴击高官的抗税冲突事件。这意味着市民意识的萌发，他们在面对严重损害自身利益的官方行为时不再像以前一样默不作声，而是往往以行会等社会组织为纽带，将分散的城市工商业者联合起来，形成一种合力，从而在与官府的博弈中增加筹码，提升了话语权。晚唐时期，由于唐王朝迫切需要缓解财政拮据的局面，不得不放宽对工商业的束缚，并逐步认可商人的社会地位，昔日封闭社会分层结构因此得以由身份等级制向以财富拥有量为基本标准转变，市民阶层由此萌发。

第三节　民族融合与城市发展

民族融合是唐代社会与城市发展的一个重要特点。唐朝是中国古代社会最为开放的时代，随着东西方交流的日益频繁与联系的不断紧密，陆上丝绸之路的商业贸易不断繁盛，大量域外商人通过这一通道到达亚欧大陆的最东端，聚集在长安、洛阳等城市，促进了丝绸之路沿线城市的发展。隋唐时期，长安等丝绸之路沿线城市

---

① 司马光编著，胡三省音注：《资治通鉴》卷二百二十六《唐德宗纪》，中华书局，1956年，第7275页。
② 刘昫等撰：《旧唐书》卷一百三十五《卢杞传》，中华书局，1975年，第3715页。
③ 宁欣：《中国古代市民争取话语权的努力——对唐朝"罢市"的考察》，《中国经济史研究》2009年第3期。

既有众多突厥、回纥、昭武九姓等少数民族商人,亦有大量波斯、大食等外国商人,共同促成隋唐城市开放局面和多元民族人口结构的形成。隋唐时期,数量众多的新罗、日本、东南亚和中东商人等也来到中国沿海城市,与中国商人进行商品贸易和社会交往,海上丝绸之路城市的兴起在此一时期初显端倪。

一、民族融合与政治中心城市的发展

隋唐时期是中国封建社会发展的高峰期,亦为中国城市发展的一个鼎盛时期。此时期城市的一个重要特点是延续了魏晋南北朝以来的民族融合趋势,多民族在城市内的交流、交往和交融,为城市发展注入了新的活力,增添了丰富多彩的物质文化和精神文化的内涵。

隋唐时期,中原农耕民族与周边北部和西北部游牧民族之间的经济贸易、文化交流、民族融合不断加强,隋唐政治、经济、军事及城市社会生活各个方面均受到少数民族及域外多元文化的广泛影响。唐朝在建立之初,与北方的突厥时有征战,利用战争与怀柔相结合的政策控制了西突厥。为恢复汉代建立的丝绸之路,唐王朝重开西北商路,与西域各地展开商业贸易和文化交流。唐太宗曾对安国使臣说"西突厥既降,商旅可行矣"。闻此,"诸胡大悦"。[①] 南北朝时期中断的北方丝绸之路在唐代得到逐渐恢复和发展。唐政府为西域胡商和中亚、西亚的波斯、大食等国商人来中原开展贸易提供了良好政治、社会环境,促进了丝绸之路的兴盛。史载:"凉州为河西都会,襟带西蕃、葱右诸国,商侣往来,无有停绝"[②];"伊吾之右,波斯以东,职贡不绝,商旅相继,琛赆遭其寇攘,道路由其拥塞"[③]。从上述记载可以看出,西域商人通过重新开通的北方丝绸之路与中原各地城市进行了越来越多的商贸往来,以致道路拥塞。此时期,分布于西域的昭武九姓大量来到中原,其族善经商,"男子年二十,即远之旁国,来适中夏。利之所在,无所不到"[④]。北方丝绸之路重开以后,西域胡商和波斯商人纷纷往来于东西方,尽管旅途十分艰险,甚至有时还有生命危险,但也无法阻止他们对巨额商业利润的追逐。

长安是唐代的都城,不仅是中国规模最大的城市,甚至也是当时世界上规模最大的国际性大都会,不仅吸引了中国各地的士人、商人和手工业者纷至沓来,而且对世界各民族也产生了巨大的虹吸效应。各少数民族和外国来客大量聚集在长安城内,共同在一定区域内生活,相互之间逐渐建立起一定的交往和联系,并不断互鉴互学,相互影响,趋于融合,从而对长安社会产生了重要的影响。唐贞观初年,长安城内各民族混杂,突厥人数量相当可观,"其入居长安者近且万家"[⑤]。若一户按

[①] 欧阳修、宋祁撰:《新唐书》卷二百二十一下《西域传下》,中华书局,1975年,第6244页。
[②] 慧立、彦悰:《大慈恩寺三藏法师传》卷一,中华书局,2000年,第11页。
[③] 李世民:《讨高昌诏》,董诰等编:《全唐文》卷六,中华书局,1983年,第76页。
[④] 刘昫等撰:《旧唐书》卷一百九十八《西戎传》,中华书局,1975年,第5310页。
[⑤] 刘昫等撰:《旧唐书》卷六十一《温彦博传》,中华书局,1975年,第2361页。

5口人计算,居留长安的突厥人可达5万人左右。另外,因政治原因而居留长安的外邦官员,以及因经商为目的安居长安的商人及其随从也为数不少。安史之乱后,回纥人因协助唐王朝平定叛乱有功,获得在长安等城市往来和居住的一些特别权力,故而有大量回纥人定居长安,史载:"留京师者常千人,商胡伪服而杂居者又倍之。"① 这些胡商"殖赀产,开第舍,市肆美利皆归之",财力相当雄厚,生活奢侈,甚至到了"日纵贪横,吏不敢问。或衣华服,诱取妻妾"② 的程度。上述史料提及胡商在长安娶妻纳妾事当属实。长安作为国际大城市,汇聚了东西南北多个民族,各民族杂居相处,彼此通婚是为常见之事。如同吕思勉在《隋唐五代史》之书中所说:"唐代异族入处内地者甚多,安能禁其婚娶?此势所不行也。"③《资治通鉴》载,贞元三年(787),"胡客留长安久者,或四十余年,皆有妻子……安居不欲归……检括胡客有田宅者……凡得四千人"④。陈鸿祖《东城老父传》在记述宪宗时事曰:"今北胡与京师杂处,娶妻生子。长安中少年,有胡心矣。"⑤《朝野佥载》也记载有一则"白马活胡儿"的故事,非常典型地反映了番汉数代通婚的情形:"广平宋察娶同郡游昌女。察先代胡人也,归汉三世矣。忽生一子,深目而高鼻,疑其非嗣,将不举。须臾赤草马生一白驹,察悟曰:'我家先有白马,种绝已二十五年,今又复生。吾曾祖貌胡,今此子复其先也。'遂养之。"⑥ 可见,回纥及其他民族居留长安的人数众多,很多人改俗易服,亦有娶中原女子者,无形中对民族融合产生了相当大的影响。

唐代,随着周边民族与唐王朝交往的进一步加深,各民族更多地进入唐王朝控制区域和城市经商、游历或居住,民族交流融合进一步加强。早在贞观初年平突厥后,就开始迁突厥部落于朔方,降人入居长安者近万家,时人称:昭武九姓胡商"常冒回纥之名,杂居京师,殖货纵暴,与回纥共为公私之患"⑦。该资料显示昭武九姓商人在长安已颇具实力。长安的波斯、大食等外国商人也相当多,西市就有不少波斯商人开设的"波斯邸"。摩尼教徒亦有不少人在长安经商,史称:"摩尼至京师,岁往来西市,商贾颇与囊橐为奸。"⑧ 胡商还在长安经营高利贷,以致"京城内衣冠子弟及诸军使并商人百姓等,多有举诸蕃客本钱"⑨。向胡商(番客)借钱

---

① 司马光编著,胡三省音注:《资治通鉴》卷二百二十五《唐代宗纪》,中华书局,1956年,第7265页。
② 司马光编著,胡三省音注:《资治通鉴》卷二百二十五《唐代宗纪》,中华书局,1956年,第7265页。
③ 吕思勉:《隋唐五代史》下,中国友谊出版社,2009年,第543页。
④ 司马光编著,胡三省音注:《资治通鉴》卷二百三十二《唐德宗纪》,中华书局,1956年,第7493页。
⑤ 李时人编校:《全唐五代小说》,中华书局,2014年,第839页。
⑥ 赵守俨点校:《朝野佥载》卷五,中华书局,1979年,第121页。
⑦ 司马光编著,胡三省音注:《资治通鉴》卷二百二十六《唐德宗纪》,中华书局,1956年,第7287页。
⑧ 欧阳修、宋祁撰:《新唐书》卷二百一十七《回鹘传》,中华书局,1975年,第6126页。
⑨ 李昂:《禁与蕃客交关诏》,董诰等编:《全唐文》卷七十二,中华书局,1983年,第755页。

之人如此之多,充分说明长安胡商人数之众,财力之雄厚。西市还有许多胡商经营饭馆、酒店等饮食业,并以胡姬陪酒。李白《少年行》"落花踏尽游何处,笑入胡姬酒肆中"① 是为例证。洛阳的外商数量也甚多,祆教等宗教随之传入,建立了各类庙宇。据《朝野佥载》记载:"唐河南府立德坊及南市西坊皆有胡祆神庙。每岁,商胡祈福,烹猪羊,琵琶鼓笛,酣歌醉舞,酹神之后,募一胡为祆主。"② 祆教等外来宗教兴盛于洛阳,一是说明洛阳已成为多元文化汇集之地,二是说明洛阳包括胡商在内的西亚人口甚多。

这种民族交往与融合在多种历史典籍中均有所记载,据《资治通鉴》载,唐德宗贞元三年(787),长安呈现出一片各国来朝、各族因商而聚的景象,"自天宝以来,安西、北庭奏事及西域使人在长安者,归路既绝,人马皆仰给于鸿胪、礼宾委府、县供之,于度支受直。度支不时付值,长安市肆不胜其弊。李泌知胡客留长安久者,或四十余年,皆有妻子,买田宅,举质取利,安居不欲归,命检括胡客有田宅者停其给。凡得四千人,将停其给。胡客皆诣政府诉之,泌曰:'此皆从来宰相之过,岂有外国朝贡使者留京师数十年不听归乎!今当假道于回纥,或自海道各遣归国。有不愿归,当于鸿胪自陈,授以职位,给俸禄为唐臣。人生当乘时展用,岂可终身客死邪!'于是胡客无一人愿归者,泌皆分隶神策两军,王子、使者为散兵马使或押牙,余皆为卒,禁旅益壮。"③

如上文所记,安西、北庭及西域来朝贡的使者留居长安,长期仰给财政,其中部分人长期滞留在此。唐政府为便于管理,本意将这批人遣返回西域,但无一人自愿返归。他们之所以不愿归返,一个重要原因就在于其中许多人早已在中原娶妻生子,甚至在乡间置办有田宅,有的在长安等城市生活长达数十年,已然习惯了中原的生活。有鉴于此,主管此事的官员李泌不得不下令鸿胪寺对他们进行登记,让他们获得唐朝户籍,成为唐朝的编户齐民,在给予他们与其他居民一样权利的同时,亦要求他们承担一定的义务。这批人之中的大部分人被编入神策军,成为守卫唐王朝的士兵。这一方式使为数众多、来唐之后不愿返乡的外域人开始陆续向唐朝臣民转化。由此可见,唐代部分大城市中已经出现多民族长期共存、互学互鉴的融合趋势。

唐长安是当时的国际大都会,宫殿建筑规模及其辉煌程度,在当时世界上是无与伦比的。长安也是中国的文化中心、教育中心,以及中外文化交流中心,不仅吸引着中原各地有学问的知识分子,而且也吸引着周边各国、各民族。远在吐蕃的松赞干布遣派几批学生前往长安。正处于社会变革时期的日本也多次派人到中国考察学习,既有官方的遣唐使,也有民间的留学生以及学习僧,他们来到长安后,读书学习、访师求友,甚至还有人入朝为官。从公元630年开始,日本先后有19批次

---

① 李白:《少年行》,彭定求辑:《全唐诗》卷二十四,中华书局,1960年,第323页。
② 张鷟:《朝野佥载》卷三,中华书局,1979年,第64页。
③ 司马光等:《资治通鉴》卷二百三十二《唐德宗纪》,中华书局,1956年,第7493页。

的遣唐使来唐，规模不一，人数不断增加，来到唐朝长安的日本使者多次朝觐中国皇帝。《新唐书·东夷列传》载，公元703年，遣唐执节大使粟田真人到长安，受到武则天的宴请招待，粟田"冠进德冠，顶有华花四披，紫袍帛带"[1]。遣唐使亦有入朝为官者，如阿倍仲麻吕在国子监学习期间，参加科举考试中第，后被唐玄宗委任为三品官职，直到其逝世一直留在唐朝。除遣唐使外，来唐人数更大的群体是僧侣，这些僧人多在长安学习中国本土化的佛教、佛法。这些留学僧的人数是遣唐使的几倍，已经形成一定规模，他们既将中国文化带回日本，也将日本文化传入中国，促进了两国的文化交流。

唐太宗时，高丽、百济、新罗、高昌、吐蕃诸国亦遣子弟入国学，于是国学之内有学生八千余人，国学之盛，近古未有。这些留学生虽以求学于唐朝为目标，但其带来的本国文化也为长安等城市文化增添了异域色彩，使长安等城市的文化生活变得丰富多彩。

多民族、多元文化相融合的唐代文化最鲜明的时代特征乃"胡风"盛行，即"胡风"渗透进社会生活的方方面面。"胡"是对广泛分布于中国北方并与西域有密切联系的少数民族的总称。唐代胡风盛行的文化现象已为众多史学家所认可。究其原因是多方面的。首先，李唐王朝在西域建立起了有效的统治，并与广大西域各国建立了广泛而密切的经济文化交流，西域文明[2]在唐代"胡风"中占了最主要的成分，对唐代绚丽多彩的文化产生了重要影响。其次，李唐王朝与鲜卑族有密切血缘关系，唐高祖、唐太宗等大唐王朝的奠基者均有胡族血统，唐朝统治者对于"胡族"风气并不排斥。再者，公元631年唐太宗灭东突厥后，东突厥贵族住入长安。以后西域各族人士称昭武九姓者接踵而来，加上波斯、阿拉伯的商人，印度僧侣，日本、新罗的留学生、学问僧，东南亚各国艺人，在长安者，总数可能在十万人以上。他们进入唐朝统治中心，必然会对唐代文化产生重大影响。更为重要的是，魏晋南北朝时期是中国民族融合的高峰期，西晋以后，大量少数民族进入中原地区，与汉人相互通婚，接受中原地区先进的物质文明与精神文明，甚至建立少数民族政权，在长期的共同开发和生活中，民族融合程度大大提高，民族间的界限日益缩小。因此，经过魏晋南北朝长达300多年的民族融合，中原地区的汉文化已经不再是单纯的汉文化，而是在传承的汉族文化中增加了许许多多的各民族文化因素。[3]

秦始皇以后，中原的最高统治者都称皇帝，即使偏安一隅之地的分裂割据者，也都自称皇帝，以显示其至高无上的地位。此外，周边少数民族政权的最高统治者称谓也各不相同，如匈奴称单于，突厥称可汗，吐蕃称赞普。隋唐时期，随着民族大融合的发展，不少中原地区的统治者也开始有了少数民族首领的称号。隋朝末年，割据于马邑的刘武周既称皇帝，又称定杨可汗；而割据朔方郡的梁师都既按照

---

[1] 欧阳修、宋祁撰：《新唐书》卷二百二十《东夷列传》，中华书局，1975年，第6209页。
[2] 向达在《唐代长安与西域文明》一书中认为：先及葱岭以东于阗、龟兹、疏勒诸国，然后推及中亚、西亚，如昭武九姓以及波斯诸国。观于此辈，而后西域文明流行长安，其性质之复杂，亦可概见。
[3] 赵文润主编：《隋唐文化史》，陕西师范大学出版社，1992年，第5页。

汉族礼俗建都称帝，又称大度毗伽可汗。值得一提的是，他们的可汗之称，均是在突厥的胁迫下被迫承认的。中原的皇帝大多以敌对的态度歧视周边各族及其首领，连匈奴人刘渊得势称帝，也"鄙单于之号，窃帝王之宝"①。但至唐太宗时期，这一现象得到明显改变。《唐会要》卷七十三《安北都护府》载，贞观十年（636），唐王朝彻底打败东突厥，原东突厥各属国归属唐朝，北方各族首领抵达长安，请尊太宗为"天可汗"，太宗曰："我为大唐天子，又行天可汗事。"各族首领向唐太宗回复说："今称陛下为天可汗，令外俗知可汗以上，又有天可汗，自然益加畏服了。"唐太宗对此解释表示认可，自此以后，降玺书赐西域、北荒之君长，皆自称"皇帝天可汗"。唐太宗以后，唐高宗、武则天、唐中宗、唐睿宗、唐玄宗、唐肃宗、唐代宗等都曾被突厥各部族尊称为天可汗。从刘武周、梁师都被迫称可汗，到唐太宗乐于称可汗，反映出在民族融合过程中思想文化领域的变化。

此时期的民族融合还表现在姓氏的变化上。隋唐姓氏沿袭前朝，有三字姓、两字姓、单姓，亦有稀姓。三字姓多源于北方少数族，他们以部族或部落之名为姓氏，魏收《魏书》载，北魏时有二十六国九十九姓，国人与皇族又有十姓。其时，这些少数民族进入中原之后便各以其姓氏定居各地，到隋唐时期仍大部分保留原姓未变。但在此期间，也有一些汉人因在少数民族政权中建功立业，被赐胡姓，而采用了少数民族的三字姓，故三字姓中有胡、汉血统的混合。及至少数民族统治政权退出统治，汉族政治、文化制度恢复之后，胡化者又重新恢复汉姓。此类例子较多，如见于隋唐史籍的三字姓阿史那、侯莫陈、万扭于等，后来汉化时，则分别依照中国姓氏，改三字姓为单姓，如阿史那改史姓，侯莫陈改侯姓，万扭于改于姓。隋唐时期两字姓也颇多，如皇甫、闻人、公孙、司空、欧阳等都是汉族的复姓，但亦有从少数民族氏姓转变而来的，如独孤、尔朱、库狄、慕容、贺兰、贺若、达奚、贺娄、长孙、尉迟、宇文、执失、吐突、吐万、拓跋等。② 后者也进行了汉化，把双姓改单姓便是北朝胡姓改称汉姓的典型例子，如北魏宗族拓跋氏进入中原后改称元氏。

隋唐时期除保留胡姓以及汉化后改从汉姓外，也有出于政治文化等多种原因而改姓的，如有因功勋而赐国姓的，有因过失或避仇避嫌而改姓的，有仰慕前贤而改姓的，有声音文字异同以及省言省文而转姓的。

二、多民族交流与重要工商业城市的发展

隋唐时期，多民族交流除了对长安、洛阳等政治中心城市产生影响外，也对部分重要工商业城市产生了不同程度的影响。

隋唐建立了统一的多民族国家，其疆域辽阔，物产丰富，社会安定，水陆交通

---

① 王钦若等编：《册府元龟》卷五百三十二《相谏》，中华书局，2006年，第6065页。
② 赵文润主编：《隋唐文化史》，陕西师范大学出版社，1992年，第249页。

空前发达，实行对外开放政策，故而中外人口流动规模频繁。唐太宗于贞观元年（627）下诏"使公私往来，道路无壅，琛宝交易，中外匪殊"①，贞观四年（630）采纳魏徵对西域各国"听其商贾往来，与边民交市"的建议。唐文宗继续奉行开放政策，于太和八年（834）诏："其岭南福建及扬州蕃客宜委节度观察使，除舶脚收市进奉外，任其来往，自为交易，不得重加率税。"② 互市监作为政府专门对外贸易机构，各掌诸番交易之事。此类优惠政策和稳定的社会环境，吸引了大量外商到大唐进行各种经济活动。唐中期，以朝贡贸易为主的海上贸易因南方梅岭道的修筑而得以大规模发展，海外诸国，日以通商，广州城外商船不知其数，并载香药、珍宝，积载如山。《唐会要》称"主客掌朝贡之国，七十余番"③。《新唐书》记载前来朝贡的有七十二国。东南亚各国使臣和商人从梅岭道北上进入内地，运至长安、洛阳等城市。其时南方诸国的贡物和商品主要有象、象牙、犀牛、沉香、珍珠、朝霞布、火珠、鹦鹉、猛火油、花魿、玳瑁、龙脑香、郁金、菩提树、蔷薇水、波棱菜、酢菜、胡芹、浑提葱等。《开凿大庾岭路序》记载，"齿革羽毛之殷，鱼盐蜃蛤之利，上足以备府库之用，下足以赡江淮之求"，真可谓"怀荒服兮走上京，迁（万）商兮重九译，车屯轨兮马齐迹，招孔翠兮徕齿革，伊使臣之光兮将永永而无斁"④。

在大开放的背景之下，不仅长安、洛阳等重要政治中心城市发展为国际大都会，南方的一些城市也增加了开放性，特别是大运河的开凿为扬州等城市带来了区位条件的变化，使扬州成为江南对外贸易的重要港口。与此同时，海上航行技术的进步与海上管控的松动，促使东亚、东南亚、南亚甚至中东地区的商人陆续从海上乘船来到中国东部港口城市，南方的主要城市成为海外商人聚居的主要地区。

扬州襟江带海，处于运河与长江的交汇口，在唐代也是东部海外贸易的重要集散市场。扬州不仅是粮食、丝绸、海盐的产地，也是唐代南方手工业水平最高的城市，在多方面都具备了极高的生产力，因而对外商具有很大吸引力。居留在扬州的外国人以西亚诸国、新罗（今朝鲜）和日本等国的商人为主，西亚诸国人中又以阿拉伯人和波斯人最多，其数量超过了除长安以外南北各地城市的总和。扬州等南方城市的外商多从海路而来，也有部分是从北方南下而来，主要从事宝石、香料等各种奢侈品买卖。有为数不少的大食、波斯商人在扬州坐市买卖，他们经营的店铺在当时通常称为"波斯店"或"胡店"。更有胡商番客泛舟长江、运河，往来于岭南与江淮、两京之间。盛唐时期，扬州的胡商数量众多。杜甫《解闷十二首》其二云："商胡离别下扬州，忆上西陵故驿楼。为问淮南米贵贱，老夫乘兴欲东流。"扬州及其附近区域的新罗人，从事运输业和商贸者众多，他们主要在扬州至泗州的江

---

① 王钦若等编：《册府元龟》卷五百零四《邦计·关市》，中华书局，1960年，第5731页。
② 王钦若等编：《册府元龟》卷一百七十《帝王部》，中华书局，2006年，第1895—1896页。
③ 王溥撰：《唐会要》卷四十九《僧尼所隶》，中华书局，1960年，第860页。
④ 张九龄撰，熊飞校注：《张九龄集校注》卷十七《开凿大庾岭路序》，中华书局，2008年，第891页。

淮运河沿线和从楚州经淮水下游到海州、密州、莱州、登州等地区的范围内进行商业活动。① 新罗人还用纸、雨伞等新罗出产的商品交换唐朝的丝绸、铜镜和瓷器等物品。

唐代宗大历六年（771），粟特商人请求朝廷在扬州、洪州、越州、荆州等地各置大云光明寺一所，为摩尼教徒提供信仰活动场所。西域粟特人大多信奉摩尼教，他们为了满足其精神文化生活的需要而提出如此要求，说明上述城市信奉这一宗教的人不在少数。有研究者认为，扬州的胡商等域外人员与长安相比，可能人数相对要少一些，但作为地区性城市能有如此规模的聚居区，已属可观。② 苏保华等人在研究《太平广记》后指出，在唐代，胡人除了作为使节或质子中土居留长安或洛阳之外，其他不同身份的胡人，诸如胡妓、胡僧、胡商、胡奴、胡侠、胡吏等多在扬州留下行踪；其中胡商、胡奴数量最多，与胡侠、胡吏、胡妓、胡僧相较，在数量上占据明显优势。扬州的胡商数量虽未有准确的统计，但从一些零星的史料也可发现其人数众多。如唐肃宗时，宋州刺史刘展在江淮起兵作乱，平卢都知兵马使田神功出兵讨伐，"至扬州，大掠居人资产，鞭笞发掘略尽，商胡大食、波斯等商旅死者数千人"③。从此段史料可见扬州的域外商人数量之多，一次动乱被杀者就达数千人，如果加上幸免于难的人员，胡商数量应该有万余之众。直至唐末，扬州的胡商活跃程度依然很高，不少人拥有巨资。

外商在扬州等城市经商收获颇丰，利润极高，产生了一些富商大贾，因而无论官员还是官府都经常打胡商的主意，往往在一些重大工程开工之前，多要求胡商捐纳，以弥补资金的不足。开成四年（839），扬州都督兼淮南节度使李德裕，为修理开元寺瑞像阁而要求外商捐钱，波斯商人捐钱一千贯，日本商人捐钱五十贯。④ 唐僖宗时，"度支以用度不足，奏借富户及胡商货财；敕借其半。盐铁转运使高骈上言：'天下盗贼蜂起，皆出于饥寒，独富户、胡商未耳。'乃止"⑤。以上史料表明，唐后期因政府财用不足，有官员上奏请向富户、胡商借用财货，诏命他们拿出一半的财物借给政府，但此议后被时任扬州大都督府长史、淮南节度使、盐铁转运使高骈谏止。从此建议来看，唐后期扬州胡商数量的确不少，而且拥有巨资。胡商的经商活动经常受到地方官员的盘剥或"重加率税"，致使胡商颇有怨言。唐文宗时，"南海蕃船，本以慕化而来，固在接以恩仁，使其感悦。如闻比年长吏多务征求，嗟怨之声，达于殊俗"。为了鼓励域外人员来华经商，唐文宗太和八年（834），朝廷颁布诏令："其岭南、福建及扬州蕃客，宜委节度观察使，除舶脚收市进奉外，

---

① 圆仁撰：《入唐求法巡礼行记》，文海出版社，1976年，第95页。
② 苏保华、王椰林：《从〈太平广记〉看唐代扬州的胡人活动》，《武汉大学学报》2012年第4期。
③ 刘昫等撰：《旧唐书》卷一百一十《邓景山传》，中华书局，1975年，第3313页。
④ 圆仁著：《入唐求法巡礼行记》，文海出版社，1976年，第95页。
⑤ 司马光编著，胡三省音注：《资治通鉴》卷二百五十三《唐僖宗纪》，中华书局，1956年，第8221页。

任其来往，自为交通，不得重加率税。"① 这些措施为往来于扬州、广州、福州等地的外国商人提供了一定的财产安全保障，亦使其积极开展商业活动成为可能。

唐代广州也是多民族和域外商人聚居的重要城市。唐初，朝廷在广州设置市舶使，主要职责是总管东南海路对外贸易，制定税收征管制度，向前来贸易的船舶征收关税，代表宫廷采购一定数量的舶来品，管理商人向皇帝进贡的物品，对市舶贸易进行监督和管理等。《旧唐书·玄宗纪》载：开元二年十二月，右威卫中郎将周庆立为安南市舶使，"与波斯僧广造奇巧，将以内进。监选使、殿中侍御史柳泽上书谏，上嘉纳之"②。《新唐书》叙述鸿胪寺职掌时，也特别突出广州的商业地位，谓："海外诸蕃朝贺进贡使有下从，留其半于境；由海路朝者，广州择首领一人、左右二人入朝。所献之物，先上其数于鸿胪"③。市舶使的设置表明广州在对外贸中的重要地位，同时也促进了广州对外贸易的发展。唐后期，阿拉伯人多次宣称广州是阿拉伯商人荟萃之地。《唐大和上东征传》对当时中亚、西亚商人的奢侈品经由广州进口的情况做了生动描述："江中有婆罗门、波斯、昆仑等舶，不知其数；并载香药、珍宝，积载如山。其舶深六、七丈。狮子国、大石国、骨唐国、白蛮、赤蛮等往来居〔住〕，种类极多。"④ 广州各民族商客荟萃，人口结构形成唐人与夷人杂处、与四方商贾杂居的特征。为加强对民族人口的管理，政府仿照里坊制度，在城西划定外侨居住区，"顷年在广州番坊，献食多用糖蜜、脑麝，有鱼俎，虽甘香而腥臭自若也"⑤。番坊居住着阿拉伯人、印度人、南洋诸国人，他们实行某种程度的民族自治，保持各自生活习惯和宗教信仰。⑥

外商在中国重要城市的活动引起了中国文人的高度关注，他们在诗歌中对外商多有描述，普遍形成了一个固定印象，认为外商都是拥有大量财富的异域人，寒山《昔日极贫苦》诗云："大有碧眼胡，密拟买将去。余即报渠言，此珠无价数。"其时从海上来的胡商被称为舶主，故而有"舶主腰藏宝"的传言，所谓"南方呼波斯为舶主。胡人异宝，多自怀藏，以避强丐"。《太平广记》也记载有胡人斗宝的故事。胡商不远万里，跋山涉水来到大唐，其出售的商品自然是附加值高的物品，其中珠宝、香料就是经营的主要商品之一。珠宝和香料体积小，便于运输，且具有高附加值，更重要的是能够满足中国上层社会对这些奢侈品的需要，故而能牟取巨大的利润，从而驱使他们不远万里地从海外带来为数较多的名贵珠宝和香料。另外，也有部分胡商经营各种特色食品，以满足中国人对异域美食的追求，如长安长兴里就有饆饠店，升平坊里门旁有胡人鬻饼之舍。此外，胡商还经营药品，包佶有《抱疾谢李吏部赠诃黎勒叶》诗云："一叶生西徼，赍来上海查。岁时经水府，根本

---

① 王钦若等编：《册府元龟》卷九十一《帝王部·赦宥》，凤凰出版社，2006年。
② 刘昫等撰：《旧唐书》卷八《玄宗本纪》，中华书局，1975年，第174页。
③ 欧阳修、宋祁撰：《新唐书》卷四十八《百官志》，中华书局，1975年，第1257页。
④ ［日］真人元开著，汪向荣校注：《唐大和上东征传》，中华书局，2000年，第74页。
⑤ 房千里：《投荒录》，转引自周运中《中国南洋古代交通史》，厦门大学出版社，2015年，第222页。
⑥ 杨万秀：《广州道史》，中华书局，2010年，第307页。

别天涯。方士真难见，商胡辄自夸。此香同异域，看色胜仙家。"唐诗除了对胡商有较多的描述外，还有大量关于外族其他人的描述，如《全唐诗》中出现"胡姬"23次，出现"胡儿"55次，出现"胡人"41次，出现"胡骑"32次。数量较多的胡人来到中国城市，对中国城市生活产生了深刻的影响。他们的流动性较大，生活习俗与中原人不一样，故而不太适应严格的坊市制度。可以说，坊市制解体的过程中有着胡商的一份贡献。

唐代，中外交通发达，胡商在中国大中城市云集，大量北方游牧民族也南下到农耕地区，故而多元文化在城市中交汇、交流和交融，极大地丰富了城市居民的生活。各族人口既带来不同的风俗文化，又带来了异国商品。据不完全统计，终唐一代，域外传入中国的物品达百余种。长安胡店都开在西市，大多是胡姬酒肆、珠宝店等。西市与长安城东至曲江一带，就有胡姬侍酒之酒肆，李白等诗人曾流连其中。金樽美酒，在胡姬素手笑靥中更令人沉醉。胡商开启了隋唐时代城市胡风盛行之风气，开元、天宝之际，玄宗以声色犬马羁縻诸王，异族入居长安者多，都城胡化极盛一时。西域传来的饮食、服饰、宫室、乐舞、绘画等，对社会各方面影响广泛。

人口迁徙流动所促成的民族融合，是隋唐时期城市社会、经济、文化发展的强大动力之一，这是这一时期城市发展的重要特点之一。这一时期，中原政权强大有力，对外征讨、招抚等多种政治军事活动推动了周边民族的人口流动，而开放包容的民族政策也对民族交往、交融起了重要的作用，内地城市的繁荣昌盛，汉族文化的博大精深，无不加速着周边民族向内地迁移的步伐，西北地区的突厥、铁勒、契丹、党项、吐谷浑等族群纷纷内附，其中不少人迁移到内地或边疆的城市之中，并与汉族杂居。周边民族与域外民族的到来，带来的不单是城市人口的增加，随之而来的还有多元的物质文化、精神文化和制度文化的传入，以及新生产技术的引进，丰富多彩、别具特色的民俗风情的传入。周边及域外商人和贵族进入中原城市，为城市经济和建筑的发展注入资金、技术，促进了城市居民物质生活的多元发展；外国留学生、僧人、遣唐使等的到来，丰富了中国城市居民精神文化生活；各地饮食、服饰的传入，使中国城市居民的生活更加丰富多彩。持续不断的民族迁徙，打破了民族界限，而城市则为各民族的深层次交往和物质文化、精神文化的沟通，各民族之间的互学互鉴以及相互融合提供了平台。

第五章　城市社会生活及文化的变迁

城市社会生活是城市社会整体的物质生活和精神活动的总和。一定时期内的城市社会生活是这一时期城市文化，即城市物质及精神文明的综合体现。在隋唐五代这个特定的历史时期，社会生产的发展和繁荣，为城市社会生活提供了相对于前代更加丰厚的物质基础，使这一时期城市的社会生活比以往更加丰富多彩。由于中西交流的频繁，异族的生活方式强烈地影响了时代的风尚，这在饮食、服饰、起居、出行、娱乐等方面均有体现。在这一时期，封建礼教对人性的约束不像后世那样严重，社会生活呈现出开放、进取和蓬勃向上的风貌。其中尤为引人注目的是居民的消费方式、日常活动与休闲方式的变化。城市的经济、社会、政治、文化结构变化使城市也发生着变化，尤其是城市社会结构变化，直接影响了城市居民的生活方式。

第一节　物质生活的发展变化

物质生活是城市居民其他社会生活的基石，文化生活、婚姻生活抑或宗教生活，皆以物质生活为基础，物质生活的质量在一定程度上决定着其他社会生活水平的高低。衣、食、住、行是城市居民生存的基本需要，亦为家庭物质生活的基本组成部分。隋唐五代是中国历史上承前启后的重要历史时段，政治、经济、文化、外交等领域的繁盛为城市发展提供了难得的机遇，也为城市居民物质生活的发展创造了重要条件。隋唐城市呈现出经济发展、人口流动大、商贸与文化交流频繁等特点；城市居民构成较前更加多元化、异质化，除居于统治地位的皇室外戚、官员外，原有的"士、农、工、商"四民构成也多有变化，以工商业者为主体的市民群体相继兴起。此外，随着对外开放的不断扩大，胡商、外国使节、留学生、僧侣等人群也在重要城市内聚集，由此使城市居民的饮食、服饰、居住、出行较前代有较大变化，物质生活出现了多层次、多元化的发展态势。

一、饮食生活的发展变化

隋唐五代城市居民的饮食呈现出异彩纷呈的特点，主要表现为以下三点：一是不同地区的饮食风俗存在较大的差别;二是不同阶级或阶层的饮食风俗各具鲜明的等级特色;三是城市饮食受到外来食物及其食用风俗的影响较大。

隋唐时期,国家疆域极其辽阔,不同区域的地理位置、气候条件不同,物产也相差很大,从而使各地区的人民形成了不同的饮食习惯。从饮食结构上可以分为南北两大派系,南方城市以长江流域为中心,主食以稻米为主;北方城市以黄河流域为中心,主食以麦面为主。柳宗元在与朋友的书信中称"穷陇西之麦,殚江南之稻,以为兄寿"①,以夸张的文学语言明白地道出了南北饮食结构中主食的稻麦之异。据学者统计,《太平广记》涉及北方地区饮食的文字共有86处,除14处未记载食品种类外,其他72处中,涉及面食者有57处,稻米有8处,粟米4处,麦饭3处,由此可见面食在北方饮食结构中占据最重要的地位。②而此种生活习俗既受自然地理环境的影响,也是对历史文化传统的继承。

唐代北方的城市都以面食为主,据宋敏求《长安志》,长安及周边地区的主要食品为大小麦面。韩愈曾有"天锡皇帝,多麦与黍"③之说。小麦磨成面粉极易做成各种食品,花样层出不穷,很符合北方人的饮食习惯,因此在北方城市中很受各阶层人士的欢迎。宣宗时,长安附近的百姓"多端以麦造面,入城贷易"④,这说明长安居民普遍食用麦面,麦面成为北方城市市民的主要粮食。

在众多的面食当中,面饼最普遍,据段成式《酉阳杂俎》,长安制饼的技术非常高,品种特别多,有蒸饼、胡饼、阿韩特饼、凡当饼、油煎饼等。蒸饼制作简单,只需用面粉发酵蒸熟即可,食用方便,较为普及,街头巷尾都有蒸饼出售,《朝野佥载》记载,长安人邹骆驼常以小车推蒸饼售卖;而《太平广记》则称武则天时的四品官张衡因为"路旁见蒸饼新熟,遂市其一,马上食之,被御史弹奏"⑤。从西域传入的胡饼在隋唐五代时期的长安等北方城市也十分流行,上自贵族,下至平民百姓,对胡饼都非常喜爱。长安城辅兴坊在唐中期是胡饼店铺集中之地,所售胡饼名扬海内。白居易曾将长安的胡饼寄与朋友,并写《寄胡麻饼与杨万州》诗云:"胡麻饼样学京都,面脆油香新出炉。寄与饥馋杨大使,尝看得似辅兴无。"诗中的胡麻饼实际上是一种香酥牛肉饼,风味独特、营养丰富、鲜香肉嫩、面脆油香,外形玲珑剔透,入口油而不腻。

秦岭—淮河以南地区的主食以水稻为主。江南是隋唐五代稻米的主要产地,也是主要食用稻米的地区。《隋书》载:"江南之俗,火耕水耨,食鱼与稻,以渔猎为业,虽无蓄积之资,然而亦无饥馁。"⑥"食鱼与稻"是唐朝初年人们对江南饮食的

---

① 柳宗元:《与李睦州论服气书》,董诰等编:《全唐文》卷五百七十四,中华书局,1983年,第5807页。
② 黄正建:《敦煌文书与唐五代北方地区的饮食生活》,《魏晋南北朝隋唐史资料》第11辑,武汉大学出版社,1991年。
③ 韩愈:《元和圣德诗》,彭定求等:《全唐诗》卷六百九十八,中华书局,1960年,第3760页。
④ 王溥撰:《唐会要》卷九十《和籴》,中华书局,1960年,第1637页。
⑤ 李昉等编:《太平广记》卷二百五十八,中华书局,1961年,第2015页。
⑥ 魏徵、令狐德棻撰:《隋书》卷三十一《地理志》,中华书局,1973年,第886页。

第五章
城市社会生活及文化的变迁

认识。当然，南方城市居民喜食稻米，北方城市居民青睐面食，并非绝对。隋唐时期，随着国家统一和交通发展，南北之间水陆路运输畅通无阻，南方稻米源源不断运往北方，北方城市居民亦有食用稻米的现象，同样，南方城市居民食用面食、面饼的现象也较为普遍。当时流行食用汤饼（面条），其中一种在夏天食用的"冷淘"，即凉面，南北方城市居民皆普遍食用。《唐六典》卷十五载光禄寺供百官膳食时云："冬月则加造汤饼……夏月加冷淘、粉粥……"杜甫于大历年间在成都草堂也曾写过一首题为《槐叶冷淘》的诗："青青高槐叶，采掇付中厨。新面来近市，汁滓宛相俱。入鼎资过熟，加餐愁欲无。碧鲜俱照箸，香饭兼苞芦。经齿冷于雪，劝人投此珠。"成都是南方城市，其城市居民也以稻米为主食，但至少在杜甫时，面食已开始在成都普及，这与唐代北方战乱，大量关中人移居成都有着密切的关系。

唐五代时期，城市饮食店经营的主食主要有饼、饭、粥、糕四种，其中饼占了相当大比例，饭、粥次之，糕较少。饼的品种极其丰富，不仅包括今天的饼类食品，也包括馒头、面条在类的其他面食，仅史籍有记载的便有煎饼、蒸饼、胡饼、汤饼、环饼、薄饼、笼饼、馒头、馄饨等多种名目。陶宗仪《说郛》卷六十一曾记载，唐中宗景龙三年（709），韦巨源拜尚书仆射，所设烧尾宴菜谱中，就有所谓二十四气馄饨，即以各种馅料做成的二十四种馄饨。饭食主要有稻米饭、麦饭、粟米饭、黍米饭、胡麻饭、雕胡饭、青精饭等。粥的名目也繁多，仅食疗名著《食医心鉴》所记的粥方就达四十五种，除白粥外，还有菜粥、肉粥、药粥、动物内脏粥等。糕同样品种繁多，如唐尚书令韦巨源《烧尾宴食单》中就载有七返膏、水晶龙凤糕、玉露团等不少品名。糕点中也有许多属于节令小吃，如粽子等都是南方饮食店中比较常见的糕点。

南北菜品主料与主食一样，差异也十分明显，最突出的一个区别是南方主要以鱼虾类水产品为主，而北方则以肉酪类畜产品为主。唐武则天圣历三年（700），朝廷下令禁止屠杀牲畜，凤阁舍人崔融上奏反对，认为"且如江南诸州，乃以鱼为命，河西诸国，以肉为斋。一朝禁止，倍生劳弊。富者未革，贫者难堪"[①]。撇开其他因素不论，仅从其中就可见唐人对南北副食基本区别的认识。南北各地菜肴品种十分丰富，《酉阳杂俎》记载了猩唇、获炙、麋脤、炮羔、悬熟、兜猪肉、脂血等数十种名菜。《烧尾宴食单》记载了金铃炙、光明虾炙、通花软牛肠、同心生结肉脯、冷蟾儿羹、凤凰胎等三十多种珍稀佳肴。这些名菜佳肴的制作工艺尤为考究，计有蒸、煮、烙、煎、炸、烤、脍、熬、脯、煨等多种烹调方法，菜肴味道丰富多变。但这些菜肴多为上层社会享有，与普通百姓无缘。

隋唐五代时期城市园艺有较大发展，《太平广记》记载扬州六合县有一个园叟，终年种菜、卖菜。据《四时纂要》记述，当时按月种植的蔬菜品种有三十五种以上。唐代名医孙思邈《备急千金要方》也提到多种蔬菜，数量在四十种以上。据文

---

① 王溥撰：《唐会要》卷四十一《断屠钓》，中华书局，1960年，第731页。

献记载,在唐长安市场上供应的四季蔬菜有藕、冬瓜、英首、萝卜、葵菜、韭菜、苜蓿、昆仑紫瓜(茄子)、蜀芥、竹笋、芸苔(油菜)、薯蓣、黄花菜、生菜、蒿、芹菜、菠菜、葱、蒜等,品种非常丰富,其中有些还是从域外引进的珍稀菜种,如莴苣,唐人称为"千金菜"。除蔬菜之外,水果也较为常见。《通典》所列的天宝土贡,其中苏州有嫩藕三百段,杭州有橘子两千颗,越州有柑橘、甘蔗若干。到唐后期,《新唐书·地理志》所记各地土贡,扬州有藕,苏州有柑、橘、藕、菱角,湖州有木瓜、乳柑,杭州有木瓜、橘子,越州也有橘子。白居易在前往江州途中作《江楼偶宴赠同座》诗,其中有"江果尝卢橘,山歌听竹枝"等诗句。白居易在三峡忠州段所作《荔枝楼对酒》诗也有"荔枝新熟鸡冠色,烧酒初开琥珀香"等句。这些诗句生动地反映了唐代酒宴中普遍食用芦橘、荔枝等水果的情形。

　　隋唐五代,城市居民除主食和副食之外,平时对饮品也很青睐,主要有茶、酒,也有奶酪、浆饮等。唐代是中国茶文化普及和发展的重要时期,初唐北方饮茶风气未成,饮茶习俗尚局限于长江流域,饮茶风气以长江上游的巴蜀地区、中游的湖湘地区和下游的江南地区为盛。唐中期,随着南北文化的交流,南方的饮茶习俗很快流传到北方城市。全国性的饮茶之风在唐玄宗开元、天宝年间(713—755)开始出现,于唐德宗建中(780—783)以后呈现南北皆兴盛的局面。杨晔《膳夫经手录》载:"至开元、天宝之间,稍稍有茶,至德、大历遂多,建中以后盛矣。"① 唐中期以后,长安城内的茶馆、茶肆已经较为普及,很受贵族与平民的欢迎。其时,不仅饮茶成为一种社会风俗,而且人们还乐于探讨烹茶和饮茶的方法。饮茶日益普遍,茶成为社会各阶层喜爱的饮料,德宗贞元元年(785)开始征收茶税。正是由于饮茶的普及,茶文化开始兴起,并在唐中期出现了一位被后人称为茶圣的陆羽。《新唐书·陆羽传》记:"羽嗜茶,著经三篇,言茶之原、之法、之具尤备,天下益知饮茶矣。"② 他所撰的《茶经》是中国乃至世界现存最早、最完整、最全面的介绍茶的专著,被誉为茶叶百科全书。《茶经》的撰写对于茶文化的传播产生了深远的影响,推动了唐代茶文化的发展。

　　唐代,除茶以外,酒也是十分普及的饮料。唐代的酒大多用谷物等天然作物,经自然发酵而酿成,酒精度数低,因而无论男女都喜爱饮酒,墨客骚人更是喜爱饮酒,李白、杜甫等大诗人的诗中经常出现描绘饮酒的佳句。如李白《将进酒》写有"人生得意须尽欢,莫使金樽空对月……会须一饮三百杯"等诗句。杜甫也写有"蜀酒浓无敌,江鱼美可求"(《戏题寄上汉中王三首》之二)等诗句。白居易也曾写下"世间好物黄醅酒"(《尝黄醅新酎忆微之》)等诗句。正是在社会风气的推动下,唐代出现了很多名茶、名酒。李肇《唐国史补》记载有17种名酒、21种名茶。显然,很多名茶、名酒都是当地饮食店的畅销饮品。奶酪、浆饮等在饮食店也均有有售。《太平广记》卷二百三十三专门讲了各种各样的酒,如千日酒、擒奸酒、

---

① 杨晔:《膳夫经手录》,丛书集成初编本。
② 欧阳修、宋祁撰:《新唐书》卷一百九十六《陆羽传》,中华书局,1975年,第5612页。

第五章 城市社会生活及文化的变迁

若下酒、昆仑觞、青田酒、黏雨酒等。其中的《酒名》篇,更是详细记载了当时最受欢迎的各种名酒。"郢之富水春,乌呈之若下,荥阳之上窟青,富平之石冻春,剑南之烧春,河东之乾和蒲萄。"① 唐代城市居民喜欢饮酒,"李白斗酒诗百篇"成为千古佳话正是其真实写照。由于经济发达,长安市井繁华,贵族、官僚乃至市民大都有饮酒习惯,李攸《宋朝事实》载天宝以后海内无事,京师人家多聚饮。时人所饮成品酒有米酒(谷物发酵酒)、配制酒和果酒。唐代的果酒主要是葡萄酒。唐代以前,中原地区很少见到葡萄酒的酿造,人们饮用的葡萄酒多为西域所贡。葡萄酒酿造法的内传明确见于史籍记载是在唐太宗时期,钱易载其事称:"太宗破高昌,收马乳蒲桃种于苑,并得酒法仍自损益之,造酒绿色,芳香酷烈,味兼醍醐,长安始识其味也。"② 除西域和河西之外,河东地区,特别是太原一带是当时葡萄酒的生产中心。有唐一代,葡萄酒作为一种新兴的酒类受到了人们的普遍欢迎。此外,由于酿酒业的发展和医学的进步,药酒开始异军突起,成为具有养生治病功能的新产品。

唐代饮食具有多元性和丰富性等特点,同时也具有等级性,不同阶层的城市居民,其饮食各有不同的内容和特色。在阶级社会中,各阶层的饮食生活有雷同之处,亦存阶层和群体的差异,隋唐五代城市居民饮食也是如此。皇帝和达官贵族是统治阶级的上层,他们的饮食生活多奢侈浮华,作为最高统治的皇帝在饮食方面更是食不厌精。隋炀帝以生活奢侈闻名后世,据载,他特别喜欢吃糖蟹,而这种糖蟹生存在南方,故而需要从南方以快马运送到关中京城,其费用甚昂,"一枚直百金,用毡密束于驿马,驰至于京"③。炀帝幸江都时,"吴中贡糟蟹、糖蟹。每进御,则旋洁拭壳面,以金缕龙凤花云贴其上"④。唐代有不少诗人在诗歌中反映了达官贵族及其家眷骄奢淫逸的生活,杜甫在《丽人行》中对此有精彩的描写:"紫驼之峰出翠釜,水精之盘行素鳞。犀箸厌饫久未下,鸾刀缕切空纷纶。黄门飞鞚不动尘,御厨络绎送八珍。"⑤ 杨贵妃喜食荔枝,《新唐书》称"必欲生致之,乃置骑传送,走数千里,味未变已至京师"⑥。杜牧即在《过华清宫》中写道:"长安回望绣成堆,山顶千门次第开。一骑红尘妃子笑,无人知是荔枝来。"唐宰相舒元舆的弟弟舒元褒在考贤良方正时上策,针对当时上层社会醉心美食的风气批评道:"尚食之馔,穷海陆之珍,以充圆方。一饭之资,亦中人百家之产。"⑦ 其时有不少达官贵人在饮食方面穷奢极欲,据时人记载,吴越孙承祐"恣为奢侈,每一燕会,杀物命

---

① 李昉等编:《太平广记》,中华书局,1961年,第1550页。
② 钱易撰,黄寿成点校:《南部新书》丙,中华书局,2002年,第32页。
③ 段少卿:《酉阳杂俎校笺》前集卷十七《广种植·鳞介》,中华书局,2015,1231页。
④ 陶穀撰,李益民等注释:《清异录·馔馐门》,中国商业出版社,1985年,第16页。
⑤ 彭定求等:《全唐诗》卷二百一十六,中华书局,1960年,第2260页。
⑥ 欧阳修、宋祁撰:《新唐书》卷七十六《杨贵妃传》,1975年,第3494页。
⑦ 舒元爽:《对贤良方正直言极谏策》,董诰等编:《全唐文》卷七百四十五,中华书局,1983年,第7710页。

千数,家食亦数十器方下箸"①。后蜀尚食仅所掌《食典》达百卷之多,亦可见上层人士生活之奢侈浮华。其时,为了满足上层官员在饮食方面的需要,朝廷多有食物补贴供给。《大唐六典》卷四《膳部郎中员外郎》记载,亲王以下至五品官皆给肉料,其中,亲王以下至二品官,每月给羊20口,猪肉60斤;三品官至五品官则只供羊肉而无猪肉,三品官每月给羊12口,四品官和五品官每月给羊9口。

隋唐时期,北方城市居民饮食颇受游牧民族的影响,贵人餐食中皆有胡食的身影。唐人所称胡食主要包括胡饼、饆饠、烧饼三种。胡饼在汉魏以后就从西域等地传入中原,到唐代成为人们的常食,北方各城市都有不少胡饼店。安史之乱时,唐玄宗西逃咸阳,至日午未食,杨国忠即从市场买来胡饼献上。另一种常见的胡食为饆饠。这是一种与肉类、果菜合煮的饭,类似于今中亚、我国新疆地区的手抓饭。饆饠传入中原地区后,深受中原人欢迎,长安长兴里和东市均有专门出售饆饠的食店。隋唐五代时期,北方仍受西北游牧民族胡食的影响,饮食中羊肉甚多,羊肉的地位高于鸡肉和猪肉。《唐六典》卷四记载,唐朝政府每月供给各级官员的食料中,羊肉远远多于猪肉。北方还有很多带有浓郁少数民族味道的菜肴,例如浑羊殁忽、于阗法全蒸羊、野猪鲊等。唐代城市居民好酒,高昌的葡萄酒、波斯的三勒浆都曾流行于长安市中,异国风情的胡姬酒常令人流连忘返。由此可见,隋唐五代城市居民饮食所受外来文化之影响。

二、服饰文化的发展变化

隋唐和平时期,整个社会,尤其城市呈现出一派欣欣向荣的景象,这为城市服饰文化的发展和各种服饰风俗的流行奠定了基础。这一时期由此成为中国服饰习俗急骤变革和快速发展的时代,呈现出绚丽多彩的面貌。隋唐时期,服饰不仅具有最基本的遮羞、保暖功能,而且成为人们身份地位的象征,同时也成为一种美的表现形式和载体,反映了当时社会生产力的发展水平、人们的审美情趣以及社会的风尚。

(一)男性服饰的发展变化

1. 等级森严的服饰制度

隋唐五代时期男子服装的发展大体可分两大阶段,第一阶段是隋至初唐时期,第二阶段为中唐至五代时期。每个阶段,按照等级制度差别,朝廷对服饰内容、服色质料都有种种严格的规定。中国古代是一个等级社会,等级制度渗入社会生活的方方面面,服饰也形成了相应的制度,以区别不同的社会角色和社会阶层。历代统治者对服制都非常重视,隋唐五代时期屡屡颁布律令,对服制做了种种细致的规定。隋唐以前,服制的种种规定只是针对礼服而言;从隋唐开始,常服也被纳入了

---

① 吴任臣:《十国春秋》卷八十七《孙承佑传》,中华书局,2010年,第1263页。

服制的范围，进一步完善了古代服制的内容，适应了古代传统社会等级制度的需要。常服简易适用，因此开始进入各种正规场合，其重要性日趋突出，并逐渐取代了冠服的作用。隋唐五代时期，无论礼服、常服，均体现出等级性特点。唐制，天子礼服凡十二等，不同场合所有不同，重在表明天子之贵，如大裘冕为祭祀天地神祇之服，衮冕为纳后及元日朝礼之服，等等。

皇帝、皇太子、亲王与群臣的服饰，因着装环境的变化可分为朝服、公服、常服，有研究者亦将其区分为礼服和便服。礼服亦称冠服，包括朝服、公服、祭服等。便服也叫常服，曾称为亵服。冠服主要是高冠革履、褒衣博带。常服则由幞头、袍衫、靴带组成。常服变化大，有的袖宽，有的袖窄；有的圆领，有的折领。一般士子、庶人的服饰长度短，衣袖窄，服色以青、白、皂色为主，面料以麻、葛、毛为多。总的来看，隋初整个社会风气比较朴素，但从炀帝继位以后，由于统治者带头崇尚奢华，社会风气大变，服饰也日趋华丽。

2. 服饰的等级特征

文武百官之服专在表明等级，冠服的颜色、式样、纹饰各不相同，身上佩戴的饰物也各不相同，通过服饰便可一目了然地辨认出官员的不同品级。以进贤冠为例，其乃文儒者之冠，以黑色布为之，唐朝规定"三品以上三梁，五品以上二梁，九品以上一梁"[①]。再以皮质衣带为例，二品以上镂以金丝，三品镂以金银丝，四品镂以银丝，五品镂以䌽丝，五品以下不得镂饰。隋唐五代时期，对常服亦有严格等级规定。武德年间的规定是天子袍衫用赤黄，"遂禁士庶不得以赤黄为衣服杂饰"。三品以上用紫色，饰用玉；五品以上用朱色，饰用金；六品以下及流外官、庶民皆用黄色。还以饰物区别等级，五品以上金饰，六品、七品银饰，八品、九品镂石为饰，流外官及庶民以铜、铁为饰。[②] 虽然具体规定屡有变更，但以服色区分社会等级的精神一直延续，社会各阶层，上自帝王，下至平民百姓，服饰等级有差，尊卑有序。上可以兼下，下不得越上，否则会被视为僭越。但是在现实生活中，除官服因与官场活动联系密切，等级制贯彻得比较彻底之外，日常服饰的等级规定并未得到严格执行，僭越现象司空见惯。

3. 外来文化服饰的影响

隋唐五代时期，男子服装受少数民族服饰影响较多，不论官吏还是庶民，多崇尚胡服。人们公认唐朝是一个开放时代，政治的清明、物质的文明发达和频繁的对外交流，促使唐人形成开明通达的思想观念，南北朝时期的民族融合和唐朝统治者的少数民族血统使统治者在经略周边和对外开放时对少数民族和外来民族并无文化上的歧视，并在一定程度上放松了对人民，尤其是对妇女的礼法禁锢。时人对外来文化多有吸取，特别是对服饰文化的借鉴较多，从而形成了胡服与汉服融合的特色。北宋著名官员、科学家沈括指出：中国衣冠自北齐以来乃多用胡服，"窄袖、

---

① 欧阳修、宋祁撰：《新唐书》卷二十四《舆服志》，中华书局，1975年，第516页。
② 刘昫等撰：《旧唐书》卷四十五《舆服志》，中华书局，1975年，第1952页。

绯绿短衣、长靿靴,有蹀躞带,皆胡服也。……唐武德、贞观时犹尔,开元之后虽仍旧俗,而稍褒博矣"①。唐中期以后,胡服流行中原各城市,男子服装是腰间系革带,头戴毛毡或皮帽,脚穿靴,领有圆领、折领、对襟开领等,下穿小口裤。这种胡服在唐代陶俑、三彩人物俑和壁画上均可找到踪迹。胡服便于骑马,多为武士、役人所穿,但官宦也多以穿胡服为时髦。隋至盛唐时曾在城市中流行一种圆领窄袖、身长至足或膝的服装——袍衫,由于穿上之后行动不便,逐步为胡服袍衫所替代。

男子服装中,襕袍和襕衫的出现,亦是受了胡服的影响。襕袍与襕衫是一种上衣下裳相连的服装,虽与古时的深衣相同,但已改大袖为小袖,改斜领为圆领,袖及襟也改有缘饰为无缘饰。这是唐太宗时大臣马周等人在深衣制上衣下裳连属形式的基础上,结合胡服窄袖、圆领的特点而制定的一种新服装。此外,胯袍衫和袴褶也是胡服流行的具体体现。唐代男子盛行戴毡帽,男子所戴的胡帽有席帽、浑脱帽、帷帽三种。席帽本是羌人的帽子,用毡为之,有的涂油用来防雨。浑脱帽亦为一种胡帽,羊皮制成,高顶尖而圆。唐朝初年,外戚长孙无忌以黑色羊毛制作浑脱毡帽,人们争相效仿。因长孙无忌被封为赵国公,故这种款式的毡帽又被称作"赵公浑脱"。②帷帽是一种高顶的大格帽,因其檐下垂一丝网似"帷",故名。帷帽实际上是从西域传入中原的,是在胡帽的基础上改制而成,在隋唐五代时期甚为流行,无论男女或宫廷内外,在官宦士庶中都可以看到戴帷帽者。由此可见少数民族服装对汉人之影响。

(二)女性服饰的发展变化

隋唐五代时期的女性服饰与男性服饰相较样式更为繁多,同样也体现出等级性、时代性、艺术性和融合性等特征。③

就妇女服饰的等级性而言,百官之妻有封号者称"命妇",从其夫的爵位高低而定服饰。以唐代命妇为例,一品为国夫人,三品以上为郡夫人,四品为郡君,五品为县君,其下又有乡君等。命妇要出席很多礼仪场合,凡在这种场合,她们的服饰随其夫的品级有严格的区分。她们头上佩戴的发饰花钗标志着其品级和身份。钗本是妇女为使发髻保持固定形状的工具,钗头多雕花,也起着装饰的作用,故称花钗。在等级森严的舆服制度中,花钗成了类似当代军衔的品级标志。在当时,钗头的花被称为钿,一品为九钿,依次递减,至九品为一钿,命妇的等级通过花钗可一目了然。

有研究者认为:"在中国丰富多样的历代服饰中,唐代服饰尤其是妇女服饰独具特色、极为美丽。日本服饰史专家认为:'唐代是中国文化登峰造极的时候,制

---

① 沈括撰,金良年点校:《梦溪笔谈》卷一《故事》,中华书局,2015年,第3页。
② 欧阳修、宋祁撰:《新唐书》卷三十四《五行志一》,中华书局,1975年,第878页。
③ 李翠华:《唐代女性妆饰习俗初探》,湘潭大学硕士学位论文,2007年,第41页。

度具备，文化粲然。即如服装一项，周汉时所未能完备者，到唐代都更加完备。'唐代服装特别是妇女服饰在继承前代服饰优良传统的基础上，又吸取了唐代尚美、开放、兼容的社会风尚的养分，形成了开放、美丽、富于融合其他民族特色的唐代妇女服饰。"① 岑家梧撰《唐代妇女装饰风俗考》认为，由于唐代竞美争妍的风尚，妇女的衣饰极为讲究，式样繁多，千变万化。原来唐代妇女的服饰均有定制，命妇礼服，头上花钗，施两博鬓，宝钿饰，其衣则翟衣青质素纱。宫廷里嫔妃们的服装，皆极为奇艳，如唐中宗女安乐公主的百鸟花裙，耗费尤为不赀。由于安乐公主带头穿百鸟花裙，百官之家随之效仿，山林中奇禽异兽网罗无遗，皆出现在衣裳罗裙之上。

其时，上流社会女性着锦衣的情况也极为普遍，甚至富商人家也跟风仿效。唐文宗曾曰："朕闻前时内库唯二锦袍，饰以金鸟，一袍玄宗幸温汤御之，一即与贵妃。当时贵重如此，如今奢靡，岂复贵之？料今富家往往皆有。"② 益州士曹柳某之妻李氏，着黄罗银泥裙，五晕罗银泥衫子，单丝罗红地银泥帔子，盖益都之盛服也。③ 白居易在苏州江岸也赋诗"银泥裙映锦障泥"。可见银泥衣裙，或不止益州一地为盛。元稹吟樱桃花开时写道"窣破罗裙红似火"（《樱桃花》）；白居易在《琵琶行》中写道"血色罗裙翻酒污"，又在《春深诗》中称"眉欺杨柳叶，裙妒石榴花"。由此可见唐代各色罗裙已十分普及。

唐五代笔记小说对服饰的描写同样反映了唐人服饰的真实面貌。唐代张鷟在传奇小说《游仙窟》中对书中主人公十娘的服饰也有深入的描写："迎风帔子郁金香，照日裙裾石榴色……珠绳络翠衫，金薄涂丹履……织成锦袖骐驎儿，刺绣裙腰鹦鹉子……傍人一一丹罗袜，侍婢三三绿线鞋……数个袍袴，异种娇媱。"④ 真实地反映了唐初妇女喜着窄袖红绿衫裙、多披帔帛，以及婢女多着男装等现象。唐人蒋防所写的小说《霍小玉传》也对书中主人公霍小玉的服饰有生动的描写："着石榴裙，紫襦裆，红绿帔子。"⑤ 该书反映了明唐代女子普遍着石榴裙、披帔帛的真实状况。通过不同时期创作的唐五代笔记小说可以清楚了解唐代服饰的演变发展。唐初张鷟《游仙窟》"红衫窄裹小撷臂，绿袜帖乳细缠腰"⑥，写出了唐初女子衫襦的窄小；唐中后期沈亚之的《湘中怨解》云："有弹弦鼓吹者，皆神仙娥眉，被服烟霓，裙袖皆广长。"⑦ 道出了这一时期女子衫襦之宽博。

如男子服饰受到少数民族风气的影响一样，胡服之风对于隋唐五代时期城市女性的服饰也产生了深刻的影响。《新唐书·五行志》称："天宝初，贵族及士民好为

---

① 刘晋华：《唐风与唐装——唐代社会风尚在妇女服饰中的反映》，《船山学刊》2002年第3期。
② 刘昫等撰：《旧唐书》卷一百七十三《郑朗传》，中华书局，1975年，第4493页。
③ 李昉等编：《太平广记》卷三十一《神仙·许老翁》，中华书局，1961年，第179页。
④ 李时人：《全唐五代小说》卷六《游仙窟》，中华书局，2014年，第197—217页。
⑤ 李时人：《全唐五代小说》卷二十六《霍小玉传》，中华书局，2014年，第902页。
⑥ 李剑国：《全唐五代传奇集》第一编卷六《游仙窟》，中华书局，2015年，第186页。
⑦ 李时人：《全唐五代小说》卷二十五《湘中怨解》，中华书局，2014年，第850页。

胡服胡帽，妇人则簪步摇钗，衿袖窄小。"胡服的流行与隋唐五代时期对外文化交流的日益频繁密切相关。唐长安作为东方第一大城市，城里有成千上万的回纥、龟兹、吐蕃、南诏等少数民族居民，以及众多来自日本、新罗、波斯、罗马、阿拉伯的商人、学生，他们的文化习俗最直接、最简捷的传播方式就是乐舞和服饰，于是以长安城为中心，妇女多学胡妆，伎人多习胡乐，胡骑与胡装日益流行。白居易诗"绣帽珠稠缀，香衫袖窄裁"，刘禹锡诗"胡服何葳蕤，仙仙登绮墀"，许浑诗"江珠络绣帽，翠钿束罗襟"，均形象地反映了胡服对唐代妇女服饰风格的影响。尤其唐代风气开放，城市居民对新奇的东西往往格外青睐，女性更是如此。她们的妆饰和服饰无不力求新鲜、奇特，而异族女性的妆饰恰好能满足她们追求新奇的心理。盛唐时期回鹘髻、乌蛮髻的流行，元和年间时世妆的风行，无不与唐代女性吸纳异族的发式、妆饰密切相关。

女性着男装是隋唐五代时期城市女性服饰的又一特点。唐宪宗元和十三年（818），进士李廓在《长安少年行》诗中也称："遨游携艳妓，装束似男儿。"可见当时女子着男装的风气兴盛。有研究者认为，女性着男装蔚然成风的原因是多方面的，一方面可以归因于唐代开放的社会风气，唐代女性可直接参与社会活动，尤其是武则天时期女性参与朝政，社会地位提高，故而时常以男性形象出现在公共场所；另一方面则缘于周边游牧民族的影响，在游牧民族中，女子的地位通常较高，社会风气开放，对女子的道德约束较少，少数民族女子在外出时多着男子服装，其英姿对汉族女子产生直接的影响，特别是皇室、公卿家族的女性带头着男装，从而产生示范效应。多种因素的汇集，为唐代女子穿男装风气的形成创造了条件。亦有学者认为这一风气与胡服在内地的广泛流行有关。如唐韦顼墓的石刻侍女形象即头戴幞头，身着折领窄袖胡服，下穿小口裤，足着软线靴，汉、胡杂于一身。这是初唐至盛唐时期宫中流行的装束，后来仕宦之家也竞相效仿，以至于流被民庶。永泰公主墓壁画以及《虢国夫人游春图》《内人双陆图》等绘画中也有类似形象，多头戴幞头，身穿圆领窄袖袍衫，足着乌皮靴，腰系革带，看上去几乎与男子无异。

关于女着男装何时出现，有研究者认为最晚在高宗时（649—683）。据载，高宗在皇宫内设宴，太平公主为高宗、武后舞蹈，即着紫衫、玉带、皂罗折上巾。太平公主所穿着的是标准男装，所以高宗称："女子不可为武官，何为此装束？"① 到中晚唐时，这种风气并未少衰。唐武宗宠爱王才人，经常令她与自己穿一样的服装，当他们一起在禁苑射猎时，前来奏事的人往往误奏于才人前。《旧唐书·舆服志》记载，不少城市女性喜穿男性衣服靴衫。

在外来文化的冲击下，唐代城市女性的首服也出现较为快速的变化。有研究者认为，唐代女性的首服在几十年间由幂篱、帷帽变为貂帽，再变为领巾，有愈来愈男性化和开放化的倾向。幂篱之制来自北方少数民族，类似今阿拉伯妇女包裹头脸的披巾，较长，用半透明纱绢制成，外人不可窥其貌，而自己可透过纱绢略窥他

---

① 欧阳修、宋祁撰：《新唐书》卷三十四《五行志》，中华书局，1975年，第878页。

物。幂篱的最初作用是为了挡风沙,汉族出门佩戴则是为了不在路途间被人窥看。前代有面衣,后代有盖头,但唐代妇女开放的个性使她们勇于抛开这层遮蔽。① 据《旧唐书·舆服志》记载:"开元初,从驾宫人骑马者,皆着胡帽,靓妆露面,无复障蔽……帷帽之制,绝不行用,俄又露髻驰骋。"② 《新唐书·车服志》也记载:"初,妇人施幂篱以蔽身,永徽中,始用帷帽……中宗后乃无幂篱矣……至露髻驰骋,而帷帽亦废。"代宗大历年间,李华晚年在写给外孙的信中追忆说:"吾小时南市帽行见貂帽多帷帽少,当时旧人,已叹风俗。中年至西京市,帽行乃无帷帽,貂帽亦无。男子衫袖蒙鼻,妇人领巾覆头。……此乃妇人为丈夫之象,丈夫为妇人之饰,颠之倒之,莫甚于此。"③

三、住与行文化的发展变化

(一)居住文化的发展变化

住宅是人类赖以生存、发展、繁衍的物质空间,也是物质文明发展的重要标志之一,因此从古到今,人们皆十分注重住宅的修建。古代上层社会之家多造甲第大宅以炫耀其身份、地位和财富;下层社会的普通百姓虽不敢奢望甲第大宅,但也希望拥有茅草小屋来安身立命。④ 隋唐时期君主专制较西汉进一步加强,统治者大力提倡礼仪制度,在住宅方面有着明显的反映。在礼仪制度下,皇室、达官显贵的住宅与一般民众的居室有着天壤之别,这不仅是由地位、财富决定的,而且也是为法律制度所规定的。唐朝的法令规定,不同等级的人享受不同的住宅,达官贵族在居住面积、建筑规格、内外装饰等各方面都享有特权。即便如此,他们之中不少人仍然不满足,一有条件就竞相建造豪宅。与之形成鲜明对比的是贫苦平民,他们只有居住在不蔽风雨的茅草屋中,破毡遮身,油瓦取明,体现出鲜明的阶级特征。⑤

由于皇帝具有至高无上的地位,因而皇宫在都城中占有最大的面积。明人陶宗仪在《辍耕录·宫阙制度》中写道:"秦、汉、隋、唐之宫阙,其宏丽可怖也,高者七八十丈,广者二三十里,而离宫别馆,绵延联络,弥山跨谷,多或至数百所。嘻,真木妖哉!"⑥ 达官显贵的住宅在城市中也占据较大面积,长安郭城如棋盘一般被纵横相交的道路整齐地划分为一百余坊,坊内修建有百官宅第、居民住宅和寺观、家庙等,规模不一,王公贵族宅第大到占地近一坊,贫民住宅小到不足数十平方米。以隋唐律令的成熟和完备、都城建设的规整和严格,里坊内住宅用地的分配

---

① 刘晋华:《唐风与唐装——唐代社会风尚在妇女服饰中的反映》,《船山学刊》2002年第3期。
② 刘昫等撰:《旧唐书》卷四十五,中华书局,1975年,第1957页。
③ 李华:《与外孙崔氏二孩书》,董诰等编:《全唐文》卷三百一十五,中华书局,1983年,第3195页。
④ 孙运芳:《唐代长安家庭衣食住行风俗变迁》,曲阜师范大学硕士学位论文,2010年,第21页。
⑤ 吴玉贵:《中国风俗通史·隋唐五代卷》,上海文艺出版社,2001年,第201页。
⑥ 陶宗仪:《南村辍耕录》卷二十一,中华书局,1959年,第257页。

应当有一定标准。傅熹年在《中国古代建筑史》亦说："隋新都大兴和东都洛阳……其宫室、官署、城墙和一些官员的赐第（官邸）由匠作监主持修建。里坊则划定地界后由居民自建。故可以推知当时必有一拨地标准和对住宅规模等第的限制，才能公私并举，同步建设而不致各行其事，无所约束。"① 都城内官员宅邸的具体标准缺乏明确记载，但可以肯定的是具有明显的等级性。有研究者认为，大致上一品官员、勋爵宅第可能占地 1/4 坊左右，与王宅、公主宅的规模相似；二品官员如高士廉、李林甫宅地约有 1/8 坊；而部分三品官官宅则可能占地 1/16 坊；四品官官宅可能占地为 1/32 坊；五品官官宅可能占地 1/64 坊。② 隋炀帝营建东都后，东都也成为达官显贵集中居住的城市，到唐贞观开元之际，公卿贵戚多于东都开馆，号称有千余邸。一些地方城市上层人士的宅院也规模可观，白居易《伤宅》诗曰："累累六七堂，栋宇相连延。"

　　隋唐王朝建立初期，贵族阶层的住宅建筑一般较为简洁，然而到了王朝中后期则大多日益奢华。如唐初李渊、李世民父子深知创业之不易，因而比较重视以隋为鉴，随时总结并吸取前代国家兴衰的经验教训，治国理政崇尚节俭。在他们的影响下，达官贵族的宅第较为简朴。然而到了高宗、武周时期，贞观以来积累的财富已相当丰厚，作为最高统治者的武则天带头肆意挥霍国家财产，大兴土木，广建佛寺，整个统治阶级日益奢纵淫靡、享乐腐化。诗人骆宾王《帝京篇》所写"小堂绮帐三千户，大道青楼十二重"就反映了武德、贞观年间那种良好俭朴的风气在武则天时期已不复存在。中唐以后，均田制被破坏，土地兼并日甚，城市郊区的庄园增多，"周围十余里，台榭百余所"。安史之乱后，皇权衰微，将帅大臣在京师各处竞相建造宅第，"安史大乱之后，法度隳弛，内臣戎帅，竞务奢豪，亭馆第宅，力穷乃止，时谓'木妖'"③。宋人王应麟在《困学纪闻·评诗》中也写道："二贤相之清风，可以愧木妖之习。"④《资治通鉴》卷二百二十五代宗大历十四年纪称："初，天宝中，贵戚第舍虽极奢丽，而垣屋高下，犹存制度，……及安、史乱后，法度堕弛，大臣将帅竞治第舍，各穷其力而后止，时人谓之木妖。"⑤ 唐王朝鼎盛时期，皇帝具有至高无上的权威，臣僚宅第的垣屋高下、形制、大小等均有严格规定，决不允许逾制。但安史之乱以后，整个中晚唐时期，宅第营造竟至法度堕弛，无复界限。如汾阳郡王郭子仪因平定安史之乱和击败吐蕃有功，权倾朝野，他在长安亲仁坊所建宅规模宏大，史称"居其里四分之一，中通永巷，家人三千，相出入者不知

---

① 傅熹年：《中国古代建筑史》第二卷《两晋、南北朝、隋唐、五代建筑》，中国建筑工业出版社，2001 年，第 437 页。
② 贺从容：《隋唐长安城坊内官员住宅基址规模之探讨》，《中国建筑史论汇刊》第 1 辑，清华大学出版社，2009 年，第 176 页。
③ 刘昫等撰：《旧唐书》卷一百五十二，中华书局，1975 年，第 4067 页。
④ 王应麟著，翁元圻辑注：《困学纪闻》卷十八《评诗》，中华书局，2016 年，第 2126 页。
⑤ 司马光编著，胡三省音注：《资治通鉴》卷二百二十五《唐纪四十一》，中华书局，1956 年，第 7264－7265 页。

其居"①。亲仁坊面积大致为43.8万余平方米，郭宅面积为其四分之一的话，就约有11万平方米。天宝间，户部侍郎王鉷有宅在太平坊，其后因罪伏诛，"有司籍第舍，数日不能遍"②，足见其规模之大。又如唐穆宗长庆年间，修行坊岑南节度使胡证宅连亘闾巷。一些高官显贵的宅第不仅规模很大，而且往往不止一处。据《长安志》载，唐朝中期横海节度使程怀直在长安务本坊和安业坊都修建有宅第。唐玄宗时，范阳、平卢、河东三镇节度使安禄山在长安道政坊有豪华府宅，后唐玄宗又赐其宅于亲仁坊。唐左丞相燕国公张说在永乐坊有府宅，复又在宣义坊造别院。唐代宗时，宰相元载除安仁坊府第及大宁坊南、北二府第外，又有晋昌坊府第。玄宗在位期间，宦官得势，他们也在京城大造府第园林，史载："甲舍、名园、上腴之田为中人所名者半京畿。"③ 时人谓"中贵多黄金，连云开甲宅"④，就反映了这一现象。

达官显贵之住宅不仅规模宏大，而且布局别致，结构华丽。玄宗时期，杨贵妃兄妹的宅第除皇宫以外无与伦比，史称"土木被绨绣，栋宇之盛，两京莫比"⑤。唐中宗景龙年间，中书令宗楚客在醴泉坊所造宅第，"文柏为梁，沉香和红粉以泥壁，开门则香气蓬勃。磨文石为阶砌及地，着吉莫靴者，行则仰仆"。其奢华程度甚至连素称豪奢的太平公主也自愧不如，惊叹："看他行坐处，我等虚生浪死。"⑥ 唐中宗宠爱女儿长宁公主，命人在宗仁坊为其修建宅第，盛加雕饰，朱楼绮阁，一世绝胜。唐人笔记小说对当时达官显贵的宅第多有描述，称："僭拟宫掖，每造一堂，费逾千万。见制度宏于己者，则毁之复造。土木之工，不合昼夜。"⑦

达官显贵的宅第常有大门、中门、厅堂、北堂、穿廊（或称穿堂，工字厅式）、后寝、东西厢房、后围房、回廊、院庭、园林等设置。有的贵族宅第有回廊、四合院等制。也有如唐墓明器所示带后园假山的。有些达官贵人在各坊间开辟专门园林。郭子仪在大通坊和大安坊均辟有园林。玄宗时，宁王宪在胜业坊东北隅有专门的山池院。昭行坊东临永安渠，汝州刺史王昕曾在那里引渠为池，池的面积不下百亩，池周林木茂密，池内荷荇丛秀。宪宗时，新昌坊有吏部尚书裴向竹园，唐代关中多竹，以竹著称的园林当以此为最。兴化坊有裴度池亭，白居易有题为《宿裴相兴化池亭兼借船舫游泛》的诗，称池内可泛舟纵游，亦见其规模之大。白居易《秦中吟》描写了贞元、元和之际长安一所大官僚的宅第，可以作为这一时期官僚豪宅的写照：

谁家起甲第，朱门大道边；丰屋中栉比，高墙外回环；累累六七堂，栋宇

---

① 刘昫等撰：《旧唐书》卷一百二十《郭晞、郭映附传》，中华书局，1975年，第3467页。
② 欧阳修、宋祁撰：《新唐书》卷一百三十四《王鉷传》，中华书局，1975年，第4566页。
③ 欧阳修、宋祁撰：《新唐书》卷二百零七《宦者传》，中华书局，1975年，第5856页。
④ 李白：《古风》，彭定求辑：《全唐诗》，中华书局，1960年，第1674页。
⑤ 刘昫等撰：《旧唐书》卷一百零六《杨国忠传》，中华书局，1975年，第3245页。
⑥ 张鷟：《朝野佥载》卷三，中华书局，1979年，第70页。
⑦ 舒其坤等修，严长明等纂：《西安府志》卷五十八《私第·唐》，三秦出版社，2011年，第1258页。

相连延。一堂费百万，郁郁起青烟。洞房温且清，寒暑不能干；高堂虚且回，坐卧见南山。绕廊紫藤架，夹砌红药栏，攀枝摘樱桃，带花移牡丹。主人此中坐，十载为大官。厨有臭败肉，库有贯朽钱。谁能将我语，问尔骨肉间，岂无贫贱者，忍不救饥寒？如此奉一身，直欲保千年？不见马家宅，今作奉诚园。

占城市居民大多数的普通居民的住宅与达官显贵的府第就不可同日而语。唐朝颁布的《营缮令》规定：平民住宅堂舍不得过三间四架，门屋限一间二架，并规定平民住宅不得有装饰；另对平民住宅面积也有具体规定："凡天下百姓给园宅地者，良口三人以下给一亩，三口加一亩；贱口五人给一亩，其口分、永业不与焉。"①这条对于宅基地的规定主要是针对农村居民制定的，城市居民的宅基地要小于农村的面积。敦煌4707与6067号文书拼合的"马法律宅院地皮账"，反映了当时比较富裕的平民阶层的住宅情况：其宅院计有堂一口，占地24.1平方米；东房子一口，占地18.35平方米；小东房子一口，8.5平方米；西房一口，13.97平方米；厨舍一口，16.86平方米；庑舍一口，16.44平方米；内门道，10.57平方米；外门曲，10.84平方米；院落，51.87平方米。连同台基，共占地171.7平方米，只占唐亩的三分之一强，远远低于上述唐律对宅基地的规定数额。然亦有例外者。《太平广记》卷三百四十四说有善卜之人名寇廊者，于长安永平里购得一凶宅，有堂屋三间，东西厢共五间，是一个院落式住宅。地约3亩，唐制3亩合1566平方米，比唐法令规定京城州县以外三口之家住宅面积要大。②以记载称其为"小宅"来看，其在当时一般百姓的住宅中面积并不算大，一定程度上反映了唐长安城内百姓住宅的规模。③

（二）出行文化的发展变化

隋唐五代时期，城市居民的出行方式随着生产力的发展有所改变，其道路设施、交通工具、行旅观念也较前有所不同。任何出行都离不开道路，城市道路之外的道路大致分为陆路和水路，若依道路的社会性质，又可将其分为官路（官河）和私路两大类。道路有着繁多的名目，有驰道、御道（御路）、帝道、官道（官路）、官街（天街、禁街）、国路、释路、县道、堤路、贡道、运路、盘道、栈道、大路、次路、甫道、夹道、便道（便路）、村路、私路、复道、山路等。这些名目中，有的以性质命名，如御道、官道、驿道；有的以用途命名，如贡道、饷道、运路；还有的以形态命名，如堤路、栈道、复道。

隋唐五代时的道路以长安、洛阳两京为中心，向四方辐射。由于文献所限，当时具体道路里程无法统计，但据《元和郡县志》记载，长安、广州等城市的对外道

---

① 李林甫等撰，陈仲夫点校：《唐六典》卷三《户部》，中华书局，1992年，第74—75页。
② 曹尔琴：《唐代长安住宅的规模》，《中国古都研究》第13辑，山西人民出版社，1998年，第224页。
③ 张永帅、唐亦功：《唐长安住宅的规模》，《史林》2009年第2期。

第五章 城市社会生活及文化的变迁

路可谓四通八达。长安与周边的重要城市皆有道路相通，东至东都为835里，东南至商州为265里，西南至洋州为630里，东至华州为180里，南取库谷路至金州为680里，正西微北至凤翔为310里，西北至邠州为300里，东北至坊州为350里，正东微北至同州为250里。广州与周边重要城市也是道路纵横，西北至上都取郴州路达4210里，取虔州大庾岭路有5210里，西北至东都取桂州路为5085里，东北至韶州为530里，西北流至连州为890里，正西微北至端州沿溯相兼为240里，西南至恩州水路为600里，西北至贺州为876里，正南至大海为70里。由此而见，唐代南北重要治所城市之间皆有道路相连。

至于水路，隋炀帝开辟大运河之后，南北水陆交通得以贯通，运河南起余杭，中经江都、洛阳，北到涿郡，是贯穿南北的交通大动脉。《大业杂记》记载，大运河宽60余米，两岸有御道，道旁种有柳树。到唐代以后，为通舟船而开挖的河渠多有增加，《新唐书·地理志》所记新开河渠就达二十五六处，其中唐玄宗开元时宿县所开广济新渠长18里，天宝年间陕州开凿的天宝河长5里、阔15米、深9米左右；唐宪宗元和年间卫州所开新河长14里、宽94米、深5米多，比隋代开凿的大运河还要宽一些。五代十国时期，相关地区仍然继续开凿新的河渠，后唐明宗时幽州曾开凿东南河，河长165里、宽百米、深近4米。[①]

城市之内居民出行除步行外，大致有车、肩舆及牲畜等代步工具。车以马车和牛车为主，也有人力车，车对京城上层社会的皇族来说是出行的主要交通工具，一般分为礼仪用车和日常用车两大类。作为天子的皇帝，出行有专用的礼仪用车，皇族重要成员如皇后、皇太子等也有专门与其身份相符的礼仪用车。除皇族有专门的礼仪用车外，其他百官臣僚之家也有与之身份相等的礼仪用车，但这些礼仪用车在实际生活中并不常用。

另外，以人力抬行的肩舆作为城市内的交通工具也十分流行，不论帝王、贵族官僚，还是民间妇人、僧侣，无不喜乘肩舆。肩舆，实际就是抬着走的轿子，最初只在宫廷中才使用。初唐画家阎立本《步辇图》中，威严的唐太宗坐在步辇上接见吐蕃来使。六个宫女抬着步辇，旁有两个宫女拿着很大的宫扇。这里的步辇实际上就是一种肩舆。《隋书·礼仪志》说："今辇，制象轺车，而不施轮……用人荷之。"《旧唐书》载，唐玄宗开元二十年（732）四月乙亥赐百官宴，"醉者赐以床褥，肩舆而归，相属于路"。五代时，晋高祖和周太祖都曾将白藤肩舆赐给近臣。可见宫廷中肩舆十分流行。《唐语林》卷一载："崔吏部枢夫人，太尉西平王晟之女也。晟生日，中堂大宴。方食，有小婢附崔氏妇耳语久之，崔氏妇颔之而去。有顷复来，晟曰：'何事？'女对曰：'大家昨夜小不安适，使人往候。'晟怒曰：'我不幸有此女。大奇事！汝为人妇，岂有阿家病，不检校汤药，而与父作生日？'遽遣走檐子归。"[②] 这里的檐子即如担子、肩舆的同物不同名的交通工具。

[①] 李斌成：《隋唐五代社会生活史》，中国社会科学出版社，1998年，第153页。
[②] 王谠撰，周勋初校证：《唐语林校证》，中华书局，2008年，第8页。

唐代上层社会盛行骑乘之风，马、骡、驴等牲畜是当时主要的陆路交通工具。皇帝及达官显贵有时外出也多骑马而不乘车。《旧唐书·陈玄礼传》记载，天宝年间，玄宗在华清宫"乘马出宫门，欲幸虢国夫人宅"，被陈玄礼劝阻。唐肃宗时，冀国公裴冕生活十分豪侈，家里畜养着十几匹良马，每匹马价值百金。李怀远官至中书门下三品，封赵郡公，但他久居荣位，而弥尚简率，经常乘一匹"款段马"。同僚称："公荣贵如此，何不买骏马骑之？"李怀远回答说，他只求马的驯服，不考虑它是不是骏马。韩滉曾出将入相，但性节俭，为官四十年，总共只骑乘了五匹马。可见当时皇室官员也以马为交通工具。

至于城市普通居民百姓，因买不起马，出行时则多乘驴、骡，但在世人看来，乘驴、骡不体面，故乘者往往遭到轻蔑。如贞元中进士冯定，与宰相于頔为布衣交，后于頔镇守襄阳，冯定"乘驴诣军门"，守门军吏见冯定乃骑驴者，竟不肯为他通报，冯定愤然而去。[①] 因为寒贱者多骑驴，所以官吏在兵荒马乱中逃难时，除变服之外，还改乘驴，以免被人识破身份。建中四年（783）朱泚之乱时，德宗出逃奉天（今陕西乾县），长安县尉韦绶就曾变服乘驴赴奉天。[②] 驴子作为普通交通工具，有自家养的，也有租赁而来的，养驴的成本较马为低，故而有专门出租驴为交通工具者。住在长安平康坊的马震，一日听到有人敲门，开门一看，见一赁驴小儿云："适有一夫人自东市赁某驴，至此入宅，未还赁价。"[③] 由租驴业的出现可以看出京城之家骑驴出行相当普遍。以骡子作交通工具也很常见。《隋书·五行志》记载，仁寿二年（602），"有胡人，乘骡在道，忽为回风所飘，并一车上千余尺，乃坠，皆碎焉"。甚至当时军中亦有乘骡冲锋陷阵者。宪宗时，大将刘沔手下有位部将，名叫董重赏，驻守洄曲，当地少马，人们骑乘皆用骡。于是，他就训练士兵骑骡打仗，而其部下乘骡，号称骡子军，最为劲悍。除马、驴、骡之外，还有人骑乘从域外传来的骆驼、大象等，这只属于京城少数上层人士追求新鲜、刺激的个别行为，在京城并不普遍，其他城市更是很少有人骑乘。

隋唐时期，船作为水路交通工具已经十分普及。最豪华的船莫过于大业元年（605）隋炀帝行幸江都时所乘的龙舟及随行舰船。龙舟四重，高四十五尺，长二百丈。上重有正殿、内殿、东西朝堂，中二重有百二十房，皆饰以金玉，下重内侍处之。皇后乘翔螭舟，制度差小，而装饰无异。别有浮景九艘，三重，皆水殿也。又有漾彩、朱鸟、苍螭、白虎、玄武、飞羽、青凫、陵波、五楼、道场、玄坛、黄蔑等数千艘，后宫、诸王、公主、百官、僧、尼、道士、番客乘之，及载内外百司供奉之物，共用挽船十八万余人，其挽漾彩以上者九千人，谓之殿脚，皆以锦绣为袍。又有平乘、青龙等数千艘，并十二卫兵士乘之，并载兵器帐幕，兵士自引，不给夫。舳舻相接二百余里，照耀川陆。

---

① 刘昫等撰：《旧唐书》卷一百六十八《冯定传》，中华书局，1975年，第4390页。
② 刘昫等撰：《旧唐书》卷一百六十二《韦绶传》，中华书局，1975年，第4244页。
③ 徐松撰，张穆校补，方严点校：《唐两京城坊考》卷三《西京》，中华书局，1985年，第57页。

南方水网密布，水上交通便捷，船作为主要的水上交通工具，十分普及，亦为普通百姓广泛使用，停泊在长江一些主要港口城市的船只常常可达数千艘，甚至与岸上的屋邑"殆相半"。除运输货物的船外，运输人员的船数量也不少，有时也有客货混运者。时人根据不同水域的航道特点以及所需船只的功能来制造不同类型的船。如航行在长江中下游的商船常常编蒲为帆，大者或数十幅，载货可达万斛。[1]

一定时期城市居民的物质生活是这一时期城市社会政治、经济、文化的综合体现。隋唐五代时期，社会生产的发展和繁荣为社会生活提供了相对于前代更丰厚的物质基础，使这一时期的社会生活更加丰富多彩，加之封建礼教对人性的约束不像后世那样严重，社会生活呈现开放、进取和蓬勃向上的风貌。[2]由于中西交流的频繁，异族的生活方式强烈地影响着时代的风尚，这在服饰、饮食、居住、出行等方面均有体现。

第二节　节日文化与娱乐生活

隋唐五代时期，城市经济繁盛、政治稳定、文化发达，区域之间的经济、文化交往频繁，在多种因素的作用下，节日文化、娱乐之风较前更为兴盛。

隋朝统一后，社会生产力有较大发展，城市社会分工不断细化，商品生产、流通、交换愈加频繁，城市规模逐步扩大，人们安居乐业，在物质生活得到基本保障的情况下，对精神文化的追求变得更加迫切。城市的节日文化、娱乐生活是从宫廷和上层社会推广至民间的，节庆与日常娱乐已不再为帝王贵族所专享，大众性的城市节日文化、娱乐生活逐渐形成。此时期的节日文化和娱乐生活丰富多彩，名目繁多。

隋唐五代是中国传统节日文化蓬勃发展的新时期。隋朝的统治时间虽然短暂，但在重建大一统中央集权国家的过程中，其所制定的各项制度和所形成的风俗习惯为唐代的政治制度和风俗习惯奠定了基础。唐代不但继承和发扬了前代的节日文化，而且随着各民族文化的交融和中外文化交流的空前繁盛，在不断吸收其他民族的节日文化的基础上又有了新的发展和突破，从而使唐代节日文化和娱乐生活更加绚丽多彩。五代十国虽然短暂而混乱，但在风俗习惯上却延续唐代的传统，其奢侈享乐之风甚至有过之而无不及。[3]

一、城市居民的节日习俗

隋唐五代时期中国传统节日在继承前代传统的基础上趋于稳定。此时期的节

---

[1] 李斌成：《隋唐五代社会生活史》，中国社会科学出版社，1998年，第159页。
[2] 龚书铎主编：《中国社会通史·隋唐五代卷》，山西教育出版社，1996年，第304页。
[3] 臧嵘、王宏凯：《中国隋唐五代习俗史》，人民出版社，1994年，第5页。

日、时令包括：元旦、立春、人日、上元、晦日、中和、花朝、社日、寒食、清明、上巳、端午、三伏、七夕、中元、千秋、中秋、重阳、冬至、腊日、除夕、大酺、三长斋等，其中绝大部分是承袭前代，而降圣节、中和节、千秋节等是唐代新创置的节日。隋唐五代的节日虽然多数承袭前代，但其内涵有所创新，并对后世节日文化产生了重要影响，宋元及以后的节日基本沿袭隋唐而较少变化。

隋唐五代时期，城市居民的节日文化丰富多彩，节日庆祝活动隆重程度不一。最受城市居民重视的是元旦、上元、寒食、清明、端午、七夕、重阳、腊日和除夕，这些节日历史源远流长，在民间具有深远的影响，而且大部分流传至今。囿于篇幅与行文重点，无法一一罗列，此处仅择其要者论及一二。

正月初一叫"元旦"，也叫"元日""元辰""元朔""朔日"，是自古以来最为隆重的节日。每逢元旦，君臣上下，四民老少，都要参与一系列的活动，庆祝新年的开始。在宫廷举行的盛大朝会典礼上，皇帝接受百官朝贺，将柏叶、屠苏酒等物赐给群臣，以示同贺新年。杨巨源《元日呈李逢吉舍人》描写了朝贺礼仪：

> 华夷文物贺新年，霜仗遥排风阙前。
> 一片彩霞迎曙日，万条红烛动春天。
> 称觞山色和元气，端冕炉香叠瑞烟。
> 共说正初当圣泽，试过西掖问群贤。

诗文显示，曙光初开时，朝贺活动即已开始，宫中红烛摇曳，香烟袅袅，朝贺队伍仪仗齐整，庄严肃穆。就普通民众而言，这天早晨，各家各户由家长率领全家人共拜祖先，在祖先牌位前送上祭品，然后敬酒，祈求降神，即祖先显灵保佑子孙平安富贵。敬酒之后，全家大小依辈分列于祖宗牌位前向家长献椒酒，祝家长长寿。宫中和民间均燃放爆竹，并于门上悬挂桃符避邪。唐代名相张说《岳州守岁》正好反映了这种风俗，诗云：

> 桃枝堪辟恶，爆竹好惊眠。
> 歌舞留今夕，犹言惜旧年。

元旦这天，还有许多风俗活动：相聚饮宴，饮屠苏酒，向长辈进献由葱、姜等五种辛辣菜蔬制成的"五辛盘"。据说，服"五辛盘"能"通五脏，辟厉气，去内热"。唐人薛能《除夜作》诗云"茜筛犹双节，雕盘又五辛"，以五辛盘作为元旦的标志。当时还流行吃"胶牙饧"，白居易《岁日家宴戏示弟侄等兼呈张侍御二十八丈殷判官二十二兄》诗中有"岁盏后推蓝尾酒，春盘先劝胶牙饧"的诗句。胶牙饧类似今天北方的关东糖，元旦吃它，可以验齿之坚脱。人们在元旦还制作鸡丝蜡燕粉荔枝相互馈送；用盘盛柏叶一枝，柿、桔各一个，请亲邻分享，取其谐音，象征一岁百事之吉兆。此外，还有"服桃汤""弹鬼丸""贴画鸡""烧鹊巢""造华胜""嫁枣李""视富贵"等各种风俗。有些贵族还在元日的夜晚燃放灯树，如"韩国夫

第五章 城市社会生活及文化的变迁

人置百枝灯树，高八十尺，竖之高山上，元夜点之，百里皆见，光明夺月色也"①。

元旦过后，城市的人们走亲访友，互致问候，并相邀来家宴饮，称为"传座"；敬宗宝历二年（826），白居易在苏州作《当日家宴戏示弟侄等兼呈张侍御二十八丈殷判官二十三兄》诗称：

> 弟妹妻孥小侄甥，娇痴弄我助欢情。
> 岁盏后推蓝尾酒，春盘先劝胶牙饧。
> 形骸潦倒虽堪叹，骨肉团圆亦可荣。

在长安，更是要设置家宴，邀请邻里前来做客。唐武宗会昌二年（842），日本僧人圆仁在长安度过了春节，他在《入唐求法巡行礼记》中写道："正月一日，家家立竹竿，悬幡子。新岁祈长命。诸寺开俗讲。"这里所称"祈长命"，应与唐诗中屡屡提到的贺寿风俗相关。薛逢《元日田家》"相逢但祝新正寿，对举那愁暮景催"，白居易《七年元日对酒五首·其一》"庆吊经过懒，逢迎拜跪迟。不因时节日，岂觉此身羸"，皆提及元旦贺寿风俗。

上元即正月十五日，又叫作上元节、元宵节。隋唐以前，上元节多为春节的一部分，故而史料较少单独提及。隋朝建立后，每年元旦至正月十五，举国欢庆，尤其在上元夜达到活动的高潮。是夜，从长安到各州县都要张灯结彩，无论男女贵贱皆倾城出动，成群结队涌上城市主要街道。街道上灯火辉煌，鼓吹震天，表演杂耍百戏，民众参与其中，嬉戏游玩。富贵人家则临时在街道旁搭起棚子，拉上帷幕，棚里陈设着美酒佳肴，歌舞班子不停吹拉弹唱。大业六年（610）正月十五日，隋炀帝因为周边各族酋长都来东都朝见自己，就在洛阳端门街设置周围五千步的戏场，由天下各地的艺人表演各种杂技、舞蹈、武术和魔术。演出有音乐伴奏，演奏管弦乐器的人多达一万八千人，声闻数十里，通宵达旦，灯火通明，一直持续半月之久。市井民众往来如梭，达官贵人争相观看。隋炀帝多次乔装打扮成普通人，混到人群中观赏。唐代，上元节更是发展成为全民性的游乐节日，无论达官显贵、士农工商、男女老少，都通宵达旦参与狂欢。时人记载：

> 神龙之际，京城正月望日，盛饰灯影之会。金吾弛禁，特许夜行。贵游戚属，及下隶工贾，无不夜游。车马骈阗，人不得顾。王主之家，马上作乐以相夸竞。文士皆赋诗一章，以纪其事。作者数百人，惟中书侍郎苏味道、吏部员外郎郭利贞、殿中侍御史崔液三人为绝唱。②

其时有诗云：

---

① 王仁裕、姚汝能撰，曾贻芬点校：《开元天宝遗事　安禄山事迹》卷下，中华书局，2006年，第55页。
② 刘肃撰，许德楠、李鼎霞点校：《大唐新语》卷八《文章第十八》，中华书局，1984年，第127—128页。

> 法轮天上转，梵声天上来。
> 灯树千光照，花焰七枝开。
> 月影疑流水，春风含夜梅。
> 幡动黄金地，钟发琉璃台。①

唐中期，上元节成为法定节日，天宝三年（744），唐玄宗下诏规定："每载依旧正月十四、十五、十六日开坊市燃灯，永为常式。"② 其后唐玄宗又颁布《令正月夜开坊市门诏》，重申上元节"重门夜开，以达阳气，群司朝宴，乐在时和。属此上元，当修斋篆，其于赏会，必备荤膻。比来因循，稍将非便。自今已后，每至正月，改取十七、十八、十九日夜开坊市门，仍永为常式"。不仅长安、洛阳如此，全国各地城市也都参照此政策执行。五代时期，战乱频仍，部分城市停止了上元游乐活动，后梁开平三年（909）正月，梁太祖下诏恢复上元节活动："近年以来，风俗未泰，兵革且繁，正月燃灯，废停已久。今属创开鸿业，初建洛阳，方在上春，务达阳气，宜以正月十四、十五、十六日夜，开坊市门，一任公私燃灯祈福。"③ 其后又宣布："上元夜，任诸寺及坊市各点彩灯，金吾不用禁夜。"④ 随着社会的逐渐安定，五代时期各国都相继都恢复了上元节游乐活动。

五月初五为端午节。龙朔元年（661），唐高宗与侍臣许敬宗有一段对话足以说明该节日的来历及唐人的风俗。上曰："五月五日，元为何事？"许敬宗对曰：

> 《续齐谐记》云，屈原以五月五日投汨罗而死，楚人哀之，每至此日，以竹筒贮米投水祭之。汉建武中，长沙区回，白日忽见一士人，自称楚三闾大夫，谓区回曰：常所遗，多为蛟龙所窃，今若允惠，可以楝树叶塞筒，并五采丝缚之，则不敢食矣。今俗人五月五日作粽，并带五采丝及楝叶，皆汨罗遗风。⑤

从高宗与许敬宗的对话可以看出唐人端午节就有了以五彩丝、楝叶包粽的习俗。隋唐五代时期的端午节，一般需要做五件事。一是食粽子与往江里投祭粽子，这是对屈原的敬意；二是将百索（也叫五彩缕、长命缕）系在手臂上，意思是万一落水可以被拉上岸来；三是人们相互赠扇，以示仰慕高风；四是在门前悬艾，也是驱除邪气的意思；五是赛龙舟，江南水乡，特别是屈原故乡荆楚地区，盛行竞渡。

隋朝时，端午节竞渡就已很兴盛。《隋书·地理志》云：

> 屈原以五月望日赴汨罗，土人追至洞庭不见，湖大船小，莫得济者，乃歌曰："何由得渡湖！"因尔鼓棹争归，竞会亭上，习以相传，为竞渡之戏。其迅楫齐驰，

---

① 释道宣：《广弘明集》卷三十，《碛砂大藏经》第52册，线装书局，2005年，第171页。
② 王溥撰：《唐会要》卷四十九《燃灯》，中华书局，1960年，第862页。
③ 薛居正等撰：《旧五代史》卷四《梁太祖纪》，中华书局，1976年，第67页。
④ 薛居正等撰：《旧五代史》卷四《梁太祖纪》，中华书局，1976年，第103页。
⑤ 王溥撰：《唐会要》卷二十九《节日》，中华书局，1960年，第542页。

棹歌乱响,喧振水陆,观者如云,诸郡率然,而南郡、襄阳尤甚。"①

唐代长安竞渡在兴庆宫龙池或曲江池举行,各地多在江、湖、河上举行。南方竞渡船前刻龙头,后雕龙尾,船身刻绘龙鳞,届时两队或数队选手划桨比赛,万人岸上,呐喊助威。唐朝端午竞渡有时由政府组织。德宗时,淮南节度观察使杜亚于"端午日,盛为竞渡之戏,诸州征伎乐,两县争胜负,彩楼看棚,照耀江水,数十年之未有也。凡扬州之客,无贤不肖尽得预焉"②。杜亚"矜以漆涂船底,贵其速进;又为绮罗之服,涂之以油,令舟子衣之,入水而不濡"③,足见求胜心之切。唐敬宗宝历元年(825),官方在长安筹备一场二十艘龙舟的竞渡活动,计需转运使半年之费,谏议大夫张仲方力谏后,改为十艘。唐代全盛时期,因受到人民喜爱和官府支持,竞渡之风尤为昌盛。每逢竞渡,士民百姓、州县官吏等都涌向江边观看。

重阳节为农历九月九日,这天月与日都是阳数九,故名。唐代城市居民在重阳节要做四件事。一是食糕,有麻葛糕、米锦糕等多种;二是饮菊花酒;三是将茱萸插在头上或佩戴在身上;四是登高。

唐代的节日习俗还具有与传统礼教相结合的特点,这与最高统治者的带头示范作用有关。唐代的各种节日文化和游憩活动成为维护君臣纲常、父子之道、人伦之礼的思想教化工具之一,如春日、冬至、腊日等大节,皇帝亲率百官祭祖祀神,载歌载舞,仪式隆重庄严,就是要让遵德守礼的观念深入人心、代代相传。同时,歌舞内容多为赞美君王文治武功、国家繁荣昌盛,从而引导社会主流价值观,百姓在歌舞升平中慢慢接受思想洗礼,在最高统治者的引导下,节日游乐活动及相关的仪式逐渐使民众形成文化共识,产生全民趋同的观念和心理,从而使节日习俗具有时代特征和民族意义。

二、城市居民的娱乐生活

隋唐五代是中国古代城市娱乐发展史上的鼎盛时期。国家的统一、环境的安定、经济的繁荣、文化的发达为城市娱乐之风的盛行奠定了非常有利的社会基础,尤其是富足的物质条件解决了娱乐生活所需要的基本物质基础。生活在太平盛世的人民,以生为乐,以生为贵,具有乐生、贵生的人生态度,也有力地推动着城市娱乐之风气的形成。另外,随着社会生产力进一步发展,隋唐五代城市社会分工不断细化,商品的生产、流通、交换愈加频繁,城市有所发展,规模有所扩大,形成了脱离农业生产的市民阶层,尤其以中小工商业者为主,市民阶层的形成和壮大也要求有相应的娱乐生活。

---

① 魏徵、令狐德棻撰:《隋书》卷三十一《地理志》,中华书局,1973年,第897页。
② 李昉等编:《太平广记》卷二百七十八《梦·王播》,中华书局,1961年,第2204页。
③ 刘昫等撰:《旧唐书》卷一百四十六《杜亚传》,中华书局,1975年,第3963页。

古代音乐与诗歌、舞蹈融为一体时，称为"乐"或"乐舞"。乐舞兼具舞蹈、音乐、体育的性质，是一种综合性的文化活动。唐代乐舞文化发达，构成了当时娱乐活动的重要内容，亦造就了一批杰出的宫廷演奏家和歌唱艺术家。《新唐书》卷二十二《礼乐志》载："唐之盛时，凡乐人、音声人、太常杂户子弟隶太常及鼓吹署，皆番上，总号音声人，至数万人。"许永新为唐代习曲众人中之佼佼者，《开元天宝遗事》载："宫妓永新者善歌，最受明皇宠爱。每对御奏歌，丝竹之声莫能遏。帝常谓左右曰：'此女歌值千金。'"① 民间亦有不少技艺高超的歌者，"李衮善歌于江外，名动京师。崔昭入朝，密载而至。乃邀宾客，请第一部乐及京邑之名倡，以为盛会。要昭言表弟，请登末座，令衮弊衣以出，满座嗤笑之。少顷命酒，昭曰：请表弟歌，座中又笑。及喉啭一声，乐人皆大惊曰：是李八郎也，罗拜之。"② 《隋唐嘉话》曾记载代表性人物张率的情况：润州得玉磬十二以献，张率更叩其一，曰："是晋某岁所造也。是岁闰月，造者法月，数当十三，今缺其一。宜于黄钟东九尺掘，必得焉。"敕州求之，如其言而得之。贞观中，景云见，河水清，张率更以为《景云河水清歌》，名曰燕乐，今元会第一奏是也。③ 张率对乐器的了解十分深入，仅仅通过叩击玉磬即能听音辨识，准确判断乐器的铸造年代；且演奏技术精湛，凭借《景云河水清歌》被誉为"今元会第一奏"，二者兼具，着实难得。

唐代乐舞之娱流行于宫廷和民间。唐代帝王之中，不乏艺术修养极高者，他们不只是乐舞的欣赏者，亦是乐舞的实践者和创新者。唐太宗李世民对于歌颂唐帝国文治武功的乐舞十分珍视，除整理和修正隋代乐部外，还亲自创作《秦王破阵乐》。

隋唐五代时期，舞蹈丰富多彩，种类繁多。以唐代为例。据《乐府杂录》记载："舞者，乐之容也。有大垂手、小垂手，或象惊鸿，或如飞燕……即有健舞、软舞、字舞、花舞、马舞。"④ 从西域传来的胡腾、胡旋、拓枝三种健舞受到民众普遍欢迎。唐代歌舞戏于前朝基础上，又融入少数民族音乐特点，为唐中国音乐发展注入了新鲜血液。杜佑在《通典》中所记的"大面""拔头""踏摇娘"即唐代最著名的三大歌舞戏。民间乐舞也非常发达，《太平广记》载，睿宗先天二年正月十五、十六夜，于京师安福门外作灯轮，高二十丈，衣以锦绮，饰以金玉，燃五万盏灯，簇之如花树。宫女千数，衣罗绮，曳锦绣，耀珠翠，施香粉。一花冠、一巾帔皆万钱，装束一妓女皆至三百贯。长安、万年少女妇千余人，衣服、花钗、媚子亦称是，于灯轮下踏歌三日夜，欢乐之极，未始有之。这是一次官方组织、民众大规模参与的群舞活动。长安城里达官显贵的家眷、宫女和普通市民一起欢庆元宵节，聚集在灯轮下踏歌三日夜，其盛况令人赞叹。此处所提及的踏歌是一种历史悠久的自娱性民间歌舞，它不专指某种舞蹈，而是对踏地为节、载歌载舞且多数为群舞的

---

① 王仁裕、姚汝能撰，曾贻芬点校：《开元天宝遗事 安禄山事迹》，中华书局，2006年，第52页。
② 李昉等编：《太平广记》卷二百四十《乐·歌》，中华书局，1961年，第1550页。
③ 刘𫗧：《隋唐嘉话》中，中华书局，1979年，第17页。
④ 段安节撰：《乐府杂录·舞工》，崔令钦撰、吴企明点校：《教坊记（外三种）》，中华书局，2012年，第127页。

活动的通称。

隋唐五代时期,乐舞的发达与统治者的重视密不可分。唐统治者重视市民的文娱活动,不仅在政策上解除了历代统治者对文娱生活的禁锢,皇帝的亲自参与亦推动了群众性文娱活动的发展。长安城中出现了专供娱乐的场所瓦肆,以及音乐机构教坊和梨园,甚至连府县都设有教坊。唐代文娱活动主要有拔河、摔跤、放风筝、荡秋千、竞渡、下象棋、灯戏、飞弹、吹戏、说唱音乐、弹拨乐器等。长安曾有千人拔河的宏大场面。成都每年的摔跤比赛观者如潮。当时观戏的戏种包括大面、钵头等歌舞剧,还有闾市盛行的木偶戏。"曲子"深受城市居民喜爱,唐咸通年间,伶官李可及的音辞为京师屠酤少年效仿。说唱乐又称"俗讲""变文",内容包括宗教经文和民间故事。市民间斗赛乐舞极盛行,唐贞元中,"市人广较胜负,斗声乐"①。统治者采取开放的经济文化交流政策,使异国的生活方式和观念传入中国,拓宽了市民视野。外来文化传入后,市民的文娱生活更加多样,如波罗球、泼寒胡戏、马球、踢毽戏、胡音等,不一而足。西域的乐器,如曲项琵琶、龟兹琵琶等皆为唐代市民所喜爱。唐人王建的《凉州行》中有"城头山鸡鸣角角,洛阳家家学胡乐"的描述。统治者的重视和对外来先进文化的吸收促成了城市文娱生活的多样性和群众性。②

游艺百戏是唐代城市文化娱乐中最为重要的娱乐活动。《唐会要》卷三十三《散乐》云:"散乐历代有之,其名不一,非部伍之声,俳优歌舞杂奏,总谓之百戏……"百戏包括博弈嬉游类游艺伎、球绳竿剑等器用伎、马象猴禽等驯兽伎、乐剧戏舞和技巧类人事伎、魔术幻术类玄幻伎等杂技、歌舞戏和俳优表演等系列活动。③刘再生《中国古代音乐史简述》认为百戏是我国古代乐舞、杂技表演的总称,实际上包括杂技、武术、幻术、歌舞、杂乐、杂耍等多种艺术表演形式,在表演中多伴有音乐唱奏。④百戏游艺是唐代节日最重要的助兴娱乐项目,大诗人白居易、元稹和刘禹锡等都对上元、中和、上巳、寒食、端午等节日的百戏活动有所描述:白居易《新乐府·刺雅东东替也》写有"舞双剑、跳七丸、袅巨索、掉长竿"⑤,元稹《西凉伎》写有"前头百戏竞撩乱,丸剑跳掷霜雪浮"⑥。唐代中后期形成了节日游艺百戏活动,如人日鱼龙曼衍、上元拔河山棚、中和丝竹百戏、寒食蹴鞠斗鸡、中元角力相扑、诞节舞马张乐、腊日傩舞拨头、斋节庙会俗讲等;此外还有参与性很强的娱乐活动,如马球、秋千、彩球、象戏、博弈、投壶、斗花草、拔河、戴竿、长斜等。游艺百戏不仅可欣赏表演,而且市民也可广泛参与,故而具

---

① 段安节撰:《乐府杂录·琵琶》,崔令钦撰、吴企明点校:《教坊记(外三种)》,中华书局,2012年,第130页。
② 王雪飞:《唐朝繁荣的城市文化娱乐生活及对今天的启示》,《大连大学学报》1997年第5期。
③ 周侃、李楠:《唐代百戏的源流及影响考论》,《求索》2009年第1期。
④ 刘再生:《中国古代音乐史简述》,人民音乐出版社,2005年,第184页。
⑤ 彭定求辑:《全唐诗》卷四百二十六,中华书局,1960年,第4691页。
⑥ 彭定求辑:《全唐诗》卷四百一十九,中华书局,1960年,第4616页。

有大众性、普及性，上自帝王、百官，下至平民百姓，无论男女老少都广泛参与。

百戏有官方与民间之分。皇帝在京城举行国家重大庆典，赐宴百官，或招待外来贵宾时，往往会上演百戏，皇帝及百官观赏百戏、与民同乐的场面也较为常见。《开天传信记》："上御勤政楼大酺，纵士庶观看。百戏竞作，人物填咽。金吾卫士白棒雨下，不能制止。"①《杜阳杂编》载："上降日，大张音乐，集天下百戏于殿前。"《杜阳杂编》称："大中中，日本国王子来朝，献宝器音乐，上设百戏珍馔以礼焉。"张籍《寒食内宴》记载一次朝廷宴会，诗中有"千官尽醉犹教坐，百戏皆呈未放休"的句子。

民间歌舞戏演出的受众及其影响比宫廷要广泛得多。隋初，长安民间已流行戏剧演出，开皇间（581—600）侍御史柳彧曾针对长安戏剧上演情况向隋文帝上书：

> 窃见京邑，爰及外州，每以正月望夜，充街塞陌，聚戏朋游。鸣鼓聒天，燎炬照地，人戴兽面，男为女服，倡优杂伎，诡状异形。以秽嫚为欢娱，用鄙亵为笑乐，内外共观，曾不相避。高棚跨路，广幕陵云，袨服靓妆，车马填咽。肴醑肆陈，丝竹繁会，竭赀破产，竞此一时。尽室并孥，无问贵贱，男女混杂，缁素不分……②

以上记载从一个侧面反映了隋唐时期长安民间百戏上演时的盛况。

至唐代，长安民间的戏剧演出进一步发展，由于演出频繁，长安城里已有几处固定的戏场。《南部新书》记载："长安戏场，多集于慈恩，小者在青龙，其次荐福、永寿。"③其中规模最大的慈恩寺戏场，乃是上自达官贵人、下及士庶百姓都乐往观戏。《资治通鉴》卷二百四十八《唐纪》六十四就记载有宣宗女万寿公主耽于慈恩寺戏场看戏的情景。万寿公主嫁起居郎郑颢，颢弟得了重病，宣宗遣使探问，"还，问：'公主何在。'曰：'在慈恩寺观戏场。'"可见戏场对时人的吸引力。由于上述几地均是游人如织的风景游览胜地，戏场拥有大量观众，演出规模都很大，即如被视作"小者"的青龙寺戏场，也已经"座密千官盛，场开百戏容"④，场面颇为壮观。

杂技是惊险、扣人心弦的娱乐活动。唐时，每逢皇帝诞辰就会集天下百戏于殿前演出，竿伎是必演的项目，其中寻橦难度最大，也最为精彩。寻橦，又叫竿木、戴竿、顶竿、透橦、卢寻橦等，表演时，一个或多个表演者爬上竖立的长杆，在上面做各种技巧动作。这种杂技在唐代非常流行，《朝野佥载》卷六云："幽州人刘交戴长竿高七十尺，自擎上下。有女十二，甚端正，于竿上置定，跨盘独立。见者不忍，女无惧色。"《杜阳杂编》载，唐敬宗宝历年间，"上降日，大张音乐，集天下

---

① 郑綮：《开天传信记》，崔令钦撰、吴企明点校：《教坊记（外三种）》，中华书局，2012年，第84页。
② 魏徵、令狐德棻撰：《隋书》卷六十二《柳彧传》，中华书局，1973年，第1483—1484页。
③ 钱易著，黄寿成点校：《南部新书》戊，中华书局，2002年，第67页。
④ 苏颋：《奉和恩赐乐游园宴应制》，彭定求等：《全唐诗》卷七十四，中华书局，1960年，第808页。

百戏于殿前。时有妓女石火胡，本幽州人也。挚养女五人，才八九岁。于百尺竿上，张弓弦五条，令五女各居一条之上，衣五色衣，执戟持戈，舞破阵乐曲，俯仰来去，赴节如飞。是时观者目眩心怯。火胡立于十重朱画床子上，令诸女迭踏以至，半空手中皆执五彩小帜。床子大者始一尺余。俄而手足齐举，为之踏浑脱，歌呼抑扬，若履平地。"

杂技项目还有绳技、踏球、角觚、舞马、舞象犀、幻术等类，各地经常举行。绳技，又名溺巨索、走索，类似今天的走钢丝。踏球是在特制的球上表演节目。角觚，又称角力、校力、贯交、争交和相扑等，是一种摔跤运动。每当盛大宴会或节日庆祝都会有角觚表演，唐宫廷中还成立有专门的角觚队伍"相扑朋"。

舞马，以开元、天宝年间最盛。张说的《舞马千秋万岁乐府词》生动描述了舞马的精彩表演："圣王至德与天齐，天马来仪自海西。腕足齐行拜两膝，繁骄不进蹈千蹄。鬃鬣奋鬣时蹲踏，鼓怒骧身忽上跻。更有衔杯终宴曲，垂头掉尾醉如泥。"舞马活动在玄宗时期达到极盛，"玄宗在位多年，善音乐，若宴设酺会，即御勤政楼……日旰，即内闲厩引蹀马三十匹，为倾杯乐曲，奋首鼓尾，纵横应节。又施三层板床，乘马而上，抃转如飞"①。舞马不仅在节庆时表演，平时也于宫廷内由艺人们表演，有时还作为观武项目。游走江湖的杂技艺人以杂技表演谋生，将此类娱乐广为传播，使之成为唐代城市娱乐文化生活的一部分。唐玄宗时还训练象、犀表演，即舞象犀，与舞马一起作为千秋节和朝廷宴会的娱乐节目。幻术出自西域，汉代时已经传入中国，隋唐时继续流行。幻术形式多种多样，有吞刀吐火、剖腹挖心、植瓜、剥马等类。

游戏活动是隋唐五代时期城市娱乐的重要构成。唐中宗时击球运动开始盛行，玄宗时达到鼎盛。唐代皇帝爱好击球者甚多，有的甚至亲自参加比赛。宫廷、京都及其他大城市中有许多球场见诸史籍。1971年陕西乾陵章怀太子墓中出土一幅《马球图》壁画，画面上二十几个挥舞着月牙形鞠杖的骑手争击一个小球，表现的正是唐代打马球的活动场景。唐时，击鞠之戏在文人学士中十分流行。每年逢新进士发榜后，按例要在曲江开宴，集会游赏，并举行击鞠会。不仅是长安，击鞠在其他城市也颇为盛行。《酉阳杂俎》记载："荆州百姓郝惟谅，性粗率，勇于私斗。武宗会昌二年寒食日，与其徒游于郊外，蹴鞠角力，因醉于墦间。"②可见在交游中举行各类体育竞技活动为当时风尚。此外，宴集酒饮中的投壶、拔河、武术、抛球戏、行酒令、棋类博弈，以及斗鸡、斗茶、斗百草等赌胜类游戏受到民众欢迎。

唐代是斗鸡之戏的盛行时期，达到历史的顶峰。皇帝及王公大臣很多喜欢斗鸡，其中以唐玄宗为最。《全唐诗》中提及斗鸡者有五十多处，而把斗鸡和走狗或者走马放在一起或相对应的有近十处，其中最有名的就是《斗鸡童谣》"生儿不用识文字，斗鸡走马胜读书。贾家小儿年十三，富贵荣华代不如。""神鸡童"贾昌因

---

① 刘昫等撰：《旧唐书》卷二十八《音乐志》，中华书局，1975年，第1051页。
② 段成式撰，许逸民校笺：《酉阳杂俎校笺》续集卷三，中华书局，2015年，第1601页。

为善于驯鸡、斗鸡而得到玄宗宠幸,得享荣华富贵。杜甫《斗鸡》诗云:"斗鸡初赐锦,舞马既登床。"皇帝的爱好带动斗鸡之风的盛行,宗室贵族、达官富豪竞相仿效。当时的王孙公子、豪侠少年无不以斗鸡走马为特长和性格标志。李白就是斗鸡的一名好手,在他的笔下,斗鸡被描绘得有声有色,栩栩如生。李白《古风》诗云:

> 路逢斗鸡者,冠盖何辉赫。
> 鼻息干虹蜺,行人皆怵惕。

有些妇女因喜好斗鸡,还将斗鸡绣在枕头上。史凤《神鸡枕》诗云:

> 枕绘鸳鸯久与栖,新裁雾縠斗神鸡。
> 与郎酣梦浑忘晓,鸡亦留连不肯啼。

阎立德、张萱和周昉等著名画家,把斗鸡形象绘于丹青之上。由于斗鸡盛行,有些人做起了驯鸡出售的买卖。威远军子将臧平的一只鸡十分善斗,在获得唐穆宗青睐后,"主鸡者想其蹴距,奏曰:'此鸡实有弟,长趾善鸣,前岁卖之河北军将,获钱二百万。'"[①]

隋唐五代时期中国传统节日与娱乐在继承前代发展的基础上趋于稳定,并发展出不同的特点。政治稳定、经济繁荣、社会富足、文化发达、对外交往频繁均为城市娱乐的繁荣奠定了坚实的社会基础。城市节日与娱乐生活所需要的物质条件与人文因素日益成熟。加之时人以生为乐,以生为贵,乐生、贵生的人生态度,共同推动着城市节日文化与娱乐风气的形成,并体现出与前代不同的时代特征。出现了许多此前从未出现的节日与娱乐活动新种类。特别是唐代,统一多民族国家的发展,使周边许多民族纷纷归附并迁居内地,推动了多种文化的融合和交流,亦使隋唐五代时期城市节日与娱乐显现出包容性特点。无论域外传入抑或内地自产,各种节日与娱乐均拥有自己的发展空间。

社会风气的开化,礼教束缚的削弱,家庭娱乐环境的熏陶,均使妇女有幸较为广泛地参与节日与娱乐活动,成为隋唐五代时城市居民生活的一大特色和城市繁盛的显著标志。尤其唐代开明的政策和社会氛围,使妇女拥有较高的社会地位,可以参加很多节日庆典和娱乐活动。以皇帝为代表的上层社会大多喜好节日庆贺与娱乐活动,甚至其自身即为某项运动或技艺的行家能手。上有所好,下必甚焉,上层城市居民对娱乐活动的发展起到了促进和倡导作用。城市中的普通百姓虽然处于社会最下层,但其节日活动与娱乐民俗是社会文化最直接的体现,他们是对节日、娱乐及其内涵的诠释者。

总体而论,隋唐五代城市居民的节日与娱乐活动空前繁荣,具有大众化、普及化的趋势,既具有历史的传承性,又具有时代的创新性。节日的贵族礼仪色彩被更强烈的民间娱乐色彩所取代,无论是统治者出于维护统治目的而倡导,抑或是官员

---

① 段成式撰,许逸民校笺:《酉阳杂俎校笺》续集卷八,中华书局,2015年,第2022页。

与贵族之间为维持良好交际关系而加以推动，节日文化与娱乐活动最终得到广泛的普及，为社会文化生活增添了绚丽的色彩和多样的情趣。

第三节　宗教文化生活

佛教是公元前 5 世纪由古印度迦毗罗卫国王子乔达摩·悉达多所创。汉代，佛教随着丝绸之路的开通逐渐传入中原地区。南北朝时期，佛教的影响由社会下层逐步上移，发展为适应君主专制统治需求之宗教，同时也逐步实现从民间、乡村向上层和城市的转移。此时期佛教之所以能在城市迅速传播，主要得益于统治阶层的倡导和支持。佛教在城市中得到发展后，其社会影响继续扩大，与皇权政治发生了更加紧密的关系。隋唐时期，中国南北归于统一，政治、经济、文化等空前发达，国内外交流频繁，统治者采取兼容并纳的文化政策，大力提倡佛教，从而为佛教在城市的进一步兴盛创造了有利条件。此时期佛教的各大宗派纷纷成熟，高僧辈出，并对日本、越南等国的佛教文化产生了深刻的影响，其间虽然也曾出现过对反佛浪潮，但佛教的发展并未中断。五代时期，社会局势动荡，然佛教延续了唐代的兴盛余绪，多朝君主继续崇奉佛教，城市佛教勃兴之势未减。

此外，道教作为中国本土宗教在隋唐时期也得到很大发展，隋唐统治者在高度重视发展佛教的同时，也对道教的发展持包容和扶持的态度，城市中的宫观庙宇和道士数量都有所增加。佛寺和道观在城市大规模发展，不仅对城市空间结构产生了重要影响，更使佛、道文化通过城市的宗教场所得以广泛传播，成为城市居民的精神家园和城市公共文化空间。

一、隋唐城市佛教的兴盛

隋唐五代时期，佛教、道教等宗教借助城市获得巨大发展，城市文化亦因宗教文化的影响和渗透而显得丰富多彩。隋唐时期，在统治者的大力提倡下，佛教前所未有的兴盛，城市里寺院林立，上自皇室，下至平民百姓，从教者数量甚多。佛教在发展过程中出现了若干派别，相继形成了天台宗、唯识宗、华严宗、律宗、净土宗、密宗等，其中以禅宗的影响最大。明朝人宋濂等人认为："释老之教，行乎中国也，千数百年，而其盛衰，每系乎时君之好恶。"[①] 有研究者认为，纵观佛教在中国的传播史，其在中国汉地的传播与当时的皇权统治密切相关，凡是得到统治者支持时，便是其大力发展期，而诸如"三武一宗"灭佛时代则几乎让佛教徒的传教事业覆灭。所以，皇帝对于佛教的态度是重佛还是轻佛，是崇佛还是反佛，对佛教传

---

① 宋濂等：《元史》卷二百零二《释老传》，中华书局，1976 年，第 4517 页。

播有一定的影响,有时甚至是决定性的。①

　　城市是人类生产生活最为繁忙,物质和精神成果最为集中,思想文化最为活跃的地方,毋庸置疑是一个国家和时代文明程度的代表和象征,因而也成为宗教文化发展与传播的中心。隋唐五代时期,统治者不仅利用佛教来达到加固统治的目的,他们之中的多数人也是真心向佛,并制定了许多有利于佛教发展的政策。城市佛教与山林佛教相较,在资源获取上享有近水楼台之便利,其信众也更集中,特别是大批上层社会人士一心向佛,有力地推动了佛教在城市的蓬勃发展。此时期城市佛教的发展出现以下特点。

　　第一,隋唐时期城市佛教寺庙数量多,规模大,渗入城市居民的生活。

　　寺院为佛教布法的主要场所,亦是人们烧香拜佛、参与宗教及与之相关的社会活动之地。寺院有无与数量多寡是一个地区佛教活动兴盛与否的直接反映,显示出人们对佛教的态度。隋唐时期,佛教出现了从山林偏僻之地向城市聚集的趋势,特别是向重要的政治城市聚集。据《续高僧传》载,隋大兴城有佛寺120多所,最为有名者为大兴善寺,号称国寺,尽占靖善坊之地,寺殿宏伟为京城之最,号曰"大兴佛殿"。延兴寺、禅定寺、净影寺、清禅寺、真寂寺、日严寺等亦为一时名刹。其中延兴寺为隋文帝移都之始,于广恩坊给地为昙延所立之寺,开皇四年(584)敕名延兴。② 永阳坊之禅定寺乃文帝为文献皇后立,寺中名僧之多不逊大兴善寺。③真寂寺为三阶教寺最大者。总体而论,京城内有寺百二十所。大兴城佛寺乃根据隋文帝自拟寺额修建,于此官府定额"编制"外,仍有大量佛堂等规模较小之佛教场所,故大兴城佛寺总量当高于原定数额。

　　时至唐代,全国佛寺发展鼎盛,平均每州16寺,寺系网络益见致密。④寺塔遍于九州,僧尼溢于三辅。贞观二十二年(648),全国佛教寺院有3716所;乾封元年(666),全国佛寺增至4000余所;开元末年,全国佛教寺院多达5358所。⑤可见唐代佛教之繁荣。此时期寺院向城市聚集的趋势非常突出,一些重要的寺院都修建在城市之中或城市近郊。唐都长安为最大寺院聚集的中心,佛教宗派多聚于此,高僧大德也多在长安弘法阐教。三论宗以草堂寺为祖庭,法相宗以慈恩寺为祖庭,净土宗以香积寺为祖庭,律宗以净业寺为祖庭,密宗以大兴善寺为祖庭。长安寺院林立,呈"寺宇相望"⑥之势。《两京新记》载,长安时有僧寺64所,尼寺27所,合为91所。《长安志》所记较《两京新记》更多,共计有佛寺100所。开元后长安佛教寺院继续发展。《两京城坊考》记有僧寺81所,尼寺28所,合为109

---

① 陈文英:《隋唐帝王与佛教传播》,《历史教学》2008年第8期。
② 王昶:《金石萃编》卷一百一十八《万寿寺记》,中国书店,1985年。
③ 道宣撰,郭绍林点校:《续高僧传》卷十《靖玄传》,中华书局,2014年。
④ 张弓:《汉唐佛寺文化史》上,中国社会科学出版社,1997年,第109页。
⑤ 介永强:《西北佛教历史文化地理研究》,人民出版社,2008年,第47页。
⑥ 宋敏求:《唐大诏令集》卷一百一十三《断书经及铸像敕》,中华书局,2008年,第588页。

所。① 有研究者认为长安佛寺数量远不止此数,据统计,初唐至盛唐长安新建寺院共 56 所,加上隋代保留下来的 71 所寺院,总数超过 120 所。② 也有研究者统计,盛唐时期长安的寺院达到 124 所,占全国总数的 15%。③ 如果累加无明确建寺年代寺院和无额佛堂,实际上盛唐时期长安的寺院更多。

唐代私建佛寺发展迅速,大量佛堂、兰若得以兴建,创建者多为宫廷官员,元载、杜鸿渐等均带头修建了许多寺院、佛堂。日僧圆仁曾称:"长安城里坊内佛堂三百余所,佛像、经楼庄校如法,尽是名工所作,一个佛堂抵外州大寺。"由此可见当时长安城内除规模宏大的官寺外,私家性质的佛堂等亦颇具规模,数量可观。

长安寺院不仅数量多,而且规模大,占地面积广,营建之奢华,堪称唐代城市佛寺典范。大荐福寺占开化坊"半以南",大庄严寺占永阳坊"半以东",大慈恩寺占晋昌坊"半以东",大兴善寺占靖善坊一坊之地。④ 这些规模宏大的佛寺的营建修葺多经皇家之手,奢华富丽超过往代。以大慈恩寺为例,此寺"虹梁耸天藻井,丹青云气,琼础铜沓,金环花铺,并加殊丽"⑤。寺内浮图"塔势如涌出,孤高从天宫,……突兀压神州,峥嵘如鬼工"⑥。

由于隋唐统治者都大力提倡佛教,全国各地的城市居民普遍崇信佛教,寺院数量较多,据统计,唐代前期,除长安以外,全国寺院数量较多的城市主要为:成都,有寺院 30 所;东都洛阳,有寺院 29 所;润州,有寺院 28 所;襄州,有寺院 25 所;越州,有寺院 23 所;太原,有寺院 21 所;苏州,有寺院 19 所;扬州,有寺院 18 所;荆州,有寺院 17 所;相州,有寺院 16 所;杭州,有寺院 12 所。唐代后期,京师长安虽然多遭战争破坏,但仍然拥有寺院 79 所,在全国各城市中保持第一;其他城市寺院数量发生一定变化,苏州有寺院 31 所,越州有寺院 28 所,杭州有寺院 20 所,润州有寺院 20 所,扬州有寺院 20 所,成都有寺院 19 所,太原有寺院 16 所,洛阳有寺院 14 所,荆州有寺院 13 所,常州有寺院 13 所,洪州有寺院 12 所。⑦ 唐代前期,城市寺院数量排名第二、第三的成都和洛阳在唐代后期排名均发生变化,数量均有大幅下降,而苏州成为寺院数量仅次于都城长安的城市。

唐末五代时期,北方持续战乱,加上唐武宗、周世宗毁佛、限佛,北方城市的佛教遭受重创。佛教与经济重心出现一致南移的趋向,南方城市的佛教得到蓬勃发展,不少佛教寺院规模较前更加宏大,杭州在唐末五代时期成为南方城市佛教中心。据不完全统计,五代时期各地有重要佛寺 795 所,分布于 131 州,其中杭州有

---

① 马军:《唐代长安、沙州、西州三地胡汉民众佛教信奉研究》,中央民族大学博士学位论文,2010年,第 14 页。
② 景宇平:《寺观与唐朝长安》,东北师范大学硕士学位论文,2006 年。
③ 李映辉:《唐代佛教寺院的地理分布》,《湘潭师范学院学报》1998 年第 4 期。
④ 徐松撰,张穆校补,方严点校:《唐两京城坊考》卷三,中华书局,1985 年。
⑤ 李治:《建大慈恩寺令》,董诰等编:《全唐文》卷十一,中华书局,1983 年,第 135 页。
⑥ 岑参:《与高适薛据登慈恩寺浮图》,彭定求等:《全唐诗》卷一百九十八,中华书局,1960 年,第 2037 页。
⑦ 李映辉:《唐代佛教寺院的地理分布》,《湘潭师范学院学报》1998 年第 4 期。

46所,其数量仅次于长安,比洛阳还多了1所。①吴越时期,杭州的佛教大盛,曾有"杭之俗,佛于钱氏结庐遍人境"及"寺塔之建,吴越武肃王倍于九国"之说。《咸淳临安志·寺观》载,南宋末年杭州城内外能够确定创建时期之寺院有398所,其中建于吴越时期的寺院达230所,有史料称杭州寺院创于钱氏者十有五六。② 杭州佛教发展盛况可见一斑。

隋唐时期,除长安、洛阳等北方城市成为佛教的传播中心外,位于西南的成都也成为佛教的重要传播之地。成都地处西南交通要地,北接长安,南通印度,是中外佛教文化交流西南路线的重要城市,往来僧人都会在此停留,成都也自然成为唐代佛教发展的重要地区。③ 从南北朝起,大量西域和中原地区的高僧纷纷入蜀,佛教在成都获得大发展,寺院数量增加,规模扩大,高僧云集。隋末唐初,北方持续发生战乱,关中和中原各地经济遭到极大破坏,社会动荡不安,人口不断南迁。极度依赖社会经济支持的佛教在北方遭到沉重打击,大量僧众逃至相对稳定的巴蜀地区,广弘佛法,巴蜀地区的中心成都成了西南地区最大的佛教中心,迎来了成都佛教发展史上的一个繁荣期。唐玄宗时期,安史之乱爆发,北方僧人再次大规模入蜀,成都佛教的另一个繁荣期随之到来。

从南北朝开始,成都地区的历代执政者都以宽容的心态对待佛教的发展,他们中一些人甚至成为佛教传播的重要推动者,如隋代蜀王杨秀就是一个虔诚的佛教徒,他在成都广修佛寺,纳养僧人,使佛教在成都迅速传播。④ 唐朝建立后,统治者对佛教也大力提倡,作为社会中坚力量的地方官员和士大夫也与佛教产生了广泛的接触,官员和士大夫奉佛之风盛行⑤,他们普遍提倡佛教,研习佛法,烧香拜佛,结交僧人。曾任剑南节度使的南康王韦皋在成都创建宝历寺⑥,西川节度使李德裕则重建福成寺。⑦ 这些地方大员的大力支持,使佛教在成都的发展畅通无阻。

唐代成都修建的寺院数量甚多,现今可考者就有正觉寺、宝历寺、福成寺、圣寿寺、大慈寺、开元寺、草堂寺、龙兴寺、宝应寺等大中型寺院⑧,其中对成都影响最大的当属圣寿寺、昭觉寺和大慈寺。

圣寿寺,成都最为古老的寺院之一,始建于晋代,原名空慧寺,后因晋代高僧惠持为该寺住持而扬名天下。空慧寺的旧址原是晋代大臣王羽的住宅,王羽信奉佛

---

① 阮元编:《两浙金石志》卷五,江苏广陵古籍刻印社,1984年,第2页。
② 陈让、夏时正:《成化杭州府志》卷四十七,四库全书存目丛书编纂委员会编:《四库全书存目丛书》,《史部》第175册,齐鲁书社,1996年,第669页。
③ 冯汉镛:《唐代西蜀经吐蕃通天竺路线考》,《西藏研究》1985年第4期。
④ 成都通史编纂委员会编,谢元鲁等著:《成都通史卷三·两晋南北朝隋唐时期》,四川人民出版社,2011年,第285页。
⑤ 郭绍林:《唐代士大夫奉佛原因析》,《河南大学学报》1985年第4期。
⑥ 何孝荣:《论韦皋与佛教》,《西南大学学报》2012年第5期。
⑦ 《成都通史》编纂委员会编,谢元鲁等著:《成都通史卷三·两晋南北朝隋唐时期》,四川人民出版社,2011年,第286页。
⑧ 《成都通史》编纂委员会编,谢元鲁等著:《成都通史卷三·两晋南北朝隋唐时期》,四川人民出版社,2011年,第278页。

教后，为弘扬佛法舍地建寺，起名龙渊精舍，后改为龙渊寺。隋朝建立后，隋文帝之子蜀王杨秀兼任益州刺史，对佛教十分虔诚，将自己的600亩竹园慷慨捐赠龙渊寺，龙渊寺迎来了鼎盛期，接收了大量从北方入蜀避乱的僧人。唐初，龙渊寺为了避唐高祖李渊名讳，改名空慧寺。到了唐武宗时期，唐统治者大肆灭佛，在专制集权的高压下，空慧寺也被拆毁。唐武宗去世后，继位的宣宗又宣布恢复天下佛寺，空慧寺得以重建，但改名为圣寿寺。① 圣寿寺规模庞大，共有30院，每院各有房数百间，仅大中祥符禅院就有房屋400余间。②

昭觉寺，位于成都北郊青龙场附近，被称为成都福地、川西第一禅林。③ 唐代贞观年间，以汉代司马董常的故宅为寺，原宅名为建元，故而起名为建元寺。877年，唐代高僧、禅宗曹洞宗传人休梦禅师任建元寺住持。唐僖宗避乱于成都之时，曾召休梦禅师说法，对其所讲佛法大为满意，于是下诏大修建元寺，赐名"昭觉"。昭觉寺在唐代末年颇受皇帝重视，发展迅速，在成都各大寺院中仅次于大慈寺。昭觉寺的香火兴盛，带动了周边经济的发展。五代十国时期，寺庙建筑多毁于兵燹，直到宋代才得到重建。

大慈寺，亦称大圣慈寺，是唐代建造的全国最大规模的寺院。在唐代大慈寺之前，成都也曾建有一座同名的寺院。据宋代普济僧人所编《五灯会元》，魏晋年间，印度僧人宝掌东游中土，入蜀礼普贤，曾留居大慈寺。④ 但魏晋时所建大慈寺到唐代时已不复存在。唐代大慈寺建于开元年间，后唐玄宗避难到成都，有感于成都本地僧人英干施粥救济百姓，便下旨在成都东郊修建新寺院为国祈福，并亲自挑选原多宝寺旧址作为新寺基址，并将其面积扩大至1000亩，赐名"大圣慈寺"。⑤ 建成后的大圣慈寺，建筑宏伟壮丽，面积广大。大圣慈寺之所以对于成都十分重要，不仅仅是因为它的面积广博，更在于其所具有的多种功能。首先，规模如此宏大的大慈寺对于弘扬佛教信仰起着很大的推动作用，促进了佛教在成都的发展。其次，大慈寺是成都佛教信众的精神家园，对于社会的稳定也起了一定作用。大慈寺同众多的佛教寺院一样，对于成都慈善事业的发展也有一定的推动作用。另外，大慈寺建成后，为成都市民提供了一个重要的文化活动空间和经济活动空间，随着大慈寺香火的兴盛和流动人口的增加，周边的商业活动也逐渐丰富起来，逐渐形成季节性市场，并成为各种文化娱乐活动的重要场所。

大慈寺对成都文化的影响还在于它的佛教文化艺术的影响。北宋成都府尹李之纯在《大慈寺画记》中写道："举天下之言唐画者莫如成都之多，就成都较之，莫如大圣慈寺之盛。"大慈寺总共有96院，按阁、殿、塔、厅、堂、房廊等共8524

---

① 李祖祯：《成都考古二题》，《文史杂志》1986年第1期。
② 成都通史编纂委员会编，谢元鲁等著：《成都通史卷三·两晋南北朝隋唐时期》，四川人民出版社，2011年，第288页。
③ 曾继材：《成都庙宇寺观的建筑风貌》，《四川建材》1998年第6期。
④ 冯修齐：《大玄奘在成都大慈寺受戒考论》，《西华大学学报》2009年第2期。
⑤ 段玉明：《唐宋大慈寺与成都社会》，《宗教学研究》2009年第2期。

间，所绘诸佛如来 1215 幅，菩萨 10488 幅，帝释、梵王 68 幅，罗汉、祖僧 1785 幅，天王、明王、大神将 262 幅，佛会经验变相 158 幅，其他雕塑不计其数。另据今人研究统计，唐代大慈寺共有各类壁画 15500 余壁，其中神佛画像及经变等 14000 壁，花鸟山水等 1500 壁，画幅面积达 3 万平方米以上，这一数字堪比敦煌莫高窟唐宋时期所有壁画的总合，是中国历史上拥有壁画数量最多的文化空间。① 大慈寺的壁画不仅数量多，而且十分精美。莫高窟的绘画者多为无名匠人，而大慈寺的壁画绘制者则有不少名家大家，故而大慈寺壁画具有极高的艺术水平，堪称中国的绘画艺术宝库。

第二，高僧云集，成果丰硕，为隋唐五代时期城市佛教兴盛的另一表现。

城市作为政治、经济、文化中心，得天时地利之便，规模较大城市多为主导中国佛教的中枢，是僧才凝聚、经典翻译的中心。唐朝都城长安，城内寺院众多，建筑壮丽宏伟，僧人日常生活条件与宗教传播条件优越，佛教弘传效应显著，社会影响广泛。唐统治者多崇佛、重佛，故而长安的政治生态和社会环境为佛教发展提供了广阔天地，吸引了大批高僧前往弘扬佛法。唐代丝绸之路的重开，为东西方佛学的交流提供了重要的条件。丝绸之路也成为佛教文化传播之路，天竺、西域与中原之间传经、取经之高僧络绎不绝，长安成为世界佛学的中心，成为佛教译经、传教、创宗、交流的中心。② 据严耕望统计，唐初三十年间，全国高僧 201 人，驻锡京师者 73 人，占全国高僧总数三分之一以上。《宋高僧传》梳理出全国高僧 450 名，以大历为限分前后两期。前期有 150 人，其中驻锡京师者 42 人，为全国之最。此外，高僧驻锡最集中的其他几个城市依次为太原、成都、荆州、扬州、越州、杭州、润州。后期高僧达 320 人，其中驻锡长安者 34 人，驻洛阳者 15 人。③ 可见，高僧分布出现了分散的趋势，但驻锡长安、洛阳等城市的仍然占多数。

长安、洛阳为隋唐时期中国最大的佛经翻译中心，这一地位之确立与统治者所持佛教政策紧密相关。支持佛教发展的隋文帝、隋炀帝曾延请达摩笈多、彦琮、那连提耶舍、达摩阇那、阇那崛多等 5 位天竺译师译经，由释彦琮总理译事，先后共译佛典 59 部，262 卷。④ 唐代更加重视对佛经的翻译，国家主持译经的场地主要设于长安，大兴善寺、大慈恩寺和大荐福寺时称长安三大译场。唐代名僧玄奘曾西行求经，并于贞观中携佛经 657 部回到长安，先后住弘福寺、慈恩寺、西明寺、玉华宫等处翻译佛经，参与其事者皆一时之高僧大德。之后义净前往印度求经，回国后以长安大荐福寺为翻经院。唐玄宗时期，印度僧人善无畏、金刚智、不空也先后至长安，从事翻译密典的工作。不空后又曾返回印度，求得密藏经论 500 余部，运至长安大兴善寺，并主持翻译。⑤ 隋唐时期，长安各寺译经不断，成果丰硕，玄奘、

---

① 谢祥荣：《唐宋时期成都的大圣慈寺壁画》，《成都大学学报》2003 年第 1 期。
② 方立天：《长安佛教的历史地位》，《中国宗教》2010 年第 8 期。
③ 严耕望：《唐代佛教之地理分布》，《民主评论》1953 年第 4 卷第 24 期。
④ 道宣撰，郭绍林点校：《续高僧传》卷二《达摩笈多传》《彦琮传》，中华书局，2014 年。
⑤ 邹西礼、袁书会：《中国佛教史上之关中》，《法音》1998 年第 12 期。

义净、不空等 26 名译师的成就最为突出，玄奘主持翻译了佛经 75 部、1335 卷，义净主持翻译了佛经 61 部、260 卷，不空主持翻译了佛经 104 部、134 卷。由此，以唐代长安佛教译经为先导，开辟了佛教在中国传播的新途径。①

第三，弘传活跃，宗派林立，为隋唐城市佛教兴盛的又一表现。

佛教弘传多以城市为中心，隋代洛阳即为佛教弘传重地。杨广为晋王时即曾奉天台宗创始人智顗为师，请其至扬州为自己授菩萨戒。开皇十一年（591），智顗于扬州总管寺城设千僧会，随即在杨广府邸躬传戒香，授律仪法。开皇十九年（599），杨广在扬州设慧日、法云道场，邀请学问僧、律僧研究和弘扬佛教；营建东都后，又于洛阳设立慧日道场。东都道场名僧众多。名僧智脱，游学南北，遍学经论。扬州慧日道场初建时，"盛搜异艺，海岳搜扬，脱以慧业超悟，爰始沾预……脱雅为论士，众所推焉"②。智脱后入长安，住日严寺，讲经著述不辍，传业学士多人，各踵敷弘，知名当世。名僧法澄，精通《中论》《百论》《十二门论》《大智度论》，于扬州开善寺聚徒讲学，化洽吴楚，传誉淮海。后入京师日严寺，声望更高，硕学之士多其拜谒问道。名僧道庄，精通四论，入扬州内道场，后入京师日严寺，著疏三卷，皆风骨雅趣，师者众焉。③

隋唐城市的发展和统治者对佛教的支持，为佛教宗派在不同城市中创立宗派准备了条件。魏晋南北朝至隋唐时期，佛教分布于各地，逐步形成了八大佛教宗派，初创之地多为重要城市。创于长安之宗派，有玄奘和弟子窥基初创之法相唯识宗，又名慈恩宗。道宣多年研修律学，后创立南山宗。常年于长安弘法的法藏，用华严思想统摄一切教义，将《华严经》作为佛说最高阶段而创立华严宗。善无畏、金刚智和不空在东、西二京创立以修持密法为主的密宗。长期于长安光明、慈恩等寺宣扬净土的善导，专修往生阿弥陀佛净土法门，创立净土宗。此外，三论宗实际创始人吉藏，曾于隋开皇十九年（599）在扬州江都慧日道场撰成《三论玄义》，同年应召前往长安，奉隋文帝之命撰写三论注疏，其三论宗之创立亦在城市。中国汉传佛教八大宗派，除天台宗和禅宗外，六大宗派创立皆与长安有关，足见当时长安及相关城市佛教之辉煌。

第四，佛教兴盛与帝王崇佛有着直接的关系，并对城市发展和空间格局产生了深刻影响。

秦汉以来专制主义中央集权为中国政治制度的主要特征，王权至高无上是其重要表现。囿于专制帝王政治环境，城市佛教传播发展无时不受王道政治的影响和制约。"释、老之教，行乎中国也，千数百年，而其盛衰，每系乎时君之好恶。"④ 毋庸讳言，隋唐五代城市佛教隆盛有多种原因，其中，统治者狂热崇佛为重要因素之一，隋至五代崇信佛教之帝王人数颇多，帝王所持崇佛政策对城市佛教繁荣起到推

---

① 方立天：《长安佛教的历史地位》，《中国宗教》2010 年第 8 期。
② 道宣：《续高僧传》卷九《义解篇五》，中华书局，2014 年，第 323 页。
③ 郭绍林：《隋代东都洛阳的佛教内道场和翻经馆》，《世界宗教文化》2006 年第 4 期。
④ 宋濂：《元史》卷二百零二《释老传》，中华书局，1976 年，第 4517 页。

动作用，成为城市佛教快速发展的主要动因。

统治者广修佛寺、像塔，直接推动了佛教的快速发展，也改变了城市的空间格局。隋唐五代崇佛帝王热衷佛寺、像塔之兴建。开皇元年（581），隋文帝诏曰："法无内外，万善同归；教有深浅，殊途共致。朕伏膺道化，念存清静……五岳之下，宜各置僧寺一所。"① 开皇二年（582），又颁发营造之诏，兴建大兴城，造大兴殿、大兴善寺等，将大兴善寺作为国寺。此期间，大量寺院兴建并占据城市重要空间。除于京城大兴土木建造佛寺外，隋朝还于诸州置官立寺院，开皇四年（584）分别于襄阳、随州、江陵、晋阳兴建佛寺。在讨伐尉迟迥之相州建伽蓝一所，以吊菩提。② 仁寿元年（601），分送舍利往30州并建塔供奉，每州僧360人。隋文帝统治期间曾三次敕建舍利塔，总计建塔110余座。

杨广任扬州大总管时，于统辖境内大力恢复佛教，兴建寺庙伽蓝，耗费巨额钱财。《国清百录》载，杨广直接出资兴建的寺院伽蓝主要有荆州玉泉山符天道场，江州浔阳庐山东林寺、峰顶寺，扬州慧日道场，长安日严寺等。其即位后，于大业元年（605）为文帝造西禅寺，"式规大壮，备准宏模"。又于高阳造隆圣寺，于并州建弘善寺，于京师造清禅寺、香台寺，以"九宫为九寺，于泰陵、庄陵二所，并各造寺"。除建寺之外，还广建佛像，据记载，隋炀帝共"修治故像一十万一千躯，铸刻新像三千八百五十躯"，并为文帝造金铜什迦坐像一尊，高七尺二寸。③

唐太宗亦注重寺院建造，贞观元年（627），为报答先母太穆皇后生养之恩，将长安通义坊父母故居所改通义宫改造为尼寺兴圣寺；贞观八年（634），在修德坊造弘福寺；贞观三年（629）下《为殒身戎阵者立寺刹诏》，"可于建义已来，交兵之处。为义士、凶徒殒身戎阵者立寺刹焉"，以便"树立福田，济其营魄"④。武则天也曾大量修建佛寺，塑造众多佛像，有"武后铸浮屠，立庙塔，役无虚岁……天下僧尼滥伪相半"⑤ 之说。天授元年（690）武则天颁布《大云经》后，令诸州修建大云寺，每州一座，共建大云寺358座。长寿元年（692）置长寿寺。证圣元年（695）置崇先寺，并修缮慈恩寺、敬爱寺、福先寺。《唐会要》载京兆名寺38所，武则天建造约占百分之三十，且规模宏大，装饰精美。东都造天堂大佛，高五级，超越明堂高度三分之二多，"日役万人，采木江岭，数年之间，费以万亿计"⑥。可见当时佛寺兴建盛况。时至五代，吴越国王多采崇佛政策，礼遇僧人，广建寺院经幢。《咸淳临安志·寺观》所载杭州城内外寺院，建于吴越者230所，明确标明吴

---

① 杨坚：《五岳各置僧寺诏》，严可均：《全上古三代秦汉三国六朝文·全隋文》卷一，中华书局，1958年，第8032页。
② 释道宣：《广弘明集》卷二十八，中华书局，1936年，第328页。
③ 释道宣：《广弘明集》卷十三。
④ 宋敏求：《唐大诏令集》卷一百十三《政事·释道》，中华书局，2008年，第586页。
⑤ 欧阳修、宋祁撰：《新唐书》卷一百二十五《苏环传》，中华书局，1975年，第4398页。
⑥ 司马光编著，胡三省音注：《资治通鉴》卷二百零五《唐则天皇后记》，中华书局，1956年，第6497页。

第五章 城市社会生活及文化的变迁

越国王及钱氏建立者173所。① 贞明二年（916），钱镠命弟钱铧率官吏僧众诣明州鄞县阿育王寺，迎释迦舍利塔归于府城，建浮图于城南以致之。② 开运元年（944），钱弘佐"尝遣僧慧龟往双林，启善慧大士傅公塔，得灵骨十六片，如紫金色，舍利无数……建龙华寺，以灵骨塑大士像于寺"即为明证。③

统治者普施财物给寺院、僧侣，使其得以生存和发展。开皇十三年（593）十二月，文帝下诏振兴佛教，使废像遗经"重显尊容，再崇神化"，"敬施一切毁废经像绢十二万匹，皇后又敬施绢十二万匹，王公已下，爰至黔黎，又人敬施钱一文"。④ 隋仁寿元年（604），隋文帝于相州战场立寺，七日行道，任人布施，限十文而止，所施之钱以供营塔，若少不充役，正下及用库物。别州郡僧尼普为舍利设斋。杨广为晋王时，直接承担寺院供给，慧日等四道场即由晋王国司供给；此外，他还经常赐法衣、器物于名僧或所度僧人，如其曾赠济法寺高僧法藏灵寿杖一柄，并修书一封，内有"每策此杖，时赐相忆"等语。他登基后给长安清禅寺"前后送户七十有余，水硙及碾上下六具，永充基业"，"为造露盘，并诸庄饰，十四年内方始成就，举高一十一级，竦耀太虚，京邑称最。尔后俸遗相接，众具繁委……并送五行调度种植树林等事"。⑤ 他又应天台寺主持智颛之请，将废寺水田赐予该寺，以充基业，并遣司马王弘前往"施肥田良地"。⑥ 唐太宗的崇佛举动在其登基前已有显现，武德三年（620），其受诏率军讨伐隋旧将王世充，嵩山少林寺僧众立下战功，其赏赐千段绢帛，良田四十顷，授释昙宗大将军衔。⑦

统治者还鼓励僧人整理、缮写、翻译佛教经卷，并为之创造条件。隋文帝特别注重造像写经。《辩正论》载，开皇初至仁寿末，文帝缮写新经四十六藏，十三万二千八十六卷，修治故经三千八百五十三部。杨广南下伐陈时，"深虑灵像尊经，多同煨烬。……是以远命众军，随方收聚，未及期月，轻舟总至。乃命学司，依名次录，并延道场，义府覃思，澄明所由，用意推比，多得本类，共得经卷约10万轴"⑧，后据寺庙规模、僧尼多寡，分发慧日、法灵、日严、弘善等寺。"京都寺塔，诸方精舍"，"并随经部多少，斟酌分付"。⑨ 平陈之后，于扬州装补旧经，修故经六百一十二藏，二万九千一百七十二部。⑩ 此外，炀帝还在洛阳上林苑置立译馆，由官府出资延请达摩笈多、彦琮等僧及诸学士承担翻译之事，规模倍逾大兴善

---

① 潜说友：《咸淳临安志》卷七十六至卷八十二，浙江古籍出版社，2012年。
② 阮元：《两浙金石志》卷四，光绪十六年浙江书局重刻本，第29页。
③ 赵福莲著：《傅大士评传》，上海人民出版社，2012年，第239页。
④ 杨坚：《忏悔文》，严可均：《全上古三代秦汉三国六朝文·全隋文》卷三，中华书局，1958年，第8068页。
⑤ 道宣：《续高僧传》卷十七《释昙崇传》，中华书局，2014年，第639-640页。
⑥ 道宣：《续高僧传》卷十九《释灌顶传》，中华书局，2014年，第718页。
⑦ 陈文英：《隋唐帝王与佛教传播》，《历史教学》2008年第4期。
⑧ 杜文玉：《隋炀帝与佛教》，《陕西师范大学学报》2001年第2期。
⑨ 杨广：《宝台经藏愿文》，严可均：《全上古三代秦议三国六朝文·全隋文》卷七，中华书局，1958年，第8108页。
⑩ 释道宣著，周叔迦、苏晋仁校注：《法苑珠林校注》卷一百，中华书局，2003年，第2894页。

寺译场。

唐贞观元年（627），天竺僧波颇携带梵本佛典至长安，两年后太宗诏令其于兴善寺从事翻译。贞观十九年（645），玄奘携经回国，敕奉为太穆皇后于京造弘福寺，就彼翻译。《瑜伽师地论》译毕，太宗推许佛教远胜儒道九流，命秘书省抄写玄奘所译佛教经论一式九份，分发雍、洛、并、兖、相、荆、扬、凉、益等州辗转流通。证圣元年（695），武则天亲自主持规模巨大的八十卷《华严经》翻译。她遣使往于阗国请沙门实叉难陀与菩提流支、义净等执笔，并亲自制序。南天竺沙门菩提流支至东都，武则天立令居福先寺译经。于阗沙门提云般若到长安时，受邀于魏国东寺译经。吐火罗沙门弥陀山译出《无垢净光陀罗尼经》，武则天以厚礼饯之。于阗沙门天智译出《造像功德经》等六部，亦受武则天赏赐。此举促使大批著名译师涌现，史载唐代翻译大师共26人，生活于武则天时期者15人，几乎占总数的50%。

其时，统治者令天下之人任便出家，广度僧尼。开皇元年（581），沙门昙延"初闻改改……奏请度僧"，文帝准奏，敕度僧一千余人。文帝普诏天下听任出家，开启隋代佛教复兴先声。开皇十年（590），于全国范围内大举度僧，其规模之大，远超过去。《续高僧传》记载："开皇十年，敕僚庶等有乐出家者并听。时新度之僧乃有五十余万。"① 文帝因下敕曰："自十年四月已前诸有僧尼私度者，并听出家，故率土蒙度数十万人。"② 据法琳之说，炀帝所度僧尼16200人③，大业三年正月二十八日一次即度僧1000人之多④，又曾于洛阳设无遮大会度男女120人为僧尼，小规模度僧更不计其数。贞观二十二年（648），唐太宗下《诸州寺度僧诏》，京城及天下诸州寺各度5人，弘福寺度50人，时全国佛寺3716所，度僧尼18500余人，而"未此以前，天下寺庙遭隋季凋残，缁僧将绝，蒙兹一度，并成徒众"⑤。之后各代度僧亦不在少。高宗李治为太子时，修大慈恩寺并度僧三百人。中宗李显"造寺不止，枉费财者数百亿；度人不休，免租庸者数十万"⑥。景云元年（710），睿宗李旦一次度僧、道三万人。⑦ 武则天时荐福寺建成，一次度僧达二百人。中天竺沙门日照安葬时，参加葬礼僧道女尼数万人。⑧ 天授元年改国号周，度僧千人。⑨ 五台山造墙功毕，巡礼僧盈一万。⑩ 以致苏环上疏，"天下僧尼滥伪相半，请并寺"，可见当时僧尼规模之众。

---

① 道宣：《续高僧传》卷十，中华书局，2014年，第338—339页。
② 道宣：《续高僧传》卷十八，中华书局，2014年，第664页。
③ 法琳：《辨正论》，释道宣：《广弘明集》卷十三，中华书局，1936年。
④ 杨广：《行道度人天下敕》，释道宣：《广弘明集》卷二十八上，中华书局，1936年。
⑤ 慧立、彦悰：《大慈恩寺三藏法师传》，中华书局，2000年，第153页。
⑥ 刘昫等撰：《旧唐书》卷一百零一《辛替否传》，中华书局，1975年，第3159页。
⑦ 方立天主编，华方田副主编：《中国佛教简史》，宗教文化出版社，2001年，第168页。
⑧ 法藏：《华严经传记》，民国十八年（1929年）天津刻经处刻本。
⑨ 刘昫等撰：《旧唐书》卷六《则天皇后本纪》，中华书局，1975年。
⑩ 释延一：《广清凉传》上，明洪武二十九年崇善寺释性彻等刻本。

第五章 城市社会生活及文化的变迁

当时统治者崇奉名僧，提高僧人的社会地位。隋文帝时期曾以昭玄统为全国最高僧官，以昭玄都为其副手。开皇元年（581），以僧人僧猛为隋国大统三藏法师，敕其住大兴善寺，委以佛法，令其弘护。后又敕授（净影）慧远为洛州沙门都，加强佛教管理。① 杨广亦对名僧青睐有加，亲自创建重要寺院并延请高僧住持或研修佛法。慧日道场建成后，请智𫖮、吉藏、慧觉等人前来讲经或住持道场。日严寺建成后，遂请名僧吉藏为住持，"欲使道振中原，行高帝壤"②。任扬州总管时，玉泉、十住二寺修葺完成，将志果、法才安置于玉泉寺，法璨、道慧二僧安置于十住寺。③ 大业中，已经登基的杨广"下敕，九宫并为寺宇"，请法藏为太平寺上座。④

武则天崇奉名僧更甚，在争取帝位时曾利用佛教《大云经》，故而即位后即诏令："自今已后，释教宜在道法之上，缁服处黄冠之前。"⑤ 其对高僧极其礼敬，曾封神秀为国师，率百官礼拜；迎接神秀入京行道时，"肩舆上殿，亲加跪礼。内道场丰其供施，时时问道。……望尘拜伏，日有万计"⑥。又诏嵩岳慧安禅师入禁中问道，"待以师礼，与神秀禅师同被钦重"。又请法藏、慧安、仁俭等多位佛教大德入宫问道，待以师礼。她甚至曾分封参与书写《大云经疏》的僧人为县官，并赐紫袈裟。

吴越时期，钱镠请沩仰宗慧寂禅师弟子文喜住杭州龙泉廨署，为曹洞宗道膺禅师弟子自新造应瑞院，请临济宗黄檗山希运禅师弟子楚南下山供施。又有释灵照"得心于雪峰"，钱弘佐造龙华寺命其住持；悟真大师自得雪峰心印，居杭州西兴镇化度院，法席大兴，"钱王钦其道德，奏紫衣、师号"⑦。吴越中期以后，钱弘俶造大伽蓝，号慧日永明，请文益弟子道潜居之；造大报恩寺，请文益弟子慧明以住持。⑧ 延寿禅师是钱氏最为钦尚的，故"忠毅王重创灵隐寺，命延寿主其事"⑨。诸如此类，不胜枚举。

隋唐时期，中国各地主要城市的佛教得到较大发展，对于城市发展的影响也十分重要，两者形成互动关系。佛教得益于城市迅速发展，得益于城市特殊的政治、经济、文化地位。城市人口集中是佛教弘法的基础。文化程度较高的文人士大夫集聚，各地人员频繁交流，多种外来思想与文化碰撞交融，促使佛教思想更为丰富、更加完善。佛教于此能够得到更广泛的宣传和弘扬，能够度化更多僧众，取得弘法效益最大化。城市亦为经济、商贸发达之处，为佛寺修建、法事施行等佛教活动提供充足的物质条件。另外，十分重要的是，城市是国家和地区的政治中心，王权或

---

① 华方田：《隋文帝与隋代佛教的复兴》，《佛教文化》2003年第1期。
② 道宣撰：《续高僧传》卷十三《释吉藏传》，中华书局，2014年，第393页。
③ ［日］高楠顺次郎编：《大正藏·国清百录》卷三，大正一切经刊行会。
④ 道宣撰：《续高僧传》卷二十三《释法藏传》，中华书局，2014年，第705页。
⑤ 高宗武皇后：《释教在道法上制》，董诰等编：《全唐文》，中华书局，1983年，第981页。
⑥ 赞宁撰、范祥雍点校：《宋高僧传》卷八《神秀传》，中华书局，1987年，第177页。
⑦ 道原：《景德传灯录译注》卷十八《师郁禅师》，上海书店出版社，2009年，第1372—1373页。
⑧ 赞宁撰、范祥雍点校：《宋高僧传》卷十三《行因传》，中华书局，1987年，第316页。
⑨ 吴任臣：《十国春秋》卷八十九《僧延寿》，中华书局，2010年，第1287页。

政权与佛教在城市中有着多种机遇从而产生关联,佛教容易获取统治者的关注与支持。隋至五代时期,正是在王权的支持下,佛教出现前所未有的盛况,并对中国政治、经济产生了深刻的影响,对城市的空间布局、发展格局和城市居民的精神文化生活产生了重要的作用。

二、城市道教兴盛与政治互动

道教是中国本土宗教,早期主要流布于社会底层。魏晋南北朝,道教的影响从社会下层逐步上移,发展成一种适应封建统治需求的宗教,得到统治阶层的重视,获得由山野走向城市的难得契机。时至隋唐,绵延数百年的战乱与分裂局面结束,南北重新统一,政治、经济、文化的空前发展,中外之间频繁的文化交流,统治者兼容并纳的文化政策,均为道教在城市的兴盛提供了良好条件。五代时期虽然又出现了分裂和动荡的政局,但道教发展仍承隋唐兴盛之余绪,所受限制较少,并有多个君主继续崇奉,勃兴之势未减。①

隋唐五代城市道教之勃兴首先表现为城市上层社会的极力推崇与广泛信奉,道士的社会地位明显提高。隋文帝杨坚对知名道士宠信有加。即位后,曾重用张宾、焦子顺等道士,尊奉道士焦文顺为天师,专门于皇宫附近为其建造五通观。隋炀帝杨广延续先帝尊崇道教遗风,拜著名道士王知远为师,迷恋金丹,以求永生。与隋代帝王相较,唐朝上层崇奉道教之风更炽。唐朝皇室与老子李耳同姓,自李渊始,李唐皇帝便以老子后裔自居,积极扶持道教。武德八年(625),李渊敕令道教居儒、佛之上,确立有唐一代之崇道政策。②贞观十二年(638),唐太宗规定道士、女冠位于僧、尼之前,使一般道士地位大幅提升,确立了道教在唐王朝的特殊地位③,并于老子故乡建造太上老君庙,各地亦增建道观多处。乾封元年(666),高宗追封老子为"太上玄元皇帝",封老子之母为"先天太后",命王公、官僚、举人皆习《老子》,敕道士隶宗正寺,道士行立序位在诸王之次。玄宗亦对道教推崇备至,曾诏令道士、女冠隶宗正寺,视为皇族宗室。武宗亦特别信奉道教,相信长生不老之术,研习摄气之学,将道士赵归真推为座上宾,并于宫中为其修建金箓道场。

城市中道士、信徒众多与道观林立是隋唐五代城市道教蓬勃发展的表现之二。这一时期,道教信徒遍布城市各个阶层,传播、崇信道教之人甚多。史料记载,唐代炼丹之人不计其数,唐高宗时,仅皇宫内炼丹道士即有百余人。葛兆光曾用数以万计形容盛唐道士数量之多④,隋唐五代道士的具体人数,因资料有限,无法确切

---

① 梁鸿飞、赵跃飞:《中国隋唐五代宗教史》,人民出版社,1994年,第4页。
② 钟敬文主编,萧放副主编,韩养民等著:《中国民俗史·隋唐卷》,人民出版社,2008年,第373页。
③ 梁鸿飞、赵跃飞:《中国隋唐五代宗教史》,人民出版社,1994年,第127页。
④ 葛兆光:《道教与中国文化》,上海人民出版社,1987年,第185页。

统计。但从唐代弘道元年（683）皇帝下令天下诸州普设道观的情况即可推断大致规模。当时诏令各道观于原有规模基础上再度道士七千人。① 仅此诏令即度道士不下七千人，由此可见当时度人入道规模之大。唐代城市是为高道荟萃之地，长安道士李荣、成玄英、李仲卿、刘进喜、蔡晃、张惠元、姚义玄、郭行真等均享誉内外。东明观道士李荣，时称"老宗魁首"。② 龙兴观道士成玄英是明"重玄之道"的著名道士。这些级别较高之道士大多广招门徒，道众云集。如茅山高道王轨于乾封二年（667）在华阳观传道，门下弟子众多。③ 高道叶法善居京传道，"二京受道箓者，文武中外男女子弟千余人"④。可以想见，城市入道、信道之人当不在少数。

就信徒而言，除上述各代皇帝对道教崇敬有加外，皇室成员亦有多人入道。咸亨元年（670），武则天之母荣国夫人亡，武则天以爱女太平公主为女冠，特于颁政坊置太平观，"以幸冥福"。仪凤中，吐蕃请婚太平公主，武则天"不欲弃之夷，乃真筑宫，如方士薰戒，以拒和亲事"⑤。景云元年（710），唐睿宗之女西宁公主和昌隆公主出家入道，睿宗下令为她们兴建金仙道观。士大夫阶层对道教宣扬的长生不老之说也充满向往，多存崇敬之情。初唐四杰之一的王勃，曾有"在流俗而嗜烟霞，恨林泉不比德，而嵇阮不同时"⑥之感叹。他时常畅游道观，结识道士。卢照邻曾习炼丹之术，"学道于东龙门山精舍"⑦。孟浩然深信道教，并于作品中时有表现，其《宿天台桐柏观》表示"愿言解缨绂，从此去烦恼"，"纷吾远游意，学彼长生道"；李白曾"五岁诵《六甲》"，"十五游神仙"，成年结交东岩子、元丹丘等道士，与名道胡紫阳高谈混元，之后登坛受箓，成为道教中人。不仅达官显贵热衷于求仙、炼丹、徜徉道观，城市庶民更是道教信仰的主体。《唐国史补·叙风俗所侈》载，自德宗贞元年间后，长安民俗"侈于服食"，亦有从事炼丹术者。

隋唐五代城市道教兴盛的另一表现为道观规模宏大、数量颇多。据杜光庭《历代崇道记》，开皇三年（583），隋文帝于首都大兴城建造道观36所。之后隋炀帝迁都洛阳，在洛阳造观24所。⑧ 唐代都城长安、东都洛阳，宫观林立，高道荟萃。东都洛阳玄元皇帝庙，有着"山河扶绣户，日月近雕梁"的宏大气势。长安太清宫置高两丈有余的白玉老君像，身旁立有白玉雕刻玄宗像，显现雍容肃穆。《唐两京城坊考》卷四载，普宁坊东明观"规度仿西明之制，长廊广殿，图画雕刻，道家馆舍，无以为比"。武德二年（619），李渊敕建老君殿、天尊堂及尹真人庙。唐睿宗为西城、隆昌二公主兴建金仙、玉真二观，用工数百万，钱百万余缗。韦述《两京

---

① 刘昫等撰：《旧唐书》卷五《高宗本纪》，中华书局，1975年，第111页。
② 释道宣：《集古今佛道论衡》卷丁，民国10年（1921）刻本。
③ 赵道一：《历世真仙体道通鉴》卷二十五，文物出版社，1988年，第245页。
④ 李昉等编：《太平广记》卷二十六《神仙·叶法善》，中华书局，1961年，第170页。
⑤ 欧阳修、宋祁撰：《新唐书》卷八十三《高宗三女传》，中华书局，1975年，第3650页。
⑥ 王勃：《伸氏宅宴序》，董诰等编：《全唐文》卷一百八十一，中华书局，1983年，第1842页。
⑦ 卢照邻：《与洛阳名流朝士乞药直书》，董诰等编：《全唐文》卷一百六十六，中华书局，1983年，第1690页。
⑧ 介永强：《论隋唐时期的宗教消费》，《思想战线》2008年第4期。

新记》描述二观:"二观门楼绮槲,耸对通衢,西土夷夏,自远而至者,入城遥望,宵若天中。"开元十年(722),玄宗诏两京及诸州各置玄元皇帝庙一所,画玄元皇帝像,以高祖、太宗、高宗、中宗、睿宗五帝神位配祀,每年依道法斋醮。

对于隋唐五代各地城市道观总数量,史籍并无确切记载,仅《唐六典》载开元间"凡天下观总一千六百八十七所"①,且不含私立道观。宋王溥《唐会要》统计唐代长安共有 32 座道观,张泽洪认为此数不确。《唐会要》记载之长安道观遗漏较多,宋敏求《长安志》提到长安道观即有多处为《唐会要》所不载。清人徐松据《长安志》撰《唐两京城坊考》,述及长安道观共有 42 座。②张泽洪则认为唐代长安共有道观 50 座,隋代置立者 10 座,与唐韦述《两京新记》"隋大业初,有寺一百二十,谓之道场;道观十,称之玄坛"之记载基本吻合。唐代新置道观 32 座。据《唐两京城坊考》统计,唐代长安共有佛寺 109 座,比隋代的 120 座减少了 11 座,而道教宫观却增加了 40 座。③由此可见李唐王朝对道教的尊崇以及城市道教的发展。

道教与政治有着密切联系,历代道教兴衰均与当时政治、社会演变有直接关联。道教发展与演变,往往受当时政治社会直接或间接之影响。隋唐五代城市道教得以发展是综合因素共同作用之结果,其中,政治因素是隋唐五代城市道教发展的重要因由。隋至五代的君主之所以崇奉并扶植道教,信仰和追求只是因素之一,政治利用则为主要原因。各代君主大多利用道教神灵为其获取、维持政权提供合法理由,强调符合政治需求之君权神授思想,达到神化帝王与强化皇权之政治目的。这一境况尤其于王朝兴建之初表现明显。

隋文帝杨坚是最善于运用道教谋取皇权的君主之一。其出生在尼姑庵,并由神尼抚养成人,自幼受佛教影响至深,但改朝换代建立隋朝之时,道教作为中国传统文化与宗教的结合体,已在中国土地上根深叶茂,拥有大批信徒。鉴于道教的蓬勃发展态势,他不敢有丝毫怠慢,而且还将获得道教徒支持作为其谋取政权的动力支持。《隋书·来和传》载:"道士张宾、焦子顺、雁门人董子华,此三人,当高祖龙潜时,并私谓高祖曰:'公当为天子,善自爱。'"④《大唐创业起居注》载开皇初,太原童谣有"法律存,道德在,白衣天子出东海之说",于是杨坚即依此穿白衣至东海,并画五级木坛自随,"常修律令,笔削不停"以事道。⑤杨坚利用道教制造政治舆论之政治目的昭然若揭。

出身关陇贵族,发迹于山西的李渊、李世民父子,利用道教谋取政治利益之术不逊杨坚。隋末天下大乱,纷纷传播"老子度世,李氏当王"之类的道教谶语。隋

---

① 李林甫等撰,陈仲夫点校:《唐六典·尚书礼部》卷四《员外郎》,中华书局,1992 年,第 125 页。
② 张泽洪、景志明:《唐代长安道教》,《宗教学研究》1993 年 Z1 期。
③ 张泽洪:《多元文化视野下的唐代佛道关系——以唐代长安为中心》,《兰州大学学报》2009 年第 5 期。
④ 魏徵、令狐德棻撰:《隋书》卷七十八《来和传》,中华书局,1973 年,第 1774 页。
⑤ 杜文澜:《古谣谚》卷十五《开皇初太原童谣》,中华书局,1958 年,第 279 页。

第五章 城市社会生活及文化的变迁

大业十二年（616），李渊出任太原道安抚大使兼太原留守，有意利用道教谶语为自己做政治宣传。李渊"以太原黎庶，陶唐旧民，奉使安抚，不逾本封，因私喜此行，以为天授"，亦曾以"隋历将尽，吾家继膺符命，不早起兵者，顾尔兄弟未集耳"[①]语李世民，表明其利用道教图谶的真实目的。道教难得如此传播与发展的大好时机，自然不容错过，政治嗅觉敏锐的道士，体会到李渊喜好符命之心理，主动为其大造舆论，积极向统治阶层靠拢。茅山宗领袖王知远，不顾年高路远，亲至晋阳，密传符命，利用自然天象与偶发事件，宣扬李渊为真龙天子，夺取帝位实乃天命。

这些带有道教色彩的谶语，为李渊起兵做了思想和舆论上的充分准备。建唐功臣裴寂的回忆印证了这一论断："晋阳起兵，'未萌之前，谣谶遍于天下，今睹其事，人人皆知……天下信为灵效。'"[②]《混元圣纪》载，大业十三年（617），以能预卜吉凶而著称之山人李淳风，称终南山老君降显，老君对李淳风说，唐公当受天命。[③]亲身经历此事的唐太宗后来说："况朕之本系，起自柱下。鼎祚克昌，既凭上德之庆；天下大定，亦赖无为之功。"[④]可见道教对于李渊起兵夺天下之重要性。李渊称帝之后一再宣称"李氏将兴，天祚有应""历数有归，实为天命"，并强调其与道教祖师老子一脉相承之渊源[⑤]，并于羊角山修建老君庙，取名伏唐观，将老子作为李氏祖宗加以祠祀，以此强化其与老子李耳之家族关系。太宗李世民为争夺皇位继承权，也曾利用道士制造政治舆论。其为秦王时，与房玄龄私访道士王知远，询问未来之事。王氏迎合其心理，说："方作太平天子，愿自惜也。"[⑥]道士薛颐对李世民说："德星守秦分，王当有天下，愿王自爱。"[⑦]此类政治预言，实质是为李世民发动"玄武门政变"而做的舆论准备。

时至五代，社会动荡、风云变幻，各路割据军阀亦明晰道教之效用。他们大多懂得就争取宗教意识浓厚的民众支持而言，具有宗教色彩的政治动员比直接进行政治动员更为有效。吴越国的创建者钱镠即深明其中的精义，成为借助道教制造"天人感应、君权神授"神话的典型。钱镠在发迹之初，即借助道士东方生编出一个池龙生于钱家的宗教神话："先是邑中旱，县令命道士东方生起龙以祈雨，生曰：'茅山前池中有龙起，必大异。'令乃止。明年复旱，生乃遽指镠所居曰：'池龙已生此家。'时镠实诞数日矣。"[⑧]其以神灵的名义让世人对此深信不疑，让所有的人都相信钱镠具有显赫家世与过人之处，是上天派来的真龙天子。这使钱镠建立吴国有了

---

① 司马光编著，胡三省音注：《资治通鉴》卷一百八十三《隋恭帝纪》，中华书局，1956年，第5731页。
② 王永平：《隋末唐初的山西道教》，《沧桑》1999年第1期。
③ 谢守灏：《混元圣纪》卷八，商务印书馆，1923年。
④ 宋敏求编：《唐大诏令集》卷一百十三，中华书局，2008年，第587页。
⑤ 周勇：《道教与政治关系论》，四川大学博士学位论文，2001年，第64页。
⑥ 刘昫等撰：《旧唐书》卷一百九十二《隐逸列传》，中华书局，1975年，第5125页。
⑦ 刘昫等撰：《旧唐书》卷一百九十一《方伎列传》，中华书局，1975年，第5089页。
⑧ 吴任臣：《十国春秋》卷七十七《武肃王世家上》，中华书局，2010年，第1045页。

宗教的依据。

综上所述，隋唐五代各朝代的道教政策有类似之处，即经过南北朝之发展，道教已由先前的山野宗教逐步演化为官方认可并掌控的中国本土正统宗教。道教为了自身的传播，尤其是在与佛教的竞争上亟须依附皇权，得到皇权的支持，并由此制定一套得到皇权认可的制度与仪法，以及各种扶植政策。各代君主为了统治的合法性，除利用佛教以外，也需要利用具有本土特色的道教神灵来制造君权神授的舆论，以达皇权神化和君主神化之目的，利用道教法术来蒙蔽广大民众，以获得政治斗争的胜利和政治统治的稳定。在多方利益驱动下，历代君王都采取有利于道教发展之宗教政策，以换取道教徒的感戴。在此背景下，一些道教人士利用君王的政治需求，积极主动地涉入政治中心，谋求自身发展，一定程度上参与了政治，通过皇权提高并稳固了道教的地位。正是在多种力量的推动下，道教在隋唐时期得到较大发展。

道教经过东汉的创立、魏晋南北朝的充实改造，至隋唐时代已趋于成熟。尤其是唐代，城市道教作为一种宗教信仰，已形成与儒、释三足鼎立之势，构成唐代文明的重要组成部分。因而道教之人出于宗教和自身发展的需要，纷纷向政治、文化、经济等领域进行广泛渗透。道教中的部分有能之士对政治的涉入和干预为道教的发展创造了难得机遇，使之能够于较长时段内保持稳定地位。

隋唐五代时期，一些道教人士积极入世、参与政治的方式之一，就是利用舆论宣传，尽量满足统治者的政治斗争需求，为其出谋划策，并利用宗教手段诱惑君主，借以提高道教的社会地位。这一现象于新王朝建立之初尤其明显，可看作道教与君主及相关政治势力之间的一种权益交换。隋唐五代时期，在混乱的政治局面中试图谋求政治大发展的各路豪强，亟待得到教徒众多、具有强大的动员能力的道教支持。而道教的掌教者也从自身利益出发，期望谋求新政治势力的支持，换取更多的发展空间，并在儒、释、道三教争斗中独占鳌头。相关史料表明，隋唐王朝更迭期间，道教鼎力推举和支持的君王一旦于争斗中取胜，谋得王权，或出于感恩情结，或出于继续利用之政治目的，多能对其给予支持。

道教积极参与政治的表现之二，为知名道士于政治中枢谋取官位，直接发挥政治作用。隋唐时期道士入世的这一途径仍与隋文帝建国之初的政治回馈有所关联。杨坚因其谋取帝位之初曾得到道教名士私告符命，获取王权后，自然对于私告符命之道士大加任用，部分道士由此获得进入政治中枢的难得机遇。张宾作为其中之一，于王朝政治中枢发挥了重要作用。张宾在北周时深受周武帝信任，曾鼓动武帝打击佛教，是见其具有较强政治活动能力。[①] 即便在隋朝建立以后，他因卷入政治斗争而获罪，"坐当死，上以龙潜之旧，不忍加诛，并除名为民"[②]。

除张宾之外，道士焦子顺也颇受隋文帝优待。《长安志》卷十载："子顺能驱役

---

① 李刚：《隋文帝与道教》，《福建论坛》1992年第1期。
② 魏徵、令狐德棻撰：《隋书》卷三十八《律历志》，中华书局，1973年，第1142页。

第五章 城市社会生活及文化的变迁

鬼神，传诸符箓，预告隋文膺命之应。及即位，拜上开府永安公，立观以五通为名，旌其神术。"①《唐会要》卷五十也有类似记述："隋开皇八年，为道士焦子顺能役使鬼神，告隋文受命之符，及立，隋授子顺开府柱国。……常咨谋军国，帝恐其往来疲困，每遣近宫置观，以五通为名，旌其神异也。号焦天师。"②上述史料记载表明，道教名士参与隋文帝夺取最高权力的政治斗争，为其提供受命之符，证明其权力合乎天命，隋文帝则援引道士论证，后以高官厚禄拉拢道士为其效劳，以巩固其统治地位。

时至唐代，知名道士参与政权之例颇多。李渊对助其开国的道士无不赐号封爵，厚待有加。武德七年（624），诏授道士王远知为朝散大夫，赐金缕冠、紫丝霞帔。为嘉奖道士岐平定，唐高祖下诏曰："道士岐平定，铲迹求真，销名离俗，恬淡荣利，无闷幽闲，而能彻损衣资，以供戎服，抽割菽粟，以赡军粮，忠节丕嘉，理须标授，平定宜受紫金光禄大夫，已下并节级授银青光禄大夫，以酬其义。"岐平定虽力辞，但高祖仍曰："师且受，俟得京城，别有进止。"③贞观中（627—649），薛颐上表请为道士，太宗为其置紫府观。

唐玄宗时期，道教名士争言符瑞以迎合玄宗心理，以致"君臣表贺无虚月"④。道术高深之士及献符瑞者自然受到玄宗宠信，多委以重任。《旧唐书·隐逸传》载："王希夷，孤贫好道，隐于嵩山。及玄宗东巡，敕州县以礼征，召至驾前，年已九十六。上令中书令张说访以道义，宦官扶入宫中，与语甚悦。开元十四年。下制曰：徐州处士王希夷，可朝散大夫，守国子博士，听致仕还山"⑤。开元二十二年（734），玄宗对恒州张果封官赐物，"授银青光禄大夫，号曰通玄先生"⑥，甚至要将玉真公主嫁之为妻。开元二十五年（737），拜道士尹愔为谏议大夫，集贤学士兼知史馆事。⑦道士王屿"专以祀事希幸"⑧，参军田同秀因献符瑞而官封朝散大夫；陈希烈因精通玄学，编造老子显圣谎话而得玄宗重用，曾官居宰相之职。⑨唐僖宗在位期间，优宠道士吴法通、吴崇玄、马含章、孙栖梧。五代十国时期，后唐君主先后笼络道士程紫霄、孙晟、郑遨、陈抟等。后晋、后汉、后周时期，道士频频出入宫掖，地位甚高。⑩由此可见，隋唐五代帝王对道教名士的大力推崇，大大抬高了道士和道教的地位。知名道士声望提升，利于将崇道风气渗透至社会各个角落，濡染和塑造时人的文化心理和社会风尚，使道教教义与影响远播名扬。

---

① 宋敏求、李好文撰，辛德勇、郎洁点校：《长安志 长安图志》，三秦出版社，2013年，第335页。
② 王溥撰：《唐会要》卷五十，中华书局，1960年，第876—877页。
③ 李渊著，韩理洲辑校编年：《唐高祖文集辑校编年》，三秦出版社，2002年，第25页。
④ 司马光编著，胡三省音注：《资治通鉴》卷二百一十六，天宝九年十月，中华书局，1956年。
⑤ 刘昫等撰：《旧唐书》卷一百九十二《王希夷传》，中华书局，1975年，第5121页。
⑥ 刘昫等撰：《旧唐书》卷八《玄宗本纪》，中华书局，1975年，第200页。
⑦ 刘昫等撰：《旧唐书》卷九《玄宗本纪》，中华书局，1975年，第207页。
⑧ 刘昫等撰：《旧唐书》卷一百三十《王屿传》，中华书局，1975年，第3617页。
⑨ 陈海岭：《唐玄宗的崇道抑佛政策及其社会影响》，《河南大学学报》1999年第6期。
⑩ 田晓膺：《隋唐五代帝王崇道活动述略》，《西南民族大学学报》2007年第7期。

唐朝皇帝对于道教的高度重视和对其地位的快速提升，引起佛教徒的不满，纷纷上表反对。为巩固道教社会地位，道教徒则积极组织反驳，并与儒教人士联合起来对抗佛教。道教徒借能够直接上疏唐高祖的傅奕，在朝廷大造反佛之势，严词攻击佛教。武德九年（626），清虚观道士李仲卿著《十异九迷论》，刘进喜著《显正论》，直接参加反佛活动。他们将自己的反佛之作，托傅奕上奏高祖。① 贞观十三年（639），道士秦世英密奏唐太宗，称法琳《辩证论》一书攻击老子，诽谤皇宗，有罔上之罪。太宗亲自查问，抓捕法琳。法琳后被太宗免去死罪，放逐益州，暴毙途中。

唐代后期，佛教发展兴盛，其经济势力和社会影响力不断扩张，并与皇权产生了直接的矛盾。唐武宗继位后，崇信道教，深恶佛教，尤其对佛教寺院土地不输课税、僧侣免除赋役极为不满，道教名士借此机会大肆攻击佛教。会昌二年（842）在道士赵归真的鼓动和大臣李德裕的支持下，全国开始进行毁佛、灭佛活动。有研究者认为，武宗灭佛的根本原因在于唐代寺院经济膨胀，直接威胁国家财政收入与经济发展，使僧侣地主与世俗地主矛盾加剧，以至不可调和。但究其直接原因，则为道士向偏好道术的武宗积极进言，挑动其排佛情绪。武宗即位之后，召道士赵归真等81人到宫内修金箓道场，亲受法箓，赵氏借此机会向武宗引荐道士邓元起、刘玄靖等人，他们借助受宠之机，攻击佛教，以提升、巩固道教社会地位，由此增加了唐武宗对佛教的憎恨，由此开展了对佛教而言是灭顶之灾的毁佛运动。

上述宗教间的争斗无论孰胜孰负，均为表象，实质则是宗教间政治地位之争，即儒、佛、道于国家政治和宗教活动中序位先后之争。隋唐时期，道教之所以能在争斗中占据上风，并非道教道义优于佛教佛法，幕后动因实为统治者试图通过抬高道教地位以抑制、贬低佛教，以确保君权神授的正统性。在道教与佛教的争辩中，道教之所以能取胜，除了道士们采取多种方式合力对佛教发动攻击以外，主要原因还在于统治当局为了自身的政治利益而对道教做出的鼎力支持。

道教是中国本土传统宗教，其道家理论源远流长，影响巨大。道教作为一种宗教创始于东汉末年，起初是作为一种反统治的社会政治力量出现，但经过魏晋南北朝数百年充实改造，至隋唐五代已日趋成熟，逐渐被纳入皇权统治体系之下，成为加强君主专制中央集权的重要工具。道教从山野乡村之底层信仰逐步上移，进入达官贵人和最高统治群体之中，也从乡村、小城进入大城市，进入皇宫，发展为一种适应封建君主专制中央集权统治需求的宗教，完成从远离尘世、隐居山林、修道成仙向涉入世俗、出世干政的转型。隋唐时期，许多知名道士广交贵族官僚，出入宫廷，为帝王师，参与朝政，成为封建统治阶层重要的精神支柱。

隋唐五代时期为道教繁盛发展的重要时期，统治阶级上层极力推崇与广泛信奉道教，使道士阶层的社会地位大幅度提高，道士和信徒数量不断增加，城市中道观林立，道教蓬勃发展。

---

① 梁鸿飞、赵跃飞：《中国隋唐五代宗教史》，人民出版社，1994年，第38页。

第四节　文学艺术的发展

隋朝的建立结束此前分裂格局的局面，建立了统一的国家，有利于经济文化的发展。继隋而建立的唐朝进一步发展了大一统的政治局面，国力强盛，经济繁荣，交通发达，教育兴盛。正是在这样的背景下，隋唐五代城市文学、艺术获得繁荣与兴盛的难得机遇。

一、云蒸霞蔚的诗歌文学

隋唐时期结束了魏晋南北朝时期长期分裂割据的局面，国家大一统局面的形成，为文化发展提供了良好的和平环境。隋代文学的主要成就是诗，虽然隋代的诗歌还未摆脱齐梁浮艳文风的影响，但为唐代文学的繁荣做了铺垫。隋代诗人分别来自原北齐、北周及南朝梁陈等地区，这三种人因受其原在地区文学风尚的影响，诗风有相当明显的差别。卢思道、薛道衡虽为北方诗人，但刻意学习南方诗文，创作了不少颇有南方宫廷气息的艳诗。如卢思道的《采莲曲》《从军行》，薛道衡的《昔昔盐》《秋日游昆明池诗》均较出名。隋炀帝杨广也喜作诗，他"好学，善属文"，其诗被评价为"词无淫荡"，"并存雅体，归于典制"。其存诗中，乐府诗承袭了梁陈诗风，较有名的有《春江花月夜》二首。此一时期兴起的边塞诗，笔势遒迈，笔格高朗，如《饮马长城窟行》《悲秋诗》均有表现。[①]

唐代文学空前繁荣，以诗歌最为光彩夺目，唐朝也因此被誉为诗歌的黄金时代。唐朝诗歌繁荣的根本原因在于城市经济的恢复和发展，南北水陆交通的发达以及对外文化交流的日益频繁，长安、洛阳、扬州、成都、杭州、泉州、苏州等都是全国乃至世界首屈一指的人口众多、工商发达的大城市。在此基础上，以诗歌为代表的城市文学得以发展壮大，云蒸霞蔚，名家辈出，中国诗歌在唐代达到一个高峰。

唐代诗歌文化的繁荣表现在诸多方面，唐代的诗人数量众多，诗歌作品丰富，诗歌成就达登峰造极的境地，唐诗成为这个时代文化成就的代表。

唐诗在传承南北朝诗歌文化艺术的基础上有巨大的突破，呈现出百花齐放的特点。唐诗的形式是丰富多彩、多种多样的，唐代诗人在继承汉魏民歌、乐府传统和五、七言古诗的基础上，推陈出新，发展了歌行体的样式，不仅扩展了五言、七言形式的运用，还创造了风格特别优美整齐的近体诗；另在乐府诗的基础上发展了叙事言情的长篇巨制。

唐诗创作不仅受到统治者的欣赏和鼓励，而且也得到广大民众的喜爱，上自天

[①] 赵文润：《隋唐文化史》，陕西师范大学出版社，1992年，第206页。

子、达官显贵,下逮庶人、百司庶府、三教九流,唐代城市各阶层人士都喜诗、作诗、诵诗、评诗,形成一个有利于诗歌创作的大环境,从而为唐诗的发展奠定了基础。如大诗人白居易的诗就深受民众广泛喜爱,白居易写道:"自长安抵江西三四千里,凡乡校、佛寺、逆旅、行舟之中,往往有题仆诗者,士庶、僧徒、孀妇、处女之口每每有咏仆诗者。"①《丰年录》载:"开成中,物价至贱,村路卖鱼肉者,俗人买以胡绡半尺,士大夫买以乐天诗。"生活于下层的小商贩也喜欢诗歌。唐代的许多和尚、道士、宫人、歌妓、牛童和马走等,不仅喜欢诗,也能作诗,后世即有"熟读唐诗三百首,不会作诗也会吟"的说法。

国家的统一,城市经济的恢复和发展,南北水陆交通的发达以及对外文化交流的日益繁盛,极大地促进了城市文化的兴盛,长安、洛阳、扬州、成都、杭州、泉州、苏州等都是全国乃至世界首屈一指的人口众多、工商发达的大城市。在此基础上,以诗歌为代表的城市文学得以发展壮大,成果繁多,名家辈出。

值得注意的是,隋唐时期城市经济发达,大多数诗人学者居住在如长安、洛阳等大城市之中,他们中又有许多是科举及第为官者,生活的地方均以各地区中心城市为主,因此隋唐诗歌有许多涉及对城市及城市生活的描写,如涉长安者有"长安不见使人愁""落叶满长安"等,涉洛阳者有"洛阳城里见秋风""洛阳城东桃李花""洛阳城外花如雪""四万到洛阳""驱驰洛阳道""洛阳风俗不禁街""住饮洛阳杯"等,涉金陵者有"金陵津渡小山楼""极眺金陵城""金陵城中谁家子""金陵向西贾客多""宛陵行乐金陵住""金陵风景好"等。

唐代重要城市成为诗歌文化的创作中心,于唐代中后期形成了一些新的文化现象,即诗人向少数大城市聚集,除向长安、洛阳这些大城市集中外,西南地区的成都在唐代成为一个新的文化圣地,出现了"自古诗人例入蜀"的文化现象,有"诗家律手在成都"之誉。

以成都为中心的西蜀地区经济在唐代得到高速发展,这成为能够汇聚一大批文人名士的一个重要原因。唐代中期以前,全国的经济中心还在黄河中下游地区。而中唐以后的连年战乱,使黄河中下游地区经济遭到极大破坏,地处西南的巴蜀地区动荡较小,经济发展迅速超过黄河中下游地区,成为全国经济最发达的区域之一。安史之乱和黄巢起义以后,成都一跃而成为全国经济最发达的城市之一,除了粮食长期丰收外,工商业也十分发达,"益州麻纸"深受文人雅士喜爱,成都雕版印刷品行销全国,纺织技术更是冠绝世界。经济的发达造就了城市的繁荣,唐代成都城市人口不断增加,城市规模也大大扩展,罗城的修建使城市空间发生巨大变化,规划更加合理,城外锦江环绕,城内水道湖泊交错,生态环境十分优美,是一座充满诗意的城市,故而吸引着大量文人雅士,形成了和谐的文学创作氛围。另外,李白、杜甫等大诗人长期在蜀地生活,创作了不少与成都相关的诗歌,世人对李杜的

---

① 白居易著,谢思炜校注:《白居易文集校注》卷八《书序·与元九书》,中华书局,2011年,第325页。

仰慕崇拜也促使后世大量诗人入蜀，以探寻这些文坛宗主在成都留下的种种遗迹，表达自己的崇敬和缅怀。

唐代成都诗歌之盛，曾令白居易为之感叹，写下了如下诗句："诗家律手在成都，权与寻常将相殊。剪截五言兼用钺，陶钧六义别开炉。惊人卷轴须知有，随事文章不道无。篇数虽同光价异，十鱼目换十骊珠。"① 所谓"诗家律手"，就是掌握了作诗格律的能手、高手。白居易开篇就说会作诗的高手都汇聚于成都，就是对成都诗歌文化的高度称赞。唐代成都社会安定，经济发达，文化鼎盛，水陆交通通畅，与外部的联系十分密切，在全国的地位日益提高，雄奇险峻的巴山蜀水、安逸舒适的社会生活与和谐包容的文化氛围，吸引着越来越多的外地人来到这个神奇的地方，其中不乏著名的墨客骚人。唐朝初年，被誉为"唐初四杰"的文学家王勃、杨炯、卢照邻、骆宾王等人都先后入蜀。盛唐以后，除了杜甫以外，还有高适、岑参、元稹、白居易、刘禹锡、贾岛、李商隐、温庭筠、沈佺期、张说、张九龄、孟浩然、王维、苏颋、李颀、李端、雍陶、李德裕、孟郊、李涉、薛涛、李贺、李商隐、罗隐、韦庄、郑谷、韦庄、牛峤、欧阳炯、刘猛、李季兰、张演等一大批著名诗人都曾相继因避难、宦游、贬谪、流寓、探亲等各种原因来到蜀地，其中有不少人皆老于蜀。蜀地特殊的文化和壮丽的山河激发了诗人的灵感，为其诗歌创作提供了养分和素材，留下"吟咏流千古，声名动四夷"（白民易《读李杜诗集因题卷后》）的佳作。他们来到成都，并深深地爱上这座城市，在美丽的城市中流连忘返，唐代诗人王之望《帅漕复次韵再初》写道：

<blockquote>
波澜已得江流助，组丽仍依锦段红。
入蜀词人多妙句，向来严杜一编同。
</blockquote>

二、散文与传奇文学的创新

（一）推陈出新的散文

隋唐时期，除诗歌之外，散文也取得了辉煌的成就，这主要体现在隋唐时期散文文体的变革上。自秦汉以来，文章多以骈文为佳，骈文以偶句为主，讲究对仗和声律，易于讽诵。骈文辞藻华丽，过分追求对偶和声律，意少而词多，在表达思想内容方面受到很多限制。隋文帝针对汉朝以来华丽的文风，诏令"公私文翰，并宜实录"②。大臣李谔曾上书抨击华丽文风，得到隋文帝赞许。但是要求改革浮靡文风的呼声因后继乏人而中断。直到唐朝，统治者进一步明确提出文学必须有益于政教，坚决反对淫靡、华丽、空洞的文风，得到一批知识分子的支持，特别是韩愈、

---

① 白居易：《昨以拙诗十道寄川杜相公相公亦以新作十首惠然报示首数虽等工拙不伦重以一章用仲答谢》，彭定求等：《全唐诗》，中华书局，1960年，第5059页。

② 魏徵、令狐德棻撰：《隋书》卷六十六《李谔传》，中华书局，1973年，第15451页。

柳宗元等名士大家率先垂范,提倡"古文运动",尽管开始也遭到部分文人的抨击,但却受到广大士人的欢迎,先秦时期盛极一时的散文再度在唐代兴盛,逐渐成为当时主要的文风。

韩、柳去世之后,李商隐、温庭筠、段成式继续推广散文文体,三人皆排行第十六,故世称"三十六体",此后散文大家层出不穷,而骈文自此渐衰。唐代古文运动的兴盛,结束了骈文对中国古代文坛长期垄断的局面,开创了散文的新天地,为古代文学注入了新鲜活力,使文学更加实用与写实。

(二)传诵不绝的唐传奇

唐代以前,小说还未成为一种独立的文学体裁形式,多是一些传闻异录或者历史佚事等。到唐朝,小说进入了一个全新的阶段,鲁迅《中国小说史略》言:"小说亦如诗,至唐代而一变,虽尚不离于搜奇记逸,然叙述宛转,文辞华艳,与六朝之粗陈梗概者较,演进之迹甚明,而尤显者乃在是时则始有意为小说。"[①] 唐朝小说又称为"传奇",唐朝城市经济的繁荣为传奇提供了丰富多样的题材,从原来单纯的谈神说鬼,逐渐走向反映复杂的现实社会生活。韩愈、柳宗元所倡导的古文运动也为传奇创作提供了丰富内涵和新的表达。此外,科举考试中的行卷风气对传奇文学也有一定影响,唐代科举考试的应试文人为了获得考官的赏识,往往在考前送上自己的文章,第一次送上叫"行卷",以后再送叫"温卷","行卷"和"温卷"的文章就包括传奇。宋赵彦卫《云麓漫钞》说:"唐之举人,先藉当世显人,以姓名达之主司,然后以所业投献,逾数日又投,谓之'温卷',如《幽怪录》《传奇》等皆是也。盖此等文备众体,可以见史才、诗笔、议论。"[②] 唐代一些大家都撰写传奇小说,并逐渐形成自己的文风和特点,这使传奇逐渐发展为一种独立的文学形式。

传奇的基本特点是叙事曲折细致,形象鲜明生动,讲究文采和意象,篇幅一般较长。唐传奇主要有四种类型:爱情故事,如《霍小玉传》《李娃传》《莺莺传》等;神怪故事,如《柳毅传》《南柯太守传》等;剑侠故事,如《虬髯客传》《红线》等;逸史别传,如《海山记》《迷楼记》等。其中亦有交叉,如《柳毅传》既属神怪故事,又是爱情故事。唐传奇题材极为广泛,大凡帝王将相、后妃嫔姬、文人墨客、英雄豪侠、道士僧徒、隐者逸民、巫祝医卜、倡优婢妾,乃至神人仙子、冥鬼幽魂、花妖狐魅等都可成为描写对象;丰富多彩的社会生活,上到军国大事,下到市井琐闻,从人的外部行为到人的内心世界,均直接或曲折地得到生动细致的表现。传奇的主题是多种多样的,爱情、历史、政治、伦理、梦幻、英雄、神仙、命运、报应等都是被反复表现的重要主题。在这些主题中闪烁着许多有价值的思想。

---

① 鲁迅:《中国小说史》,江西教育出版社,2014年,第39页。
② 赵彦卫:《云麓漫钞》卷八,清咸丰《涉闻梓旧》本。

《古镜记》和《补江总白猿行》是唐代最早的传奇。两书的内容总体上来讲还未脱离前代谈神论怪、搜奇猎异的模式，但其主要人物活动和地点环境的描写较为完整、详尽，情节逐渐丰富，无论是结构还是叙事均有很大进步。《游仙窟》是初唐时期著名的传奇。作者张鷟采用自叙体形式，描写自己奉使河源，途中夜宿某大宅，与两女子调笑戏谑、宴饮歌舞的故事。作者不再描写神仙鬼怪，而将小说叙事对象转向现实生活，着重描写唐初文人放荡、轻佻的狎妓生活。

　　唐玄宗以后，传奇逐渐进入繁盛、多产时期，许多优秀的传奇都产生在这一时期。"惟自大历以至大中，作者云蒸，郁术文苑，沈既济许尧佐擢秀于前，蒋防元稹振采于后，而李公佐白行简陈鸿沈亚之辈，则其卓异也。"① 小说题材逐渐丰富，除传统的神怪外，还有爱情、历史、侠义诸类。沈既济《枕中记》和李公佐《南柯太守传》是其中的代表作。两篇小说通过描写主人公睡梦中沉浮宦海、追求人生富贵的故事，揭露了唐朝广开科举后知识分子热衷于功名、追求仕途的状况，同时以入梦的形式宣扬了浮生若梦、富贵如过往云烟的消极思想。

　　唐朝中后期，爱情类传奇小说逐渐增多，并将唐传奇推向艺术的高峰。《柳氏传》《李娃传》《霍小玉传》《柳毅传》《莺莺传》《虬髯客传》等都是流传至今的优秀作品。这一时期还有历史类传奇小说，如《长恨歌传》《高力士传》《安禄山事迹》等；游侠类传奇，如《聂隐娘》《昆仑奴》《红线传》《无双传》等。

　　唐传奇发展中逐渐形成独特的叙事方式、文本结构，成为独立的文学形式，在思想内容的现实性及艺术手法、语言技巧等方面有所突破，标志着我国小说的发展日趋成熟，对后世小说创作影响很大。如元稹《莺莺传》在金代演变为董解元的《西厢记诸宫调》，到元代则被王实甫改编为《西厢记》；陈鸿的《长恨歌传》到元代则被白朴改编为《唐明皇秋夜梧桐雨》，至清代则演变为洪昇的《长生殿》。因此，唐传奇不仅奠定了中国小说的基本叙事形式和结构，还为后世小说的创作提供了丰富的题材宝库。

三、词的诞生

　　五代时期，黄河流域战争频仍，但西蜀、江南一带却相对安定，在这些偏安一隅的小王国里，统治阶级弦歌饮宴，昼夜不休，为适应歌楼舞榭的需要，于是词就大量产生了。五代时期后蜀赵崇祚选录温庭筠、皇甫松、韦庄等十八家词为《花间集》，除温庭筠、皇甫松、孙光宪外，其余作者都是蜀地文人。他们在词风上大体一致，后世称之为花间词派。而"花间"两字则出自花间词人张泌所写"还似花间见，双双对对飞"句。《花间集》编纂完成后，由成都文人欧阳炯作序。欧阳炯也善写小词，并对词的功能有较深入的认识，他在序言中表达了对词这一文体的看法，强调词是日常生活的娱乐方式，并不需要像诗文一样抒发对政治和社会的感

---

① 弘征选编：《鲁迅国学文选》，岳麓书社，1999年，第306页。

想,而应通过描写男女情感,使听者、读者得到愉悦。《花间集》的词作内容多为才子佳人、闺怨情仇、风土人情、山水田园,只有少数词作反映了社会现实,抒发了爱国情感。《花间集》十八位作者的词作风格多变,或婉约绮丽,或华美艳丽,或清淡明秀,或意境深远。温庭筠是"花间派"中写词最多、对后世影响最大的词人。《旧唐书·温庭筠传》形容他"能逐弦吹之音,为侧艳之词"。温庭筠一生贫苦落魄,词作大多以抒发个人感情为主,较少涉及国家政治时事。温庭筠的词作风格绚丽、多富文采,带着浓烈而华美的色彩,对后世影响颇大。

在花间词派的发展史上,还有一位重要的词人——花蕊夫人。有人认为这位花蕊夫人是指后蜀皇帝孟昶的嫔妃花蕊夫人,也有研究者指出应是前蜀皇帝王建的嫔妃徐氏。不论这位花蕊夫人是谁,总之她擅长写词,著有《宫词百首》,描写成都的宫廷生活,文风或浓艳,或自然清新,表现了蜀宫宫人对宫廷奢华的物质生活的贪恋以及沉迷于宫廷娱乐的心理,代表词作《宫词》《述国亡诗》分别表现了两种不同风格。每一位词人各有风格,各表其情,极大地丰富了晚唐五代时期文学成果。

四、宗教影响下俗讲、变文与绘画艺术的发展

(一)市民文学"俗讲""变文"的兴起

唐代中前期,政治开明,经济发达,生产水平不断提高,促进了市民阶层的产生和发展,除诗歌、散文等高雅文学艺术出现大发展外,市民文学与文艺也随之兴起,代表市民文化的"说话"和其他讲唱艺术也相应地发展起来。俗讲是说唱艺术的一种,俗讲与历史上的说唱传统有着密切的关系,六朝以来佛教利用这种说唱文化作讲经化俗的一种手段,即"转读"与"唱导"来传播佛经。唐朝是传播佛教思想的隆盛时期,僧侣将佛经译成文雅的经文,但为了向普通民众宣讲,又把经文和其中的动人故事编成通俗文字夹叙夹唱,即先用说白散文叙述事实,然后用歌唱(韵文)加以铺陈渲染,并配图画增加通俗性,这种演唱佛经的形式,称"俗讲",俗讲时用的话本被称为变文。后来,民间艺术家也采用变文的形式讲故事,逐渐发展成为大受城市居民欢迎的娱乐活动。

唐代民间俗讲非常流行,"街东街西讲佛经,撞钟吹螺闹宫庭"(韩愈《华山女》)。俗讲变文作为一种大众喜爱的讲故事方式,可以启迪大众的思想。讲经者不仅是传播佛教的思想,更是致力于将人生的至诚真理灌输其中,使听者在喧闹中体会人生的况味。唐赵璘《因话录》卷四"角部"云:"有文溆僧者,公为聚众谈说,假托经论所言,无非淫秽鄙亵之事。不逞之徒,转相鼓扇扶树。愚夫冶妇,乐闻其说,听者填咽。寺舍瞻礼崇拜,呼为和尚。"[①] 描述了文溆和尚在寺院俗讲时受到

---

① 段成式:《酉阳杂俎校笺》续集卷五,中华书局,2015年,第1843页。

民众喜爱的情景。由"愚夫冶妇，乐闻其说"可知所讲故事是通俗易懂、妇孺皆能领会的；大家摇扇爬树，争相聆听，必定所讲之事甚是有趣，能和听众的生活联系起来，引发听众的共鸣。①

俗讲变文中的故事，多数是经过了精选、提炼和加工的佛教故事，这些故事同时融合、会通了中国传统儒道思想及民俗民风，因此可以在听众了解故事脉络的基础上，启发其对故事主旨的思考，从而起到引导教育的作用。俗讲主要以演说佛教经典为基本素材，而变文以讲唱佛本生、本行、因缘果报故事为主要内容。俗讲和变文都为说唱兼行，曲调婉转流畅，富于感染力，能触动听众感情。相传"教坊效其声调，以为歌曲"，可见俗讲、变文表演方式风靡一时，在当时产生了很大的影响。②

(二) 绘画艺术的大发展

隋唐五代时期的绘画艺术也取得了较高的成就，为先秦以来绘画艺术发展的一个高峰。隋代虽然立国时间不长，但却在绘画艺术方面开一代新风，出现了一批绘画艺术大家，如展子虔、田僧亮、孙尚子、杨契丹等。隋朝统治者对于绘画艺术表现出极高的热情，十分重视对艺术品的收藏，从而促进了绘画艺术的发展。国家统一促进南北著名画家的交流，著名画家云集长安、洛阳等大城市，相互借鉴。隋代绘画以表现鬼神人物为主，同时佛教的复兴使国内广修寺院，宗教美术重新活跃，各大寺院均流行各种题材的宗教壁画，长安、洛阳、江都等城市各大佛寺均有名家手笔，不仅为这些城市文化增加了宗教色彩，而且也增加了城市的艺术氛围。

唐代是中国绘画艺术发展的一个高峰期，据宋代《宣和画谱》和清代官修《佩文斋书画卷》，唐代有姓名可考的著名画家400多人，他们分别在人物画、山水画、宗教壁画等方面取得了很高的艺术成就。人物画在唐代绘画中占主要地位，唐代释道画兴盛，人物画中宗教壁画占重要地位。阎立本、吴道子、张萱、周昉、韩滉等都是唐代人物画的代表画家。

阎立本的绘画艺术，先承其父阎毗，后师张僧繇、郑法士，史书评价其"尤善图画，工于写真"。③ 以史学记载为据再加以想象绘画而成的《历代帝王图卷》，成功地刻画了十三位帝王的肖像，是唐代画家表现人物性格特点的代表作。阎立本所绘《步辇图》，描绘了唐贞观十五年（641）唐太宗李世民接见来迎娶文成公主的吐蕃使者禄东赞的情景，"太宗坐步辇上，宫人十余舆辇，皆曲眉丰颊，神采如生，一朱衣髯官执笏引班。后有赞普使者服小团花衣，及一从者，赞皇李卫公小篆题其上，唐人八分书。赞普辞婚事，宋高宗题印，完、真，奇物也"④。唐太宗的帝王气派以及吐蕃使者的忠顺质朴描绘地栩栩如生、跃然纸上。

---

① 邵郁、王睿颖：《敦煌俗讲变文的社会教育作用》，《高等函授学报》2012年第8期。
② 邵郁、王睿颖：《敦煌俗讲变文的社会教育作用》，《高等函授学报》2012年第8期。
③ 刘昫等撰：《旧唐书》卷七十七《阎立本传》，中华书局，1975年，第2680页。
④ 汤垕：《画鉴·唐画》，文渊阁《四库全书》本。

吴道子是盛唐时期成就最高的画家，其一生在长安、洛阳等寺庙壁画作画，变相人物千变万态，无有同者；其在技巧上也有重要创造，中年以后善用遒劲奔放、变化丰富的"莼菜条"线描表现高低深斜卷折飘带之势，并于焦墨痕中略施微染，取得天衣飞扬、满壁风动和自然高出缣素的效果，"其傅彩，于焦墨痕中，略施微染，自然超出缣素，世谓之'吴装'"①。苏轼曾评价："道子画人物，如以灯取影，逆来顺往，旁见侧出，横斜平直，各相乘除，得自然之数，不差毫末。出新意于法度之中，寄妙理于豪放之外，所谓游刃余地，运斤成风，盖古今一人而已。"②

周昉、张萱的绘画作品则重反映贵族妇女的日常生活，如贵族妇女春游、踏雪、乞巧、扑蝶、烹茶、吹箫等，虽多将画笔用以追逐宫廷贵族生活，但已脱离鬼怪神话，开始关注社会风俗。二者流传至今的画作很少，周昉有《簪花仕女图》，张萱则有《捣练图》《虢国夫人游春图》。除上述画家之外，韩干、皇甫轸、韦偃、王维、李思训等人都是唐代重要的画家。从唐初阎立本的帝王图像，至吴道子宗教画像，周昉、张萱宫廷人物像，说明唐代中国人物画题材由鬼神宗教等逐渐向现实生活转变，并成为唐代现实主义文学艺术的重要组成部分。

从唐中期至五代，除长安、洛阳以外，成都成为全国的绘画中心之一，在全国画坛占有重要的地位。王宰、左全、赵公佑、常粲、李升等大批全国著名画师云集成都，群星璀璨，推动了成都绘画事业的进步。成都之所以成为全国画坛的中心之一，是由多种因素所形成。首先是唐中后期先后出现了安史之乱和黄巢之乱，唐玄宗、唐僖宗两位帝王相继到成都来避难，许多宫廷画师和北方大量民间杰出画家随之而来。其次，晚唐五代时期，成都经济发达，文化繁荣，社会稳定，从而为绘画艺术的发展提供了稳定充足的物质基础和社会条件。成都的管理者对绘画艺术家礼遇有加，给予他们优厚的待遇，使他们不需为衣食担忧，一心创作。前、后蜀时期的帝王也对绘画艺术有着较高的兴趣和爱好，特别是后蜀第二位皇帝孟昶喜好丹青，特创立翰林图画院，选拔优秀画师入院。翰林图画院成为中国最早的皇家画院，开国家级画院之先河。悠久的艺术传统也给予晚唐五代时期成都的绘画艺术以深厚的基础。蜀中富庶的士族缙绅和外来官宦为书画艺术作品提供了庞大的消费市场，也是促进绘画艺术发展的原因。

成都的画家们除了在纸上、绢布上作画，还常到成都各大寺院墙壁上作画，因此当时成都的各大寺院内外墙壁上都留有各大名家的画作，其中以成都大慈寺最多。大慈寺被称为"震旦第一丛林"，为天下名寺，是唐宋时期最具代表性的寺院之一，该寺壁画都是隋唐五代时期成都画家们留下的杰出珍品。

前、后蜀时期，肖像画在宫廷内十分盛行，宫廷选妃择美等，都需先画人物肖像。所以当时的宫廷画师数量较大，技艺也十分高超，能将人物描绘得逼真传神。

五代时期，中国绘画艺术家在唐代发展的基础上出现了新的突破，一个重要成

---

① 张小庄：《清代笔记日记绘画史料汇编》，荣宝斋出版社，2003年，第471页。
② 苏轼撰，茅维编：《苏轼文集》卷七十，中华书局，1986年，第2210–2211页。

就便是以成都为中心形成了花鸟画派。前、后蜀时期,成都的花鸟画自成一派,著名画家有黄筌、滕昌祐、刁光胤、刘赞、夏侯佑等人。其中,画家黄筌是承前启后的大画家,开创了中国工笔花鸟画派之先河。黄筌在少年时期即因画艺精湛进入前蜀宫廷为画师,后蜀时期则供职于翰林图画院,后蜀降宋后移居汴京,直至去世。黄筌画技十分精湛,擅长画花、竹、翎毛、佛道、人物和山水等,是一位技艺全面的画家。黄筌画作皆颜色浓丽富艳,画面柔和细腻,线条与色彩相互交融,不见笔触;笔下形象逼真动人,栩栩如生。然而黄筌画作流传于世的仅《珍禽图》一幅,这幅画作并不是一幅构图完整、立意清晰的图画,但珍贵之处在于此画十分写实,着重其真实感,画上的二十四种动物皆被描绘出真实形态,活灵活现,相当动人。黄筌开拓的工笔花鸟画风格,瓴毛珍禽形态逼真,奇花异卉浓丽工致,影响了一大批花鸟画家。

前、后蜀时期成都的书法界也涌现出多位大师,前蜀宰相韦庄即是一有名的书法家。此外,参加后蜀石经撰写的张德钊、杨钧、孙逢吉、周德贞、孙朋吉、张绍文等人也都是名满天下的书法家。画家滕昌祐亦是一名书法大师,成都多家著名寺院匾额都是由其书写。成都僧人贯休也善书,篆、隶、草、行等都十分擅长。道教大师杜光庭则喜楷书,书法因诗而传于世。

第五节 教育的发展

隋唐五代是中国科举考试兴起与发展的重要时期。科举制的确立,改变了魏晋时期流行的选官制度——九品中正制,开创了中国考试选官制度的先河,将考试作为选士的主要方式,并与城市官学、私学相结合,共同确立了中古以至近代千余年间中国的教育体制,培育了大量人才,对中国历史文化产生了深刻的影响。官学、私学培养的学生只有经过科举考试选拔,才能获得入仕为官的机会,因而科举制的确立与发展在很大程度上推动了城市教育的发展。而城市教育的日趋成熟又进而倒逼科举制进行相应的调整和变革。二者相辅相成,相互促进并制约,对于中国君主专制时代社会的发展演变、政治的稳定以及中华文明和儒家文化的传播继承等,均曾产生过不可低估的作用。其确立与发展,使孔子"有教无类"的教育思想得以推行,教育开始向全社会开放;魏晋南北朝时期门阀士族垄断仕途的局面被打破,官僚体制也具有一定的开放性,推动了社会阶层的纵向流动,同时也使传统的主流文化得以维系。科举制的确立开创了中国考试制度的先河,并促进了君主专制时代教育体制的完善,培育了大量人才。从当时来看,科举制的建立是一种社会进步,推动了城市教育的变迁,使城市教育日益成熟。

一、科举制的发展

科举制产生于隋朝,发展于唐朝。科举制建立以前,人才选拔多实行察举制和九品中正制,因而政权多为血缘世袭的世家大族所垄断。隋朝统一后,为了稳定政权,急需一大批新式人才,但拥护新政权的有才能的官员却极度短缺。其时,门阀世族势力日渐腐朽衰弱,他们之中缺乏有才能的人,已不能满足新政权的需要。与此同时,南北朝时期出现的庶族地主势力开始崭露头角,人才辈出。隋文帝为了团结广大庶族地主,集中选士权,改革用人制度,废除了九品中正制,下令举贤良,以德才为标准选拔官吏,对应试者身份不再做过多限制。开皇二年(582)正月,隋文帝诏举贤良。开皇三年(583),再次下诏:"如有文武才用,未为时知,宜以礼发遣,朕将铨擢。"① 开皇十八年(598),"诏京官五品以上,总管、刺史,以志行修谨、清平于济二科举人"②,其后又令"州县搜扬贤哲,皆取明知今古,通识治乱,究政教之本,达礼乐之源。不限多少,不得不举。限以三旬,咸令进路"③。炀帝继位后,发展了隋文帝科举取士的思想,于大业二年(606)设进士科,这标志着科举制的开端,以策取士成为后世科举定制。"科举"一词由来已久,不同时代均有其确定含义,但其共同点就是设科举士。有时也以"科第""科选"称之,尽管称呼多变,但均突出"科"字,即分科取士。

隋大业三年(607)四月,隋炀帝下诏:"夫孝悌有闻,人伦之本,德行敦厚……或节仪可称,或操履清洁,所以激贪厉俗,有益风化。强毅正直,执宪不挠,学业优敏,文才美秀,并为廊庙之用,实乃瑚琏之资。才堪将略,则拔之以御侮,膂力骁壮,则任之以爪牙。爰及一艺可取,亦宜采录,众善毕举,与时无弃……文武有职事者,五品已上,宜依令十科举人。有一于此,不必求备。"④ 此诏明确提出分科取士的办法,即以十个不同科目分别取士。大业五年(609)六月,又下诏:"诸郡学业该通、才艺优洽,膂力骁壮,超绝等伦,在官勤奋、堪理政事,立性正直,不避强御四科举人。"⑤ 隋王朝经过几轮科举考试,将十科缩减为四科,更加强调选拔实用人才。隋代科举虽未形成完善的制度,但却开风气之先,开启了中下层士人步入仕途的大门,因而得到了庶族地主和士人的普遍支持。通过科举制,隋王朝将官吏选拔权从地方集中至中央,加强了君主专制和中央集权。

唐朝建立后,继续延续隋朝确立的科举制度,并在此基础上进一步发展完善。唐朝的科举考试科目分为常科和制科两类,每年分期举行者称常科,由皇帝下诏临时举行者称制科。常设科目众多,约五十多种,"有秀才,有明经,有俊士,有明

---

① 魏徵、令狐德棻撰:《隋书》卷一《高祖纪》,中华书局,1973年,第20页。
② 魏徵、令狐德棻撰:《隋书》卷二《高祖纪》,中华书局,1973年,第43页。
③ 魏徵、令狐德棻撰:《隋书》卷二《高祖纪》,中华书局,1973年,第51页。
④ 魏徵、令狐德棻撰:《隋书》卷三《炀帝纪》,中华书局,1973年,第68页。
⑤ 魏徵、令狐德棻撰:《隋书》卷三《炀帝纪》,中华书局,1973年,第73页。

法，有明字，有明算，有一史，有三史，有开元礼，有道举，有童子。而明经之别，有五经，有三经，有二经，有学究一经，有三礼，有三传，有史科"[1]。其中许多科目，如明法、明算、明字等科不为人重视，唐朝实际经常举行的科目是秀才、明经、进士等。秀才一科在唐初要求很高，后来渐废，明经、进士便成为唐代常科的主要科目。

明经注重经义与时务策，要求精确掌握经书文本和注释，考试内容基本是儒家经典，如三礼（《周礼》《仪礼》《礼记》）、三传（《春秋左氏传》《春秋公羊传》《春秋穀梁传》）、《论语》、《孝经》等。一般而言，凡明经，先帖经，每经十帖，每帖三言，通六以上为及格。然后口试，问经义十条，通十为上上，通八为上中，通七为上下，通六为中上，皆为及格。答时务策三道，通二为及格。三试皆及格为及第。明经对应试者要求较低，只要熟读注疏即可，故录取几率较大。

进士科注重诗赋，唐初沿用隋制，仅试策一场。唐高宗永隆二年（681），考功员外郎刘思建言，进士唯诵旧策，皆无实才，而有司以文数充第，建议"进士试杂文二篇，通文律者然后试策"[2]。八月，高宗颁布《条流明经进士诏》，规定"进士杂文两首，识文律者，然后并令试策"，即考取进士科，首先要进行文律考察，合格者才有资格进行试策。其后，又加入帖经一场，即进士科包括帖经、试杂文、时务策三场考试。帖经最开始试《老子》，后来改为《尔雅》；杂文即诗赋各一篇，须洞悉文律；而时务策，则要求"义理惬当为通"，若"事义有滞，词句不伦"则为下。经策全通为甲，策通四、帖通四以上为乙，以下为不及第。可见，进士科虽试诗赋，但经策是决定及第与否的关键。直至开元九年（721），唐玄宗诏曰："求贤济理，询事考言，务取由衷，以观深识，顷年策试，颇成弊风，所问既不切于时宜，所对亦何关于政事，徒征隐僻，莫见才明，以此择贤，良未得所。"[3] 天宝之后，诗赋逐渐受到重视，至大和年间逐渐超越策问，成为进士科偏重之科，帖经不及格者若在诗赋上发挥良好亦可及第。进士及第者经过吏部再次选试便可获得官职，其考试内容和标准有四点："一曰身，二曰言，三曰书，四曰判。"[4] 其考试甲等者授从九品上，乙等者授从九品下。

唐朝除确立进士科的重要地位外，还设立武举。武则天时期，由兵部主持武官选拔，开设武举，其考试内容包括智谋将帅、军谋越众、武足安边、识洞韬略、军谋出众等十五个科目。选授标准为"五等三奇"：五等，"一曰长垛，二曰马射，三曰马枪，四曰步射，五曰应对"；三奇，"一曰骁勇，二曰材艺，三曰可为统领之用"。[5] 武举作为科举制的组成部分，使许多不擅长舞文弄墨但却善于骑射者通过武试跻身仕途，达到人尽其才、扩大统治基础的目的。武科举虽设，但地位始终不

---

[1] 欧阳修、宋祁撰：《新唐书》卷四十四《选举志》，中华书局，1975年，第1159页。
[2] 欧阳修、宋祁撰：《新唐书》卷四十四《选举志上》，中华书局，1975年，第1163页。
[3] 张九龄：《敕处分举人》，董诰等编：《全唐文》卷二百八十四，中华书局，1983年，第2881页。
[4] 杜佑撰，王文锦等点校：《通典》卷十五《选举志·历代制下》，中华书局，1988年，第360页。
[5] 李林甫等撰，陈仲夫点校：《唐六典·尚书兵部》卷五，中华书局，1992年，第151页。

如文科举，时而被废，时而恢复，武举出身者地位亦不如文科出身之进士。

五代时期，科举取士已是一种无可替代的选人制度，科举考试的形式与内容具有明显的传承性，虽处大分裂之乱世，科举考试的形式却并未中断，依然年年进行。诗赋作为科举考试的主要形式依然为各割据政权沿袭采用。与此同时，五代科举亦显露了时代的特点，在继承唐代科举的基础上也做出了一些变化，并为宋代科举制度变革进行了一定铺垫。第一，科目设置减少；第二，贡举程序变化，三级考试制度逐步形成，从地方到中央层层选拔的制度模式渐趋完备；第三，省试出现昼试以及糊名制度，科举考试更具公平性、严肃性；第四，知贡举的差遣化色彩进一步加重，限制知贡举官员与应试举子之间的联系，防止结成朋党；第五，录取名额猛增；第六，及第后的宴集活动受到限制，逐渐取消除闻喜宴、关宴之外的其他宴集活动，庆贺宴席由自筹改为官办。①

概言之，隋唐五代时期科举制度经历了从创立，到不断发展和完善的过程。在众多科目中，进士科逐渐成为核心，虽每年录取名额无限定，但因考试难度较大，实际录取较少，据马端临《文献通考》，每年应试千余人中及第者不过一二十人，少则几人，有唐一代，进士仅三千余人。科举及第是士子最为荣耀之事，有"登龙门"之称。科举制对于中国官僚政治制度、教育制度的发展产生了深远的影响，并对教育的发展和社会风气的改变也起了重要的导向作用。进士及第是跻身仕途最重要的途径，唐代宰相共计有 368 人，其中进士出身者就有 142 人，中央高级官员和地方封疆大吏也多出身进士。

二、城市官学教育的发展

隋唐时期，随着国家统一大业的完成，社会经济得到恢复与发展，尤其是唐代的经济发展水平远远领先于同期世界其他主要国家，国力的强盛促进了文化教育的繁荣，尤其是逐渐完善的科举制度，使读书成为普通民众改变命运、跻身仕途的有效途径，促使越来越多的人步入读书出仕之途，以科举考试为核心目标的城市教育由此发展壮大起来。隋唐时期，学校种类之齐全，管理之严密，生徒之众多，都是前代所无法比拟的。②

经历南北朝时期的分裂割据后，复兴儒学，统一南北之学，成为隋统治集团统一意识形态的文化政策。隋文帝十分重视国子学，开皇二年（582）十二月，赐国子生经明者束帛，鼓励学员参加科举考试，并亲自到国子学巡视，以提高国子学的地位。在强化中央官学的同时，他还注意加强对地方教育的管理。开皇三年（583）四月，文帝诏天下劝学行礼，命令州县设置学校，礼祀孔子。在位后期，他却认为学校过多，学员徒有名录，于是废止太学、四门学及州县学。大业三年（607），炀

---

① 张咏梅：《五代科举制度考》，东北师范大学硕士学位论文，2004 年。
② 孙培青：《中国教育史》，华东师范大学出版社，2000 年，第 148 页。

帝改国子寺为国子监,恢复文帝后期废止的学校,"征辟儒生,远近毕至,使相与讲论得失于东都之下"①。总体而言,隋朝以国子学为中心的中央官学以及州县地方官学形制,为唐代所继承并加以发展与完善,其以儒家经典为主要教学内容的做法也为唐代继续实施并进一步系统化。隋朝在城市教育上采取的开创性措施,虽然在较短统治期内未发挥应有作用,却对后代学校教育产生了重要影响。

唐代是中国古代学校教育发展的高峰期,在学校组织管理、科目设置、课程内容等方面形成了较为完善的体制。

唐代中央官学又称"六学二馆"。六学指国子学、太学、四门学、律学、书学和算学。武德元年(618),唐高祖"命裴寂、刘文静等修订律令。置国子、太学、四门生合三百余员,郡县学亦各置生员"②,此为唐代中央官学与地方官学的雏形。"二馆"即指弘文馆与崇文馆。武德四年(621),唐高祖于门下省置修文馆,为弘文馆前身。武德九年(626),太宗于"弘文殿聚四部书二十余万卷,置弘文馆于殿侧……又取三品已上子孙充弘文馆学士"③。武德十年(627),为进一步鼓励学风,太宗诏"在京文武职事五品以上子,有性爱学书者及有书性者,听于弘文馆内学书"④,当年便有二十四名官僚之子入弘文馆学书,太宗命书法家虞世南、欧阳询于弘文馆教授楷书,并令太学助教侯孝尊教授儒家经典,许敬宗教授《史记》与《汉书》。贞观二年(628),为学生置讲经博士,考试经业,准式贡举,兼习书法⑤,弘文馆由此成为中央官学的重要组成部分。崇文馆原名崇贤馆,隶属东宫。上元二年(675)因避章怀太子李贤之讳,改名崇文馆,最初职能类似图书馆。显庆元年(656),唐高宗于崇贤馆置学士及生徒,其成为中央官学组成部分。中央官学学生来源及人数均有严格规定:

> 国子学,生三百人,以文武三品以上子孙若从二品以上曾孙及勋官二品、县公、京官四品带三品勋封之子为之;太学,生五百人,从五品以上子孙、执事官五品期亲若三品曾孙及勋官三品以上有封之子为之;四门学,生千三百人,其五百人以勋官三品以上无封、四品有封及文武七品以上子为之,八百人以庶人之俊异者为之;律学,生五十人,书学,生三十人,算学,生三十人,以八品以下子及庶人之通其学者为之。……凡馆二:门下省有弘文馆,生三十人;东宫有崇文馆,生二十人。以皇缌麻以上亲,皇太后、皇后大功以上亲,宰相及散官一品、功臣身食实封者、京官执事从三品、中书黄门侍郎之子为之。⑥

由上述材料可知,唐代中央官学均为官僚子弟所垄断,其中国子学、太学、弘

---

① 魏徵、令狐德棻撰:《隋书》卷七十五《儒林传》,中华书局,1973年,第1707页。
② 司马光编著,胡三省音注:《资治通鉴》卷一百八十五《唐纪一》,中华书局,1956年,第5792页。
③ 司马光编著,胡三省音注:《资治通鉴》卷一百九十二《唐纪八》,中华书局,1956年,第6023页。
④ 徐松撰,赵守俨点校:《登科记考》卷一,中华书局,1984年,第9页。
⑤ 程舜英:《隋唐五代教育制度史资料》,北京师范大学出版社,1998年,第176页。
⑥ 欧阳修、宋祁撰:《新唐书》卷四十四《选举志上》,中华书局,1975年,第1160页。

文馆、崇文馆是贵族性质的学校,非五品以上京官子弟不得入学;四门学、律学、算学、书学这类学校的入学资格为下级官吏和一般庶人子弟俊异者。

其时,对中央官学教师队伍也有明确规定。就学校管理而言,国子监设祭酒一人,司业二人,"掌儒学训导之政"。就教师设置而言,国子监博士五人,助教五人,掌佐博士分经传授。直讲四人,掌佐博士助教以经术讲授。太学、四门学各博士十六人,助教六人。律学,博士三人,助教一人。书学算学,各博士二人,助教一人。二馆因有数职,因此与六学编制上有所差异,弘文馆"学士掌详正图籍,教授生徒;朝廷制度沿革,礼仪轻重,皆参议焉。校书郎二人,掌校理典籍、刊正错谬。凡学生教授、考试,如国子之制"①,崇文馆"学士二人,掌经籍图书,教授诸生,课试举送如弘文馆。校书郎二人……掌校理书籍"②。

武德二年(619)六月,唐高祖确立崇尚儒学的文化政策,"朕君临区宇,兴化崇儒,永言先达,情深绍嗣。宜令有司于国子学立周公、孔子庙各一所,四时致祭"③,提倡尊孔崇儒。儒家经典成为中央官学的主要教学内容,国子学、太学、四门学专门讲授经学,包括正经九种与旁经两种。正经九种为大经《礼记》《春秋左氏传》,学制三年;中经《诗》《周礼》《仪礼》,学制两年;小经《易》《尚书》《春秋公羊传》《春秋穀梁传》,学制一年;旁经两种为《孝经》《论语》,学制一年。正经不要求全部精通,旁经为必修课程。

书学、算学与律学属于专业性质学校。书学主要学习书法,要求"日纸一幅"④,兼习时务策与文字学,"读国学、说文、字林、三苍、尔雅"⑤。学制要求为《三体石经》三年,《说文》两年,《字林》一年。算学以七年为学限,学生分为两组学习不同内容:一组学《九章算术》《海岛算经》共三年,《孙子算经》《五曹算经》一年,《张丘建算经》《夏侯阳算经》各一年,《周髀算经》《五经算术》一年;另一组学《缀术》四年,《缉古算经》三年。律学以律令为专业,兼习格式法例。弘文馆、崇文馆的课程、学制与国子学相似。六学二馆之外,东都洛阳还有规模较小的国子监,下辖各学校以及广文馆、医学、乐学、崇玄学、历学等,其学制与生员构成与西京六学二馆类似。

唐代地方官学由京都学、都督府学、州学、县学、市镇学、里学构成。京都学以西京长安为中心;都督府学根据下辖州数量不同而分为上中下三级;州学则根据所辖县数量不同分为上中下三级;县学根据行政等级不同分为上、中、中下、下四等,京县如长安、洛阳、万年、太原、晋阳等以及畿县如京兆、河南、太原所辖诸多县为上等;市镇学与里学是县级、乡级的学校。地方官学的教学内容以经学和医学为主,与中央官学一样,地方官学在教师配置和学生名额有较为严格的规定。

---

① 欧阳修、宋祁撰:《新唐书》卷四十七《百官志二》,中华书局,1975年,第1209—1210页。
② 欧阳修、宋祁撰:《新唐书》卷四十九上《百官志四》,中华书局,1975年,第1294页。
③ 王钦若等编:《册府元龟》卷五十《帝王部·崇儒术第二》,中华书局,1960年,第529页。
④ 欧阳修、宋祁撰:《新唐书》卷四十四《选举志上》,中华书局,1975年,第1160页。
⑤ 欧阳修、宋祁撰:《新唐书》卷四十四《选举志上》,中华书局,1975年,第1160页。

第五章 城市社会生活及文化的变迁

表 5-1　唐代地方官学教师与学员数量配置表[①]

（单位：人）

学校类型		学科	博士	助教	学员
京都学		经学	1	2	80
		医学	1	2	20
都督府学	上	经学	1	2	60
		医学	1	1	15
	中	经学	1	2	60
		医学	1	1	15
	下	经学	1	1	50
		医学	1	1	12
州学	上	经学	1	2	60
		医学	1	1	15
	中	经学	1	1	50
		医学	1	1	12
	下	经学	1	1	40
		医学	1	无	10
县学	京	经学	1	1	50
	畿	经学	1	1	40
	上	经学	1	1	40
	中	经学	1	1	35
	下	经学	1	1	35
	下	经学	1	1	20
市镇学		无明文记载			
里学					

　　受多方面原因影响，唐代的地方官学发展极不平衡，只在部分重要城市中得到较好的发展。相关研究者对地方府州县官学的研究表明，有唐一代，地方官学的发展始终没有出现过全国性的兴盛局面，只是在某一特定历史时期或某些地方出现过局部而短暂的繁荣。唐朝政府对地方学官的编制做了具体规定，而地方学官中博士与助教的实际情况与其规定是相符的。但在中晚唐有一定程度的偏差，出现了摄职的现象。地方学官的职责：一是教学活动，包括教材、教法、考试三个方面；二是释奠礼仪；三是在唐代后期，学官的职责发生了变化，由教学活动逐渐向教育行政

[①] 赵文润：《隋唐文化史》，陕西师范大学出版社，1992年，第30页。

转化。唐代地方学官的选任资格要求，主要从品德、学历和技能三个方面进行考察。地方学官的选任途径：一是通过科举正途出任学官；二是由各种未及第或未参加科举考试但通经善学的儒士出任学官。唐朝政府将地方学官的考核纳入文武官员的考核中统一进行，在施行时，虽然注意到了地方学官的教学特点，但缺乏对地方学官进行独立考核的规定。唐朝政府比较重视地方学官的地位，这体现在法律制度和礼仪两个方面，但就整体而言，其地位还是低下的。地方学官在化民成俗、改善社会风气和促进民族文化传承等方面起到了积极作用，但其与科举制度的天然联系，导致教学内容与考试内容的脱节，这也是唐代官学不兴的重要原因。①

三、私学的勃兴

唐朝前期，由于社会政治安定和统治者大力提倡，城市官学教育在国家教育体系中居主导地位。书生士子大多云集于京都和府州县各级官学之中，隐居的鸿师硕儒大多被政府请出山林，进入城市之中为各级官学担任博士、助教。据杜佑《通典》，贞观时期，中央一级各学校共有学生3000余人。开元时期，全国各级官学中，学生人数多达60000余人。除官学外，私学与家学有所发展。私学是私人创立的学校，兴起于春秋时期，其后历代均为官学教育的重要补充。唐代前期，由于国家政策的倾斜，官学教育得到长足发展，私学教育处于依附地位。而安史之乱后，随着国势衰退，藩镇林立，大批士子书生流向私学，由于科举考试并不排斥私学，且私学亦不乏中试之人，由此私学逐渐兴盛。

唐代私学教育类型大致可分为私人讲学、家学等。

唐代私人讲学继承了春秋、两汉时期聚徒教授的传统教育方式，虽不及两汉时期学徒数千的宏大规模与气派，但在官学教育衰微的唐后期，仍对社会教育产生了重大影响。授课的经师，一般都是在学术上很有造诣的宿儒，如"平阳燕凤祥，颇涉六艺，聚徒讲授"②，王义方被贬后，"聚徒教授。母卒，遂不复仕进。总章二年卒……撰笔海十卷。门人何彦先、员半千为义方制师服，三年丧毕而去"③。"少笃学，教授乡间，弟子数百人。贞观初，召拜太学博士，讲三礼，别为义证，甚精博"④。王质"寓居寿春，躬耕以养母，专以讲学为事，门人受业者大集其门"⑤。窦常进士及第后，"居广陵之柳杨。结庐种树，不求苟进，以讲学著书为事，凡二十年不出"⑥。"唐咸通中，荆州有书生号'唐五经'者，学识精博，实曰鸿儒，旨

---

① 王琼：《唐代地方学官研究》，湘潭大学硕士学位论文，2009年。
② 李昉等编：《太平广记》卷三百六十二《燕凤祥》，中华书局，1961年，第2880页。
③ 刘昫等撰：《旧唐书》卷一百八十七上《王义方传》，中华书局，1975年，第4876页。
④ 欧阳修、宋祁撰：《新唐书》卷一百九十八《王恭传》，中华书局，1975年，第5645页。
⑤ 刘昫等撰：《旧唐书》卷一百六十三《王质传》，中华书局，1975年，第4267页。
⑥ 刘昫等撰：《旧唐书》卷一百五十五《窦常传》，中华书局，1975年，第4122页。

趣甚高，人所师仰，聚徒五百辈，以束修自给。优游卒岁，有西河、济南之风。"①

四、留学教育的兴盛

在唐代的城市教育之中，留学生教育颇值得一提。唐代经济、文化发达，具有强大的吸收、包容、消化外来文化能力。由于中原文化具有强大的吸引力，大量外国留学生随本国使者来到长安等城市，潜心学习中国文化。贞观年间，"四夷若高丽、百济、新罗、高昌、吐蕃，相继遣子弟入学，遂至八千余人"②。留学生以新罗、日本为多。新罗"弁韩苗裔也。居汉乐浪地……弟兴光王。玄宗开元中，数入朝……又遣子弟入太学学经术"③。开成元年（836），"敕新罗宿卫生王子金义宗等，所请留住生员，仰准旧例留二人，衣粮准例支给"④。开成二年（837）三月，"新罗差入朝宿卫王子，并准旧历，割留习业学生，并及先住学生等，共二百十六人"⑤。据周一良先生统计，从9世纪到10世纪中叶约150年间，朝鲜人在中国科举考试及第者约90人，其中较为著名的新罗人有李同、崔彦㧑、崔致远、金可纪、金夷吾等。

日本留学生数目并无详细记载，但数量较为庞大，其中一些在当时就十分著名。他们之中有人科举及第，后在唐朝入仕为官。开元四年（716），19岁的日本青年学生阿倍仲麻吕跟随日本使节团抵达长安，入唐后改名晁衡（又称朝衡），字巨卿，进入国子监太学，攻读《礼记》《周礼》《左传》等儒家经典。太学毕业后，他参加科举考试，中进士第，任左散骑常侍安南都护，主持中日文化交流。晁衡是一位天才诗人，感情丰富，性格豪爽，与著名诗人王维、李白、储光羲等有着密切交往。另一名著名日本留学生吉备真备于开元四年（716）到唐朝，主要研究经学，在三史、五经、阴阳、数学、历算、天文等方面有较高修养。吉备真备于开元二十三年（735）归国，将《唐礼》《大衍历经》带回日本，对日本法令的制定有较大贡献。

五、小结

有唐一代因强大经济实力以及科举制度的进一步完善，文化教育事业发展较较快。贞观时期，由于唐太宗高度重视教育，城市教育事业十分兴旺，仅六学二馆的学生就多达3200人。开元年间，学校教育进一步发展。安史之乱后，藩镇林立，政局动荡，官学教育逐渐衰败。"元和中兴"时城市教育一度复苏，但已无法恢复

---

① 孙光宪撰，贾二强点校：《北梦琐言》卷三《不肖子三变》，中华书局，2002年，第60页。
② 欧阳修、宋祁撰：《新唐书》卷四十四《选举志上》，中华书局，1975年，第1163页。
③ 欧阳修、宋祁撰：《新唐书》卷二百二十《新罗传》，中华书局，1975年，第6202—6205页。
④ 王溥撰：《唐会要》卷三十六《附学读书》，中华书局，1960年，第668页。
⑤ 王溥撰：《唐会要》卷三十六《附学读书》，中华书局，1960年，第668页。

到盛唐时期之局面,并于唐朝末年濒于崩溃。但总地说来,唐朝学校教育与科举制度相得益彰,不仅培养了大批饱学之士,推动了唐朝文化的繁荣与昌盛,也为后世城市教育奠定了基本的形式与制度。

五代十国时期,学校教育多沿袭隋唐旧制,但因战乱多、时间短,统治者虽有心发展教育,但在人力与财力上均有很大困难。后梁开平三年(909),国子监上奏朝廷要求修建文宣王庙,并请从官吏俸钱中每贯抽取十五文,充作经费。后唐明宗天成三年(928),国子祭酒崔协因经费匮乏,奏请国子监每年只置监生二百员。安定的社会环境的缺失,财政实力的下降,严重制约了五代时期城市教育的发展。

隋唐五代科举制发展,推行了孔子"有教无类"的教育思想,打破了魏晋南北朝时期门阀士族垄断仕途的局面,开创了中国考试制度的先河,确立了封建时代的教育体制,培育了大量人才,解决了官吏缺乏的问题,缓解了阶级矛盾,同时表现出与前代不同的特点。此时期的考试形式与内容具有明显的继承性、创新性,唐代传承了隋代科举考试的优秀之处,五代亦在唐代基础上有所发展。如唐代确立了进士科的重要地位,创立武举制;五代继续将诗赋作为科举考试的主要形式,但科目设置减少,三级考试制度形成,开始出现昼试和糊名制度等。

官学、私学与科举制一起构建了城市教育体系。外国留学生、国内士子多聚集在京都和府州县各级官学之中,隐居的鸿师硕儒大多被政府请出山林,在各级官学担任博士、助教。隐居读书、私人讲学、家学等成为私学教育的主要类型。科举制在一定程度上推动了城市官学、私学的发展。

结　语

隋唐是中国历史上第二个大统一时期。这次统一是建立在南北朝以来民族大融合和南北经济发展的基础之上的。统一事业的完成使中国农业时代的经济文化出现飞跃式发展，中国进入农业时代的一个鼎盛时期，城市发展也进入一个新阶段。从隋朝到唐朝及五代十国时期，中国城市的发展总的说来有如下特征。

一、隋朝城市的发展变迁

隋朝存在的时间很短，仅三十余年，但却是承前启后的重要时期，对中国城市的发展影响也很大。隋统一全国，结束了中国自东汉末即开始的长期分裂割据状态，从而为中国经济、文化的进一步发展创造了条件，也为城市的兴起打下了基础。隋朝在前代各种制度的基础上形成了隋制，开创了一个新的时代，城市发展出现较大变化。

一是都城大兴城和东都洛阳城的兴建。隋朝是中国都城营建史的重要转折期，隋新建的都城大兴与东都洛阳奠定了中世纪城市营建制度的基础。

第一，大兴城的营建经过了周密的考察论证和科学的规划营造，大兴城规划设计的特点是因势而建、因地制宜，修筑在龙首山南麓，这里川原秀丽，地势开阔，居高临下，自然条件较好，便于将来发展，也能体现大一统王朝的气派。

第二，以皇权所在的宫城为中心来规划城市，巧妙地利用了龙首南麓六坡的地形，将宫室、百官廨署等统治机构布置在全城制高点六坡上，以此为核心来规划设计全城，从而显示出皇权的至高无上，为后世都城营建提供了制度典范。

第三，大兴城进行了严格的功能分区，分别建设了宫城、皇城和外郭城，将官府集中在封闭的皇城内，与市民居住区分隔开来。这种明确的功能分区成为大兴城规划建设的一个特点，开创了古代都城规划建设的新制度。

第四，外郭城采用严格的里坊制，南北 11 条街和东西 14 条街将郭城划分成了 108 个坊，整齐划一；另外居住区与市场严格分开，有利于城市管理。

大兴城规模宏大，布局严整，结构合理，成为严谨的对称轴线封闭式棋盘形城市格局的范例，对后世中国城市和日本等国的城市规划也产生了巨大影响。

隋代另一座大都市东都洛阳城的建成，对中国城市的发展影响也很大。隋东都洛阳城与大兴城一样，不是建在汉魏洛阳故城的旧址上，而是另行选址、重新设计、精心建造的新城市。东都洛阳城也是由宫城、皇城、外郭城三部分组成。洛阳先修宫城和皇城，然后再建外郭城。洛阳城与大兴城一样，都因势而建，并不拘泥于城市布局的对称性，洛水横贯洛阳城东西，将城分为南北两部分，河上建有三座桥连接南北。南半城主要是居住区和商业区，北半城东部为居住区，西部是宫城和皇城，西部地势较高，南面正对伊阙，从而使宫城和皇城显得气势宏伟。

大兴城、洛阳城的建设成为中国城市进入一个新的发展阶段的标志，对今后中国城市的发展产生了深远的影响，也促进了隋朝城市的兴建。隋代的都城营建制度对地方城市营建产生了示范效应，这些城市如同缩小的都城，衙署就是缩小版的皇城。

二是大运河的开通改变了中国南北交通地理格局，不仅对于中国的社会、经济以及政治的发展产生了巨大而深远的影响，而且对城市的空间分布和发展格局也产生了巨大而深远的影响。水是生命之源，也是人类文明之源，更是城市文明赖以生存和发展的基础。大江大河流域优越的自然地理环境孕育了人类最早的文明，尼罗河、底格里斯河—幼发拉底河、印度河、黄河—长江等江河文明兴起的过程，也是城市文明兴起的过程。江河为城市选址与发展提供了重要条件，不仅能为人类的生存发展提供宝贵的水资源，还为城市与城市之间、城市与地区之间的经济和文化交流提供便利的运输条件，是推动农业经济和商品经济发展的重要动力，择河而建成为世界城市选址的基本规律。城市与江河有着密切的关系，城市的兴起离不开江河。隋朝将历史上各自独立的运河连接成贯通南北的水上交通要道，推动了运河沿岸城市和南方城市的经济勃兴。这一伟大的工程不仅对于隋代经济、社会的发展产生了重要的影响，而且对唐以后中国经济、社会和城市发展产生了重要的影响。随着运河水上交通运输的兴起，沿河码头、堰闸、货栈、仓库等设施的修建，水陆交通网的形成，运河沿线城镇的兴起和经济的发展，贯穿中国南北的运河城市带逐渐形成，改变了中国河流城市东西走向的格局，对于区域发展的影响巨大。

二、唐代前中期城市的发展变迁

唐朝是中国农业时代的一个鼎盛时期，尤其是唐朝中前期国力强大、经济繁荣、文化昌盛、疆域辽阔，与同时期的西方世界的腐败、混乱、分裂形成鲜明对照，从而居于世界的领先地位。当时的中华文明对周边国家和地区产生了较大影响，城市在此时期也得到高度的发展。

首先，唐代城市数量有较大的增加，在全国分布更广。

唐代统一全国后，疆域有较大的扩展，龙朔年间疆域面积达到1800万平方公里（也有1500万平方公里或1237万平方公里之说），其县级城市数量达1550多个；另外，唐朝在内陆边疆管辖地区先后设置了单于都护府、安北都护府、安西都护府、北庭都护府、安东都护府、安南都护府等中央政府直接派出的管辖机构，其行政建置城市分布范围扩展至西域、朝鲜半岛、云南、安南等地区。此外，唐朝还在少数民族地区设置了都督府,一方面扩展管辖权,另一方面也将城市文明传播至这些相对落后的地区。中华文明正是通过这些地方行政建置和城市而得以广泛传播。此时期的城市数量不仅增多,而且分布也较过去更广,尤其是南方城市发展很快,不仅数量较前有大增加,而且城市规模也较前扩大,城市经济和文化也较前更为兴盛。

其次,唐代城市规模扩大,出现了特大城市和一批大、中等城市。

唐朝都城长安城基本上承隋大兴城的格局,其建制、街道、坊市的布局和设施大都得到保留,并进行一些扩建和营造,特别是宫城,从而使唐长安城的城市面积超过隋大兴城,成为世界古代史上规模最大的城市之一。长安作为全国的政治中心,依靠政治上的特殊虹吸效应,城市经济呈现繁荣景象,成为全国最大的商业都会,城市人口超过百万。由于唐朝实行对外开放政策,与东西方许多国家都有密切的交往,因此为国际性大都市,有"世界首都"之称。长安附近的一些城市,如冯翊、扶风、三原、临潼、咸阳、渭南、潼关等,因与京畿接壤,并处于长安与东西交往的交通要道上,而俗具五方、人物混杂、华戎杂错,工商业也较兴盛,其民众多去农从商,争朝夕之利。洛阳在唐代作为东都,其政治、军事、经济地位都十分重要,因而发展也很迅速。尤其是武则天在掌权时期,多在洛阳处理政务,洛阳城实际上成为武周的都城,一度取代了长安的首都地位。除政治因素外,洛阳的发展还主要因其自然地理条件和自身经济的发展。洛阳地位不亚于长安,且城内市场甚至比长安的更大。

除长安、洛阳城外,唐代的大城市也较前增多,其中尤以扬州、成都府最为著名,世称"扬一益二"。扬州和成都分别是长江下游和上游的两大中心城市,这两座全国性大城市的崛起标志着南方城市的兴起,中国南北城市的分布格局开始发生重要的变化,但北方城市的数量和规模仍然超过南方。唐中后期,汴州因大运河的开通,成为长安和洛阳之后,北方后来居上的大城市,为宋代定都于此奠下基础。唐代,北方的大城市还有睢阳、清河、沧州、景城、太原、东丰、济阴等。随着经济重心南移,南方的大城市数量也相继增多,除扬州外,杭州、苏州、常州、湖州、洪州、广州均是重要的区域中心城市。

最后,唐代城市建设有巨大发展,各种建筑技术也有很大的提高。唐代城市建设的成就首先表现在都城建设上。唐朝都城长安在继承隋大兴城的基础上又有所创新与发展,使唐长安成为唐及以前中国古代史上规划最为严整的都城,规模之大史无前例,里坊制的整齐划一程度也超越了前代的都城。宫城建设体现了高超的建筑水平,其中尤以太极宫和大明宫为代表。太极宫位于长安城南北中轴线的最北部,具有"至高无上,南面称王"的含义,共有16座大殿,以及中书省、门下省、舍人院、弘文馆楼阁亭谢等建筑。大明宫选址在唐长安城宫城东北侧的龙首原上,利用天然地势修筑宫殿,形成一座相对独立的城堡。大明宫城的南部呈长方形,北部呈南宽北窄的梯形,整个宫城可分为前朝和内庭两部分,前朝以朝会为主,内庭以居住和宴游为主。大明宫气势雄伟壮丽,超过了隋大兴宫和唐太极宫,成为唐朝盛世的象征。

唐代地方城市在唐中前期也都经过不同程度的建设，许多城市的城墙进行了重修，规模有所扩大。特别是南方城市，由于人口不断增加，工商业十分兴盛，城市规模也不断扩大，城市建设也发生很大变化，其中一个重要变化就是住宅的变化。唐朝在建立之初，对贵族、官员及士农工商等不同阶层的住宅及规模大小及装饰等做了种种严格的等级规定，但随着社会经济的发展，许多官吏和富商大贾常常突破限制，建造住宅时都严重逾制，不少人在城市中修建了高规格的豪华住宅，如在扬州，富商大贾在繁华的街市两旁修建楼阁，出现了"九里楼台牵翡翠"的城市新面貌。许多皇亲贵戚、官员富商还在城市内外大修园林，使城市的面貌和结构也发生很大变化。

唐代中前期城市建设形成了如下几个重要的特点：

第一，象征政权的宫城、皇城和官府衙署在都城中所占空间比例减少，但仍然是城市的主体，居于突出的地位。地方城市的情况也基本相同，城市居住区较前代有很大的扩展，普通市民数量较前增多，但地方城市中衙署建筑仍宽广宏敞，为历代封建王朝所不及。顾炎武《日知录·馆舍》称："予见天下州之为唐旧治者，其城郭必皆宽广，街道必皆正直；廨舍之为唐旧创者，其基址必皆宏敞。宋以下所置，时弥近者制弥陋。"

第二，唐朝城市普遍形成了棋盘式的里坊格局。以长安、洛阳为模板，各地方城市大都按照棋盘式的里坊制规划，即使是南方水乡城市，多也按此原则规划营建，如扬州城中有一条纵贯南北的主干道作为轴线，罗城也被修建成整齐划一的里坊。苏州虽然城中河流纵横，但仍然因地制宜，有独具特色的坊市布局，即以水道为经纬，河流与街道陆衢连比并行，坊市整齐，亦如棋盘。

第三，城市内设有专门的市场。唐代城市仍然传承了历代城市的格局，将市场单独分区建设，无论是京城还是地方城市，都划有一定的区域进行商品交易。唐中后期，一些主要的工商业城市开始突破坊市制度，但原有的市场仍然保留不变，是主要的交易场所。

第四，城市街道宽阔，重视环境卫生和美化。唐代城市的街道较以前更为宽阔，尤其是长安、洛阳的街道，南方新兴城市的街道也大都笔直宽敞。统治者对城市绿化、环境保护较为重视，京城设有专管修建道路和栽植行道树木的官员。长安、洛阳的街道树木成荫，城中的绿化十分讲究，到处都是奇花异草，正如诗中所描绘："洛阳春日最繁华，红绿荫中十万家。谁道群花如锦绣，人将锦绣学群花。"南方的城市因自然条件好，绿化普遍比北方的城市更好，苏州城内河道纵横，两岸槐柳相间；扬州城内更是繁花似锦，绿树成荫，市容十分美观；成都城更是生态环境优越，被李白描绘成神仙乐土："九天开出一成都，万户千门入画图。草树云山如锦绣，秦川得及此间无？"（《上皇西巡南京歌十首》）

第五，唐代城市建筑技术和艺术取得巨大成就，在城市规划布局上总结前人的经验并加以发展，城市的总体规划和局部建筑群的空间组合相当科学。木架结构建筑的施工技术进步巨大，解决了修建大面积、大体积建筑的技术问题，如含元殿的空间跨度达10米。木架构的一些构件如斗拱的形制和使用都已规范化，这样既便于控制用料、保证工程质量，又能提高施工速度。唐代城市大型建筑，尤其是宫殿建筑以宏伟壮观著称，建设速度都很快，这反映了唐代的建筑设计和施工水平的提高。

三、唐末和五代城市的兴衰

唐玄宗时，唐朝的繁荣强盛达到顶点，同时也潜伏着巨大的危机。755年，安史之乱爆发，经此打击，唐王朝由盛而衰，大一统的中央集权统治衰落，出现藩镇割据的局面。由于战乱，北方的社会经济遭到严重的破坏，不少城市又面临灭顶之灾。唐后期，封建压迫、剥削日益严重，统治集团极端腐败贪婪，社会矛盾和阶级矛盾日趋尖锐，从而又爆发了农民大起义。黄巢领导的起义军历时十年转战大江南北，给唐王朝以致命的打击，加速了唐王朝的灭亡。从907年朱温篡唐建后梁开始，中国历史的发展进入五代十国时期。

唐末五代十国时期，城市的兴衰起落较大，由于兵燹，许多著名的大城市遭到严重破坏，元气大伤，由此而衰落。而另一些城市受战乱影响较小或成为割据政权的都城，因此得到较大发展。

唐末五代衰落的城市主要有长安、洛阳、扬州等重要的政治中心和经济中心城市。长安、洛阳先后经安史之乱和黄巢起义的冲击，城市遭到严重的破坏。洛阳在唐末五代也成为战区，遭到严重破坏。长安和洛阳这两座曾经的世界大都市从此开始走向长期的衰落。唐中期曾经因工商业繁华而在全国有着极高知名度和美誉度的大都会——扬州也在唐末五代的战乱打击下日趋衰落。

但是，同样是在战争时期，一些城市衰败了，而另一些未经战争直接破坏的城市得到发展，开封、杭州、金陵、福州、荆州、广州、成都、太原等城市都未成为主战场，却因战争而成为区域的政治中心，并通过政治力量大规模地聚集起一定区域内的经济和社会资源，在短期内得到较快的发展。如开封因后梁在此立国，遂从地方性城市上升为都城，此后又相继成为后晋、后汉、后周的都城，城市政治行政地位提高，促进了城市建设和经济的发展，后周世宗时期倾举国之力重建开封都城，使之成为北方继长安、洛阳之后的又一大都市，为开封以后成为宋朝都城和繁华的城市打下基础。五代十国时期，杭州、成都、福州、广州等城市也因成为割据政权的都城而得到不同程度的发展。五代十国时期，城市的兴衰演变对于宋代城市的发展格局产生了重要的影响。

参考文献

一、古籍

杜佑撰，王文锦等点校：《通典》，中华书局，1988年。
房玄龄等撰：《晋书》，中华书局，1974年。
魏徵、令狐德棻撰：《隋书》，中华书局，1973年。
司马光编著，胡三省音注：《资治通鉴》，中华书局，1956年。
司马迁撰：《史记》，中华书局，1982年。
刘昫等撰：《旧唐书》，中华书局，1975年。
王溥撰：《唐会要》，中华书局，1955年。
吴兢撰；谢保成集校：《贞观政要集校》，中华书局，2009年。
欧阳修、宋祁撰：《新唐书》，中华书局，1975年。
董诰等编：《全唐文》，中华书局，1983年。
慧立、彦悰著，孙毓棠、谢方点校：《大慈恩寺三藏法师传》，中华书局，2000年。
王仁裕、姚汝能撰，曾贻芬点校：《开元天宝遗事 安禄山事迹》，中华书局，2006年。
张君房编，李永晟点校：《云笈七签》，中华书局，2003年。
白居易撰，顾学颉校点：《白居易集》，中华书局，1979年。
王谠撰，周勋初校证：《唐语林校证》，中华书局，2008年。
王钦若等编：《册府元龟》，中华书局，1960年。
薛居正等撰：《旧五代史》，中华书局，1976年。
欧阳修撰，徐无党注：《新五代史》，中华书局，1974年。
吴任臣撰，徐敏霞、周莹点校：《十国春秋》，中华书局，1983年。
张敦颐撰，张忱石点校：《六朝事迹编类》，中华书局，2012年。
李延寿撰：《南史》，中华书局，1975年。
李林甫等撰，陈仲夫点校：《唐六典》，中华书局，1992年。
韦述、杜宝撰，辛德勇辑校：《两京新记辑校 大业杂记辑校》，三秦出版社，2006年。

李昉等编：《太平广记》，中华书局，1961年。
范晔撰，李贤等注：《后汉书》，中华书局，1965年。
赞宁撰，范祥雍点校：《宋高僧传》，中华书局，1987年。
王溥撰：《五代会要》，中华书局，1998年。
宋敏求编：《唐大诏令集》，中华书局，2008年。
宋敏求、李好文撰，辛德勇、郎洁点校：《长安志 长安图志》，三秦出版社，2013年。
计有功撰，王仲镛校笺：《唐诗纪事校笺》，中华书局，2007年。
黄永武主编：《敦煌丛刊初集》，新文丰出版股份有限公司，1985年。
李焘：《续资治通鉴长编》，中华书局，2004年。
骆天骧撰，黄永年点校：《类编长安志》，中华书局，1990年。
彭定求辑：《全唐诗》，中华书局，1960年。
王谟辑：《汉唐地理书钞》，中华书局，1961年。
徐松撰，张穆校补，方严点校：《唐两京城坊考》，中华书局，1985年。
顾炎武著：《历代宅京记》，中华书局，1984。
韩理洲辑校编年：《全隋文补遗》，三秦出版社，2004年。

二、著作

张轸：《中华古国古都》，湖南科学技术出版社，1999年。
邹逸麟：《中国历史人文地理》，科学出版社，2001年。
史念海：《中国古都和文化》，中华书局，1998年。
史念海：《中国的运河》，陕西人民出版社，1988年。
陈桥驿：《中国七大古都》，中国青年出版社，1991年。
叶骁军：《中国都城发展史》，陕西人民出版社，1988年。
吴松弟：《中国古代都城》，商务印书馆，1998年。
杨宽：《中国古代都城制度史研究》，上海人民出版社，2003年。
贺业钜：《中国古代城市规划史》，中国建筑工业出版社，1996年。
何一民：《中国城市史纲》，四川大学出版社，1994年。
中国古都学会编：《中国古都研究》，山西人民出版社，1998年。
陈桥驿：《中国都城辞典》，江西教育出版社，1999年。
阎崇年：《中国历代都城宫苑》，紫禁城出版社，1987年。
丘菊贤等：《中华都城要览》，河南大学出版社，1989年。
辛德勇、［日］中村圭尔主编：《中日古代城市研究》，中国社会科学出版社，2004年。
朱耀庭等主编：《华夏文明的核心——古代都城》，辽宁师范大学出版社，1996年。

傅崇兰：《中国运河城市发展史》，四川人民出版社，1985年。
何一民：《中国城市史》，武汉大学出版社，2012年。
傅崇兰：《中国城市发展史》，社会科学文献出版社，2009年。
辛德勇：《隋唐两京丛考》，三秦出版社，1991年。
李孝聪主编：《唐代地域结构与运作空间》，上海辞书出版社，2003年。
叶骁军：《都城论》，甘肃文化出版社，1994年。
曹家齐：《唐宋时期南方地区交通研究》，华夏文化艺术出版社，2005年。
曲英杰：《古代城市》，文物出版社，2003年。
肖建乐：《唐代城市经济研究》，人民出版社，2009年。
张雁南：《唐代消费经济研究》，齐鲁书社，2009年。
张泽咸：《唐代工商业》，中国社会科学出版社，1995年。
［日］平冈武夫：《唐代的长安与洛阳》，京都大学人文科学研究所，1956年。
宋肃懿：《唐代长安之研究》，大立出版社，1983年。
樊锦诗：《敦煌与隋唐城市文明》，上海教育出版社，2010年。
宁欣：《唐宋都城社会结构研究——对城市经济与社会的关注》，商务印书馆，2009年。
程存洁：《唐代城市史研究初篇》，中华书局，2002年。
李斌城等：《隋唐五代社会生活史》，中国社会科学出版社，1998年。
程蔷、董乃斌：《唐帝国的精神文明》，中国社会科学出版社，1996年。
李廷先：《唐代扬州史考》，江苏古籍出版社，2002年。
庄林德：《中国城市发展与建设史》，东南大学出版社，2002年。
王文才：《成都城坊考》，巴蜀书社，1986年。
张泽咸：《唐五代农民战争史料汇编》，中华书局，1979年。
郭绍林：《隋唐洛阳》，三秦出版社，2006年。
张泽咸、朱大渭主编：《魏晋南北朝农民战争史料汇编》，中华书局，1980年。
［美］奥沙利文著，荣旻译：《战争地理学》，解放军出版社，1988年。
蔡云辉：《战争与近代中国衰落城市研究》，社会科学文献出版社，2006年。
岑仲勉：《隋唐史》，上海古籍出版社，2020年。
李洁萍：《中国古代都城概况》，黑龙江人民出版社，1981年。
武金铭等：《中国隋唐五代经济史》，人民出版社，1994年。
陈志贵：《贞观之治新探——唐太宗政绩兴与衰》，辽宁人民出版社，1990年。
韩国磐：《隋唐五代史纲》，人民出版社，1979年。
陈守民：《打开战争之门》（上），世界知识出版社，2011年。
［美］刘易斯·芒福德著，宋俊岭、倪文彦译：《城市发展史——起源、演变和前景》，中国建筑工业出版社，2005年。
郑学檬：《五代十国史研究》，上海人民出版社，1991年。
薛政超：《五代金陵史研究》，中央编译出版社，2011年。

陶懋炳：《五代史略》，人民出版社，1985 年。

谭天星、陈关龙：《未能归一的路——中西城市发展的比较》，江西人民出版社，1991 年。

邹逸麟：《黄淮海平原历史地理》，安徽教育出版社，1993 年。

吴慧：《中国古代商业》，商务印书馆，1998 年。

傅宗文：《宋代草市镇研究》，福建人民出版社，1989 年。

高启安：《唐五代敦煌饮食文化研究》，民族出版社，2004 年。

范文澜、蔡美彪等编：《中国通史》第 3 编，人民出版社，1996 年。

赵冈：《中国城市发展史论集》，新星出版社，2006 年。

张弓：《汉唐佛寺文化史》，中国社会科学出版社，1997 年。

介永强：《西北佛教历史文化地理研究》，人民出版社，2008 年。

严耀中：《江南佛教史》，上海人民出版社，2000 年。

方立天、华方田：《中国佛教简史》，宗教文化出版社，2001 年。

梁鸿飞、赵跃飞：《中国隋唐五代宗教史》，人民出版社，1994 年。

钟敬文：《中国民俗史·隋唐卷》，人民出版社，2008 年。

冻国栋：《唐代人口问题研究》，武汉大学出版社，1993 年。

葛兆光：《道教与中国文化》，上海人民出版社，1987 年。

黄正建：《中晚唐社会与政治研究》，中国社会科学出版社，2006 年。

周永慎：《历代真仙高道传》，中国社会科学出版社，2003 年。

梁鸿飞、赵跃飞：《中国隋唐五代宗教史》，人民出版社，1994 年。

西安市水利志编纂委员会编：《西安市水利志》，陕西人民出版社，1999 年。

中华文化通志编委会：《中华文化通志·水利与交通志》，上海人民出版社，1998 年。

赵廷瑞修，马理、吕柟纂，董健桥校：《陕西通志》，三秦出版社，2006 年。

齐涛：《魏晋隋唐乡村社会研究》，山东人民出版社，1995 年。

熊达成、郭涛：《中国水利科学技术史概论》，成都科技大学出版社，1989 年。

张永禄：《唐都长安》，西北大学出版社，1987 年。

李令福：《关中水利开发与环境》，人民出版社，2004 年。

吴庆洲：《中国古代城市防洪研究》，中国建筑工业出版社，1995 年。

长安县地方志编纂委员会：《长安县志》，陕西人民教育出版社，2009 年。

李令福：《古都西安城市布局及其地理基础》，人民出版社，2009 年。

秦浩：《隋唐考古》，南京大学出版社，1992 年。

陕西省地方志编纂委员会：《陕西省志·文物志》，三秦出版社，1995 年。

肖爱玲：《隋唐长安城》，西安出版社，2008 年。

谢遂联：《唐代都市文化与诗人心态》，浙江大学出版社，2010 年。

严耕望：《唐代交通图考》，上海古籍出版社，2007 年。

李敬洵：《唐代四川经济》，四川省社会科学院出版社，1988 年。

卢华语等：《古代长江上游的经济开发》，西南师范大学出版社，1989年。

范文澜：《唐代佛教》，人民出版社，1979年。

郭朋：《隋唐佛教》，齐鲁书社，1980年。

汤用彤：《隋唐佛教史稿》，中华书局，2016年。

何兹全：《五十年来汉唐佛教寺院经济研究》，北京师范大学出版社，1986年。

王永平：《道教与唐代社会》，首都师范大学出版社，2002年。

荣新江：《唐代宗教信仰与社会》，上海辞书出版社，2005年。

朱立挺：《长安胜迹》，西安出版社，2007年。

朱偰：《中国运河史料选辑》，江苏人民出版社，2017年。

周振鹤：《中国地方行政制度史》，上海人民出版社，2019年。

王仲荦：《隋唐五代史》，上海人民出版社，2003年。

马正林：《中国城市历史地理》，山东教育出版社，1998年。

刘海峰：《唐代教育与选举制度综论》，文津出版社，1991年。

杜文玉：《五代十国经济史》，学苑出版社，2011年。

葛剑雄：《中国人口发展史》，福建人民出版社，1991年。

张驭寰：《中国城池史》，中国友谊出版公司，2015年。

董鉴泓：《中国城市建设史》，中国建筑工业出版社，2004年。

刘致平：《中国居住建筑简史——城市·住宅·园林》，中国建筑工业出版社，2000年。

姚汉源：《京杭运河史》，水利水电出版社，1998年。

童书业：《中国手工业商业发展史》，齐鲁书社，1981年。

周振鹤等：《中国行政区划通史》，复旦大学出版社，2017年。

王铎：《洛阳古代城市与园林》，远方出版社，2005年。

姜波：《汉唐都城礼制建筑研究》，文物出版社，2003年。

杨鸿年：《隋唐两京考》，武汉大学出版社，2000年。

杨鸿年：《隋唐两京坊里谱》，上海古籍出版社，1999年。

苏健：《洛阳古都史》，博文书社，1989年。

李久昌：《国家、空间与社会——古代洛阳都城空间演变研究》，三秦出版社，2007年。

顾颉刚、史念海：《中国疆域沿革史》，商务印书馆，1999年。

刘宏煊：《中国疆域史》，武汉出版社，1995年。

翁俊雄：《唐初政区与人口》，北京师范学院出版社，1990年。

翁俊雄：《唐朝鼎盛时期政区与人口》，首都师范大学出版社，1995年。

翁俊雄：《唐后期的政区和人口》，首都师范大学出版社，1999年。

马大正：《中国边疆研究论稿》，黑龙江教育出版社，2002年。

刘君德、靳润成、周克瑜：《中国政区地理》，科学出版社，2007年。

程幸超：《中国地方行政制度史》，四川人民出版社，1992年。

〔日〕加藤繁：《中国经济史考证》（中译本），商务印书馆，1959年。

熊铁基：《汉唐文化史》，湖南出版社，1992年。

赵文润：《隋唐文化史》，陕西师范大学出版社，1992年。

吴玉贵：《中国风俗通史·隋唐五代卷》，上海文艺出版社，2001年。

曹文柱、朱汉国：《中国社会通史·隋唐五代卷》，山西教育出版社，1996年。

梁思成：《中国建筑史》，百花文艺出版社，2005年。

〔日〕冈大路著，常瀛生译：《中国宫苑园林史考》，农业出版社，1988年。

中国科学院考古研究所：《唐长安大明宫》，科学出版社，1959年。

安金槐：《中国考古》，上海古籍出版社，1992年。

谢生宝：《敦煌民俗研究》，甘肃人民出版社，1995年。

顾树森：《中国历代教育制度》，江苏人民出版社，1981年。

黄正建：《唐代衣食住行研究》，首都师大出版社，1998年。

高启安：《唐五代敦煌饮食文化研究》，民族出版社，2004年。

叶骁军等：《城市论》，甘肃文化出版社，1998年。

阎崇年：《中国城市生活史》，文津出版社，1997年。

王瑞成：《中国城市史论稿》，四川大学出版社，2000年。

薛凤旋：《中国城市及其文明的演变》，世界图书出版公司，2010年。

于云汉、马继云：《中国城市发展史纲》，天津人民出版社，1996年。

戴均良：《中国城市发展史》，黑龙江人民出版社，1992年。

宁越敏：《中国城市发展史》，安徽科学技术出版社，1994年。

何一民、王毅、蒋成：《文明起源与城市发展研究——中国古都研究》，四川大学出版社，2004年。

周积明：《中国古都》，广东人民出版社，1996年。

陈国灿、奚建华：《浙江古代城镇史研究》，安徽大学出版社，2000年。

姚坚：《唐代的长安》，中华书局，1963年。

倪士毅等：《隋唐各郡杭州》，浙江人民出版社，1990年。